욥기 주해

철학박사 김수홍 지음

도서출판 언약

Exposition of Job

by

Rev. Soo Heung Kim, S.T.M., Ph.D.

Published by
Eonyak Publishing Company
Suwon, Korea
2019

"성경의 원어를 읽든지 혹은 우리 번역문을 읽든지,
성경을 읽는 것은 성부 하나님, 성자 예수님, 성령 하나님을 읽는 것이고,
본문을 아는 것이 하나님을 아는 것이며,
성경 본문을 붙잡는 것이 하나님을 붙잡는 것이고,
성경본문을 연구하는 것이 하나님을 연구하는 것(신학)이다".

머리말

욥기를 주해한다는 것은 그 어떤 성경책을 주해하는 것보다 어려운 과제가 아닐 수 없었다. 욥이 온전한 사람이었고 정직한 사람이었으며 하나님을 경외하는 사람이었고 악(惡)에서 떠난 자였는데 왜 그에게 엄청난 고난이 닥쳤느냐 하는 것이 문제의 핵심이었다.

그리고 또 욥기 주해가 어려운 것은 욥이 쏟아낸 수많은 원망 비슷한 묘사들을 어떻게 해석해야 하느냐 하는 것이었으며 또 욥기에 묘사된 비유적인 표현들을 어떻게 해석하느냐 하는 것이었다. 앞뒤를 잘 살피지 않으면 도무지 뜻을 알 수 없는 것들이 많이 있다.

이렇게 어려운 문제들을 앞두고 그 어느 때보다도 하나님께 기도하지 않을 수 없었다. 기도를 한두 번 한 것이 아니라 문제가 풀릴 때까지 기도하는 수밖에 없었다. 따라서 욥에게 고난이 왜 찾아왔느냐를 두고 하나님께서는 필자에게 놀라운 깨달음을 주셨다. 하나님께서 욥에게 주신 고난은 욥의 신앙 성장을 위해 주셨다는 것이며 또 복을 더 주시기 위해 주셨다는 것이었다. 그리고 오늘도 이런 고난을 받는 사람들이 있다는 것이고, 오늘 우리가 욥처럼 신앙이 성장하려면 성경봉독과 묵상이 요구되는 것이며 그 경지에 이르려면 수없는 기도가 필요하다는 것이었다.

그리고 또 다른 한 가지는 욥이 참으로 너무 괴로워 하나님을 원망하는 것처럼 보이는 본문들을 원망의 차원으로 보기 보다는 탄식을 한 것으로 보아야 한다는 것이다. 왜냐하면 욥이 하나님의 지혜와 능력을 알고 있으면서 하나님 앞에 원망을 했을 리는 만무하다는 것이다. 혹시라도 욥이 진실로 하나님을 원망했다면 욥에게 벌이 수없이 내렸을 것인데 욥의 말년은 벌을 받는 모습이 아니라 오히려 신앙의 성장을 했겠느냐는 것이다. 오늘 우리는 하나님께 지극한 감사를 할지언정 원망이 있어서는 안 된다는 것을 알 수 있었다.

오늘날 수많은 사람들은 조금만 불편하면 그 불편 때문에 하나님을 원망하고 이웃을 해하고 있다. 특히 작년(2018년) 한 해 동안 폭행이 제일 심했던 한 해였다는 통계가 나왔다. 이제 우리는 이 사회에서 마음 편히 살 수 없는 분위기를 만난 것이다. 걸핏하면 사람을 죽인다. 걸핏하면 시위에 나선다. 이제 너무 심하지 않나 하는 생각이 든다. 필자는 이때를 마주하며 이 욥기 주해를 세상에 내 놓는다. 이 사회가 이 주해서를 맞이하여 조금이라도 달라지기를 바란다. 욥의 경건이 이 사회에 놀랍게 퍼져서 신앙이 성장하고 또 욥의 인내가 이 사회에 가득해서 복을 유지하는 사회가 되었으면 한다.

2019년 5월
수원 원천동 우거에서
저자 김수홍

본 주해를 쓰면서 주력한 것

1. 성경을 성경으로 해석해야 한다는 원리를 따랐다. 따라서 외경이나 위경에서는 인용하지 않았다.
2. 본 주해를 집필함에 있어 문법적 해석, 역사적 해석, 정경적 해석의 원리를 따랐다. 성경을 많이 읽는 중에 문단의 양식과 구조와 배경을 파악해냈다.
3. 문맥을 살펴 주해하는 일에 심혈을 기울였다.
4. 매절마다 빼놓지 않고 주해하였다. 난해 구절도 모두 해결하느라 노력했다.
5. 매절을 주해하면서도 군더더기 글이 되지 않도록 노력했다. 군더더기 글은 오히려 성경을 더 복잡하게 만들어 놓기 때문이다.
6. 절이 바뀔 때마다 독자의 편의를 위하여 한 줄씩 떼어놓아 눈의 피로를 덜도록 했다.
7. 본 주해를 집필하는 데 취한 순서는 먼저 개요를 쓰고, 다음 한절 한절을 주해했다. 그리고 실생활을 위하여 적용을 시도했다.
8. 매절(every verse)을 주해할 때 히브리어 원어의 어순을 따르지 않고 한글 개역개정판 성경의 어순(語順)을 따랐다. 이유는 우리의 독자들을 위해야 했기 때문이다.
9. 구약 원어 히브리어는 주해에 필요한 때에만 인용했다.
10. 소위 자유주의자의 주석이나 주해 또는 강해는 개혁주의 입장에 맞는 것만 참고했다.
11. 주해의 흐름을 거스르는 말은 각주(footnote)로 처리했다.
12. 본 주해는 성경학자들과 목회자를 위하여 집필했지만 일반 성도들도 얼마든지 이해할 수 있도록 평이하게 집필했다. 특히 남북통일이 되는 날 북한 주민들도 읽고 이해할 수 있도록 가능한 쉽게 집필했다.
13. 영어 번역이 필요할 경우는 English Standard Version(ESV)을 인용했다. 그러나 때로는 RSV(1946-52년의 개정표준역)나 NIV(new international version)나 다른

번역판들(NASB 등)을 인용하기도 했다.

14. 틀린 듯이 보이는 다른 학자의 주석을 반박할 때는 "혹자는"이라고 말했고 그 학자의 이름은 기재하지 않았다. 그러나 단지 필자와 다른 견해를 제시하는 학자의 이름은 기재했다.

15. 성경 본문에서 벗어난 해석들이나 주장들을 반박할 때는 간단히 했다. 너무 많은 지면을 쓰는 것은 바람직하지 않고 독자들을 피곤하게 만들기 때문이다.

16. 성경 장절(Bible references)을 빨리 알아볼 수 있도록 매절마다 장절을 표기했다 (예: 창 1:1; 출 1:1; 레 1:1; 민 1:1 등).

17. 가능한 한 성경 장절을 많이 넣어 주해 사용자들의 편의를 도모했다.

18. 필자가 주해하고 있는 성경 책명 약자는 기재하지 않았다(예: 1:1; 출 1:1; 막 1:1; 눅 1:1; 요 1:1; 롬 1:1 등). 제일 앞의 1:1은 욥기 1장 1절이란 뜻이다.

19. 신구약 성경을 지칭할 때는 '성서'라는 낱말을 사용하지 않고 줄곧 '성경'이라는 용어를 사용했다. '성서'라는 용어는 다른 경건 서적에도 붙일 수 있는 용어이므로 반드시 '성경'이라는 용어를 사용했다.

20. 목회자들의 성경공부 준비와 설교 작성을 염두에 두고 집필했다.

21. QT에도 적절하게 사용할 수 있도록 주해했다.

22. 가정 예배의 교재로 사용할 수 있도록 쉽게 집필했다.

욥기 주해

Exposition of Job

총 론

욥기의 책 명칭은 어떻게 해서 생겼나

욥기의 책 이름은 그 책 주인공의 이름을 따서 "욥"이라 했다. "욥"이라고 이름 붙여진 것은 히브리어 원전이나 70인역(LXX)이나 라틴역(Vulgate) 등 모든 번역에서 공통된다.

욥기의 저자는 누구인가

본서의 저자가 누구인가를 두고 많은 시도가 있었다. 그 추측들을 들면 다음과 같다고 할 수 있다.

1) 유대인의 책 탈무드(Talmud, Baba Bathra 14b)는 본서를 모세의 저작이라고 말했다. 모세의 저작이라고 한 것은 본서의 어떤 어구가 모세 5경의 어구와 공통되기 때문이었다.

2) 다윗의 악장 "헤만"(Herman)이 본서의 저자라는 추측이 있다. 이유는 헤만의 작품인 시 88편의 사상이 본서의 내용과 흡사하기 때문이다.

3) 본서를 솔로몬의 작품이라는 추측이 있다. 이유는 본서가 지혜문학에 속함으로 지혜문학(잠언)의 저자가 본서를 썼을 것이라고 추측하는 것이다.

4) 혹자는 예레미야가 본서를 썼을 것이라고 추측한다. 그것은 렘 20:14-18의 어구가 본서 3장의 어구와 흡사하기 때문이다(Cornill).

5) 본서에 나타난 엘리후도 본서의 저자로 손꼽힌다(32-37장). 엘리후는 욥과 세 친구의 대화에 동참했고, 욥의 사건에 친숙했기 때문이다.

6) 본서의 저자로 가장 신임할만한 주장은 욥 자신이 본서의 저자라는 것이다. 욥 자신에 대해서 욥이 가장 잘 알 것은 당연한 이치이다(Albert Barnes, 박윤선, 이상근).

욥은 역사적 인물인가

어떤 학자들은 말하기를 욥기는 우리의 교훈을 위한 책인 만큼 욥이 역사적 인물은 아니라고 말한다. 다시 말해 그런 사람은 실제 없었다는 것이다. 그러나 성경 기자들은 욥을 실제 인물이라고 말했다. 겔 14:14,20; 약 5:11 참조.

욥기는 언제 기록되었는가

본서의 내용을 살펴볼 때 족장시대의 풍속을 많이 담고 있고, 또 욥 자신이 가족들의 제사장 역할을 했던 점(1:5), 욥 자신이 약 200세의 장수를 한 점(42:16 주해 참조), 모세의 율법이나 출애굽의 사건에 대해 일체 언급이 없는 점 등을 감안하면 족장시대(아브라함, 이삭, 야곱시대 B.C. 2,100-1,900)의 저작으로 추측된다. 욥은 족장시대 사람이었을 것이라는 증거는 많다.

1. 욥은 재난을 당한 후 140년을 더 살았으므로(42:6) 그는 거의 210세가 되었을 것이다. 이 나이는 대략 족장들이 살았던 나이와 일치한다. 아브라함은 175세, 이삭은 180세, 야곱은 147세에 죽었다.

2. 욥의 부(富)는 가축의 숫자로 평가되었는데(1:3; 42:12), 그것은 아브라함(창 12:6; 13:2)이나 야곱 때(창 30:43; 32:5)에도 마찬가지였다.

3. '은(銀) 조각'이라고 번역되는 히브리어 '크시타'는 성경에서 단 두 번 나오는데(창 33:19; 수 24:32), 두 번 다 야곱에 대해 말할 때 사용되었다.

4. 1:15,17에 진술된 "스바 사람"과 "갈대아 사람"은 아브라함 시대에는 유목민이었으나 후대에는 그렇지 않았다.

5. 욥의 딸들은 아들들과 마찬가지로 재산 상속인이었다(42:15). 그러나 모세의 율법에서는 아들이 살아 있는 한 이런 제도는 불가능한 일이었다(민 27:8).

6. 욥기에는 모세 때에 있었던 제도들(제사장, 율법, 성막, 특별한 종교적 절기 및 축제)이 전혀 발견되지 않는다.

7. 욥기에서 31번이나 사용된 하나님의 이름 샤다이(yD"v)는 주로 족장시대에 사용된 칭호였다(창 17:1 주해 참조, 출 6:3 참조, Roy B. Zuck).

욥기는 무슨 내용을 담고 있는가

본서는 욥의 소개로 시작하고(1:1-5), 욥이 사탄의 시험으로 모든 것을 잃게 된 내용을 담고 있다(1:6-2:13). 그 후 욥은 세 친구와 3차례에 걸쳐 대화를 가진다(3-28장). 세 친구의 질문은 욥의 고난이 죄의 결과라는 것인데, 삼인삼색이다. 엘리바스는 계시적인 입장에서 질문하고, 빌닷은 전통적 입장에서, 소발은 주로 상식적 입장에서 욥을 책망하고 있다.

첫 번째 질문(3-14장)은 서론적으로 하나님의 의를 높이면서 욥이 회개하면 회복되리라 권면하지만 욥은 시종일관 무죄를 주장한다. 둘째 번 질문(15-21장)은 본론적으로 상선 벌악의 역사적 사실을 들고 있으나 욥은 의인이 당한 고난의 사실로 응답한다. 세 번째(22-31장)는 두 친구만의 질문이며 결론적으로 욥의 죄를 지적하나 욥은 여전히 무죄하다고 답하며 나아가 독백으로(29-31장) 현재 자신이 받고 있는 고난의 원인을 하나님께서 밝혀주실 것을 호소한다.

다음으로 엘리후가 독백을 계속하여(32-37장) 욥의 세 친구들을 책망하며 욥에게는 고난 중에서 교훈을 받을 것을 종용한다. 그 후 하나님께서 폭풍우 중에 나타나셔서(38-41장) 하나님의 절대성을 계시하시며, 욥은 회개하여 고난 받기 전보다 두 배의 복과 온전한 구원을 받는 것을 보인다(42장). 욥의 절대적 신앙(13:15), 죽음 저편에의 소망(19:25), 그의 고결한 인격(29-31장) 등은 본서가 빛나는 글에 속하며 영원한 가치를 가진 구절들이라고 할 수 있다.

욥이 당한 고난으로 욥은 무엇을 얻었는가

1) 욥은 자신이 당한 고난으로 무엇보다도 그의 기도가 애절해졌고 간절해졌다. 세상에서 그만한 고난을 당하는 자가 또 있을 수 있겠는가. 따라서 그의 하나님께 대한 기도는 더 할 수 없이 간절해져서 그가 회복한 후에도 간절한 기도를 드리면서 여생을 보냈을 것이다.

2) 욥은 자신이 고난을 당하는 중에 그 고난의 깊이가 심화되어 그의 신앙도 깊어졌다. 그는 하나님께서 자기를 죽이실지라도 하나님을 믿겠다고까지 말을 했다(3:15).

3) 오직 인간의 위로 자는 하나님 한분임을 알게 되었다. 세 친구가 욥이 고난을 받는다는 소문을 듣고 먼 거리를 달려왔으나 위로 자가 되기는커녕 욥을 정죄하는 정죄 자가 되고 말았다. 사람은 다른 사람이 고난을 당할 때 위로하기 보다는 무슨 죄가 있는 것은 아닌가하고 살피기 마련이다. 우리의 진정한 위로 자는 하나님 한분임을 알아야 할 것이다.

욥기를 기록한 목적은 무엇인가

욥기를 기록한 목적은 무엇인가. 첫째, 욥기는 인생의 고난 문제를 취급한다. 인간의 고난의 비밀을 밝혀주는데 인간고(人間苦)란 단순히 인과적(因果的)인 것이 아니라 하나님의 섭리 하에 있다는 것을 알려준다.

둘째, 특히 의인의 고난이 취급된다. 의인은 고난 중에 연단 받으며 연단 받은 후에는 신앙의 전진이 있으며 복을 받는 면에 있어서도 고난 받기 이전보다 훨씬 큰 복을 받는다는 것을 기록한다.

셋째, 인내의 미덕을 강조하기 위한 것으로 '욥의 인내'는 성경에서 높이 강조되고 있다.

넷째, 본서에는 여러 대화가 전개되고 있는데 어떤 대화를 선호해야 하는가를 보여주고 있다. 1) 하나님과 사단과의 대화에서 욥의 고난이 온 것을 보인다. 우리의 고난도 결코 우연히 오는 것이 아니라 하나님으로부터 온다는 것을 볼 수 있다. 2) 욥과 세 친구간의 대화는 여러 해결을 시도하나 해결에 이르지는 못하는 것을 보인다(3-31장). 3) 결국 욥은 하나님과의 대화에서 문제의 해결을 받는 것을 볼 수 있다(38-42장). 인생은 하나님과의 대화를 시도해야 함을 보이고 있다.

다섯째, 하나님께서 복 주시는 분으로 묘사된다. 욥은 회복을 받았고 재물은 배나 얻었으며, 자녀도 배나 받았고(먼저 죽은 자들은 이미 천국에 갔고 거기에 10명을 더 나아 잘 되었으니 배가 된 것이다), 욥은 200세에 달하는 장수를 누렸다. 하나님께서 온전하신 분임을 보여주고 있다.

욥이 생일을 저주한 이유는 무엇인가

욥이 자기의 생일을 저주한 이유는 무엇인가. 욥이 어떤 환난도 당할 수 있었으나 자기가 당한 환난을 보면서 자신이 하나님으로부터 버림을 당한 것이 아닌가 하는 느낌을 받았을 때 그는 자기의 생일을 저주한다. 하나님으로부터 버림을 받을 바에야 차라리 나지 않았더라면 좋았을 것이라고 생각한다. 욥이 이와 같은 사상을 가진 것은 도리어 그의 경건의 증표였다. 욥은 모든 것을 다 잃어버릴지라도 그 자신이 하나님과 화해된 중에 살기를 원하였다. 14:13에 보면 욥은 하나님의 진노 아래 살기보다는 차라리 죽기를 원했다. 즉, "주는 나를 스올에 감추시며 주의 진노를 돌이키실 때까지 나를 숨기시고 나를 위하여 규례를 정하시고 나를 기억하옵소서"라고 말했다. 욥은 심히 하나님을 사모한 자였다.

욥은 왜 그렇게 엄청난 고난을 받았는가

욥은 온전하고 정직하여 하나님을 경외하며 악에서 떠난 자였으나(1:1,8; 2:3) 그가 가지고 있던 모든 소유물을 다 잃어버리고 또 자녀들을 잃어버렸으며(1:13-22) 자기의 건강까지 다 잃고 말았다(2:1-10). 욥이 이렇게 모든 것을 잃은 것은 하나님께서 욥의 신앙 성장과 복을 위함이었다(42:1-6).

욥은 그리스도를 예표하고 있는가?

욥이 죄가 없음에도 불구하고 심각한 고난을 받은 것은 그리스도를 예표하는 것으로 보아야 한다. 18:13의 빌닷의 말 '욥의 피부는 성한 곳 없이 썩어 들어가고 마침내 죽을병이 그의 팔다리를 파먹을 것이라'고 말한 것, 18:15의 빌닷의 말, '욥의 것이라고는 무엇 하나 그의 집에 남아 있지 않으며, 그가 살던 곳에는 유황이 뿌려져 사람이 살지 못하도록 황폐화될 것이라'(15:34; 창 19:24,25; 신 29:22,23; 시 11:6)고 예언한 것, 18:19의 빌닷의 말, '욥의 백성 가운데는 그의 뒤를 잇는 자손이 한 사람도 남아 있지 않을 것이다. 그의 거하던 집안에는 남아 있는 이가 하나도 없을 것이라'고 말한 것 등은 욥이 그리스도의 예표가 된다고 볼 수 있다.

오늘날 욥처럼 고난을 받는 사람들이 있을까

오늘날 욥처럼 고난을 받는 사람들이 지구상에 존재하지는 않을 것으로 보아야 한다. 이유는 욥은 하나님께서 세우신 표본적인 사람이기 때문이다. 그런고로 욥처럼 고난 받는 사람은 없을 것으로 보이나, 죄를 범하지 않았어도 심각한 고난을 받는 사람들은 더러 있을 것이다. 하나님께서 특별히 사용하시는 사람들로 만들기 위해 죄를 범하지 않았는데도 고난을 받는 사람들은 여러 곳에 존재할 것이다. 분명히 하나님께서 쓰시는 큰 종들 가운데서 고난 받는 종들이 있을 것이다.

오늘 우리는 어떻게 욥의 고난을 받아들여야 하는가

오늘 우리는 욥이 받았던 고난을 그대로 받을 수는 없다. 하나님께서 욥에게 고난을 주신 것이 신앙의 성장을 위하여 주셨으니 오늘 우리도 우리의 신앙이 성장하는 방향으로 노력하면 될 것이다. 우리는 우리의 신앙의 성장을 위하여 성경 말씀을 많이 읽고 묵상하며 또 나아가 우리의 신앙 성장을 위하여 많은 기도를 드려야 할 것이다. 우리가 성경말씀을 묵상하고 기도하면 우리의 신앙이 성장하여 훗날 우리가 하나님으로부터 쓰임을 받으며 교계의 신앙 개혁을 이룩할 수 있을 것이다. 루터는 성경을 독일어로 번역했으며 또 하루 세 시간씩 기도하여 교회 개혁을 이룩했다. 그리고 캘빈도 말씀을 사랑하는 사람으로 교회 개혁을 이룩했으며 한국의 길선주 목사도 한국 초대 교회의 개혁을 크게 이룩했다. 박윤선 목사 역시 성경을 주석하는 목사로서 많은 기도를 드리는 중 한국 교회를 크게 개혁시켰다. 우리가 오늘 꼭 욥과 같이 물리적인 고난을 받아야 하는 것은 아니다. 신앙의 성장을 위해서 어떻게 해야 하는지를 알면 될 것이다.

내용분해

【욥기】

I. 서론 1-2장

   A. 욥은 이상적 인물이었다 1:1-5

   B. 욥에게 닥친 첫 번째 고난 1:6-22

      1. 하늘에서 이루어진 첫 번째 회의 1:6-12

      2. 욥에게 닥친 첫 번째 고난 1:13-22

   C. 욥에게 닥친 두 번째 고난 2장

      1. 하늘에서 이루어진 두 번째 회의 2:1-6

      2. 욥에게 닥친 두 번째 고난 2:7-10

      3. 욥에게 위로하러 온 세 친구 2:11-13

II. 욥과 세 친구가 대화하다 3-31장

   A. 첫 번째 대화를 하다 3-14장

      1. 욥이 혼자 말을 하다 3:1-26

         ㄱ. 욥이 자기의 생일을 저주하다 3:1-19

         ㄴ. 욥이 자기의 죽음을 사모하다 3:20-26

      2. 엘리바스가 욥에게 질문하다 4-5장

         ㄱ. 고통은 죄의 결과로 알고 질문하다 4:1-21

         ㄴ. 욥의 어리석음을 질책하다 5:1-7

         ㄷ. 하나님께 나아갈 것을 권면하다 5:8-16

         ㄹ. 하나님의 훈계를 받을 것을 권면하다 5:17-27

      3. 욥이 대답하다 6-7장

         ㄱ. 욥이 고뇌의 고백을 하다 6:1-13

         ㄴ. 욥이 친구에 대한 실망을 드러내다 6:14-30

ㄷ. 욥이 고통을 호소하다 7:1-10

ㄹ. 욥이 왜 나를 치시냐고 질문하다 7:11-21

4. 빌닷이 욥에게 질문하다 8장

ㄱ. 하나님께서 어찌 공의를 굽게 하시겠는가 8:1-7

ㄴ. 조상들에게 일을 배울지어다 8:8-21

5. 욥이 대답하다 9-10장

ㄱ. 욥이 하나님의 위대하심을 말하다 9:1-13

ㄴ. 하나님 앞에서 욥이 취한 태도 9:14-24

ㄷ. 욥이 그의 고난에 대하여 탄식하다 9:25-10:7

ㄹ. 욥 자신이 하나님의 특수한 피조물로 알다 10:8-13

ㅁ. 욥이 하나님의 엄격한 취급을 탄식하다 10:14-19

ㅂ. 욥이 생전에 한번 평안을 주시기를 애원하다 10:20-21

6. 소발이 욥에게 질문하다 11:1-20

ㄱ. 하나님은 말이 많은 욥의 죄를 알게 하소서 11:1-6

ㄴ. 하나님의 오묘함을 어찌 능히 측량하겠느냐 11:7-12

ㄷ. 욥의 회개를 권면하다 11:13-20

7. 욥이 대답하다 12:1-14:22

ㄱ. 나도 지혜자다 12:1-12

ㄴ. 하나님의 무한한 지혜와 권능 12:13-25

ㄷ. 친구들의 독선에 대해 질책하다 13:1-12

ㄹ. 나는 하나님께 고통을 호소하리라 13:13-28

ㅁ. 덧없는 인생에 대해 탄식하다 14:1-12

ㅂ. 욥이 하나님께 사후의 생명을 간구하다 14:13-22

B. 욥이 세 친구와 두 번째 대화를 하다 15-21장

1. 엘리바스가 욥에게 질문하다 15:1-35

ㄱ. 욥의 주장에 대해 반박하다 15:1-16

ㄴ. 악인의 종말에 대하여 설명하다 15:17-35

2. 욥이 대답하다 16-17장
   ㄱ. 하나님의 방관하심에 대한 욥의 회의 16:1-17
   ㄴ. 하나님은 나의 증인이시다 16:18-22
   ㄷ. 주는 나의 보주이시다 17:1-5
   ㄹ. 욥이 탄식하다 17:6-16.
3. 빌닷이 질문하다 18:1-21
   ㄱ. 욥은 너무 경박하다 18:1-4
   ㄴ. 욥은 비참하게 끝날 것이다 18:5-21
4. 욥이 대답하다 19:1-29
   ㄱ. 욥이 친구들에 대해 질책하다 19:1-12
   ㄴ. 욥이 하나님께 호소하다 19:13-22
   ㄹ. 욥의 부활의 소망 19:23-29
5. 소발이 욥에게 2차로 질문하다 20:1-29
   ㄱ. 악인의 번영은 잠시 있는 일이다 20:1-11
   ㄴ. 악인의 멸망은 필연적이다 20:12-29
6. 소발의 질문에 대한 욥의 대답 21:1-34
   ㄱ. 하나님의 섭리는 알 수 없다 21:1-16
   ㄴ. 악인이 형통한 때가 있긴 하다 21:17-26
   ㄹ. 친구의 위로는 거짓된 것이다 21:27-34

C. 욥이 친구들과 세 번째 대화를 하다 22-31장
1. 엘리바스가 질문하다 22:1-30
   ㄱ. 엘리바스가 욥을 정죄하다 22:1-11
   ㄴ. 하나님으로부터 보응이 있을 것이다 22:12-20
   ㄹ. 욥에게 회개를 독촉하다 22:21-30
2. 욥이 대답하다 23-24장
   ㄱ. 내가 어찌하면 하나님 앞에 이를 수 있을까 23:1-9
   ㄴ. 하나님은 두려우신 존재이다 23:10-17

ㄹ. 부자들의 횡포 24:1-12

ㅁ. 악인들의 악행 24:13-25

3. 빌닷의 3차 질문 25장

4. 빌닷의 3차 질문에 대한 욥의 대답 26-28장

ㄱ. 하나님은 무한한 능력을 가지고 계시다 26장

ㄴ. 욥이 무죄를 선언하다 27장

1) 욥이 무죄를 선언하다 27:1-12

2)악인이 보응을 받을 것이다 27:13-23

ㄷ. 욥이 하나님의 지혜를 찬미하다 28장

1) 지혜는 세상에서 찾지 못 한다 28:1-22

2)지혜의 근본은 하나님이시다 28:23-28

5. 욥이 독백하다 29-31장

ㄱ. 욥이 과거를 회고하다 29장

1) 행복했던 과거를 회고하다 29:1-10

2) 욥이 의로웠던 날을 회고하다 29:11-17

3) 욥이 선종(善終)을 소망하다 29:18-25

ㄴ. 욥이 자신의 현재의 비참을 바라보다 30장

1) 비천한 자들이 욥을 조소하다 30:1-15

2) 욥은 현재에 참담함을 느끼다 30:16-23

3) 욥의 호소가 응답되지 않고 있다 30:24-31

ㄷ. 욥은 무죄를 다시 선언하다 31장

1) 도덕적 죄는 없다 31:1-12

2) 사회적 죄도 없다 31:13-23

3) 종교적 죄도 없다 31:24-40

III. 엘리후가 독백하다 32-37장

A. 엘리후가 발언하다 32장

1. 엘리후가 등장하다 32:1-5

2. 엘리후가 발언하는 이유 32:6-22

B. 하나님이 확실히 응답하실 것이다 33장

1. 하나님은 위대하신 분이시다 33:1-12

2. 하나님은 확실히 응답하실 것이다 33:13-33

C. 하나님은 확실히 심판하실 것이다 34장

1. 하나님의 심판에는 불의가 없으시다 34:1-20

2. 하나님의 심판은 정당하시다 34:21-30

3. 누가 하나님의 심판을 비난할 수 있을까 34:31-37

D. 경건하게 하나님 앞에 나아갈 것이다 35장

1. 의로움이 무익하다고 하지 말 것이다 35:1-8

2. 교만 때문에 응답이 없는 것이다 35:9-16

E. 능력이 무한하신 하나님을 경외해야 할 것이다 36-37장

1. 고난의 목적은 교육에 있다 36:1-16

2. 고난의 목적이 교육인 것을 배우라 36:17-23

3. 자연계에 보인 하나님의 섭리 36:24-37:13

4. 하나님을 두려워하라 37:14-24

IV. 여호와와 욥의 대화 38:1-42:6

A. 여호와의 첫 번째 질문, 사람이 하나님과 다툴 수 있는가 38-39장

1. 여호와께서 나타나시다 38:1-3

2. 땅과 바다가 경이롭다 38:4-18

3. 하늘이 경이롭다 38:19-38

4. 동물계가 경이롭다 38:39-39:30

B. 여호와의 두 번째 질문, 사람이 하나님을 비난할 수 있느냐 40-41장

1. 네가 하나님을 비난할 수 있느냐 40:1-14

2. 베헤못(하마)이 경이롭지 않느냐 40:15-24

3. 악어가 경이롭지 않느냐 41:1-34

ㄱ. 아무도 악어를 제어할 수 없다 41:1-11

ㄴ. 악어는 강력하다 41:12-34

C. 욥이 회개하다 42:1-6

V. 욥이 회개한 후 회복되다 42:7-17

A. 욥이 친구를 위해 대표 기도를 드리다 42:7-9

B. 욥이 회복되다 42:10-17

참고도서

강병도편. *호크마 종합주석 13, 욥기,* 서울: 기독지혜사, 1992.

그랜드종합주석. *욥기, 잠언, 전도서, 아가 주석,* 제자원, 성서아카데미, 1999.

김수홍. *그리스도의 말씀이 연합에 미친 영향.* 용인시: 도서출판 목양, 2011.

______. *여호수아 주해,* 경기도 수원시: 도서출판 언약, 2016.

______. *사사기, 룻기 주해,* 경기도 수원시: 도서출판 언약, 2016.

박윤선. *성경주석, 욥기, 전도서, 아가서,* 서울: 영음사, 1974.

반즈, 알버트. 욥기(상), 서울: 크리스챤서적, 1995.

__________. 욥기(하), 서울: 크리스챤서적, 1996.

앳킨슨, 데이비드. *욥기 강해, 고난과 은혜,* 김진우 옮김, 서울: 한국 기독 학생회 출판부, 1999.

이상근. *구약 주해, 에스라-욥,* 대구광역시: 성등사, 1998.

제자원편. *욥기 제 1-14장 옥스퍼드 원어성경대전, 041,* 서울: 제자원, 2004.

_______. *욥기 제 15-31장,* 옥스퍼드 원어성경대전 042, 서울: 제자원, 2004.

_______. *욥기 제 32-42장,* 옥스퍼드 원어성경대전 043, 서울: 제자원, 2005.

Rawlinson, G. 풀핏성경주석번역위원회 역편. *풀핏 성경주석 제 17권, 욥기 (상),* 장병일역, 보문출판사 발행, 1977.

___________. 풀핏성경주석번역위원회 역편. *풀핏 성경주석 욥기(하),* 장병일번역, 보문출판사 발행, 1987,

Rayburn, William D. *A Handbook on the Book of Job,* New York: United Bible Societies.

죽 로이 B. *욥기, 두란노 강해 주석시리즈 9,* 전광규 옮김, 서울: 도서출판 두란노, 1988.

카일과 델리취. *구약 주석, 욥기(상) 16,* 서울: 도서출판 기독교문화사, 1983.

__________. *구약 주석, 욥기(중) 17*, 서울: 도서출판 기독교문화사, 1984.

__________. *구약 주석, 욥기(하) 18,* 서울: 도서출판 기독교문화사, 1985.

헨리 매튜. *매튜헨리주석, 욥기,* 박문재 옮김, 경기도 고양시: 크리스챤, 2009.

Alden, Robert L. *Job, The New American Commentary, Vol. 11,* Broadman and Holman Publishers, 1993.

Alden, Robert A. *Job* (New American Commentary), Broadman, 1994.

Anderson, Francis I. *Job,* Downers:Inter-Varsity Press, 1974.

Baxter, J. Sidlow. *Explore the Book*. Grand Rapids: Zondervan Publishing House, 1966.

Black, Matthew & Rowley, H.H. *Peake's Commentary on the Bible*, Nashville: Thomas Nelson, 1962.

Calvin, John. *Calvin's Commentaris,* Edinburgh, 1847.

__________. *칼빈의 욥기 강해, 욥과 하나님,* 서문강 옮김, 서울: 지평서원, 1988.

Clarke, Adam. *Clarke's Commentary*, Nashville: Abingdon,

Clines, David J. A. *Job* (Word), Word Books, 2000. (2 vols.)

Clines, David J. A. *욥기(중),* WBC 성경주석 18 A, Nashville: Thomas Nelson Publishers, 2006.

Gibson, John C. L. *Job*, Saint Andrew Press, 1985.

Green, William Henry. *Argument of the Book of Job Unfolded*, Eerdmans, 1999.

Guthrie D. & Motyer, J.A. *The New Bible Commentary*, Grand Rapids: Eerdmans, 1970.

Habel, Norman C. *The Book of Job* (OTL), Westminster John Knox, 1985.

Hartley, John E. *Job* (NICOT), Eerdmans, 1988.

Jamieson, R. Fausset, A.R. & Brown D. *Commentary on the Whole Bible,* Grand Rapids: Zondervan, 1976.

Janzen, J. Gerald. *Job* (Interpretation), Westminster John Knox, 1985. Kline, Meredith G. "Job" in *The Wycliffe Bible Commentary.* Chicago: Moody Press, 1962.

Lange, John Peter. *Commentary on the Whole Scripture*, Grand Rapids: Zondervan, 1876.

Leupold, H.C. *Barnes on the Old Testament*, Grand Rapids: Baker Book House, 1942.

Van der Lugt, Pieter. *Rhetorical Criticism and Poetry in the Book of Job*, Brill Academic, 1997.

Maclaren, Alexander. *Expositions of Holy Scripture*, Grand Rapids: Baker Book House, 1984.

Morgan, G. Campbell. *An Exposition of the Whole Bible*, Old Tapen:

Fleming H. Revell, 1959.

Myer, F.B. *Bible Commentary*, Wheaton: Tyndale, 1984.

Nicoll W. Robertson ed. *The Expositor's Bible*, Chicago: W.P. Blessing Co. n.d.

Pope, Marvin. *Job* (Anchor, 15), Doubleday, 1973.

Rodd, Cyril S. *The Book of Job* (Narrative Commentaries), Trinity Press International, 1990.

Rowley, H. H. *Job* (The Century Bible), Thomas Nelson and Sons, 1970.

Sacks, Robert D. *The Book of Job With Commentary*, University Press of America, 1999.

Smick, Elmer B. "Job" in *Expositors Bible Commentary*, vol. 4, Zondervan, 1988.

Strahan, James. *The Book of Job Interpreted*, T & T Clark, 1913.

Unger, M. F. *Unger's Commentary on the Old Testament,* vol.1 Genesis-Song of Solomon, Chicago: Moody Press, 1981.

Walvoord, John F. & Zuck Roy B. ed. *The Bible Knowledge Commentary*, Wheaton: Victor, 1985.

【 사전 】

바이블렉스 8.0

데릭 윌리엄스, *IVP 성경사전,* 이정석 외 한국기독학생회 출판부 역, 한국기독학생회 출판부(IVP), 1992,

Achtemeier, Paul J. *Harper's Bible Dictionary*, New York: A Division of Harper Collins Publishers, 1985.

Baker, David W. *Dictionary of the Old Testament: Pentateuch,* Leichester: InterVarsity Press, 2003.

Douglas, J. D. *New Bible Dictionary*, (2nd edition), Wheaton: Tyndale House Publishers, 1982.

Tenney, Merrill C. *The Zondervan Pictorial Bible Dictionary,* Grand Rapids: Regency, 1967.

Tregelles, Samuel Prideaux. *Gesenius' Hebrew and Chaldee Lexicon,* Grand Rapids: Eerdmans, 1969.

Unger, M. F. *Unger's Bible Dictionary.* Chicago: Moody, 1957.

【 지도 】

Personal Map Insert. Ft. Smith: Son Light Publishers, Inc, 1997.

욥기 주해

제 1 장

욥기는 하나님께서 욥이라는 사람을 택하셔서 고난(각종 고난을 주심, 아내를 통한 싸늘한 말을 주심, 세 친구를 접근하게 하셔서 세 차례의 엉뚱한 말을 듣게 하신 일들)을 주어 믿음을 증진시켜 주시고 복을 회복시켜 주신 것을 기록한 책이다. 우리는 욥기를 보면서 한 평생 믿음의 성장을 위해서 성경을 연구하고 묵상하며 기도하면서 살아야 할 것을 권고 받는다.

1. 서론 1-2장

하나님께서 욥을 훌륭한 신앙인으로 성장시키기 위해 첫 번째 고난과 두 번째 고난을 허락하신다. 욥은 이 두 번의 큰 고난을 통하여 우리에게 세상에서 아무 것도 없어도 큰 신앙인이 될 수 있다는 것을 보여준다.

A. 욥은 이상적 인물이었다 1:1-5

욥이 고난을 받은 것은 그의 어떤 죄로 인한 것이 아니라 욥에 대한 하나님의 일방적 선택의 결과였다.

욥 1:1. 우스 땅에 욥이라 불리는 사람이 있었는데 그 사람은 온전하고 정직하여 하나님을 경외하며 악에서 떠난 자더라.

본절에 욥이 살았던 장소가 등장하는 것은 욥이 역사적인 인물이었다는 것을 보여준다. 여기 "우스 땅"이란 '에돔 땅'을 지칭한다. 다시 말해 사해의 동남편이며 에돔 땅의 북부 지방을 지칭한다(K.&D., 렘 25:20; 애 4:21 참조).

이방인이었던 욥이 완벽한 신앙을 견지하고 있었던 것은 놀라운 일이 아닐 수 없었다. 이는 선민이라고 자처하는 유대인을 부끄럽게 만드는 일이었다(마 8:5-13참조).

"욥"은 '우는 자'를 뜻한다. 욥은 족장 시대의 사람으로 믿어진다. 그 근거로 1) 욥이 200세나 살았다는 점(42:16; 창 25:7 참조), 2) 재산을 가축의 수로 측정한 점(1:3; 42:12), 3) 책 중에 나타난 풍속이 족장 시대의 그것과 같은 점, 4) 욥은 일반 속민이었으며 동시에 제사장이었던 점(1:5)을 들 수 있다(이상근).

본서 저자는 욥의 사람됨을 이렇게 말하고 있다. "그 사람은 온전하고 정직하여 하나님을 경외하며 악에서 떠난 자"였다고 말한다. 여기 "온전했다"는 말은 완전 무죄함을 뜻하는 것이 아니고, 외식과 반대되는 진실함을 말하며 남들이 알아주든지 말든지 상관하지 않고 중심의 진실함을 말한다(시 51:6, 박윤선).

"정직했다"는 말은 사람들에게 대하여 옳게 행했다는 뜻이다. 다시 말해 외부적으로 의롭게 행했음을 말한다. 신앙생활에 있어서 중심의 진실함은 반드시 외부적으로도 의로운 생활로 나타난다.

그리고 욥은 "하나님을 경외하며 악에서 떠난 자"였다. 욥은 하나님을 경외했기 때문에 악에서 떠날 수가 있었다. 사람이 하나님을 경외하면 악에서 떠나기 마련이다. 그러면 하나님을 경외한다는 말은 무슨 말인가. 하나님을 경외한다는 말은 하나님을 공포스럽게 여긴다는 말은 아니다. 이유는 하나님은 사랑이시기 때문이다(요 3:16; 요일 4:8,16). 하나님을 경외한다는 말은 하나님을 아는 자가 하나님을 믿으며 사랑하며 두려워함을 말한다(시 2:11). 우리가 하나님을 두려워하는 것은 나쁜 일이 아니다. 우리가 하나님의 무한한 사랑과 권능을 거스를 때 공포심을 가진다. 욥이 하나님께 대하여 공포심을 가졌던 일은 잘못된 일은 아니었다. 욥은 하나님을 알고 믿었으며 두려워했다. 따라서 그는 악을 행하지 않았다. 하나님께서도 하나님의 사자들과 사탄 앞에서 욥을 두 번이나 인정한 것(1:8; 2:3)을 보면 욥의 고난은 욥의 어떤 죄악으로부터 말미암은 것이 아니라 하나님께서 욥의 신앙을 증진시키기 위하여(42:5) 주신 것임을 알게 된다.

욥 1:2. 그에게 아들 일곱과 딸 셋이 태어나니라.

하나님은 욥에게 아들 7명과 딸 3명을 주셨다. 아들 딸 합하여 10명이었다. 하나님께서 이렇게 많은 자녀를 주신 것은 큰 복을 주신 것을 의미한다(삼상 2:5; 시 127:3; 룻 4:15).

욥 1:3. 그의 소유물은 양이 칠천 마리요 낙타가 삼천 마리요 소가 오백 겨리요 암나귀가 오백 마리이며 종도 많이 있었으니 이 사람은 동방 사람 중에 가장 훌륭한 자라.

2절은 욥의 아들과 딸이 많은 것을 통해 욥이 크게 복을 받은 것을 말했는데, 이제 본절에서는 욥의 소유물을 언급하며 욥이 복 받은 자임을 나타낸다. "양이 7,000마리요, 낙타가 3,000마리요, 소가 500겨리(소 두 마리가 끄는 큰 쟁기)요, 암나귀가 500마리"였다는 것은 큰 복을 받은 것을 말한다. 욥이 받은 복이 얼마나 많았던지 갈멜 땅의 부자였던 나발의 소유보다 훨씬 많았다. 나발의 소유는 양이 3,000마리였고, 염소가 1,000마리였다(삼상 25:2). 욥이 이처럼 소유가 많았는데, 그가 고난을 만나 모두 소유를 잃어버린 후 신앙이 더 성장한 후에는 소유를 갑절이나 받았다(42:10). 즉, 고난 후 욥이 받은 소유는 "양 14,000과 낙타 6,000과 소 1,000 겨리와 암나귀 1,000"마리였다. 영적으로 부하게 되면 육적인 복도 받는 것을 보여준다(요삼 1:2 참조).

또 욥에게는 "종도 많이" 있었다. 이 당시 종은 하나의 소유물로 취급되었다. 종이 많이 있었다는 것은 돕는 자들이 많이 있었다는 것을 뜻한다. 오늘날에는 종을 많이 두지 못하니 피차 종노릇하면서 살아야 할 것이다.

본절의 결론으로 "이 사람은 동방 사람 중에 가장 훌륭한 자"였다. 여기 "동방"이란 가나안을 중심해서 보면 에돔과 모압 등지를 가리키는 말이다.

그리고 "가장 훌륭한 자"란 말은 사람의 지위나 재산이 특출한 자를 지칭한다. 욥은 그 넓은 지역에서 특출한 자였다. 욥은 재산이 많았고 종도 많았는데도 그의 신앙이 참으로 훌륭했다(1절).

욥 1:4. 그의 아들들이 자기 생일에 각각 자기의 집에서 잔치를 베풀고 그의 누이 세 명도 청하여 함께 먹고 마시더라.

욥은 자녀들도 많이 있었고(2절) 또 소유물과 종들도 많이 있었는데도(3절), 본절과 다음절에서는 그의 신앙이 해이해지지 않고 죄를 멀리하는 삶을 산 것을 보여준다.

욥의 7명의 아들들이 각자 자기 생일을 맞이하면 각자의 집에서 잔치를 베풀고 또 그의 누이 세 명도 청하여 함께 먹고 마셨다는 것을 말한다. 이것이 하나의 습관이 되었다. 욥은 그들이 생일잔치를 하며 먹고 마시는 동안 혹시 죄를 지었을지 몰라서 번제를 드려주었다(다음 절).

욥 1:5. 그들이 차례대로 잔치를 끝내면 욥이 그들을 불러다가 성결하게 하되 아침에 일어나서 그들의 명수대로 번제를 드렸으니 이는 욥이 말하기를 혹시 내 아들들이 죄를 범하여 마음으로 하나님을 욕되게 하였을까 함이라 욥의 행위가 항상 이러하였더라.

욥의 자녀들이 잔치를 끝내면 욥은 그들을 불러다가 번제(עֹלָה)를 드려주었다. 이유는 그들이 혹시 잔치를 준비하고 실제로 잔치에 참여하여 먹고 마시는 동안 하나님 앞에 죄를 지었을지 모른다는 생각에서 번제를 드려준 것이다. 여기 번제(燔祭)는 짐승을 태워서 드리는 제사로서 죄를 정결하게 하는 제사[1])였다. 이러한 욥의 행위는 한두 번 이루어진 것이 아니었고 계속적이었다. 오늘 우리 역시 죄를 자복하는 일이 계속되어야 함을 보여주고 있다.

---

1) 번제는 몸을 하나님께 드리는 헌신제이나 죄를 정결하게 하는 속죄의 뜻도 있다.

B. 욥에게 닥친 첫 번째 고난 1:6-22

욥에게 첫 번째 고난이 닥치기 전에 천상에서 회의가 소집된다. 모든 일은 천상에서 결정되어야 했기 때문이다. 천상에서 하나님과 사탄 간의 대화에서 욥이 당할 고난이 작정되고(6-12절), 실제로 욥에게 고난이 내려진다(13-22절).

1. 하늘에서 이루어진 첫 번째 회의 1:6-12

하늘에서 천상 회의가 열렸는데 하나님이 사탄에게 욥을 유의하여 보았느냐고 물었을 때 사탄은 욥이 그렇게 훌륭한 인품을 가지고 있게 된 것이 그의 소유물 때문이 아니냐고 하였다. 하나님은 사탄에게 욥의 소유물을 치도록 허락하신다.

욥 1:6. 하루는 하나님의 아들들이 와서 여호와 앞에 섰고 사탄도 그들 가운데에 온지라.

본절은 하늘 회의가 열린 모습을 보인다. 하늘 회의에는 하나님과 아들들(천사들), 그리고 사탄이 그들 가운데 참석했다. 여기 "아들들"이란 '천사들'을 지칭하는 것으로 하나님께 절대적으로 순종하고 수종드는 존재들이다(38:7; 시 82:6). 성자 예수님은 독특한 의미에서 독생자이고(요 3:16), 성도들은 독생자를 믿음으로 하나님의 아들이 된 것이다(요 1:12; 롬 8:15).

그리고 "사탄"(הַשָּׂטָן)이란 말은 '참소자'라는 뜻이고 정관사가 붙어 있으며, 슥 3:1-2; 눅 22:31; 계 12:9에도 등장한다. 사탄은 언제나 하나님의 통제를 받아 행동한다.

욥 1:7. 여호와께서 사탄에게 이르시되 네가 어디서 왔느냐 사탄이 여호와께 대답하여 이르되 땅을 두루 돌아 여기저기 다녀왔나이다.

천상 회의에서 여호와께서는 사탄에게 물으신다. 네가 어디서 왔느냐고 하신다. 사탄은 대답하기를 "땅을 두루 돌아 여기저기 다녀왔다"고 아뢴다. 사탄은 땅을 두루 다니며 사람을 미혹하는 존재이다. 사탄은 사람의 존재 자체를 잘 알고 있으며 어떻게 해야 사람을 유혹할 것을 알고 있다. 그러나 사탄은 하나님의 허락 하에서만 활동하는 존재이다.

욥 1:8. 여호와께서 사탄에게 이르시되 네가 내 종 욥을 주의하여 보았느냐 그와 같이 온전하고 정직하여 하나님을 경외하며 악에서 떠난 자는 세상에 없느니라.

천상회의에서 여호와께서 사탄에게 이르시기를 "네가 내 종 욥을 주의하여 보았느냐"고 물으신다. 여호와께서는 욥을 종이라 불러주신다. "주의하여 보았느냐"는 질문은 '눈여겨 보았느냐'는 뜻이다. 하나님께서는 욥에 대하여 "그와 같이 온전하고 정직하여 하나님을 경외하며 악에서 떠난 자는 세상에 없다"고 칭찬하신다. 이 구절은 1절 주해를 참조하다.

욥 1:9. 사탄이 여호와께 대답하여 이르되 욥이 어찌 까닭 없이 하나님을 경외하리이까.

하나님의 질문(8절)에 사탄은 여호와께 이르기를 "욥이 어찌 까닭 없이 하나님을 경외하리이까"라고 대답한다. 욥이 하나님을 경외하는 데는 반드시 이유가 있다는 것이다.

욥 1:10. 주께서 그와 그의 집과 그의 모든 소유물을 울타리로 두르심 때문이 아니니이까 주께서 그의 손으로 하는 바를 복되게 하사 그의 소유물이 땅에 넘치게 하셨음이니이다.

사탄은 여호와께 욥이 그렇게 "온전하고 정직하여 하나님을 경외하며 악에서 떠난 자는 세상에 없게" 된 데는 반드시 이유가 있다고 주장한다. 즉, "여호와께서 욥과 그의 집과 그의 모든 소유물을 울타리로 두르심 때문"이라는 것이다. 다시 말해 "주께서 그의 손으로 하는 바를 복되게 하사 그의 소유물이 땅에 넘치게 하셨기" 때문에 욥이 그런 인물이 된 것이라고 말한다. 사탄의 말은 한 마디로 여호와께서 욥에게 많은 소유물들을 주시고 그 소유물들을 지켜주시기 때문에 하나님을 경외한다는 것이었다. 이는 사탄이 욥을 치고 싶어서 하는 소리였다.

욥 1:11. 이제 주의 손을 펴서 그의 모든 소유물을 치소서 그리하시면 틀림없이 주를 향하여 욕하지 않겠나이까.

사탄은 여호와께 이제 "주의 손을 펴서 그의 모든 소유물을 치소서 그리하시면 틀림없이 주를 향하여 욕을 할 것"이라고 말한다. 쉽게 말해 '한번 쳐보세요. 그러면 틀림없이 하나님을 욕할 것입니다'라는 것이다.

욥 1:12. 여호와께서 사탄에게 이르시되 내가 그의 소유물을 다 네 손에 맡기노라 다만 그의 몸에는 네 손을 대지 말지니라 사탄이 곧 여호와 앞에서 물러가니라.

천상회의의 결론으로 여호와께서는 사탄에게 욥의 소유물을 맡기는 말씀을 하신다. 그러나 욥의 몸에는 네 손을 대지 말라고 하신다. 이 회의의 말씀을 끝으로 사탄은 곧 여호와 앞에서 물러 나와 세상으로 향한다.

본절에서 밝혀진 내용은 사탄은 여호와의 허락 하에서만 활동하는 것을 볼 수 있다. 그리고 여호와께서는 사탄에게 "욥의 생명은 건드리지 말라"고 말씀하신다.

2. 욥에게 닥친 첫 번째 고난 1:13-22

천상회의에서 여호와의 허락을 받고 지상으로 내려온 사탄은 욥의 생명을 건드리지 않는 범위에서 욥의 자녀들과 소유물을 쳤다.

욥 1:13. 하루는 욥의 자녀들이 그 맏아들의 집에서 음식을 먹으며 포도주를 마실 때에.

어느 날 욥의 맏아들이 생일을 맞이하여 음식을 먹으며 포도주를 마시고 있을 때에 14-15절과 같은 사건을 사탄이 일으켰다. 이런 즐거운 날에 사탄은 고난을 가져다주었다. 사탄은 이런 날에 분위기를 깨뜨린 것이다.

욥 1:14. 사환이 욥에게 와서 아뢰되 소는 밭을 갈고 나귀는 그 곁에서 풀을 먹는데.

일꾼 하나가 욥에게 달려와서 다급하게 알려준다. "우리가 소를 몰아 밭을 갈고 있었고 나귀들은 그 근처에서 풀을 뜯고 있었는데 다음 절(15절)과 같은 사건이 벌어졌다는 것이다. 사람이 소를 몰아 밭을 갈고 있었고 나귀들이 풀밭에서 풀을 뜯고 있는 고요한 농촌 풍경 속에서 사탄이 일을 일으킨 것이다.

욥 1:15. 스바 사람이 갑자기 이르러 그것들을 빼앗고 칼로 종들을 죽였나이다 나만 홀로 피하였으므로 주인께 아뢰러 왔나이다.

사탄은 스바 사람들(에돔에서 바사만까지에 살던 베드윈 족이었다)을 동원하여 욥의 일꾼이 밭을 갈고 있는 곳에서 가축들을 빼앗고 칼로 종들을 죽였다는 것이다. 그런데 그 현상들을 목격한 종 하나가 홀로 피했기 때문에 주인께 보고하러 왔다는 것이다. 이렇게 보고를 해주는 사람이 있는 것은 욥을 시험하기 위함이었다. 교회에서도 문제가 발생했을 때 반드시 그 현상을 고해주는 사람이 있다. 그것은 사탄이 해놓은 것을 목사로 하여금 알아서 기도하라는 하나님의 섭리인 것이다.

욥 1:16. 그가 아직 말하는 동안에 또 한 사람이 와서 아뢰되 하나님의 불이 하늘에서 떨어져서 양과 종들을 살라 버렸나이다 나만 홀로 피하였으므로 주인께 아뢰러 왔나이다.

본절은 둘째 보고로 하늘에서 내려온 불로 말미암은 고난을 말하는 것이었다. 첫째 보고자의 말이 채 끝나기 전에 둘째 보고자가 와서 "하나님의 불이 하늘에서 떨어져서 양과 종들을 살라 버렸다"고 보고한다. 그 보고자는 "나만 홀로 피하였으므로 주인께 아뢰러 왔다"고 말한다. 둘째 보고자가 반드시 와서 보고해야 했던 이유는 욥에게 닥친 고난이 그대로 보고되어야 했기 때문이다. 본절의 "하늘의 불"이란 '벼락'을 지칭하는 것으로 보인다(민 11:1-3; 왕하 1:10; 시 21편, Rawlinson, 이상근).

욥 1:17. 그가 아직 말하는 동안에 또 한 사람이 와서 아뢰되 갈대아 사람이 세 무리를 지어 갑자기 낙타에게 달려들어 그것을 빼앗으며 칼로 종들을 죽였나이다 나만 홀로 피하였으므로 주인께 아뢰러 왔나이다.

본절은 욥에게 내린 셋째 고난이다. 둘째 보고자가 아직 보고하고 있는 동안에 또 한 사람 곧 셋째 보고자가 나타나서 말하기를 "갈대아 사람이 세 무리를 지어 갑자기 낙타에게 달려들어 그것을 빼앗으며 칼로 종들을 죽였나이다. 나만 홀로 피하였으므로 주인께 아뢰러 왔다"고 전해준다. 여기 "갈대아 사람"이란 '앗수르와 바벨론 백성'을 일컫는 말이다. 이들은 호전적인 민족으로 사탄이 이때 이들을 사용했다. 셋째 보고자도 역시 그 난리통에 한 사람만 남게 되었다. 사탄이 한 사람을 남긴 것은 욥에게 보고하기 위함이었다.

욥 1:18-19. 그가 아직 말하는 동안에 또 한 사람이 와서 아뢰되 주인의 자녀들이 그들의 맏아들의 집에서 음식을 먹으며 포도주를 마시는데 거친 들에서 큰 바람이 와서 집 네 모퉁이를 치매 그 청년들 위에 무너지므로 그들이 죽었나이다 나만 홀로 피하였으므로 주인께 아뢰러 왔나이다 한지라.

18-19절은 넷째 고난으로 들에서 토네이도(tornado-대선풍)가 일어나서 10명의 자녀가 압사 당했다는 것을 말한다. 이 토네이도도 앞 고난을 보고하러 온 자가 아직 욥에게 말하는 동안에 일어난 고난이다. 이 바람은 아라비아 동남쪽에서 불어오는 매우 강한 바람으로 2월부터 6월까지 불고 무서운 열기를 동반하여 공중을 먼지로 채우는 선풍이다. 이 큰 바람이 집을 무너지게 해서 욥의 자녀들을 압사시킨 것이었다.

이렇게 네 가지 고난이 연거푸 닥쳐와서 욥의 소유물과 자녀들에게 덮쳤다는 것을 보고하는 사람들의 연속적인 보고 내용은 욥을 기절시키기에 충분했다. 그러나 욥은 기절하지 않았고, 오히려 차분히 하나님께 경배 드리며, 하나님을 찬송했다(20-22절).

욥 1:20. 욥이 일어나 겉옷을 찢고 머리털을 밀고 땅에 엎드려 예배하며.

욥은 엄청난 고난에 대한 소식을 듣고 하나님을 원망하지 않고 "겉옷을 찢고 머리털을 밀고 땅에 엎드려 예배"했다. 여기 "겉옷"이란 상류층 사람들(삼상 15:27; 24:5)이나, 제사장들(삼상 28:14)이 입던 옷이었다. "겉옷을 찢은 것"은 지극한 슬픔을 표현하는 것이다(창 37:34; 수 7:6; 삼하 1:11; 3:31; 13:31; 스 9:3-5; 에 4:1). 또 "머리털을 민 것" 역시 큰 슬픔의 표시였다(스 9:3). 욥은 이렇게 엄청난 슬픔의 표시를 하고 "땅에 엎드려 예배"했다. 욥은 하나님께서 주신 시련을 겸허하게 받아드리겠다는 표시로 땅에 엎드려 예배했다. 모든 것이 하나님께로부터 온 것을 아는 자는 하나님께 엎드려 예배하는 법이었다.

욥 1:21. 이르되 내가 모태에서 알몸으로 나왔사온즉 또한 알몸이 그리로 돌아가올지라 주신 이도 여호와시요 거두신 이도 여호와시오니 여호와의 이름이 찬송을 받으실지니이다 하고.

욥은 땅에 엎드려 하나님께 예배하며 이르기를 "내가 모태에서 알몸으로 나왔사온즉 또한 알몸이 그리로 돌아가올지라"고 말한다. 욥은 과거에 모태로부터 알몸으로 나온 것을 알고 있었다. 이제는 알몸이 그리로 돌아갈 것이라고 고백하고 있다. 그의 자녀들도 다 갔고 소유물도 다 없어졌으니 자신도 알몸이 되어 그리로 돌아가게 될 것을 말한다. 쉽게 말해 알몸으로 났으니 알몸으로 죽는다는 것이다.

그리고 욥은 자기의 죽음을 "주신 이도 여호와시요 거두신 이도 여호와시오니 여호와의 이름이 찬송을 받으실지니이다"라고 고백한다. 다시 말해 자기의 탄생과 죽음이 전적으로 하나님의 손에 의해 주장되어진다는 고백이다. 즉, 자신의 삶과 죽음에 세상의 그 어떤 것도 개입할 수 없음을 말하는 것이다. 그런고로 욥은 "여호와의 이름이 찬송을 받으실지니이다"라고 고백하고 있다. 사탄은 하나님께서 욥을 치시면 욥이 분명히 하나님을 욕할 것이라고 했으나 (11절) 욥은 모든 것을 주장하시는 하나님께 찬양을 돌리고 있다. 사탄은 욥의 사건에서 실패하고 만 것이다. 우리는 항상 하나님께 감사하고 찬양하는 삶을 살아야 할 것이다.

욥 1:22. 이 모든 일에 욥이 범죄하지 아니하고 하나님을 향하여 원망하지 아니하니라.

욥은 네 번의 큰 고난(소유물을 잃는 일, 자녀들을 잃는 일)을 만나 범죄하지 않았다. 그리고 하나님을 향하여 원망하지 아니했다. 우리가 하나님을 향하여 욕하는 일, 원망하는 일은 크게 범죄하는 것이다. 어떤 이들은 범사에 하나님을 향하여 욕하고 원망한다. 큰 범죄인 것이다. 요나는 물고기 뱃속에서도 원망하지 않고 감사했다(욘 2:1-9). 우리는 어떤 환경을 만나도 그 환경에서 기도하면 하나님의 뜻이 훤히 풀려 나감을 실감할 수 있다.

제 2 장

C. 욥에게 닥친 두 번째 고난 2장

하나님은 욥에게 두 번째 고난을 허락하시기 위하여 천상회의를 또 여신다. 거기에는 예외 없이 사탄이 참석했다. 본장은 하늘에서 이루어진 두 번째 회의(1-6절)가 있었고, 두 번째 욥에게 닥친 고난이 있었으며(7-10절), 욥에게 위로하러 온 세 친구(11-13절)가 등장한다.

1. 하늘에서 이루어진 두 번째 회의 2:1-6

하나님은 왜 하늘에서 두 번째 회의를 여셨을까. 한번으로 끝내도 되시지 않았을까 하는 생각이다. 이는 아마도 하나님께서 일차 회의만으로도 욥이 실패하는 경우 거기서 멈출 의향이 있었음을 보여주는 것 같다. 욥이 1차 회의 끝에 시행된 고난에서 하나님을 욕하고 원망했더라면 하늘에서의 제 2차 회의는 필요 없었을 것이다. 그러나 욥이 그의 자녀들과 모든 소유물을 잃은 뒤에도 하나님을 원망하지 않고 감사하고 찬양했기에 하나님은 제 2차 회의를 여신 것이다. 2차 회의 결과는 욥에게 더 심한 고난이 주어진다.

욥 2:1. 또 하루는 하나님의 아들들이 와서 여호와 앞에 서고 사탄도 그들 가운데에 와서 여호와 앞에 서니.

여기 "하루"란 말은 하늘 회의를 다 끝내고 사탄의 고난이 실패로 돌아간 후의 어느 날을 지칭하는 것으로 보인다. 여기 "하나님의 아들들이 와서 여호와 앞에 섰다"는 말은 제 1차 회의 때나 마찬가지로 천사들이 하늘 회의에 참석한 것을 드러내는 말이다. 그리고 "사탄도 그들 가운데에 와서 여호와 앞에 섰다"는 말도 제 1차 회의 때와 마찬가지로 사탄도 참석한 것을 말한다(1:6 참조).

욥 2:2. 여호와께서 사탄에게 이르시되 네가 어디서 왔느냐 사탄이 여호와께 대답하여 이르되 땅을 두루 돌아 여기 저기 다녀왔나이다.

하나님의 질문과 사탄의 대답이 제 1차 회의 때와 똑같다(1:7 주해 참조).

욥 2:3. 여호와께서 사탄에게 이르시되 네가 내 종 욥을 주의하여 보았느냐 그와 같이 온전하고 정직하여 하나님을 경외하며 악에서 떠난 자가 세상에 없느니라 네가 나를 충동하여 까닭 없이 그를 치게 하였어도 그가 여전히 자기의 온전함을 굳게 지켰느니라.

하나님은 제 2차 천상회의에서 사탄에게 "네가 내 종 욥을 주의하여 보았느냐 그와 같이 온전하고 정직하여 하나님을 경외하며 악에서 떠난 자가 세상에 없느니라"고 하시면서 사탄을 책망하신다. 하나님은 사탄에게 "네가 나를 충동하여 까닭 없이 그를 치게 하였어도 그가 여전히 자기의 온전함을 굳게 지켰느니라"고 하신다. 첫 번째 고난(욥의 소유물을 친 재난과 자녀들을 친 고난)은 공연한 고난이었다. 다시 말해 까닭 없는 고난이었다.

욥 2:4. 사탄이 여호와께 대답하여 이르되 가죽으로 가죽을 바꾸오니 사람이 그의 모든 소유물로 자기의 생명을 바꾸올지라(Then Satan answered the LORD and said, "Skin for skin! All that a man has he will give for his life-ESV)**.**

본절의 말씀은 사탄이 앞절에서 하나님으로부터 책망을 받고 대답한 말이다. 즉, 사탄이 주님께 "가죽은 가죽으로 대신할 수 있습니다. 사람은 자기 생명을 지키는 일이라면 자기가 가진 모든 것을 버립니다"라고 아뢴다. 이는 물물 교환이 통했던 당시의 상거래에서 먹혔던 격언인 듯하다. "가죽으로 가죽을 바꾼다"는 말은 심히 난해한 어구로서 두 가지 견해가 있다. 1) 하나님께서 욥의 생명을 다치지 않게 하셨음으로 욥도 하나님을 저주하지 않았다는 견해. 2) 또 다른 견해는 뒷말(사람은 자기 생명을 지키는 일이라면 자기가 가진 모든 것을 버립니다)과 연결하여 해석하면 한쪽의 것을 얻기 위해서는 그만한 값어치의 다른 것을 지불해야 한다는 것으로 욥이 자기의 생명을 다치지 않기 위하여 모든 다른 자기의 소유를 희생시켰다는 것이다. 그러니 욥에게 더 강도 높은 시험을 하여 욥으로 하여금 하나님을 욕하기를 바라고 있다. 사탄은 언제나 사람이 하나님을 원망하고 불평하기를 간절히 바라고 있다. 문맥의 흐름으로 보아 2번의 견해가 더 바른 것으로 보인다(그랜드 종합 주석). 오늘도 사탄은 온 세상 사람들이 하나님을 원망하고 욕하기를 간절히 소원하고 있다.

욥 2:5. 이제 주의 손을 펴서 그의 뼈와 살을 치소서 그리하시면 틀림없이 주를 향하여 욕하지 않겠나이까.

사탄의 계속되는 대답이다. 이제 주님의 손을 펴서 욥의 뼈와 살을 치소서. 즉, 욥에게 죽을 지경의 병을 주시라는 제안이다. 그렇게 하시면 틀림없이 욥이 주님을 향하여 욕할 것이라고 부추긴다.

욥 2:6. 여호와께서 사탄에게 이르시되 내가 그를 네 손에 맡기노라 다만 그의 생명은 해하지 말지니라.

여호와께서 사탄의 말(3-4절)을 들으시고 사탄에게 이르시기를 "내가 그를 네 손에 맡기노라. 다만 그의 생명은 해하지 말라"고 명령하신다. 여호와께서는 사탄을 향하여 욥을 죽게 하지는 말되 큰 고난을 주라고 하신다.

2. 욥에게 닥친 두 번째 고난 2:7-10

하나님은 두 번째 천상회의에서 사탄에게 욥의 생명에는 지장이 없게 하고 욥에게 병이 들게 하라고 사탄에게 허락하신다.

욥 2:7. 사탄이 이에 여호와 앞에서 물러가서 욥을 쳐서 그의 발바닥에서

정수리까지 종기가 나게 한지라.

사탄은 여호와로부터 욥의 살과 뼈를 치도록 허락을 받고(앞절) 그 앞에서 물러나와 욥의 발바닥에서부터 정수리(머리 꼭대기)까지 종기가 나게 했다. 그러니까 전신(全身)에 종기가 생기게 한 것이었다. 여기 "종기"(שְׁחִין)란 말은 개역 판에서는 "악창"으로 번역했고, 표준 새 번역에는 "악성 종기"라고 번역해 놓았다. 이 "종기"란 병은 나병의 일종으로 상피병(Elephantiasis, 象皮病)이란 병으로 아프고 가려움을 심히 느끼게 하는 병이다(7-8절). 그리고 이병은 사람으로 하여금 얼굴이 일그러지게 하고 호흡을 곤란하게 하며, 상처에서 악취가 나게 하고, 벌레가 생기는(7:5), 추악하고 극악한 병이다. 아무튼 병들 중 아주 악한 병이다. 모세도 이 병에 대해서 언급하고 있다(신 28:35). 사탄은 욥으로 하여금 이 병에 걸리게 하여 하나님을 욕하게 하려했다. 욥은 죄가 없었으나(1:1) 하나님께서는 욥에게 이런 병이 나게 하셔서 그의 신앙을 증진하게 하신 것이다(42:5).

욥 2:8. 욥이 재 가운데 앉아서 질그릇 조각을 가져다가 몸을 긁고 있더니.

본절은 욥이 자신에게 생긴 종기 때문에 너무 가려워서 재 가운데 앉아서(재 가운데 앉은 것은 비탄의 상징이었다. 에 4:1; 겔 27:30) 질그릇 조각을 가져다가 몸을 긁었다는 것이다. 조금 가려웠으면 손으로 긁었을 것이나 가려움의 정도가 심해서 욥은 질그릇 조각을 가져다가 긁어야 했다. 이같이 심한 가려움증은 사람으로 하여금 미칠 지경이 되게 한다.

욥 2:9. 그의 아내가 그에게 이르되 당신이 그래도 자기의 온전함을 굳게 지키느냐 하나님을 욕하고 죽으라.

본절은 욥이 당한 또 다른 측면의 고난을 말한다. 욥의 아내는 이 순간 사탄의 시녀가 되어 욥에게 "당신이 그래도 자기의 온전함을 굳게 지키느냐 하나님을 욕하고 죽으라"고 한다. 부부 사이에서 아내가 남편을 위로하지 않고 욕하는 것은 세상의 그 어떤 욕보다 강력한 욕이다. 욥의 아내는 욥의 친구들과 마찬가지로 신앙을 단순히 현세적 복과 연관시켜 생각했으며 하나님을 잘못된 분으로 생각했다. 따라서 욥에게 큰 고난을 주시는 분이 하나님이라면 바로 지금이라도 배반하는 것이 좋겠다는 뜻이 욥 아내의 의향이다. 오늘날의 신자들도 이런 생각을 가지고 있다.

욥 2:10. 그가 이르되 그대의 말이 한 어리석은 여자의 말 같도다 우리가 하나님께 복을 받았은즉 화도 받지 아니하겠느냐 하고 이 모든 일에 욥이 입술로 범죄하지 아니하니라.

욥이 아내에게 "그대의 말이 한 어리석은 여자의 말 같도다"라고 말한다. 욥은 자기 아내의 말(9절)을 듣고 "당신까지도 어리석은 여자들처럼 말하는구려. 우리가 하나님께로부터 복을 받았은즉 화도 받지 아니하겠느냐"고 말하여 "이 모든 일에 욥이 입술로 범죄하지 아니"했다. 욥은 하나님은 두 가지(복과 화)를 다 주신다는 것을 말하고 있다(5:17; 신 8:5; 시 94:12; 잠 3:11-12). 하나님께서 화를 주시는 것도 성도의 유익을 위해서이다. 오늘 우리는 하나님께서 하시는 일 가지고 범죄하지 않아야 할 것이다.

3. 욥에게 위로하러 온 세 친구 2:11-13

욥은 그의 아내로부터 "하나님을 욕하고 죽으라"는 말을 들었고 이제는 욥의 친구 세 사람으로부터 정죄를 당하고 있다.

욥 2:11. 그 때에 욥의 친구 세 사람이 이 모든 재앙이 그에게 내렸다 함을 듣고 각각 자기 지역에서부터 이르렀으니 곧 데만 사람 엘리바스와 수아 사람 빌닷과 나아마 사람 소발이라 그들이 욥을 위문하고 위로하려 하여 서로 약속하고 오더니.

본장 초두의 "그 때에"란 말은 '욥의 발병 후 지난 어느 때'를 지칭하는 말인 듯하다(7:3). "욥의 친구 세 사람이 이 모든 재앙이 그에게 내렸다 함을 듣고 각각 자기 지역에서부터 이르렀다"는 말은 '욥의 친구 세 사람이 이 모든 재앙(소유물도 없어지고 자녀들도 없어지며 또 몸에 병이 생긴 것)이 그에게 내렸다함을 듣고 먼 거리에서 찾아왔다는 말이다.

"데만 사람 엘리바스와 수아 사람 빌닷과 나아마 사람 소발"이 함께 찾아온 것을 보면 이들이 서로 약속하고 찾아온 것이다. 여기 "데만"이란 곳은 아라비아의 사막 지방인 에돔 성읍을 지칭하는데, 이 성읍은 지혜인의 성읍으로 유명하다(1:8; 렘 49:7; 겔 25:13). "엘리바스"란 말은 '하나님의 노력'이란 뜻이다. 그는 세 친구 중 최고 연장자인 듯이 보인다(15:10). 다음에 "수아"란 곳은 아브라함의 말자의 고향이었고(창 25:2), 아라비아의 북부 지역으로 에돔에서 멀지 않은 유목 지역이었다(이상근). "빌닷"은 '옛 우정'이란 뜻이다. "나아마"라고 하는 지역(11:1; 20:1; 수 15:41)은 잘 알려지지 않은 지역이다. "소발"이란 사람은 세 사람 중에 가장 열정적인 사람으로 보인다.

욥 2:12. 눈을 들어 멀리 보매 그가 욥인 줄 알기 어렵게 되었으므로 그들이 일제히 소리 질러 울며 각각 자기의 겉옷을 찢고 하늘을 향하여 티끌을 날려 자기 머리에 뿌리고.

이들 세 친구들이 공통적으로 느낀 것은 1) 욥을 멀리 보았을 때 욥인 줄 알기 어렵게 되었다는 것, 알기 어렵게 된 이유는 욥이 병으로 인하여 심하게 변한 모습을 하고 있었기 때문이었다. 2) 그들이 일제히 소리 질러 울었다는 것, 이렇게 운 것은 너무 슬펐기 때문이었다. 3) 각각 자기의 겉옷을 찢고 하늘을 향하여 티끌을 날려 자기 머리에 뿌렸다는 것이었다. 그들이 각각 겉옷을 찢고 하늘을 향하여 티끌을 날려 자기의 머리에 뿌린 것은 너무 슬픈 나머지 취한 행동이었다(느 9:1; 겔 27:30). 사람이 이렇게 심하게 변해 있었다 하더라도 하나님께서 함께 하시면 훗날 회복되는 것을 알 수 있다(42:16-22).

욥 2:13. 밤낮 칠 일 동안 그와 함께 땅에 앉았으나 욥의 고통이 심함을 보므로 그에게 한마디도 말하는 자가 없었더라.

앞절은 욥의 세 친구가 멀리서 욥을 보고 취한 행동이었는데, 본절은 밤낮 7일 동안 욥과 함께 땅에 앉아 있으면서 욥의 고통이 심한 것을 보고 너무 측은하여 욥에게 한마디도 위로의 말을 하는 자가 없었다는 것을 말한다.

욥의 친구들은 욥의 고난에 당황했고, 그 고난의 이유를 찾기 어려워서 그들의 생각을 정리하는 데도 7일이 걸렸을 것이다. 세상에 이렇게 심한 고난을 당하는 자가 또 있었을까 하는 생각 했을 것이다. 욥의 친구들이 이토록 오랜 시간동안 많은 생각을 했으나 결과적으로 그들은 욥을 위로 하지 못했고, 욥을 정죄만 하고 말았다.

제 3 장

II. 욥과 세 친구가 대화하다 3-31장

욥기는 욥과 세 친구가 대화한 내용을 길게 진술한다(3-31장). 세 친구들은 욥을 위로하러 왔다가 정죄만 했다. 그들이 그렇게 끝낸 것은 그들의 지식이 거기까지밖에 미치지 못했기 때문이다. 세 친구와 욥의 대화는 첫 번째 대화(3-14장), 두 번째 대화(15-21장), 세 번째 대화(22-31장)로 끝을 낸다.

욥과 세 친구가 첫 번째 대화를 하기(3-14장) 전에 욥은 먼저 독백을 한다(3:1-26). 그런 다음 엘리바스가 욥에게 질문하는 장면이 나오고(4-5장), 욥이 대답하는 순서가 나온다(6-7장). 그런 다음 빌닷이 욥에게 질문하고(8장), 욥이 대답한다(9-10장). 그런 다음 소발이 욥에게 질문하고(11장), 욥이 대답한다(12-14장).

대체로 엘리바스는 하나님의 계시에, 빌닷은 전통에, 소발은 상식에 입각하여 욥을 정죄한다. 모든 고난은 죄 때문이니 욥은 회개하라는 것이었다. 그들은 그것밖에 알지 못했다. 하나님께서 욥의 신앙을 위해서, 다시 말해 하나님을 더 알도록 내려주신 고난을 알지 못했다. 이 부분은 욥이 독백을 시작하여 하나님에게 고난의 원인을 알려주시기를 호소한다.

1. 욥이 혼자 말을 하다 3:1-26

욥이 세 친구와 대화하기 전에 욥은 혼자 말을 길게 한다. 욥이 혼자 말을 하는 중에 먼저 욥이 자기 생일을 저주한다(1-19절). 욥이 자기 생일을 저주한 것은 자기가 하나님으로부터 버림받았다고 느꼈기 때문이다. 욥이 어떠한 고난도 달게 받을 수 있었으나 자기가 버림을 받았다고 느낄 때는 견딜 수 없어 자기의 탄생을 저주한 것이다. 그리고 욥은 죽음을 사모했다 (20-26절).

1-10절. 욥이 생일을 저주하다.

욥 3:1. 그 후에 욥이 입을 열어 자기의 생일을 저주하니라.

여기 "그 후에"란 말은 '욥과 친구 사이의 긴 침묵 끝에'란 뜻이다. 욥과 세 친구 사이에 긴 침묵이 흐른 다음 욥이 입을 열어 자기 생일을 저주했다. 욥은 하나님을 욕한 것은 아니었고 자기가 이 세상에 난 것을 저주했다. 여기서 사탄은 실패하고 만 것이다. 사탄은 욥이 하나님 욕하기를 원했다.

본절에 등장하는 "저주"란 말이나 다음 절 이하에 등장하는 "멸망"이란 말이나 혹은 "캄캄함"이란 말 등은 모두 욥이 이 세상에 태어나지 않았더라면 좋았을 것이란 뜻이다.

욥 3:2-3. 욥이 입을 열어 이르되 내가 난 날이 멸망하였더라면, 사내아이를 배었다 하던 그 밤도 그러하였더라면,

욥은 자기가 난 날을 저주한다. 같은 뜻으로 사내아이를 밴 것을 저주한다. 남아가 났다거나 남아를 밴 것은 큰 복의 소리였으나 욥은 그런 것들이 저주였다고 한다.

욥 3:4. 그 날이 캄캄하였더라면, 하나님이 위에서 돌아보지 않으셨더라면, 빛도 그 날을 비추지 않았더라면,

욥은 자신이 세상에 태어난 날이 캄캄하였기를 바란다. 다시 말해 하나님이 위에서 돌아보아 주지 않았더라면 좋았을 것이라고 말한다. 그리고 빛도 그 날을 비추지 않았더라면 좋았을 것이라고도 말한다. 쉽게 말해 그가 이 세상에 태어나지 않았으면 좋았을 것이라고 말한다.

욥 3:5. 어둠과 죽음의 그늘이 그 날을 자기의 것이라 주장하였더라면, 구름이

그 위에 덮였더라면, 흑암이 그 날을 덮었더라면,

본절의 "어둠"과 "죽음의 그늘", 그리고 "구름"과 "흑암"이란 말들은 모두 동의어들이다. 욥이 난 날을 어둠과 죽음의 그늘, 구름, 흑암이 주장했더라면 좋았을 것이라고 말한다.

욥 3:6. 그 밤이 캄캄한 어둠에 잡혔더라면, 해의 날 수와 달의 수에 들지 않았더라면,

"그 밤이 캄캄한 어둠에 잡혔더라면"이란 말도 욥이 사산(死産)했더라면 좋았을 것이라는 뜻이다. 그리고 "그 밤이 캄캄한 어둠에 잡혔더라면"이란 말도 역시 욥이 사산되어 나왔더라면 좋았을 것이라는 뜻이다.

욥 3:7. 그 밤에 자식을 배지 못하였더라면, 그 밤에 즐거운 소리가 나지 않았더라면,

"그 밤에 자식을 배지 못하였더라면, 그 밤에 즐거운 소리가 나지 않았더라면" 좋았을 것이라고 소원한다. 자식을 배지 못하고 아이가 탄생한 밤이 즐거운 소리가 나지 않는 밤이 되었기를 욥은 간절히 소원한다.

욥 3:8. 날을 저주하는 자들 곧 리워야단을 격동시키기에 익숙한 자들이 그 밤을 저주하였더라면,

욥은 "날을 저주하는 자"(하나님), 곧 "리워야단"(악어)을 격동시키기에 익숙한 자, 곧 하나님이 욥이 나던 밤에 천지에 괴변을 일으키셨더라면 좋았을 것이라고 한다. 본절의 악어를 해석하는 데는 41:1 주해를 참조하라.

욥 3:9. 그 밤에 새벽 별들이 어두웠더라면, 그 밤이 광명을 바랄지라도 얻지 못하며 동틈을 보지 못하였더라면 좋았을 것을,

본절은 6-7절의 반복이다. 욥이 태어나던 밤의 새벽 별들이 어두워서 보이지 않고 욥이 나던 밤이 광명을 바랄지라도 광명이 보이지 않으며 동이 트이지 못하여 밝음을 보지 못했더라면 좋았을 것이라는 것이다. 욥은 자신이 사산(死産)되어 나왔더라면 좋았을 것이라고 말한다.

욥 3:10. 이는 내 모태의 문을 닫지 아니하여 내 눈으로 환난을 보게 하였음이로구나.

본절 초두에는 이유를 말하는 접속사("왜냐하면")가 있어 본절이 앞절의 이유를 밝히고 있다. 즉, 욥은 앞절에서 자신이 어머니의 태에서 죽어서 나왔더라면 좋았을 것이라고 했는데, 그 이유는 모태의 문이 닫히지 아니하여 자기 눈으로 이 엄청난 고난을 보게 되었다고 말한다. 다시 말해 어머니의 태가 열리지 않으므로 자신이 태어나지 않아서 이 고난을 겪지 않았어야 하는 건데 라고 말한다. 그래서 이 고난을 겪지 않아야 하는 건데 라고 말한다.

11-19. 욥이 세상에 나올 때 죽지 않았음을 한탄한다.

욥 3:11. 어찌하여 내가 태에서 죽어 나오지 아니하였던가 어찌하여 내 어머니가 해산할 때에 내가 숨지지 아니하였던가.

본절 역시 욥 자신이 자신의 어머니의 모태에서 사산되어 나왔더라면 좋았을 것이라고 두 번 연거푸 말하고 있다. 욥은 앞절들(3-10절)에서 자신의 생일과 잉태된 날을 저주하였는데 본절 이하 19절까지도 모태에서 그 자신이 모태에서 죽어서 나왔더라면 좋았을 것이라고 계속 말하고 있다. 그는 자신이 죽어서 나왔더라면 이 고통은 당하지 않았을 것이라고 한탄한다.

욥 3:12. 어찌하여 무릎이 나를 받았던가 어찌하여 내가 젖을 빨았던가.

욥은 본절에서는 무릎이 자기를 받은 사실 그리고 자기가 세상에 태어나서 모유(母乳)를 빨아서 지금까지 살아온 사실을 원망하고 있다. 여기 한 가지 문제가 되는 것은 "무릎들"이 누구의 무릎이냐 하는 것이다. 어머니의 무릎이냐 아니면 아비의 무릎이냐 하는 것이 문제이다. 1) 아비의 무릎들이라는 견해. 아비가 아이를 자신의 무릎들에 받아 아들로 확인하고 받아들이는 관습을 보여준 견해라는 것(Driver & Gray, K.&D., 이상근). 2) '어미의 무릎들'이라고 말하는 견해(사 66:12, NEB, Rawlinson, 그랜드 종합 주석, 호크마 주석). 2번의 견해를 택한다.

욥 3:13. 그렇지 아니하였던들 이제는 내가 평안히 누워서 자고 쉬었을 것이니.

어머니가 욥을 무릎들로 받지 않았더라면 이제는 욥이 평안히 죽어서 쉬고 있을 것인데 그렇지 않았던 사실이 참으로 한탄스럽다는 것이다. 본절의 "잔다"는 말은 '죽음을 표현하는 언어'이다(왕상 2:10; 11:43; 마 9:24; 요 11:11; 행 7:60).

욥 3:14. 자기를 위하여 폐허를 일으킨 세상 임금들과 모사들과 함께 있었을 것이요.

본절부터 16절까지는 사후 세계의 평등함을 진술한다. 사후 세계는 모든 사람들이 평등하다는 논리이다. 즉, 욥이 만약 자기가 태어나자마자 죽었더라면 지금은 폐허로 변했지만 과거에는 자기를 위하여 성읍을 일으켰던(성읍을 세웠던) 세상 임금들과 그리고 또 모사들(고관들)과 함께 있을 것이라고 말한다.

욥 3:15. 혹시 금을 가지며 은으로 집을 채운 고관들과 함께 있었을 것이며.

욥이 태어나자마자 죽었더라면 금과 은을 가지고 호화롭게 살았던 부호들과 함께 있었을 것이라는 말이다.

욥 3:16. 또는 낙태되어 땅에 묻힌 아이처럼 나는 존재하지 않았겠고 빛을 보지 못한 아이들 같았을 것이라.

욥이 일찍이 죽었다면(12-13절) 낙태되어 시체가 땅에 묻힌 아이들과 같이 세상에 존재하지 않았을 것이고 빛을 보지 못한 아이들 같이 되었을 것이라고 말한다.

욥 3:17. 거기서는 악한 자가 소요를 그치며 거기서는 피곤한 자가 쉼을 얻으며.

본절부터 19절까지는 사후 세계의 평안함을 진술한다. 즉, 악한 자가 소요를 그치며 피곤한 자가 쉼을 얻는다는 것이다. 욥은 자신이 태어나자 죽었더라면 이 세상에서 고난을 당하지 않으며 평안히 지내게 되었을 것이라고 말한다.

욥 3:18. 거기서는 갇힌 자가 다 함께 평안히 있어 감독자의 호통 소리를 듣지 아니하며.

사후 세계에서는 세상에서 죄수로 살던 사람들이 다 함께 평안히 있게 되고 윗사람들의 호통 소리를 듣지 않게 된다는 것이다. 거기서는 세상에서 죄수로 살던 사람들이나 감독자들이나 다 평등하다는 뜻이다.

욥 3:19. 거기서는 작은 자와 큰 자가 함께 있고 종이 상전에게서 놓이느니라.

사후 세계에서는 작은 자와 큰 자의 구별이 없고 종이 윗사람에게서 놓여 지내게 된다는 것이다. 내세에서는 어떤 차이도 없다는 논리이다.

ㄴ. 욥이 죽음을 사모하다 3:20-26

욥은 앞에서 자기가 세상에 난 것을 저주했는데, 이 부분(20-26절)에서는 죽음을 사모하는 말을 한다.

욥 3:20. 어찌하여 고난당하는 자에게 빛을 주셨으며 마음이 아픈 자에게 생명을 주셨는고.

욥은 하나님을 향하여 어찌하여 고난을 당하는 자에게 빛을 주셨는지 그리고 마음이 아픈 자에게 생명을 주셨는지 묻는다. 여기 "고난당하는 자"와 "마음이 아픈 자"는 동의어로 사용되었다. 그리고 "빛을 주셨는가"와 "생명을 주셨는가"라는 말도 동의어로 사용되었다. 아무튼 이는 고난당하는 자에게 왜 생명을 주셔서 고난을 당하게 하셨는가 하는 질문이다.

욥 3:21. 이러한 자는 죽기를 바라도 오지 아니하니 땅을 파고 숨긴 보배를 찾음보다 죽음을 구하는 것을 더하다가.

고난당하는 자 그리고 마음이 아픈 자는 죽기를 바라도 오지 아니하여 땅을 파고 숨긴 보배를 찾는 일보다도 죽음을 구하게 된다. 쉽게 말해 죽기를 심히 사모한다는 것이다.

욥 3:22. 무덤을 찾아 얻으면 심히 기뻐하고 즐거워하나니.

고난을 당하는 자와 마음이 아픈 자는 무덤을 찾아 얻게 되면 심히 기뻐하고 즐거워한다는 것이다. 욥은 자신의 고통이 너무 심하여 죽음을 얻게 되면 심히 기뻐하고 즐거워할 것이라고 말한다.

욥 3:23. 하나님에게 둘러 싸여 길이 아득한 사람에게 어찌하여 빛을 주셨는고.

욥은 자신이 "하나님에게 둘러 싸여 길이 아득한 사람"이라고 묘사한다. 욥은 자신도 모르게 하나님의 사랑에 둘러 싸여 길이 아득한 사람이 된 것이다. 하나님은 욥의 앞날에 큰 은총(신앙의 증진)을 주시기 위해 형언할 길 없는 정도의 큰 고난을 주고 계신 것이다. 그래서 욥은 그 고난에서 빠져나오기에는 아득한 고난에 둘러싸인 것이다. 이런 욥을 향해 하나님께서는 계속해서 생명을 주시니 욥은 감당할 수 없어 하나님께 "어찌하여 빛을 주셨는지"라고 질문한다.

욥 3:24. 나는 음식 앞에서도 탄식이 나며 내가 앓는 소리는 물이 쏟아지는 소리 같구나.

욥은 자신이 음식 앞에서도 탄식이 나서 그의 앓는 소리가 크므로 물이 쏟아지는 소리 같은 것을 느낀다고 말한다. 음식을 앞에 놓고서도 탄식이 나는 것은 자기가 당하는 고난이 아주 심하다는 것을 드러내는 말이다.

욥 3:25. 내가 두려워하는 그것이 내게 임하고 내가 무서워하는 그것이 내

몸에 미쳤구나.

욥은 자신이 그렇게 두려워하던 그 고난(소유물이 없어진 것, 몸에 병이 든 것, 아내나 친구들도 욥을 향해 욕하는 것)이 자신에게 닥치고, 욥이 무서워하던 그 고난이 욥에게 미쳤다고 말한다. 그 모든 고난들은 욥이 두려워하던 고난들이었다. 오늘 우리도 모든 고난들이 닥쳐올 때 그 고난들이 하나님에게서 온 줄 믿고 달게 받아야 할 것이다. 달게 받고 있노라면 하나님께서 벗겨주시고 또 은혜 주시는 날이 있다.

욥 3:26. 나에게는 평온도 없고 안일도 없고 휴식도 없고 다만 불안만이 있구나.

본절은 고난을 받는 욥의 심리를 묘사한다. 욥에게는 평온도 없고 안일도 없으며 휴식도 없고 다만 불안만이 닥치고 있다고 말한다. 오늘 우리 주위에는 불안한 뉴스들로 가득 차 있다. 우리가 하나님을 바라보고 있노라면 하나님께서 해결해주시는 날이 있을 것이다.

제 4 장

2. 엘리바스가 욥에게 질문하다 4-5장

세 친구 중 최고 연장자인 엘리바스가 욥에게 질문한다. 엘리바스는 욥에게 하나님의 의(義)를 말해서 위로하려 하고(4:1-11), 엘리바스가 본 밤의 환상으로 권고하려 한다(4:12-21). 그리고 죄의 결과는 고난이라는 것을 말해 주려하고(5:1-7), 마땅히 하나님께 의탁해야 하며(5:8-16), 하나님의 징계를 받는 것이 복이라(5:17-27)고 말한다.

ㄱ. 고통은 죄의 결과로 알고 질문하다 4:1-11

욥 4:1. 데만 사람 엘리바스가 대답하여 이르되.

"데만"이란 곳은 아라비아의 사막 지방인 에돔 성읍을 지칭하는데, 이 성읍은 지혜인의 성읍으로 유명하다(1:8; 렘 49:7; 겔 25:13). "엘리바스"란 말은 '하나님의 노력'이란 뜻이다. 그는 세 친구 중 최고 연장자인 듯이 보인다(15:10). 그가 최고 연장자이니 제일 먼저 욥의 말에 대답하는 것으로 보인다.

엘리바스는 욥의 독백을 들으면서 욥이 고난에 대한 이유를 잘못 파악하고 있는 것 같아서 입을 열어 욥이 고난 받는 이유를 말하려 하는 것이다.

욥 4:2. 누가 네게 말하면 네가 싫증을 내겠느냐, 누가 참고 말하지 아니하겠느냐.

엘리바스는 욥에게 자신이 말하는 동안에 싫증을 내지 말라고 부탁한다. 엘리바스는 욥이 심한 고통 중에 엘리바스의 말에 싫증을 느낄 것이 염려스러워 이렇게 "싫증을 내지 말라"고 부탁하는 것이다.

비록 욥이 염증을 내어도 욥의 고난관을 고쳐주지 않을 수 없다고 생각하여

"누가 참고 말하지 아니하겠느냐"고 하면서 입을 열어 말을 시작한다.

욥 4:3. 보라 전에 네가 여러 사람을 훈계하였고 손이 늘어진 자를 강하게 하였고.

엘리바스는 본절부터 다음절까지 욥이 과거에 훌륭했던 점, 존경스러웠던 점을 인정하면서 7절 이하에 고난의 이유를 말해준다. 아주 지혜로운 화법이다. 엘리바스는 욥이 과거에 여러 사람을 훈계한 사실을 들어 칭찬한다. 그리고 엘리바스는 욥이 손이 늘어진 자(용기를 잃고 살 의욕을 잃은 사람들)를 강하게 한 것도 칭찬해준다.

욥 4:4. 넘어지는 자를 말로 붙들어 주었고 무릎이 약한 자를 강하게 하였거늘.

본절의 "넘어지는 자"와 "무릎이 약한 자"란 말은 동의어이다. 이 동의어들은 물질적으로 파산되는 자들 또는 정신적으로 낙심하여 사회에서 도태되는 자들을 지칭한다. 욥은 물질적으로 파산당하는 자를 도와주었고 정신적으로 낙심하여 살 용기를 잃은 사람들에게 힘을 주어 살게 해주었다. 우리가 세상에 사는 동안에 이렇게 다른 이들에게 도움을 주면서 살아야 할 것이다.

욥 4:5. 이제 이 일이 네게 이르매 네가 힘들어 하고 이 일이 네게 닥치매 네가 놀라는구나.

엘리바스는 욥의 과거를 칭찬한 다음 욥의 현재를 보면서 "이제 이 일이 네게 이르매 네가 힘들어 하고 이 일이 네게 닥치매 네가 놀라고 있구나"라고 욥에게 초점을 맞추고 있다. 이제 욥이 이런 고난을 당하니 욥이 힘들어하고 놀라고 있다고 한다. 엘리바스는 욥이 자신의 생일을 저주하는 것을 보고 욥이 힘들어하고 또 놀라는 것을 안 것이다.

욥 4:6. 네 경외함이 네 자랑이 아니냐 네 소망이 네 온전한 길이 아니냐.

엘리바스는 욥을 향하여 "네 경외함이 네 자랑이 아니냐"고 말한다. 다시 말해 '하나님을 경외하는 것을 네 자랑으로 여기지 않았느냐 그런데 이제는 생일을 저주하는 데까지 떨어졌구나, 더욱 힘내어 하나님을 경외하기를 바라오'라고 말한다.

엘리바스는 또 "네 소망이 네 온전한 길이 아니었느냐"고 말한다. 즉, '네가 소망하던 것이 네가 무흠하게 사는 것이 아니었느냐'고 한다. 즉, '이제 이렇게까지 생일을 저주하게 된 것은 웬일이오, 더욱 무흠한 사람이 되오'라고 말한다.

욥 4:7. 생각하여 보라 죄 없이 망한 자가 누구인가 정직한 자의 끊어짐이 어디 있는가.

엘리바스는 욥을 향하여 "생각하여 보라 죄 없이 망한 자가 누구인가"라고 한다. 즉, '생각하여 보시오. 사람이 망했다고 하면 누구든지 다 죄 때문에 망하는 거요'라고 한다. 엘리바스는 욥이 이렇게 소유물이 다 없어지고 또 몸에 중병이 든 것은 다 죄가 있어서 망했다고 본 것이다. 엘리바스는 하나님께서 욥의 신앙을 성장시키기 위해서 이렇게 고난을 주신 것을 알지 못했다.

그리고 엘리바스는 욥을 향하여 "정직한 자의 끊어짐이 어디 있는가"고 말한다. 다시 말해 끊어진 자는 모두 정직하지 않아서 끊어진 것이라는 주장이다. 엘리바스는 인과응보(因果應報)[2]의 진리는 알았으나 그 이상의 깊은 진리를 알지 못했다.

욥 4:8. 내가 보건대 악을 밭 갈고 독을 뿌리는 자는 그대로 거두나니.

엘리바스의 관찰에 의하면 "악을 밭 갈고 독을 뿌리는 자는 그대로 거둔다"는 것이다. 여기 "악을 밭 갈고"란 말과 "독을 뿌리는 자"라는 말은 동의절이다. 다시 말해 "악"이란 말과 "독"이란 말은 동의어이고, "밭 갈고"란 말과 "뿌린다"는 말도 역시 동의어이다. 두 가지를 갈고 뿌리는 자는 그대로 거둔다는

2) 인과응보: 불교의 전용용어로 과거 또는 전생의 선악의 인연에 따라서 훗날 길흉화복의 갚음을 받게 됨을 이르는 말. 줄임말로는 '과보'라는 말이 있다.

것이다. 욥이 악과 독을 갈고 심었기에 이 고난을 거두고 있다는 것이다.

욥 4:9. 다 하나님의 입 기운에 멸망하고 그의 콧김에 사라지느니라.

악을 밭가는 사람, 즉 독을 뿌리는 자는 "다 하나님의 입 기운에 멸망하고 그의 콧김에 사라진다"는 것이다. 여기 "하나님의 입 기운"이란 말과 "그의 콧김"이란 말도 의인법으로 동의어로 사용되었다. 그리고 "멸망하고"란 말과 "사라진다"는 말도 동의어이다. 엘리바스는 욥이 독을 뿌리고 악을 밭 갈았기 때문에 이제 드디어 하나님의 세력에 의해 욥이 망해가고 있다고 본 것이다.

욥 4:10. 사자의 우는 소리와 젊은 사자의 소리가 그치고 어린 사자의 이가 부러지며.

엘리바스는 본절에서 욥이 이제는 맥없이 망해가고 있다고 묘사한다. 욥은 과거에 "사자의 우는 소리와 젊은 사자의 소리" 같은 존재였는데 이제는 하나님의 입 기운과 그리고 하나님의 콧김에 사라져가고 있다고 말한다. 그리고 어린 사자의 이가 부러지는 것처럼 욥의 현재가 부러져 가고 있다는 것이다.

욥 4:11. 사자는 사냥한 것이 없어 죽어 가고 암사자의 새끼는 흩어지느니라.

사자도 늙어서 먹이를 잡지 못하면 죽어가고 또 어미를 따르던 새끼 사자들도 먹을 것이 없어 뿔뿔이 흩어지고 만다. 욥이나 욥의 7아들과 3딸들이 죽어가고 있다는 것이다.

ㄴ. 엘리바스가 계시를 말하다 4:12-21

엘리바스는 자기가 본 계시를 말한다. 하나님은 절대자이시고 인간은 미약한, 쉽게 죽는 존재임을 말한다. 엘리바스가 이런 환상을 말하는 이유는 자신의 말에 권위를 두려는 것으로 보인다.

욥 4:12. 어떤 말씀이 내게 가만히 이르고 그 가느다란 소리가 내 귀에 들렸었나니.

엘리바스는 욥에게 "나에게 가만히 들려오는 말씀이 있었는데 그 말씀의 가느다란(속삭이는) 소리가 나의 귓전에 들려왔소"라고 말한다. 엘리바스가 이렇게 "가느다란 소리"(שֵׁמֶץ)가 들려왔다고 말한 것은 자기에게 들려오는 말에 신적 권위를 두기 위함이었을 것이다(K.&D.).

욥 4:13-14. 사람이 깊이 잠들 즈음 내가 그 밤에 본 환상으로 말미암아 생각이 번거로울 때에 두려움과 떨림이 내게 이르러서 모든 뼈마디가 흔들렸느니라.

엘리바스가 환상을 받은 시간은 다른 사람들이 깊이 잠들 때 즈음이었다. 다른 사람들이 깊이 잠들만한 깊은 밤이었는데 자기는 잠을 이루지 못하고 그 밤에 본 환상 때문에 생각이 번거로웠다는 것이다. 바로 그 시간에 엘리바스는 어떤 환상이 다가온 것 때문에 두려움에 사로잡혀 잠을 자지 못하고 전신이 흔들렸다는 것이다. 이런 경험은 아브라함도 겪었던 두려움이었다(창 15:12 참조).

욥 4:15. 그 때에 영이 내 앞으로 지나매 내 몸에 털이 주뼛하였느니라.

깊은 밤, 엘리바스가 잠을 못 이루고 두려움이 엄습하며 전신이 흔들리는 중에 영(רוּחַ)이 엘리바스 앞으로 지나매 엘리바스는 전신의 몸에 털이 주뼛(몸이 몹시 놀라서 머리카락이 꼿꼿이 일어서는 듯함을 느끼는 기분)했다는 것이다. 여기 영은 바람을 뜻하는 말이 아니라 성령을 뜻하는 말이다(민 11:17; 사 48:5; 겔 11:19).

욥 4:16. 그 영이 서 있는데 나는 그 형상을 알아보지는 못하여도 오직 한 형상이 내 눈 앞에 있었느니라 그 때에 내가 조용한 중에 한 목소리를 들으니.

엘리바스 앞으로 지나던 영(앞절)이 엘리바스 앞에 서 있었는데, 그 형체가 어떻게 생겼는지 분명히 알아볼 수는 없었으나 오직 한 형상(형체)이 엘리바스의 눈앞에 있었던 것은 사실이었다. 엘리바스는 바로 그 때에 조용한 중에 한 목소리(세미한 소리)를 들었다는 것이다. 엘리야도 동굴 속에서 세미한 소리를 들은 적이 있었다(왕상 19:12). 그 세미한 소리의 내용은 다음절에 기록되어 있다.

욥 4:17. 사람이 어찌 하나님보다 의롭겠느냐 사람이 어찌 그 창조하신 이보다 깨끗하겠느냐.

본절의 "하나님"이란 단어와 "그 창조하신 이"는 동의어로 쓰였고, 또 "의롭다"는 말과 "깨끗하다"는 말도 동의어로 사용되었다. 본절은 엘리바스 앞에 계신 영(앞절)이 세미한 소리로 욥에게 "사람이 어찌 하나님 앞에서 절대적인 의미에서 의롭겠느냐"고 말씀하시는 것이다. 우리가 예수님을 믿을 때에 하나님께서 의롭다고 인을 쳐주시는 것이지 우리가 믿는다고 해서 하나님보다 의롭다고 할 수는 없는 일이다.

욥 4:18. 하나님은 그의 종이라도 그대로 믿지 아니하시며 그의 천사라도 미련하다 하시나니.

본절은 엘리바스 앞에 계신 성령(16절)께서 욥을 완전하지 못하다고 하시는 말씀이다. 다시 말해 본절은 인간이 완전하지 못하다는 것을 드러내는 말이다. 즉, 하늘에서 하나님 앞에 시중을 드는 종들이나 천사들이라도 믿지 아니하시며(이 낱말은 불신을 뜻하는 말은 아니다) 미련하다고 하시는 것처럼 욥도 역시 완전한 인간은 아니라는 것을 드러낸다.

욥 4:19. 하물며 흙 집에 살며 티끌로 터를 삼고 하루살이 앞에서라도 무너질 자이겠느냐.

하늘에서 하나님을 시중하는 종들이나 천사들까지도 미련하다고 하시는 하나님께서 인간(흙 집에 살며 티끌로 터를 삼고 하루살이 앞에서라도 무너질 수 있는 자)을 아주 깨끗하다고 하시지는 않으신다는 것이다. 우리는 우리 자신을 티끌과 같은 인생으로 알아야 할 것이다.

욥 4:20. 아침과 저녁 사이에 부스러져 가루가 되며 영원히 사라지되 기억하는 자가 없으리라.

본절은 인생이 얼마나 무상하다는 것을 알려주며 또 얼마나 허무한 존재임을 가리쳐 주는 말이다. 인생은 아침에 났다가 저녁이 되기 전에 사라져 버리는 무상한 존재이며 또 가루가 되어 영원히 사라져서 기억해 주는 사람이 없는 존재라는 것이다. 욥도 이런 무상한 존재이고 허무한 존재라는 것이다. 그런데도 사람들은 자기를 드러내려 안간힘을 쓰며 살고 있다.

욥 4:21. 장막 줄이 그들에게서 뽑히지 아니하겠느냐 그들은 지혜가 없이 죽느니라.

본절은 인생이 언젠가는 죽는다는 것을 말하고 있다. 장막은 성경에서 사람의 육체를 비유하고 있다(고후 5:1; 벧후 1:13). 유목 생활에서 거주지를 옮길 때에는 장막의 말뚝을 뽑고, 장막을 거두어 옮긴다. 이처럼 인생도 거두어지는 때가 있다. 그런데도 인생은 자신이 거두어질 것이라는 것을 모르고 살아가고 있다. 이것이 바로 지혜가 없는 삶이다.

제 5 장

ㄷ. 욥의 어리석음을 질책하다 5:1-7

엘리바스는 욥의 어리석음을 질책한다. 엘리바스는 욥의 고난은 죄에 대한 징계임을 언급하면서 즉시 하나님께로 돌이킴으로써 회복의 은총을 간구하라고 촉구하고 있다. 엘리바스는 욥의 고난에 하나님의 다른 차원의 섭리가 있는 것을 알지 못하고 인과응보적 결과로만 보는 어리석음에 사로 잡혀 있다.

욥 5:1. 너는 부르짖어 보라 네게 응답할 자가 있겠느냐 거룩한 자 중에 네가 누구에게로 향하겠느냐.

엘리바스는 욥을 향하여 "너는 부르짖어 보라 네게 응답할 자가 있겠느냐. 거룩한 자 중에 네가 누구에게로 향하겠느냐"고 도전한다. 욥이 죄를 지어놓고 아무리 부르짖어도 네게 응답할 자가 있겠느냐. 거룩한 자, 즉 천사 중 미가엘이나 가브리엘에게 부르짖어 보아라. 그 천사들이 너를 구원하겠느냐. 고난의 원인은 욥 자신이 지은 죄인데 천사들에게 구원해 달라고 말하는 것은 어리석은 일이라고 질책한다. 하나님께서 보시기에 천사들도 미련하다고 하셨는데 (4:18) 무엇 때문에 천사들에게 부르짖겠느냐고 질책한다.

욥 5:2. 분노가 미련한 자를 죽이고 시기가 어리석은 자를 멸하느니라.

엘리바스는 욥이 자기 생일을 저주하는 것을 보고 분노가 미련한 자를 죽이고 시기(קִנְאָה)가 어리석은 인간을 멸하게 되는 것이라고 말한다. 본절은 하나님의 "분노"와 "시기"('질투' '투기'라는 뜻)가 어리석은 자를 멸하는 것이 아니라 미련한 자 자신의 분노와 질투가 인간을 죽이는 것이라는 뜻이다(박윤선). 인간이 자신에게서 문제의 원인은 찾지 않고 다른 사람을 원망하고 질투하는 것은 결국 문제의 해결도 이룰 수 없고 자기의 영혼만 악해지므로 우리는 먼저 자신에게서 원인을 찾아서 죄를 자복해야 할 것이다.

욥 5:3. 내가 미련한 자가 뿌리 내리는 것을 보고 그의 집을 당장에 저주하였노라.

엘리바스는 미련한 자가 뿌리를 내려 무성한 것을 보고 그의 집을 당장에 저주했다고 말한다. 미련한 자가 잘되는 것은 하나님께서 보실 때도 보기 좋은 것이 아니고 사람이 보기에도 좋은 것이 아니다.

욥 5:4. 그의 자식들은 구원에서 멀고 성문에서 억눌리나 구하는 자가 없으며.

미련한 자의 자식들은 누가 구원해주지 않고, 성문(재판 장소)에서 재판을 받을 일이 있어도 누가 구원해 주지 않아서 망한다는 것이다. 욥의 자녀들이 급히 망해도(1:14-19) 누가 구해주지 않는다는 것이다.

욥 5:5. 그가 추수한 것은 주린 자가 먹되 덫에 걸린 것도 빼앗으며 올무가 그의 재산을 향하여 입을 벌리느니라.

미련한 자가 추수한 것은 굶주린 유목민이 빼앗아 먹고 미련한 자의 덫에 걸린 것도 빼앗으며 올무가 미련한 자의 재산을 향하여 입을 벌린다고 말한다. 욥의 재산은 그렇게 여러 가지로 손상을 입게 된다는 것이다.

욥 5:6. 재난은 티끌에서 일어나는 것이 아니며 고생은 흙에서 나는 것이 아니니라.

재난은 티끌에서 우연히 생기는 것이 아니며 고난도 흙에서 나는 것이 아니라 미련한 자가 죄를 지었기 때문에 하나님께서 하늘에서 내려주신 것이라는 것을 말한다. 욥의 고난도 욥이 지은 죄 때문에 생긴 것임을 증언하는 말이다.

욥 5:7. 사람은 고생을 위하여 났으니 불꽃이 위로 날아가는 것 같으니라.

엘리바스는 욥에게 닥친 고난에 대해 결론을 내린다. 즉, "사람은 고생을 위하여 났으니 불꽃이 위로 날아가는 것 같다"고 말한다. 즉, 사람은 원래 고생을 위하여 이 땅에 태어난 것이니 이는 마치 불티가 위로 올라감 같은 자연 현상이라고 말한다. 그러나 엘리바스는 욥에게서 잘 못 관찰한 것이 있다. 즉, 욥의 고난은 엘리바스가 말한 바와 같은 이유의 고난이 아니었고, 하나님께서 욥에게 고난을 주셔서 더욱 신앙이 연단되도록 만드시기 위하여 주신 고난이었다.

ㄹ. 하나님께 나아갈 것을 권면하다 5:8-16

엘리바스는 고난은 죄의 결과라는 인과응보론에 입각하여 욥을 향하여 하나님께 사죄를 빌어야 한다고 권면한다.

욥 5:8. 나라면 하나님을 찾겠고 내 일을 하나님께 의탁하리라.

엘리바스는 욥을 향해 '나 같으면 하나님께 나아가 자신이 죄 지은 것을 용서해 주시라고 부탁해 보겠고, 나에게 벌어진 여러 가지 일들(소유물 없어진 것, 자녀들 죽은 것, 몸에 병이 든 것 등)을 하나님께 해결해 주시라고 부탁해 보겠다'고 말한다. 엘리바스는 하나님께서 욥에게 주신 고난의 의미를 몰라서 본절과 같은 반응을 보인 것이다. 오늘의 시대도 사람에 따라 다른 이유가 있는 고난의 문제를 일괄적으로 취급하여 죄를 자복해 보라고 말하는 사람들이 있다.

욥 5:9. 하나님은 헤아릴 수 없이 큰일을 행하시며 기이한 일을 셀 수 없이 행하시나니.

엘리바스가 욥에게 하나님께 의탁해 보라고 말하는(앞절) 이유는 "하나님은 헤아릴 수 없이 큰 일을 행하시며 기이한 일을 셀 수 없이 행하시기" 때문이라는 것이다. 본절의 "헤아릴 수 없이 큰 일을 행하신다"는 말과 "기이한 일을 셀 수 없이 행하신다"는 말은 동의절로 사용되었다. 이렇게 같은 내용의 말을 두 번 연거푸 사용한 것은 하나님의 능력이 무한하신 것을 강조하기 위함이다.

욥 5:10. 비를 땅에 내리시고 물을 밭에 보내시며.

엘리바스는 "하나님은 헤아릴 수 없이 큰 일을 행하신다"(앞절)고 묘사한 것 중의 일례를 본절에서 들고 있다. 즉, "비를 땅에 내리시고 물을 밭에 보내셔서" 사람들로 하여금 식수로 사용하게도 하시고 농사를 짓게도 하신다는 것을 말한다. 하나님께서 하시는 일은 이 뿐만은 아니다. 헤아릴 수도 없이 많이 있다(앞절).

욥 5:11. 낮은 자를 높이 드시고 애곡하는 자를 일으키사 구원에 이르게 하시느니라.

하나님께서 하시는 일 또 한 가지는 "낮은 자를 높이 들어 쓰시는 일"을 하신다는 것이다(시 138:6; 겔 21:26). 또 "애곡하는 자를 일으키사 구원에 이르게 하신다"는 것이다. 다시 말해 슬퍼하는 자를 일으키셔서 기쁜 자가 되게 하신다는 것이다.

욥 5:12. 하나님은 교활한 자의 계교를 꺾으사 그들의 손이 성공하지 못하게 하시며.

하나님께서 하시는 일 또 한 가지는 "교활한 자의 계교를 꺾으사 그들의 손이 성공하지 못하게 하신다"는 것이다. 여기 "교활한 자"란 인간의 잔꾀를 가지고 인간 사회에서 높이 올라가고자 하는 간교한 자를 말한다. 하나님은 인간의 잔꾀로 성공하고자 하는 자를 꺾어 성공을 못하게 하신다.

욥 5:13. 지혜로운 자가 자기의 계략에 빠지게 하시며 간교한 자의 계략을 무너뜨리시므로.

하나님께서 하시는 일 또 한 가지는 "지혜로운 자가 자기의 계략에 빠지게 하시며 간교한 자의 계략을 무너뜨리시는" 일을 하신는 것이다. 여기 "지혜로운 자가 자기의 계략에 빠지게 하신다"는 말과 "간교한 자의 계략을 무너뜨리신다"는 말은 동의절로 사용되었다. 그러니까 상반절의 "지혜로운 자"란 말은 하반절의 "간교한 자"란 말과 동의어로 사용된 것이다. 우리는 세상에서 이런 사건을 흔히 볼 수 있다.

욥 5:14. 그들은 낮에도 어두움을 만나고 대낮에도 더듬기를 밤과 같이 하느니라.

간교한 자(앞절)들은 "낮에도 어두움을 만나고 대낮에도 더듬기를 밤과 같이 한다"는 것이다. 하나님은 그의 능력으로 간교하고 교활한 자들의 잘 나가던 길을 흩뜨려 놓으시고 또 훤한 대낮에도 밤과 같이 더듬게 만들어 주신다는 것이다. 세상적으로 성공해 보려고 잔꾀를 부리고 애쓰는 사람들은 모두 허망한 일을 만나게 되는 것이다.

욥 5:15. 하나님은 가난한 자를 강한 자의 칼과 그 입에서, 또한 그들의 손에서 구출하여 주시나니.

하나님께서 하시는 일 또 한 가지는 "가난한 자를 강한 자의 칼과 그 입에서, 또한 그들의 손에서 구출하여 주시는 일"이다. 세상적으로 교활하지 않고 잔꾀를 부릴 줄도 몰라서 가난하게 된 자들을 하나님은 강한 자들의 세력에서 구출해 주신다는 것이다.

욥 5:16. 그러므로 가난한 자가 희망이 있고 악행이 스스로 입을 다무느니라.

본절은 앞절들(9-15절)의 결론이다. 하나님께서 가난한 자들을 돌보시니 "가난한 자가 희망이 있다"는 것이다. 우리는 세상에서 계속해서 하나님만 바라보고 사는 가난한 자들이 되어야 한다. 가난한 자에게 희망이 있는 것은 "악행이 스스로 입을 다물기" 때문이다. "악행이 스스로 입을 다문다"는 말은 '하나님께서 세상의 악인들을 통제하시니 하나님의 손 안에서 패배하게 된다'

는 것이다. 악인들의 득의함은 잠깐 동안이다.

ㅁ. 하나님의 훈계를 받을 것을 권면하다 5:17-27

엘리바스는 고난이란 하나님께서 내리는 징계이기 때문에 이를 받는 자는 복된 것으로 알라고 말한다.

욥 5:17. 볼지어다 하나님께 징계 받는 자에게는 복이 있나니 그런즉 너는 전능자의 징계를 업신여기지 말지니라.

문장 초두의 "볼지어다"(הִנֵּה)라는 말은 주의를 환기시키는 말이다. 엘리바스가 이렇게 주의를 환기시키는 이유는 "하나님께 징계 받는 자에게는 복이 있기" 때문이다. 하나님께 징계 받는 것이 복된 이유는 징계를 받은 다음에 사람이 많이 달라지기 때문이다. 이렇게 징계 받는 것이 복되므로 전능하신 하나님의 징계를 업신여겨서는 안 된다는 것이다. 엘리바스는 욥을 향하여 하나님의 징계 받음을 가볍게 여겨서는 안 된다고 주의를 준다. 우리 모두도 하나님의 징계를 업신여겨서는 안 된다.

욥 5:18. 하나님은 아프게 하시다가 싸매시며 상하게 하시다가 그의 손으로 고치시나니.

본절은 하나님의 징계를 업신여겨서는 안 될 이유 한 가지를 설명한다. "하나님은 아프게 하시다가 싸매시며 상하게 하시다가 그의 손으로 고치시기" 때문이다. 다시 말해 '하나님은 사람에게 아픔을 주시다가(징계하심) 싸매시며 또 상하게 하시다가(징계하심) 하나님의 손으로 고치시기 때문이라'는 것이다. 하나님은 욥을 아프게 하시다가 훗날 배나 되는 복을 주셨다(42장).

욥 5:19. 여섯 가지 환난에서 너를 구원하시며 일곱 가지 환난이라도 그 재앙이 네게 미치지 않게 하시며.

본절도 역시 하나님의 징계를 업신여겨서는 안 될 이유 또 한 가지를 설명한다. 본절에 등장하는 "여섯 가지"란 말이나 "일곱 가지"란 말은 '여러 가지' 혹은 '많은'이란 뜻으로 수없이 많은 환란이 인생에게 닥쳐온다 해도 하나님은 우리를 얼마든지 구원해 주신다는 뜻이며 또 우리에게 미치지도 않게 하실 수 있으시다는 뜻이다. 하나님은 우리의 방패이시다.

욥 5:20. 기근 때에 죽음에서, 전쟁 때에 칼의 위협에서 너를 구원하실 터인즉

엘리바스는 하나님께서 우리를 여러 가지 환난에서 구원하신다는 것을 앞절(19절)에서 말씀했는데 이제 본절에서 두 가지 실례를 들고 있다. 하나는 하나님께서 우리를 기근의 환난(레 26:19-20; 신 28:22-24; 삼하 21:1)에서 구원하시고, 또 한 가지는 전쟁 때에 무기의 위협(왕하 19:35-37)에서 우리를 구원하신다는 것을 말한다.

욥 5:21. 네가 혀의 채찍을 피하여 숨을 수가 있고 멸망이 올 때에도 두려워하지 아니할 것이라.

하나님께서 우리를 여러 가지 환난에서 구원하신다는 것을 앞절(19절)에서 말씀했는데 이제 본절에서는 다른 이의 혀로 말미암은 상처를 받지 않게 하실 수가 있고, 또 멸망이 닥쳐온다고 해도 하나님께서 보호해 주시니 두려워하지 않게 된다는 것이다. 우리는 세상의 그 어떤 멸망이라도 두려워하지 말아야 한다.

욥 5:22. 너는 멸망과 기근을 비웃으며 들짐승을 두려워하지 말라.

엘리바스는 욥을 향하여 적극적으로 "멸망과 기근을 비웃으며 들짐승을 두려워하지 말라"고 권한다. 즉, 전쟁으로 인한 멸망을 두려워하지 않을 뿐 아니라 적극적으로 비웃으라는 것이고, 또 기근이 닥쳐와도 하나님께서 해결해주실 것이니 비웃으라는 것이다. 그리고 인간을 해롭게 하는 들짐승을 두려워하지 말라는 것이다. 이유는 하나님께서 보호해 주시기 때문이다.

욥 5:23. 들에 있는 돌이 너와 언약을 맺겠고 들짐승이 너와 화목하게 살

것이니라.

하나님께서 함께 하실 때는 들에 있는 돌이나 또는 들짐승도 사람들에게 해를 끼치지 않기 때문에 인간과 화목한 것과 같다는 것이다. 세상의 모든 것이 인간들을 해롭게 하지 못한다.

욥 5:24. 네가 네 장막의 평안함을 알고 네 우리를 살펴도 잃은 것이 없을 것이며.

하나님께서 함께 하시면 그 사람의 집안이 평안하여 어려움이 없게 되고 또 인생의 거처나 가축의 우리를 살펴도 상한 것이나 잃은 것이 없게 된다는 것이다.

욥 5:25. 네 자손이 많아지며 네 후손이 땅의 풀과 같이 될 줄을 네가 알 것이라.

하나님께서 함께 하시면 자손 복도 따라 와서 자손도 많아지며 우리의 후손이 풀의 무성함 같이 무성하게 된다는 것이다. 욥도 자손이 많아 아들 7명 딸 3명 도합 10명이었는데 이들이 죽고 난후 하나님께서 또 아들과 딸들을 주셔서 많은 아들과 딸들을 거느리게 되었다. 그러니까 천국에 간 아들 7명 또 다시 나은 아들 7명 합해서 14명, 딸은 천국에 간 딸 3명, 지상에 있는 딸 3명 도합 6명이 되었다(42:13).

욥 5:26. 네가 장수하다가 무덤에 이르리니 마치 곡식 단을 제 때에 들어 올림 같으니라.

하나님께서 함께 하실 때에는 장수도 따라 온다는 것이다. 욥은 장수하다가 무덤에 이르렀다(42:16). 욥은 환난 후에 140년을 더 살아서 약 200세가 된 것으로 보인다. 욥이 장수하다가 영광스럽게 죽는 것은 마치 완전히 익은 곡식 단을 거두어들임과 같다는 것이다. 몸이 너무 약했던 매튜 헨리의 경우는 의사들이 청년 시절을 못 넘길 것으로 말했는데 90세가 넘는 장수를 누렸다.

욥 5:27. 볼지어다 우리가 연구한 바가 이와 같으니 너는 들어 보라 그러면 네가 알리라.

본절에도 다시 "볼지어다"(הִנֵּה)라는 말이 제일 앞에 등장하여 읽는 이의 주의를 환기시키고 있다. 주의를 환기해야 할 것은 "우리가 연구한 바가 이와 같다"는 것이다. 즉, 우리가 하나님의 계시를 통하여 인과응보를 안 것이 아니라 우리가 연구한 결과이니 욥에게 말한다는 것이었다. 다시 말해 인과응보는 엘리바스가 연구한 결과였다. 그리고 엘리바스는 이 논리를 가지고 욥을 정죄했다. 엘리바스는 인과응보에 대해 욥이 알면 이 관점이 바른 진리임을 깨달을 것이라 말한다.

제 6 장

3. 욥이 대답하다 6-7장

엘리바스의 첫 질문이 있은 후 욥이 대답한다. 욥의 대답 내용으로는 먼저 욥이 고뇌의 고백을 한 일(6:1-13), 욥이 친구들에 대한 실망을 드러내는 일(6:14-30), 욥이 고통을 호소한 일(7:1-10), 그리고 욥이 왜 나를 치시냐고 질문한 일(7:11-21)이 진술된다.

ㄱ. 욥이 고뇌의 고백을 하다 6:1-13

욥은 먼저 자신의 큰 고뇌를 고백하고, 그 고백 중에도 자신은 하나님을 거역하지 않았다고 고백한다.

욥 6:1. 욥이 대답하여 이르되.

6장과 7장은 엘리바스의 변론(4-5장)에 대한 욥의 첫 번째 대답을 진술한 것이다.

욥 6:2. 나의 괴로움을 달아 보며 나의 파멸을 저울 위에 모두 놓을 수 있다면.

욥은 엘리바스에게 "나의 괴로움을 달아 보며 나의 파멸을 저울 위에 모두 달아보라"고 말한다. 욥이 당한바, 모든 소유를 잃은 것, 몸에 병이 나서 밤낮 가려운 곳을 기와 조각으로 긁은 것, 아내까지 나서서 욥을 가볍게 여긴 것과 그 때문에 당한 괴로움을 천평 저울에 달아보라는 것이다. 욥은 엘리바스에게 욥 자신의 괴로움과 파멸의 깊이가 얼마나 큰 것인지 알지도 못하고 떠들고 있다고 되받아 친 것이었다.

욥 6:3. 바다의 모래보다도 무거울 것이라 그러므로 나의 말이 경솔하였구나.

욥이 당한 괴로움과 파멸은 "바다 모래보다도 무거울 것이라"고 말한다. 다시 말해 상상할 수 없이 무거울 것이라는 말이다. 본문의 "그러므로 나의 말이 경솔하였구나"란 말은 욥이 당한 고난이 너무 심했기 때문에 자기의 말이 거칠었음을 인정한다. 혹은 수다를 떨었다는 것을 인정하는 말이다.

욥 6:4. 전능자의 화살이 내게 박히매 나의 영이 그 독을 마셨나니 하나님의 두려움이 나를 엄습하여 치는구나.

욥은 처음으로 본절에서 자신의 소유물이 없어지고 자녀들을 잃은 것과 자기 몸에 병이 나서 고통하는 것이 전능하신 자로부터 온 것임을 말한다. 우리의 복이나 화는 언제나 하나님에게서 오는 것임을 알 때 소망이 있는 것이다. 우연히 불행한 일이 왔다고 하면 문제가 된다. 우연이란 세상에 없는 것이다. 우연이란 단어가 성경에 몇 번 쓰여 있기는 하지만(민 35:22; 룻 2:3; 삼상 6:9; 삼하 1:6; 왕상 22:34; 대하 18:33) 그것은 사람들 보기에 우연이지 실제로는 모든 일이 하나님으로부터 오는 것임을 알아야 할 것이다.

"화살"이란 말은 구약에서 하나님께서 인간을 치시는 질병, 고통, 재앙 등을 상징하는 말이다(신 32:23; 시 38:3). 욥은 하나님께서 주신 불행이 욥 자신에게 임하여 심한 고통에서 신음한다는 것이다.

그리고 욥이 "하나님의 두려움이 나를 엄습하여 치는구나"라고 말하는 것은 욥 자신이 하나님의 진노의 대상이 된 것을 뜻하는 말이다. 욥은 자기 건강의 상실과 소유물의 없어짐, 또 자녀를 잃게 된 모든 슬픈 상황보다도 자신이 하나님의 진노의 대상이 되었음을 두려워했다.

욥 6:5. 들나귀가 풀이 있으면 어찌 울겠으며 소가 꼴이 있으면 어찌 울겠느냐.

욥은 자기의 원망을 들판에서 사는 나귀나 소에 비유하여 말한다. 들나귀가 풀이 있으면 어찌 울겠으며 소가 꼴이 있으면 어찌 울겠느냐고 말한다. 다시 말해 들나귀나 소가 풀이 넉넉하고 먹을 것이 있으면 결코 울지 않는 것처럼 욥에게도 고통이 없고 모든 일이 정상이라면 원망하지 않았을 것이란 말이다. 그러나 모든 것이 정상이 아니니 원망한다는 것이다.

욥 6:6. 싱거운 것이 소금 없이 먹히겠느냐 닭의 알 흰자위가 맛이 있겠느냐.

욥은 싱거운 것(양념하지 않은 음식)을 엘리바스의 말에 비유한다. 사람의 먹는 음식에 양념이 되지 않으면 먹기 어렵듯이 엘리바스의 말이야말로 먹을 수 없는 음식과 같다는 표현이다. 닭의 알 흰자위도 역시 먹을 수가 없듯이 엘리바스의 말도 구역질이 나서 들을 수가 없다고 말한다.

욥 6:7. 내 마음이 이런 것을 만지기도 싫어하나니 꺼리는 음식물 같이 여김이니라.

욥은 자기의 마음이 "이런 것, 즉 싱거운 것들을 만지거나 대하기도 싫어하나니 꺼리는 음식물 같이 여긴다"고 말한다. 여기 "꺼리는 음식물"이 무엇이냐 하는 데는 두어 가지 견해가 있다. 1) 엘리바스의 권고를 지칭하는 것이라는 견해(Rawlinson). 2) 욥 자신의 병이라는 견해(Hitzig, D.&G., 박윤선, 이상근)이다. 여기에서 두 번째 견해를 취한다. 욥은 자신의 병을 아주 싫어하여(loathesome) 만지기도 싫어했다.

욥 6:8. 나의 간구를 누가 들어 줄 것이며 나의 소원을 하나님이 허락하시랴.

욥은 "나의 간구를 누가 들어 줄 것이며 나의 소원을 하나님이 허락하실 것인가"라고 말한다. 여기 상반절 '하나님께서 욥 자신의 죽음에 대한 간구를 들어주실 것인가'라는 말과 하반절인 '하나님께서 욥 자신의 소원을 허락하실 것인가'라는 절은 동의절이다. 욥은 자신이 죽음으로 현재의 고통에서부터 해방되기를 바라고 있다. 욥의 이러한 소원은 엘리바스의 생각과 정반대의 생각이다. 엘리바스는 욥 자신이 회개하고 하나님께 순종하지 않으면 결국 죽음에 이를 수 있다고 경고했는데(4:9; 5:2), 욥은 대답하기를 자신은 죽음을 아주 갈망하고 있다고 말한다. 그러나 자살을 원하거나 시도하지는 않는다.

그 이유는 하나님께서 모든 생명의 주인 되심을 믿었기 때문이다.

욥 6:9. 이는 곧 나를 멸하시기를 기뻐하사 하나님이 그의 손을 들어 나를 끊어 버리실 것이라(that it would please God to crush me, that he would let loose his hand and cut me off!-ESV).

하나님이 욥 자신을 부수시고, 손을 들어 욥 자신을 깨뜨려 주시기를 바라고 있다. 욥은 죽기를 바랐지만 자기 스스로 목숨을 끊어버리기 원하지 않고, 하나님께서 욥을 부수시기를 바라고 있으며 하나님께서 손을 들어 욥을 끊어버리시기를 바라고 있다. 욥이 이렇게 말한 것은 욥의 삶과 죽음을 주장하시는 분이 하나님이신 줄 알았기 때문에 하나님께서 욥을 죽이시기를 간절히 바라고 있는 것이다.

욥 6:10. 그러할지라도 내가 오히려 위로를 받고 그칠 줄 모르는 고통 가운데서도 기뻐하는 것은 내가 거룩하신 이의 말씀을 거역하지 아니하였음이라.

그것(욥 자신이 죽음을 갈망한 것)이 오히려 욥 자신에게 위로가 되고, 그칠 줄 모르는 고통 속에서도 그것이 오히려 욥 자신에게 기쁨이 되는 것은 욥 자신은 거룩하신 분의 말씀을 거역하지 않았다는 것이다. 욥은 상상할 수 없는 고통 속에서도 하나님의 말씀을 따랐다(23:11-12; 딤후 4:7 참조). 걸핏하면 하나님의 말씀을 어기는 현대 성도들에게 큰 귀감이 되는 말씀이다. 현대 성도들의 입에는 많은 거짓말이 있지 않은가.

욥 6:11. 내가 무슨 기력이 있기에 기다리겠느냐 내 마지막이 어떠하겠기에 그저 참겠느냐.

욥은 엘리바스의 말(회개하고 참고 기다리면 다시 회복된다는 말)이 생각나서(5:17-27) "내가 무슨 기력이 있기에 기다리겠느냐 내 마지막이 어떠하겠기에 그저 참겠느냐"고 대꾸한다. 욥은 이 엄청난 고통, 이 죽음이 임박한 고통 속에서 더 이상 참고 기다릴 기력이 없다고 말한다. 앞으로 얼마나 더 견디면, 더 참겠느냐고 말한다. 참을 수 없다는 것이다. 욥은 그렇게 참고 회복을 기다림보다는 차라리 죽었으면 더 좋겠다고 말한다.

욥 6:12. 나의 기력이 어찌 돌의 기력이겠느냐 나의 살이 어찌 놋쇠겠느냐.

욥은 대답하기를 "내 기력이 돌의 기력이라도 되느냐? 내 몸이 놋쇠라도 되느냐?"고 한다. "돌"이란 말과 "놋쇠"란 말은 동의어로 사용되었다. 돌이나 놋쇠는 단단함의 대명사들이다. 욥의 힘이 그런 힘은 되지 못한다는 말이다. 그의 육체적 힘이 거기에 미치지 못하여 참고 기다려서 회복될 수는 없다고 대답한다.

욥 6:13. 나의 도움이 내 속에 없지 아니하냐 나의 능력이 내게서 쫓겨나지 아니하였느냐.

본절의 "도움"이란 말과 "능력"이란 말은 동의어로 '욥의 생을 지탱할 수 있는 힘'을 뜻하는 말이다. 그는 현재로서 더 살 수 있는 힘이 남아 있지 않고 힘이 다 빠져나갔다고 말한다. 악창을 앓고 있는 욥의 몸은 더 이상 견뎌낼 수 있는 힘이 없는 형편이었다.

ㄴ. 욥이 친구들에 대해 실망을 드러내다 6:14-30

엘리바스의 질문에 답한 욥은 친구들에 대해 실망을 드러낸다. 욥은 친구들에 대해 실망을 드러내는 말을 여러 가지 비유를 통해서 말하고 있다.

욥 6:14. 낙심한 자가 비록 전능자를 경외하기를 저버릴지라도 그의 친구로부터 동정을 받느니라.

욥은 자신을 "낙심한 자"(מָס)로 묘사한다. 욥은 자신이 낙심해서 전능자를 경외하기를 저버린다고 가정해도(이 구절은 하나의 가정법이다. 욥은 계속해서 하나님을 경외했다 1:21; 2:10; 6:10) 친구로부터는 동정을 받아야 한다고 말한다. 그런데도 친구가 동정하지 않고 정죄하고 있으니 이것이 될 말이냐고 말한다. 친구는 세상에 살면서 언제든지 낙심한 자를 동정해야 마땅하다.

욥 6:15. 내 형제들은 개울과 같이 변덕스럽고 그들은 개울의 물살 같이 지나가누나.

욥이 가령 낙심해서 하나님을 경외하는 일을 폐했다고 해도 욥의 친구들은 욥을 동정했어야 했는데 욥의 형제들(친구들)은 이랬다저랬다 하는 개울(간헐천-우기 때에는 물이 넘치고 건기가 되면 말라버리는 시내)의 물살 같이 욥을 지나가 버리고 말았다. 욥은 자기의 친구들이 간헐천처럼 참으로 변덕스러워서 믿을 수 없는 사람들이라고 말한다.

욥 6:16-17. 얼음이 녹으면 물이 검어지며 눈이 그 속에 감추어질지라도 따뜻하면 마르고 더우면 그 자리에서 아주 없어지나니.

간헐천(間歇川)의 얼음이 녹는 봄철이 되면 물이 많아져서 그 물색은 검어지며 산의 눈도 그 검은 물속에 녹아 감추어지는데 이렇게 흐르던 시냇물도 봄이 깊어져 따뜻한 때가 되면 모래로 된 하상(河床)에 스며들어 물이 아주 없어져 버린다. 그래서 간헐천은 사람이 지나다닐 수 있는 통로로 변하고 만다. 이 간헐천은 이랬다저랬다 하는 친구를 비유하기에 안성맞춤이다. 우리는 한결같은 동정을 보내는 사람들이 되어야 할 것이다.

욥 6:18. 대상들은 그들의 길을 벗어나서 삭막한 들에 들어가 멸망하느니라.

광야를 여행하는 대상들은 혹시 간헐천에 물이 있을까 해서 그들의 가던 길을 벗어나서 그리로 갔다가 물이 없는 것을 발견하고 다시 삭막한 들에 들어가서 멸망하고 마는데 의리 없는 친구들도 사람을 엄청나게 실망시키고 죽게 만든다는 것이다. 우리는 우리 이웃을 실망시키는 사람들이 되어서는 안 될 것이다.

욥 6:19-20. 데마의 떼들이 그것을 바라보고 스바의 행인들도 그것을 사모하다가 거기 와서는 바라던 것을 부끄러워하고 낙심하느니라.

본절의 데마[3]의 떼들과 스바[4]의 행인들은 대상들이었다. 이들도 간헐천을 사모하여 간헐천에 와서는 그 간헐천이 정상적인 시내가 아님을 알고 실망해서 광야에서 죽었다. 남에게 실망을 주지 않으려면 우리에게 예수님이 있어야 한다.

욥 6:21. 이제 너희는 아무 것도 아니로구나 너희가 두려운 일을 본즉 겁내는구나.

욥은 친구들을 보고 "이제 너희는 아무 것도 아니로구나 너희가 두려운 일을 본즉 겁내는구나"라고 말한다. 욥의 친구들은 참으로 아무 것도 아닌 간헐천 같은 인간들이라는 것이다. 그 친구들은 욥이 당한 두려운 일을 보고 자기들도 당할까봐 겁내는 사람일뿐 아무 것도 아니라는 뜻이다. 우리는 남의 불행한 일을 보고 두려워할 자들이 아니라 남의 불행을 행복으로 변경시켜 줄 수 있는 사람들이 되어야 할 것이다.

욥 6:22-23. 내가 언제 너희에게 무엇을 달라고 말했더냐 나를 위하여 너희 재물을 선물로 달라고 하더냐 내가 언제 말하기를 원수의 손에서 나를 구원하라 하더냐 폭군의 손에서 나를 구원하라 하더냐.

욥은 친구들에게 두려운(21절) 존재가 아니라고 말한다. 욥은 친구들에게 무엇을 달라고 한 적도 없고 또 욥을 위하여 재물을 선물로 달라고 한 적도 없었다고 말한다. 욥은 자신이 언제 친구들에게 원수의 손에서 구원해 달라고 말했던 적도 없었으며 폭군의 손에서 욥 자신을 구원해 달라고 말해 본적도 없었다고 말한다. 욥은 단지 친구들에게 위로의 말을 부탁한 것뿐이었다.

---

3) "데마"(Tema): 아브라함의 후손(창 25:15)으로, 아랍인이었고 사막을 왕래하면서 살았던 대상이었다.

4) "스바"(Sheba): 아바라함의 후손(1:15)으로 이들도 사막을 왕래하면서 살았던 대상들이었다.

우리는 세상에서 무엇을 달라고 하는 두려운 존재가 되어서는 안 되고 오히려 따뜻한 말 한마디 할 수 있는 사람들이 되어야 할 것이다.

욥 6:24. 내게 가르쳐서 나의 허물된 것을 깨닫게 하라 내가 잠잠하리라.

욥은 친구들에게 무엇을 달라는 사람이 아니라 한마디 위로를 기다리는 사람이라고 했는데(22-23절), 이제 본절에서는 친구들에게 "내게 가르쳐서 나의 허물된 것을 깨닫게 하라 내가 잠잠하고" 감사하겠다고 한다. 한 마디 따뜻한 충고는 친구가 해야 할 일이라는 것이다. 욥은 따뜻한 우정의 충고를 받으면 더 이상 말하지 않고 잠잠하겠다고 말한다. 우리는 남을 정죄하는 사람이 아니라 사람들에게 따뜻한 우정의 충고를 들려주어야 할 것이다.

욥 6:25. 옳은 말이 어찌 그리 고통스러운고, 너희의 책망은 무엇을 책망함이냐.

친구의 "옳은 말"[5](정직한 말) 한마디가 어찌 그리 유력하고 고통스러운지 그 결과가 큰 법인데 엘리바스의 책망은 무엇을 책망하는 것인지 아무런 도움도 되지 않는다는 말이다. 사실 정직한 말은 사람의 마음을 감동시킬 뿐 아니라 강하고 힘이 있는 법이다(시 119:103). 그러나 엘리바스의 책망은 옳은 말이 아니었다. 엘리바스는 정죄만 했기 때문에 그의 말은 욥을 돕지 못했다.

욥 6:26. 너희가 남의 말을 꾸짖을 생각을 하나 실망한 자의 말은 바람에 날아가느니라.

욥은 친구들에게 "너희가 남의 말꼬투리나 잡으려 하는가. 절망에 빠진 자의 말은 바람에 불려 가는 소리일 뿐이라"고 한다. 본절 해석에는 두 가지가 있다.

---

5) "옳은 말"이란 1) 이해를 분명히 하게하고, 2) 진리를 발견하게 하며(행 14:1), 3) 양심을 깨우치게 하고(행 2:37; 24:25), 4) 또한 감정과 의지를 움직이게 하며(행 2:41; 19:19), 5) 또한 피곤한 자에게 위로를 주고, 연약한 자에게 힘을 주는 교훈을 준다(잠 12:15, 그랜드 종합 주석).

1) 소망이 끊어진 자와 같은 욥 자신의 말을 친구들은 마치 스쳐 지나가는 바람과 같이 여겨버림으로 욥 자신의 고뇌를 전혀 이해하려 하지 않았다는 글이라고 말한다(KJV, NIV, RSV, K.&D.).

2) 고난을 당해 소망을 잃고 죽음을 기다리는 욥 자신의 말은 그저 지나가는 바람 같은 것일 뿐이니 그 말들을 꼬투리 잡을 필요는 없다는 글이라는 것이다. 그런 자의 말은 비난할 가치가 없다는 것이다(Rawlinson, Matthew Henry, 박윤선, 이상근).

욥 6:27. 너희는 고아를 제비 뽑으며 너희 친구를 팔아넘기는구나.

욥은 친구들을 향하여 "자네들은 고아를 놓고 제비라도 뽑겠구나, 친구를 장삿속으로 팔기라도 하겠구나"라고 한다. 본절의 "고아"란 말과 "친구"라는 말은 동의어로 사용되었다. 여기 "고아"란 말은 '채무자의 고아'를 지칭하는 말이다. 그러니까 채무자의 고아를 채권자가 노예로 팔기 위해 제비 뽑고(왕하 4:1), 그 친구들을 형편에 따라 팔아넘긴다는 것이다. 욥은 친구들의 심한 책망과 회개 권유를 아주 악질적인 행위로 알고 공격하고 있다.

욥 6:28. 이제 원하건대 너희는 내게로 얼굴을 돌리라 내가 너희를 대면하여 결코 거짓말하지 아니하리라.

욥은 자기를 향하여 공격하는 친구들을 향하여 "이제 원하건대 너희는 내게로 얼굴을 돌리라"고 부탁한다. 여기 "내게로 얼굴을 돌리라"는 말은 '나를 바로 보고 나를 바로 이해해 주기를 바라네'라는 말이다. 욥은 친구들을 향하여 결코 거짓말하지 아니하고 정직하게 대하겠다고 말한다.

욥 6:29. 너희는 돌이켜 행악자가 되지 말라 아직도 나의 의가 건재하니 돌아오라.

욥은 친구들을 향하여 "너희는 돌이켜 행악자가 되지 말라"고 부탁한다. 즉, '자네들은 나를 바로 알아서 공격하지 말아 달라'는 것이다. 이유는 "나의 의가 건재하기" 때문이라고 한다. 여기 "나의 의가 건재하다"는 말은 '친구들한테 오해 받거나 공격받을 일은 하지 않는다'는 뜻이다. 이 말은 욥 자신이 하나님 앞에서 의롭다는 뜻은 결코 아니다. 욥은 "인생이 어찌 하나님 앞에 의로우랴"(9:2)라고 말했으니 자신을 하나님 앞에서 의롭다고 생각하고 있지는 않았다.

욥 6:30. 내 혀에 어찌 불의한 것이 있으랴 내 미각이 어찌 속임을 분간하지 못하랴(Is there any injustice on my tongue? Cannot my palate discern the cause of calamity?-ESV)**.**

본절의 "내 혀"란 말과 "내 미각"이란 말은 동의어로 '욥의 혀, 욥의 입'이라는 뜻이다. 그리고 "불의한 것이 있으랴"란 말과 "어찌 속임을 분간하지 못하랴"는 구절도 동의절로 사용되어 전자의 뜻은 '불의한 것이 없다'는 뜻이고, 후자의 뜻도 '고난의 원인을 분간할 수 있으니' 그런고로 "돌아오라"(앞절), 즉 '나를 이해하라'고 부탁한다.

제 7 장

ㄷ. 욥이 고통을 호소하다 7:1-10

욥은 자신의 육체적 고통을 호소하면서 자신에게 소망이 없음을 고백한다.

욥 7:1. 이 땅에 사는 인생에게 힘든 노동이 있지 아니하겠느냐 그의 날이 품꾼의 날과 같지 아니하겠느냐.

땅 위에서 삶을 산다는 것은 고된 종살이와 같고 그의 평생이 품꾼의 나날과 같은 것이다. 욥은 자신의 고통을 말하기에 앞서 땅에서 산다는 것 자체가 고통이요, 품꾼의 날과 같음을 말한다. 아무튼 인생에게는 자기에게 태인 고난이 있다. 이 고난을 피할 사람은 세상에 아주 없다. 오직 예수님께만 우리의 고통을 쏟아놓을 수 있는 것이다.

욥 7:2. 종은 저녁 그늘을 몹시 바라고 품꾼은 그의 삯을 기다리나니.

욥은 "종은 저녁 그늘을 몹시 바라고 품꾼은 그의 삯을 기다린다"고 말한다. 품꾼은 저녁 그늘을 몹시 바라며, 품꾼은 그의 삯을 기다리다가 받아가지고 집으로 돌아가서 쉰다는 것이다.

욥 7:3. 이와 같이 내가 여러 달째 고통을 받으니 고달픈 밤이 내게 작정되었구나.

내가 바로 그렇게 여러 달째 고통 속에서 보내 왔다. 괴로운 밤은 꼬리를 물고 이어 왔다. 욥이 병을 얻은 지는 벌써 여러 달이 되었다. 욥의 병은 나병의 일종으로 상피병(Elephantiasis, 象皮病)이란 병으로 아프고 가려움을 심히 느끼게 하는 병이다(2:7-8). 그리고 이 병은 사람으로 하여금 얼굴이 일그러지게 하고 호흡을 곤란하게 하며, 상처에서 악취가 나게 하고, 벌레가 생기는(7:5), 추악하고 극악한 병이다. 아무튼 이 병은 많은 병중에서 아주 고약한 병이다. 욥은 이 병을 얻은 지 여러 달이 되었으므로 밤의 안식이 있는 품꾼들과는 달리 괴로운 밤을 보내곤 했다.

욥 7:4. 내가 누울 때면 말하기를 언제나 일어날까, 언제나 밤이 갈까 하며 새벽까지 이리 뒤척, 저리 뒤척 하는구나.

욥이 잠자리에 누울 때면 말하기를 언제나 일어날까, 언제나 밤이 갈까하고 말을 말했는데 실제로는 새벽까지 이리 뒤척, 저리 뒤척 하다가 새벽을 맞이했다.

욥 7:5. 내 살에는 구더기와 흙 덩이가 의복처럼 입혀졌고 내 피부는 굳어졌다가 터지는구나.

욥은 "내 몸은 온통 구더기와 흙먼지로 의복처럼 뒤덮였구나. 내 피부는 아물었다가도 터져 버리는 것을 반복하는구나"라고 한다. 본절은 욥이 앓고 있는 상피병으로 인한 참혹함을 묘사한다.

욥 7:6. 나의 날은 베틀의 북보다 빠르니 희망 없이 보내는구나.

욥은 말로 다 표현할 수 없는 고난의 세월을 보냈는데, 놀랍게도 그 고난의 세월에 대한 속도감을 베틀의 북(베를 짤 때에 좌우로 빨리 움직이는 기구)보다 빠르다고 표현했다. 오늘날의 말로 말하자면 쏜 화살같이 빨랐다는 의미이다. 이렇게 지나가는 세월은 희망 없이 지나가고 있었다.

욥 7:7. 내 생명이 한낱 바람 같음을 생각하옵소서 나의 눈이 다시는 행복을 보지 못하리이다.

욥은 "내 생명이 한낱 바람임을 기억하여 주옵소서. 내가 다시는 좋은 세월을 못 볼 것"이라고 말한다. 다시 말해 욥은 자기 생명이 한낱 뜻 없이 공허하게 지나가고 있음을 생각해 주시라고 애원한다. 욥이 이렇게 애원하는 이유는 자신의 눈이 다시는 행복을 보지 못할 것 같아서 그런 것이다. 욥은 이 재앙을 만나기 전 자녀들도 있었고 소유물도 있었으며 자기의 몸도 건강했던 때를 생각하는 것이다.

욥 7:8. 나를 본 자의 눈이 다시는 나를 보지 못할 것이고 주의 눈이 나를 향하실지라도 내가 있지 아니하리이다.

'주님을 포함하여 어느 친구들도 다시는 욥 자신을 볼 수 없을 것이고, 주님께서 눈을 뜨고 욥을 찾으려고 하셔도 욥은 이미 죽어 없어졌을 것'이라는 애처로운 고백을 한다.

욥 7:9. 구름이 사라져 없어짐 같이 스올로 내려가는 자는 다시 올라오지 못할 것이오니.

지나가는 구름이 사라지면 자취도 없이 사라지는 것 같이 스올로 내려가는 인생은 다시 올라오지 못할 것이라고 말한다(10:21). 여기 "스올"(שְׁאוֹל) 이란 말은 구약 성경에 65회나 사용되었는데, 그 중 단순히 '무덤'이란 뜻으로 35회, '음부'란 뜻으로 27회, '구멍'이란 뜻으로 3회가 나타난다. 스올에는 의인 아브라함, 이삭, 야곱, 요셉 등 족장들도 갔고(창 37:35; 49:33), 욥(14:13)이나 다윗(삼하 12:23) 같은 의인들도 갔다. 결국 스올은 단순히 무덤 또는 죽음을 지칭한다. 욥은 이제 죽어서 스올로 내려가서 다시는 올라오지 못할 것으로 알았다.

욥 7:10. 그는 다시 자기 집으로 돌아가지 못하겠고 자기 처소도 다시 그를 알지 못하리이다.

욥은 "자기 집으로 다시 돌아오지도 못할 것이고, 그가 살던 곳에서도 그를 몰라볼 것"이라고 애처롭게 말한다. 욥은 자기가 죽은 후에는 다시 자기가 살던 집으로 돌아가지 못하겠고 자기가 살던 처소의 사람들도 다시 그를 알아보지 못할 것으로 알았다.

ㄹ. 욥은 왜 나를 치시냐고 질문하다 7:11-21

욥은 죽기 전 하나님께서 왜 자기를 치시는지 그리고 그 고난의 이유를 알고자 한다.

욥 7:11. 그런즉 내가 내 입을 금하지 아니하고 내 영혼의 아픔 때문에 말하며 내 마음의 괴로움 때문에 불평하리이다.

본절 초두의 "그런즉"이란 말은 욥이 죽으면 현세와 완전히 단절되어 버리기 때문에 자기의 입을 열어 말을 하겠다고 말한다. 욥은 자기 영혼의 아픔 때문에 말도 하며 욥 자신의 괴로움 때문에 불평 좀 하겠다고 말한다. 그가 입을 열어 말하고 싶었던 것은 주님께서 왜 아무 것도 아닌 자기에게 관심을 두시며 치시는지 알고 싶은 것이었다. 우리는 한참 고난을 받을 때 그 이유가 심히도 궁금하지만 하나님께서는 그 이유를 알려주시지 않은 채 고난을 주신다.

욥 7:12. 내가 바다니이까 바다 괴물이니이까 주께서 어찌하여 나를 지키시나이까.

욥은 "내가 바다 괴물이라도 됩니까? 내가 깊은 곳에 사는 괴물이라도 됩니까? 어찌하여 주님께서는 나를 지키십니까?"라고 질문한다. 욥은 하나님께서 끊임없이 지키시는 이유를 알 수 없었다. 사실 하나님께서 우리를 지키시는 것은 우리를 사랑하신다는 증거이다.

욥 7:13-14. 혹시 내가 말하기를 내 잠자리가 나를 위로하고 내 침상이 내 수심을 풀리라 할 때에 주께서 꿈으로 나를 놀라게 하시고 환상으로 나를 두렵게 하시나이다.

욥은 "혹시 잠자리에라도 들면 편해지겠지, 혹시 깊이 잠이라도 들면 고통이 덜하겠지 하고 기대할 때에 주님께서는 악몽으로 욥을 놀라게 하시고 무서운 환상으로 욥을 떨게 하시니 참으로 힘이 든다"는 것이다. 욥은 침삼킬 동안도 평안함 없이 고통에 시달리고 있었다.

욥 7:15. 이러므로 내 마음이 뼈를 깎는 고통을 겪느니 차라리 숨이 막히는 것과 죽는 것을 택하리이다.

욥은 끝없는 고통을 받으니(앞절들) "차라리 숨이라도 막혀 버리면 좋겠다고 소원한다. 뼈만 앙상하게 살아 있기보다는 차라리 죽는 것이 낫겠다"고 호소한다. 욥은 계속해서 죽기를 바란다는 말을 하고 있다.

욥 7:16. 내가 생명을 싫어하고 영원히 살기를 원하지 아니하오니 나를 놓으소서 내 날은 헛 것이니이다.

욥은 "내가 생명을 싫어하고 영원히 살기를 원하지 아니하오니 나를 놓으소서 내가 사는 것은 허무합니다"라고 애원한다. 욥의 생명이 전적으로 하나님의 손에 달려 있음을 알고 이렇게 애원한다. 우리는 우리의 생명이 전적으로 하나님께 달려 있는 것을 알아 언제든지 하나님께 매달리고 하나님께 애원해야 할 것이다.

욥 7:17. 사람이 무엇이기에 주께서 그를 크게 만드사 그에게 마음을 두시고

욥은 "자기가 무엇이라고 주님께서 욥 자신을 크게 여기시고 어찌하여 욥 자신에게 마음을 두시는지" 질문한다. 하나님은 오늘도 우리를 크게 여기시고 독생자를 주셔서 우리를 위해 피를 흘려주셨다. 우리는 엄청난 사랑에 감사한다.

욥 7:18. 아침마다 권징하시며 순간마다 단련하시나이까.

욥은 "아침마다 하나님께서 왜 욥을 찾아오셔서 순간순간 그에게 고통을 주시고 시험을 하시는지" 질문한다. 욥은 병을 앓으면서 하나님의 권징하심과 단련하심을 느꼈다.

욥7:19. 주께서 내게서 눈을 돌이키지 아니하시며 내가 침을 삼킬 동안도 나를 놓지 아니하시기를 어느 때까지 하시리이까.

욥은 "주께서 내게서 눈을 돌이키지 아니하시며 내가 침을 삼킬 동안도 나를 놓지 아니하시기를 어느 때까지 하실 작정"이시냐고 질문한다. 욥은 하나님께서 잠시 동안도 쉬지 않으시고 병으로 고통을 주시니 참으로 견딜 수 없다는 고백을 한다.

욥 7:20. 사람을 감찰하시는 이여 내가 범죄하였던들 주께 무슨 해가 되오리이까 어찌하여 나를 당신의 과녁으로 삼으셔서 내게 무거운 짐이 되게 하셨나이까

욥은 "사람을 살피시는 주여, 내 자신이 범죄했다고 해서 그것이 주님께 무슨 큰 해라도 되는 것인지 모르겠습니다. 어찌하여 나 자신을 주님의 목표물로 삼으셔서 나 자신을 주님의 무거운 짐으로 여기셔서 나 자신을 꼭꼭 찌르십니까"라고 질문한다. 사실 하나님께서 욥 자신을 이렇게 과녁으로 삼으셔서 훈련시키는 것은 욥을 크게 복되게 하시고 사용하시려는 것이었다.

욥 7:21. 주께서 어찌하여 내 허물을 사하여 주지 아니하시며 내 죄악을 제거하여 버리지 아니하시나이까 내가 이제 흙에 누우리니 주께서 나를 애써 찾으실지라도 내가 남아 있지 아니하리이다.

욥은 "주님께서는 내 허물을 용서하지 않으시고 내 죄악을 깨끗이 제거해 주지 않으십니까? 이제 내가 숨져 흙 속에 누우면, 주님께서 아무리 저(욥)를 찾으신다 해도 나는 이미 없는 몸이 될 것입니다"라고 말씀 드린다. 그러니 이제 죽기 전에 죄를 사하셔서 병에서 낫게 해주시라고 하는 것이다.

욥이 큰 죄는 없다 해도 하나님 앞에서는 죄가 전혀 없다고 말할 수 없었다. 그런고로 그는 죄의식을 가지고 죄를 용서해주시라는 고백을 한 것이다.

제 8 장

4. 빌닷이 욥에게 질문하다 8장

두 번째 질문자인 빌닷은 본장에서 욥을 계속해서 정죄하여 죄인으로 몰고 있다. ㄱ. 빌닷은 욥의 말이 광풍과 같다 하고(1-2절), ㄴ. 욥과 욥의 자녀들이 하나님의 공의대로 고난을 당한다고 하며(3-4절), ㄷ. 욥이 회개하면 하나님께서 그를 회복하실 것이라고 하고(5-7절), ㄹ. 옛 스승에게 물어보아도 똑같은 대답을 얻을 것이라고 하며(8-10절), ㅁ. 빌닷은 자연을 통하여 인과응보의 공의를 배우라고 하고(11-19절), ㅂ. 욥이 회개할 때에 잘 될 것이라고 말한다(20-22절). 회개할 때에 잘 될 것이라고 말하는 것도 욥에게 죄가 있다고 정죄하는 것이다.

ㄱ. 빌닷은 욥의 말이 광풍과 같다고 하다 8:1-2

빌닷은 하나님께서 공의를 행하시는 분이기 때문에 절대로 공의를 굽게 하시지는 않으신다고 주장한다. 욥이 고난을 받은 것은 죄를 지은 결과 때문이라고 과격하게 주장한다.

욥 8:1. 수아 사람 빌닷이 대답하여 이르되.

빌닷이 친구들 중에서 두 번째로 질문하면서 이제 첫 번째 말을 시작한다. 2:11주해 참조.

욥 8:2. 네가 어느 때까지 이런 말을 하겠으며 어느 때까지 네 입의 말이 거센 바람과 같겠는가.

빌닷은 욥을 향하여 '네가 어느 때까지 이런 경솔하고 거친 말을 하겠는가,

어느 때까지 거센 바람과 같은 말'(질풍노도와 같은 말, 경한 말, 아무 가치 없는 말, 3장; 6:14-25 등)을 계속하겠는가'라고 비난하고 있다. 아마도 빌닷은 욥의 주장으로 말미암아 보편적으로 인정되어야 할 하나님의 정의가 심히 비난당하게 되어 있으므로 그것을 방어해야 할 필요가 있다고 느꼈던 것으로 보인다(그랜드 종합 주석).

ㄴ. 빌닷은 욥의 자녀들이 공의대로 고난을 당한다고 하다 8:3-4

욥 8:3. 하나님이 어찌 정의를 굽게 하시겠으며 전능하신 이가 어찌 공의를 굽게 하시겠는가.

본절의 "굽게 하다"(יְעַוֵּת)란 말은 '왜곡하다', '공정하지 못하게 하다'란 뜻이다. 따라서 본절은 하나님께서 결코 심판을 불의하게 내리시는 분이 아님을 역설적으로 드러낸다.

본절의 "정의"나 "공의"란 말은 동의어로 사용되어 글의 내용을 강조하고 있다. 빌닷이 말한 본절의 말은 변개(變改)할 수 없는 진리였다. 왜냐하면 공의로우신 하나님은 심판에 있어서 왜곡하시거나 그릇됨이 없으시기 때문이다(창 18:25; 신 32:4; 잠 8:14). 그러나 빌닷의 말은 욥의 현재 입장에는 들어맞지 않는 말이다. 다시 말해 빌닷은 지극히 전통적이고 율법적인 자신의 신관에 집착하여 욥을 비난했다.

욥 8:4. 네 자녀들이 주께 죄를 지었으므로 주께서 그들을 그 죄에 버려두셨나니.

빌닷은 하나님께서 심판을 잘못하셔서 욥에게 그런 불행이 닥친 것이 아니라(앞절) 욥의 자녀들이 주님께 죄를 지었기 때문에 그들을 그 죄에 버려두셨다고 한다. 엘리바스는 욥의 자녀들이 죄를 지었다는 사실을 암시적으로 지적했으나(5:4), 빌닷은 욥의 자녀들이 죄를 지었다는 사실을 본절에서 단적으로 지적하고 있다. 빌닷은 욥이 자기 자녀들이 죄를 짓고 그냥 지내지 않도록 정결 예식을 해주기도 했다(1:5).

ㄷ. 빌닷은 욥이 회개하면 하나님께서 회복시키실 것이라고 말하다 8:5-7

욥 8:5-6. 네가 만일 하나님을 찾으며 전능하신 이에게 간구하고 또 청결하고 정직하면 반드시 너를 돌보시고 네 의로운 처소를 평안하게 하실 것이라.

빌닷은 욥이 죄를 자복하면 하나님께서 욥과 욥의 가정을 회복시켜 주신다고 말한다. 빌닷은 '욥이 하나님을 간절히 찾으며 전능하신 분께 자비를 구하고 또 욥이 정말 죄를 깨끗하게 자복하고 생활이 정직하기만 하면 주님께서는 욥의 가정을 회복시켜 주실 것'이라고 말한다. 욥이 죄를 자복하면 회복시켜주실 것이라고 하는 말도 역시 욥이 죄를 지었다는 것을 전제하는 말이니 욥을 정죄하는 것이 아닐 수 없다.

욥 8:7. 네 시작은 미약하였으나 네 나중은 심히 창대하리라.

빌닷은 욥을 향해 "네 시작은 미약했으나 네 나중은 심히 창대하게 될 것"이라고 말한다. 다시 말해 욥이 다 없어진 현재의 상태(자녀들도 없어졌고 소유물도 다 없어졌으며 욥의 건강도 말이 아닌 상태임)에서 5-6절과 같이 죄를 자복하고 하나님께 자비를 구하고 계속해서 정직하게 살면 훗날에 가서는 크게 복된 가정이 된다는 것이다. 이 말은 욥의 만년(晩年)에 그대로 이루어졌다(42장). 오늘 우리가 죄를 자복하고 자비를 끊임없이 구하며 정직하게 살면 점점 창대하게 되는 것이다. 본절의 말씀도 역시 욥이 죄를 지어 미약하게 되었다고 주장하는 것이다. 이 말은 욥에게 해당되지 않는 엉뚱한 말이다.

ㄹ. 옛 스승에게 물어보아도 똑같은 대답을 할 것이라고 하다 8:8-10

빌닷은 욥에게 조상들에게 일을 배우라고 부탁한다. 빌닷은 인과 응보론적인 진리를 고대인으로부터 배우라고 권한다(8-10절).

욥 8:8. 청하건대 너는 옛 시대 사람에게 물으며 조상들이 터득한 일을 배울지어다.

빌닷은 욥에게 '어르신(욥을 지칭)께서는 옛 시대 사람에게 물으며 조상들이 터득한 일을 배우라'고 권한다. 욥의 지식이란 조상들의 지식에 비하여 매우 짧은 것임을 말한다. 빌닷의 이 말은 당시에 잠언과 같은 글이 존재했음을 시사하는 것으로 보인다(Rawlinson). 빌닷은 욥의 고난이 인과응보적인 측면에서 보아 죗값에 해당된다고 주장하고 있다.

욥 8:9. (우리는 어제부터 있었을 뿐이라 우리는 아는 것이 없으며 세상에 있는 날이 그림자와 같으니라).

본절의 "우리"라는 말은 욥을 포함하여 빌닷 당대의 사람들을 지칭한다. 본절의 "우리는 어제부터 있었을 뿐이라"는 말은 '당대의 사람들은 세상에 살기 시작한 지가 얼마 되지 않아 아는 것이 별로 없다'는 뜻이다. 그리고 "세상에 있는 날이 그림자와 같다"는 말은 '세상에 살기 시작한 날부터 계산해 보아도 하루하루가 너무 짧아 깊은 지식을 얻을 겨를이 별로 없었다'는 뜻이다(14:2; 사 40:6 참조). 실로 인생의 날은 실재라고 거의 부르기 어려울 만큼 짧고도 빨리 지나간다(Rawlinson).

그러니까 빌닷의 주장은 욥뿐만 아니라 당대의 사람들이 세상에 살기 시작한 날은 얼마 되지 않아 아는 것이 약하고 또 세상에 태어나서 살아온 날수도 너무 짧아 지식을 얻을 겨를이 별로 없으므로 욥이나 당대의 사람들은 옛 시대 사람에게서 배워야 한다는 주장이다.

욥 8:10. 그들이 네게 가르쳐 이르지 아니하겠느냐 그 마음에서 나오는 말을 하지 아니하겠느냐.

빌닷은 욥을 향하여 "그들" 곧 '옛 시대 사람들', '조상들'(8절)에게 배우라고 권한다. 조상들의 "마음에서 나오는 말"들(격언, 잠언 같은 것들)을 통하여 사람에게 고난이 왜 닥치는지를 배우라는 권면이다. 이는 욥에게 인과응보의 진리를 배우라는 빌닷의 권유이다. 그러나 욥의 고난은 인과응보의 법칙에 의해 임한 것이 아니었다(1:1,8; 2:3).

ㅁ. 빌닷은 자연을 통하여 인과응보의 공의를 배우라고 하다 8:11-19

욥 8:11. 왕골이 진펄 아닌 데서 크게 자라겠으며 갈대가 물 없는 데서 크게 자라겠느냐.

본절은 '늪이 아닌 곳에서 왕골이 어떻게 성장하겠으며 물이 없는 곳에서 갈대가 어떻게 자라겠느냐?'는 뜻이다. 그러니까 반드시 왕골은 늪에서 자라고 갈대는 물이 있는 곳에서만 성장한다는 뜻이다. 본절의 "왕골"(גֹּמֶא)과 "갈대"(אָחוּ)는 동의어로 사용되었는데 "왕골"은 고대 애굽 등지에서 많이 발견되었는데 나일 강변이나 요단 강가의 늪지대에 분포되어 있었던 파피루스였다. 본절에서는 '악한 자', '사곡한 자', '외식하는 자'를 상징하는 풀(草)이었다.

그리고 "갈대"는 앞절에 언급된 왕골의 일종으로 갈대풀을 지칭한다(창 41:2,18). 이 식물 역시 얕은 강물 속에서나 물이 고여 있는 늪지대에서 서식한다. 본절에서는 왕골이나 마찬가지로 '악인', '외식하는 종교인'을 상징한다(사 58:5; 요일 3:20-21).

"진펄"은 의지할 수 없는 진흙탕이다. 외식하는 자들은 하나님의 말씀을 의지하지 않고 감탕(진흙탕)이나 물과 같이 견고하지 못한 인간의 사상과 세상을 의지한다(박윤선). 진펄이 없이는 왕골이 자랄 수 없는 것과 마찬가지로 위선자는 어떤 거짓되고 부패한 토대 없이는 그가 바라는 것을 성취할 수 없다(Matthew Henry).

욥 8:12. 이런 것은 새 순이 돋아 아직 뜯을 때가 되기 전에 다른 풀보다 일찍이 마르느니라.

이것들(왕골과 갈대)은 물이 말라 버리면 벨 때가 아직 멀었는데도 모두 말라 죽고 만다는 것이다. 즉, 악인은 쉽게 번창하지만 쉽게 쇠약하여 멸망한다는 말이다. 욥의 번영이 그런 것이어서 고난이 쉽게 임했다는 뜻이다.

욥 8:13. 하나님을 잊어버리는 자의 길은 다 이와 같고 저속한 자의 희망은 무너지리니.

본절의 "하나님을 잊어버리는 자"와 "저속한 자"란 말은 동의어로 사용되어 저속한 자는 하나님을 잊어버린 자들이다. 하나님을 잊어버리면 누구든지 저속한 자가 되어 희망은 무너져버리고 만다는 것이다. 본절의 "다 이와 같다"는 말은 '다 왕골이나 갈대가 마른 것과 같다'는 말이다. 그러나 빌닷이 욥에게 하나님을 잊어버렸다거나 저속한 자로 치부하는 것은 욥의 상황과는 맞지 않는 말이다. 이유는 욥은 하나님을 경외하는 사람이었고 정직한 사람이었기 때문이다(1:8; 2:3).

욥 8:14. 그가 믿는 것이 끊어지고 그가 의지하는 것이 거미줄 같은즉.

그런 사람(13절에 해당되는 사람)이 믿는 것(소유물과 자녀와 건강)은 끊어질 줄에 지나지 않으며 그가 의지하는 것(소유물과 자녀와 자신의 건강)은 거미줄에 지나지 않는다. 욥이 믿고 의지하던 것들이 거미줄처럼 끊어지고 소멸되었다는 것이다. 빌닷은 욥에게 해당되지도 않는 이야기를 꺼내 말하고 있다.

욥 8:15. 그 집을 의지할지라도 집이 서지 못하고 굳게 붙잡아 주어도 집이 보존되지 못하리라.

그런 사람이 의지하던 집(소유물과 자녀와 건강 등)은 계속해서 서 있지 못하고 아무리 붙잡아 주어도 집(소유물과 자녀와 건강 등)이 서지 못한다는 것이다. 거미줄이 한번 끊어지면 다시 회복되지 못하는 것과 같다(시 127:1-2; 마 7:26-27 참조).

욥 8:16-18. 그는 햇빛을 받고 물이 올라 그 가지가 동산에 뻗으며 그 뿌리가 돌무더기에 서리어서 돌 가운데로 들어갔을지라도 그 곳에서 뽑히면 그 자리도 모르는 체하고 이르기를 내가 너를 보지 못하였다 하리니.

악인의 멸망을 거미줄에 비한(14절) 빌닷은 이 부분(16-18절)에서 식물에 비한다. 식물이 햇빛을 받고 물이 올라 그 식물의 가지가 동산에 뻗으며 또 그 식물의 뿌리가 돌무더기에 서리어서 돌 가운데로 들어갔다고 할지라도 그 돌 가운데서 뽑혀 버리면 그 식물은 말라 죽어서 그 자리도 식물을 모르는 체하고 이르기를 내가 너를 보지 못하였다고 할 것이라는 것이다. 빌닷은 이 부분에서의 식물을 욥에 비하여 말했으나 욥에게는 해당되지 않는 말이었다.

욥 8:19. 그 길의 기쁨은 이와 같고 그 후에 다른 것이 흙에서 나리라.

본절의 이야기는 '살아서 누리던 기쁨은 이렇게 빨리 사라져가고 그 흙에서는 또 다른 식물이 돋아날 것이라'는 말이다. 한때 그곳에서 자라던 식물은 빨리 말라 없어지고 바로 그 장소에서는 다른 식물이 나서 무성하게 될 것이란 뜻이다. 본절의 말은 욥은 멸망하고 욥 대신 다른 누군가가 욥 대신 번창할 것이란 뜻이다. 그러나 욥이 멸망할 것이라는 빌닷의 예상은 빗나가고 말았다(42장).

욥 8:20. 하나님은 순전한 사람을 버리지 아니하시고 악한 자를 붙들어 주지 아니하시므로.

본절부터 22절까지는 욥이 회개할 때에 잘 될 것이라고 말하는데 이런 말은 욥에게 죄가 있다는 것을 드러내는 말이니 욥에게는 해당되지 않는 내용이다. 하나님은 순전한 사람을 버리지 아니하시고 악한 자를 붙들어 주지 아니하신다는 것이다. 본절의 말씀은 원론적인 말로 욥에게 회개하라는 빌닷의 권유이다.

욥 8:21. 웃음을 네 입에, 즐거운 소리를 네 입술에 채우시리니.

욥이 회개하면 하나님께서 웃음을 욥의 입에 넣어주실 것이며, 즐거운 소리를 욥의 입술에 채우실 것이라고 말한다. 빌닷은 욥에게 회개하여 웃음을 가지고 살라고 권한다.

욥 8:22. 너를 미워하는 자는 부끄러움을 당할 것이라 악인의 장막은 없어지리라.

빌닷의 주장은 욥이 회개하면 의인이 될 것이니 "너(욥)를 미워하는 자는 부끄러움을 당할 것이라. 악인(욥을 미워하는 자)의 장막은 자취도 없이 사라지게 될 것이라"고 말한다.

제 9 장

5. 욥이 대답하다 9-10장

빌닷의 첫 번째 질문에 대하여 욥이 길게 대답을 한다(9-10장). 욥의 대답에는 ㄱ. 욥이 하나님의 위대하심을 말한 일(9:1-13), ㄴ. 하나님 앞에서 욥이 취한 태도가 진술된 일(9:14-24), ㄷ. 욥이 그의 고난에 대하여 탄식한 일(9:25-10:7), ㄹ. 욥 자신이 하나님의 특수한 피조물로 알고 위로를 받은 일(10:8-13), ㅁ. 욥이 하나님의 엄격한 취급에 대하여 탄식한 일(10:14-19), ㅂ. 생전에 한번 평안을 주시기를 애원한 일이 진술된다(10:20-21).

ㄱ. 하나님의 위대하심을 말하다 9:1-13

욥은 하나님께서 절대적으로 강하시고(1-4절) 또 역사하시는 분이심을 말한다(5-13절).

욥 9:1. 욥이 대답하여 이르되.

본절부터 10장 끝까지는 빌닷의 변론(8장)에 대하여 욥이 첫 번째로 응답한 내용이다.

욥 9:2. 진실로 내가 이 일이 그런 줄을 알거니와 인생이 어찌 하나님 앞에 의로우랴.

욥은 빌닷이 앞장(8장)에 말한 것을 두고 "진실로 내가 이 일이 그런 줄을 안다"고 인정한다. 다시 말해 빌닷이 악인에 대한 하나님의 심판과 의인에 대한 하나님의 보호를 말했는데 그 사실에 대해서는 욥 자신도 인정한다는 것이다. 우리는 남의 말을 인정할 것은 인정해야 할 것이다.

그러나 욥은 빌닷에게 "인생이 어찌 하나님 앞에 의로우랴"고 반문한다. 욥의 이 말은 인생이 어찌 하나님의 의(義)에 도달할 수 있느냐는 것이다(4:17; 롬 3:10 참조). 다시 말해 인간은 하나님 앞에서 근본적으로 의로울 수 없다는 뜻이다. 인간은 하나님께서 보내주신 예수 그리스도를 믿을 때에만 의로워질 수 있는 것이다.

욥 9:3. 사람이 하나님께 변론하기를 좋아할지라도 천 마디에 한 마디도 대답하지 못하리라.

아무리 변론을 좋아하는 사람이라 할지라도 하나님의 천 마디 말씀에 단 한마디도 대답하지 못할 것이다. 욥 자신은 하나님께서 나타나셔서 질문하실 때에는 대답하지 못하고 손으로 입을 가렸을 뿐이었다(40:4-5).

욥 9:4. 그는 마음이 지혜로우시고 힘이 강하시니 그를 거슬러 스스로 완악하게 행하고도 형통할 자가 누구이랴.

본절의 말씀은 '하나님께서 전지전능(全知全能)하시니 그를 거역하고 온전할 사람이 있겠느냐?'는 뜻이다.

5-14절. 이 부분(5-14절)은 욥이 하나님 앞에서 자신을 내세울 수 없는 여러 근거들을 진술한다.

욥 9:5. 그가 진노하심으로 산을 무너뜨리시며 옮기실지라도 산이 깨닫지 못하며.

욥은 하나님의 진노로 하나님께서 산을 무너뜨리시며 옮기신다고 말한다. 그런데도 "산이 깨닫지 못한다"고 말한다. 여기 "산이 깨닫지 못한다"는 말은 '사람들이 깨닫지 못한다'는 것으로 보아야 할 것이다. 본절은 하나님께서 화산 활동이나 지진 활동을 일으키심을 말하는 것으로 보인다. 아무튼 하나님께서는 엄청난 일을 행하시지만 욥 자신은 그 하나님에 비해 아무 것도 아니라는 것을 말하고 있다.

욥 9:6. 그가 땅을 그 자리에서 움직이시니 그 기둥들이 흔들리도다.

본절은 하나님께서 땅을 그 자리에서 움직이시니 그 기둥들(고대인들은 지구가 거대한 기둥들에 의하여 떠받쳐져 있는 것으로 생각했다)이 흔들린다고 했다. 이는 지진 활동과 관련된 말로 보인다. 고대 근동 지역, 특히 시리아와 팔레스틴에 인접한 나라에 있어 지진은 그렇게 드문 현상이 아니었다(민 16:32; 왕상 19:11; 시 104:32; 암 1:1). 하나님의 엄청난 지진 활동을 목격할 때 욥은 자신이 아무 것도 아님을 느꼈다.

욥 9:7. 그가 해를 명령하여 뜨지 못하게 하시며 별들을 가두시도다.

하나님께서 해에게 명령하시어 뜨지 못하게도 하시며 별들을 가두시어 빛을 내지 못하게도 하신다는 것이다. 하나님은 자연계에 대하여 절대적인 주권을 가지고 주장하신다(행 17:24-28 참조).

욥 9:8. 그가 홀로 하늘을 펴시며 바다 물결을 밟으시며.

본문의 "그가 홀로 하늘을 펴셨다"는 말씀은 '하나님께서 하늘을 지으셨다'는 뜻이고, 하나님께서 "바다 물결을 밟으셨다"는 말씀은 하나님께서 '바다의 높은 데를 밟으셨다'는 뜻이다. 여기 "바다의 높은 데"란 말이 무엇을 의미하느냐 하는 데는 다른 학설들이 있다. 1) 하늘 궁창 위의 물(창 1:7)을 가리킨다는 견해(Hahn, Schlottmann, 박윤선). 2) 바다의 파도가 높은 것을 가리킨다는 견해(Rawlinson, 호크마 주석). 2)번의 견해가 더 바람직하다. 2)번의 견해는 하나님께서 자신이 창조하신 자연계를 지배하고 계신다는 뜻이다(암 4:13; 미 1:3 참조).

"하늘(궁창)은 오늘날도 과학으로 설명할 수 없는 신비에 속해 있다. 그것이 어디까지 미치는 것인지 측량할 자 누구이랴? 이런 신비의 세계를 하나님께서 홀로 주장하신다. 그렇다면 하나님은 얼마나 위대하신가!"(박윤선).

욥 9:9. 북두성과 삼성과 묘성과 남방의 밀실을 만드셨으며.

본절은 하나님께서 하늘의 별들을 만드신 것을 말씀하는 중에 몇 개의 별들을 창조하신 것을 드러내는 말씀이다. “북두성”(עָשׁ)은 ‘북두칠성’을 뜻하는 말인데 그 중에 가장 큰 별을 지칭한다. “삼성”(כְּסִיל)은 ‘오리온성좌’(Orion)를 지칭하고, “묘성”(כִּימָה)은 황소자리의 별을 지칭한다. 그리고 “남방의 밀실”은 남반구에 여름철에 나타나는 12궁좌를 뜻한다. 이상의 세 별은 북반구에서 볼 수 있는 별이고, 마지막 하나는 남반구에서 관찰할 수 있는 별이다.

욥 9:10. 측량할 수 없는 큰일을, 셀 수 없는 기이한 일을 행하시느니라.

본절은 5:9의 엘리바스의 말과 똑같다. 그 주 참조. 위대하신 하나님 앞에서 누가 죄를 고백하지 않으며 누가 큰 소리를 칠 수 있는 것일까?

욥 9:11. 그가 내 앞으로 지나시나 내가 보지 못하며 그가 내 앞에서 움직이시나 내가 깨닫지 못하느니라.

본절의 “그가 지나신다”는 말과 “그가 움직이신다”는 말은 ‘하나님께서 활동하신다’는 것을 묘사하는 동의어이다. 욥은 말하기를 하나님의 활동을 “보지 못하며”, “깨닫지 못한다”고 말한다. 이렇게 욥이 하나님의 활동을 볼 수도 없고 알 수도 없다고 말한 이유는 하나님은 영이시기 때문이다(요 4:24). 우리는 하나님을 믿음으로 알고 성령으로 알게 되는 것이다(고전 12:3).

하나님은 인간에게 그의 주권을 행사하실 때에 보이지 않게 하신다. 우리 눈에 보이지 않으시는 하나님은 우리가 알지도 못하는 사이에 우리의 행위를 100% 정확하게 보시고 또 우리의 중심도 아신다. 그렇다면 우리 중에 누가 하나님 앞에서 스스로 의롭다고 할 수 있겠는가?

욥 9:12. 하나님이 빼앗으시면 누가 막을 수 있으며 무엇을 하시나이까 하고 누가 물을 수 있으랴.

욥은 본절에서 과거에 하나님께서 자신의 재산과 자녀와 건강까지 빼앗으신 것을 누가 막을 수 있으며 또 하나님을 향하여 무엇을 하시느냐고 물을 수 있는가라고 말하며, 결국 그런 자는 세상에 없음을 말한다. 오늘 우리도 하나님을 향하여 왜 빼앗아 가시느냐고 말할 수 없으며 하나님께서 지금 무슨 일을 하시느냐고 물을 수가 없는 것이다. 그러나 하나님은 우리의 유익을 위하여 빼앗을지언정(1:21 참조) 절대로 우리에게 해를 주시기 위해 빼앗아 가지는 않으신다.

욥 9:13. 하나님이 진노를 돌이키지 아니하시나니 라합을 돕는 자들이 그 밑에 굴복하겠거든.

하나님이 "진노를 돌이키지 아니하신다"는 말은 '하나님께서 심판을 돌이키지 아니하신다'는 뜻이다(계 6:16-17). "라합"(רָהַב)이란 말은 '바다의 괴물', 혹은 '사탄'을 지칭한다. "라합을 돕는 자들"이란 말은 '사탄의 추종자들'을 지칭한다. "라합을 돕는 자들이 그 밑에 굴복한다"는 말은 '사탄의 추종자들이 하나님의 심판에 굴복한다'는 뜻이다.

본절의 뜻은 하나님의 심판 앞에 사탄도 굴복한다는 것을 말한다. 그러니 나약한 사람이 하나님 앞에 어찌 설 수 있겠느냐는 것이다. 우리는 스스로 의롭다 하심을 얻을 수 없고 하나님의 의를 믿음으로 의롭게 되는 것이다.

ㄴ. 하나님의 입장에서 논하지 말자 9:14-24

욥은 본 단락(14-24절)에서 하나님을 재판관, 자신을 재판을 받는 자로 보고 있다. 욥은 자신을 시험하고 심판하는 권능이 오직 하나님께만 있으며 욥 자신은 하나님께 대하여 항변할 권리를 가지지 못한 자로 보고 있다. 또한 지금껏 하나님께 탄원과 질문을 쏟아 부었으나 아무런 해답을 얻지 못한 자신의 처지에 대하여 한탄을 토로한 것으로도 볼 수 있겠다.

욥 9:14. 하물며 내가 감히 대답하겠으며 그 앞에서 무슨 말을 택하랴.

욥은 본절에서 사탄의 큰 세력도 굴복시키는 크신 하나님에게 미미한 자신이 어찌 감히 항변을 하겠느냐고 말한다.

욥 9:15. 가령 내가 의로울지라도 대답하지 못하겠고 나를 심판하실 그에게 간구할 뿐이며.

욥은 본절에서 그 자신이 아무런 죄가 없다고 할지라도 하나님에게 항변하지는 못하겠고 자기를 심판하실 하나님에게 할 일이 있다면 그것은 단지 기도뿐이라고 한다. 하나님에게 오직 죄를 용서해 달라는 기도밖에 다른 그 무엇을 할 수 있겠느냐고 말한다.

욥 9:16. 가령 내가 그를 부르므로 그가 내게 대답하셨을지라도 내 음성을 들으셨다고는 내가 믿지 아니하리라.

욥이 하나님께 기도함으로 하나님께서 욥에게 응답하셨다고 해도 욥 자신으로서는 하나님께서 욥을 의롭게 여겨서 욥의 음성을 들으셨다고 믿지는 않겠다는 것이다. 다시 말해 욥은 기도 응답을 받는 일에 있어서도 자신의 어떤 의(義)를 전혀 인정하지 않았다. 욥은 자신이 하나님 앞에서 아무 가치도 없는 것으로 알았다. 필자 역시 하루에 2시간 정도 기도로 하나님께 드리고 있다. 그래도 필자 자신이 의롭다고 믿지 못하고 오히려 필자 자신이 죄인 중에 괴수임을 더욱 느끼며 몸부림 치고 있는 실정이다. 우리가 하나님께 기도하여 의롭게 되었으므로 하나님께서 우리에게 응답하시는 것이 아니라 우리를 불쌍히 여기셔서 응답하신 것이다.

욥 9:17. 그가 폭풍으로 나를 치시고 까닭 없이 내 상처를 깊게 하시며.

욥은 본절에서 '하나님께서는 조그마한 일로도 폭풍과 같이 큰 바람으로 욥 자신을 치셨고 또 욥이 알지 못하는 일로(까닭 없이) 욥의 상처를 깊게 하셨다'는 것이다. 욥은 하나님께서 왜 자기를 이렇게 치시는지 알지 못했다.

욥 9:18. 나를 숨 쉬지 못하게 하시며 괴로움을 내게 채우시는구나.

욥은 하나님께서 자기를 숨 쉬지 못하게 하셔서 한 순간 한 순간 지내기 힘들게 하시며 또 오직 괴로움만으로 욥에게 채우셔서 지내기 힘들게 만들어주고 계신다고 말한다(7:3-6, 3-19). 그러나 그는 하나님께 항변하지 못하고 지낸다는 것이다.

욥 9:19. 힘으로 말하면 그가 강하시고 심판으로 말하면 누가 그를 소환하겠느냐.

욥은 여전히 하나님의 강하심과 심판에 있어서 하나님께서 절대자이심을 말하면서 아무도 하나님에게 대항하지 못한다고 말한다. 힘으로 비교한다면 욥 자신은 아무 것도 아니고 하나님은 절대 강자이시고 또 심판으로 말하면 하나님은 절대 완전한 심판자이시니 누가 하나님을 심판장에 불러내겠느냐고 말한다.

욥 9:20. 가령 내가 의로울지라도 내 입이 나를 정죄하리니 가령 내가 온전할지라도 나를 정죄하시리라.

욥은 자신이 의로울지라도 하나님께서 욥의 입을 주장하셔서 욥 자신을 정죄 하실 것이며 가령 욥 자신이 온전할지라도 하나님께서 욥을 정죄하실 것이라고 말한다. 욥은 결코 하나님의 힘에 눌려서 자신을 죄인으로 인정하는 것이 아니라 자신이 죄인인줄 알고 스스로 죄인임을 고백한다는 것이다.

욥 9:21. 나는 온전하다마는 내가 나를 돌아보지 아니하고 내 생명을 천히 여기는구나.

욥은 '내가 비록 흠이 없다(범죄를 저지르지 않았다)고 하더라도 무엇이 무엇인지 모르겠다. 살아 있다는 것이 구역질 날 뿐이다'고 말한다.

본절의 "나는 온전하다마는"이란 말은 '내가 범죄를 저지르지 아니해서 온전하다고 말할 수 있지마는'이란 뜻이다.

그리고 본절의 "내가 나를 돌아보지 아니한다"(לֹא־ אֵדַע נַפְשִׁי)는 말은

'내가 나의 영혼의 형편을 잘 모르겠다'는 뜻이다(고전 4:4-5 참조). 다시 말해 '내가 무엇이 무엇인지 모르겠다'는 것이다. 욥이 이렇게 말한 것은 회복의 가능성이 없는 자신의 병세에 회의를 느끼고 체념적으로 말한 것으로 보인다.

그리고 "내 생명을 천히 여기는구나"라는 말은 욥이 언제나 자기를 근본적 의미에서는 죄인으로 알고 있기 때문에 그가 이 세상에서 반드시 의(義)에 대한 상급을 하나님에게서 받으리라고 기대하지 않는다. 선(善)에 대한 하나님의 상급을 이 세상에서 다 받는다는 것은 욥의 세 친구의 사상이다. 욥은 그런 사상을 계속해서 반대하고 있었다. 이런 이유에서도 욥은 자기 생명을 천히 여긴다는 말을 하고 있다(박윤선). 욥이 자기의 생명을 천히 여긴다는 말은 더 살기를 원하지 않는다는 뜻으로 본다.

욥 9:22. 일이 다 같은 것이라 그러므로 나는 말하기를 하나님이 온전한 자나 악한 자나 멸망시키신다 하나니.

욥은 '내가 보기에는 모든 것이 한 가지로만 여겨진다. 그러므로 나는 하나님께서는 흠이 없는 사람(무죄한 자, 다음 절)이나, 흠이 있어 악한 사람이나 모두 한 가지로 멸망시키신다고 결론지을 수밖에 없다'고 말한다.

그러나 사실은 모든 것이 다 똑같은 것은 아니다. 하나님께서는 욥을 특별한 사람으로 만드시려고 고난을 주신 것인데, 욥은 그 고난을 받으면서 하나님께서 온전한 자나 악한 자를 똑같이 멸망시키시는 것으로 본 것이다. 그러므로 오늘날 우리는 고난을 받는 일이 있을 때 예수님을 더욱 가까이하여 잘 믿어야 할 것이다.

욥 9:23. 갑자기 재난이 닥쳐 죽을지라도 무죄한 자의 절망도 그가 비웃으시리라.

본절은 욥이 보기에 '갑작스러운 재앙으로 온전한 자나 악한 자가 죽게 되었을 때에도 죄 없는 자가 재앙을 받는 것을 보시고 하나님께서 비웃으실 것이라'고 말한다.

'죄 없는 자가 재앙을 받는 것을 보시고 하나님께서 비웃으실 것이라'고 했는데 이런 현상은 욥이 보기에 그런 것처럼 보인 것이고 실제로 하나님은 성도가 죽는 것을 보시고 아주 귀하게 여기신다(시 116:15). 욥은 훗날 잘 되었다.

욥 9:24. 세상이 악인의 손에 넘어갔고 재판관의 얼굴도 가려졌나니 그렇게 되게 한 이가 그가 아니시면 누구냐.

세상이 악한 권세자의 손에 넘어갔고 주님께서 재판관의 눈을 가려서 제대로 판결하지 못하게 하셨다. 이 두 가지 일(세상이 악인의 손에 넘어간 일, 재판관의 눈이 가려진 일)을 하나님께서 안 하셨다면 누가 했다는 말이냐? 다시 말해 순전한 의인이 악인의 손에 붙인 바 되어 탄압을 받고 있고(합 1:3 참조), 이런 부정을 바로 잡아 줄 재판장도 얼굴을 가려 방관시하고 있으니 이런 부정한 사태의 궁극적 책임자는 하나님이 아니시냐는 회의론이다. 이 세상의 공의의 질서가 무너지고(22절), 하나님은 의인의 고난을 냉소하시니 (23절), 하나님이야 말로 이 부정한 세상의 책임자가 아니냐는 강한 항변이다 (이상근). 욥이 한참 고난을 받을 때 앞으로 소망이 없을 것 같이 보여 본절과 같은 말을 한 것이다. 실제는 하나님께서 모두 판단하고 계신다.

ㄷ. 욥이 탄식하다 9:25-10:7

욥은 이제 자신이 죽게 되었다고 생각하면서 이제는 모두 끝난 것으로 알아 탄식에 빠진다.

욥 9:25. 나의 날이 경주자보다 빨리 사라져 버리니 복을 볼 수 없구나.

본절의 "경주자"(רָץ)란 말은 '전령자'(傳令子)란 뜻이다. 고대 바사에는 빠른 전령자들이 있어 왕의 조서 같은 것을 교대로 달려 아주 빨리 전달했다는 것이다(대하 30:6; 에 3:13; 8:10,14). 욥은 자신의 생애의 나날이 경주자보다 더 빨리 지나가 버리니 복을 볼 수 없다고 한다.

욥 9:26. 그 지나가는 것이 빠른 배 같고 먹이에 날아 내리는 독수리와도 같구나.

욥은 자기의 한 생애가 지나가는 속도를 경주자보다 더 빠를 뿐(앞절) 아니라 "빠른 배"와 같고 "먹이를 잡으려 내려오는 독수리" 같이 빠르다고 말한다. 욥은 인생의 빠름을 육지의 전령자와 강의 배와 공중의 독수리에 비하고 있다. 오늘 우리의 날들도 욥이 느꼈던 것처럼 아주 빨리 지나가고 있다. 그래서 성경은 우리를 향하여 세월을 아끼라고 권고한다(엡 5:16).

욥 9:27-28. 가령 내가 말하기를 내 불평을 잊고 얼굴빛을 고쳐 즐거운 모양을 하자 할지라도 내 모든 고통을 두려워하오니 주께서 나를 죄 없다고 여기지 않으실 줄을 아나이다.

본절은 욥이 무슨 일을 가상해 보려 해도 하나님 때문에 실패로 돌아간다는 것을 말한다. 즉, 욥 자신이 지금까지 있었던 모든 불평을 잊어버리고 또 얼굴 빛을 완전히 고쳐 환하게 만들어 아주 기쁜 체 한다고 하더라도 욥에게 있는 고통을 두려워한다는 것이다. 욥에게 있는 그 고통은 바로 여호와께서 욥 자신을 죄 없다고 여기지 않으시는 증거이기 때문이었다.

오늘 우리는 하나님 앞에서 죄가 있음을 알아도 우리가 예수 그리스도의 십자가 대속을 믿으면 하나님께서 죄 없다고 취급해주시고 의롭다고 여겨 주시니 얼마나 감사한지 형언할 길이 없다(요 14:27; 16:33; 빌 4:1).

욥 9:29. 내가 정죄하심을 당할진대 어찌 헛되이 수고하리이까.

욥의 고통이 계속되는 것은 그가 정죄를 받는 것과 같은 것이니(28절) 욥 자신이 애써 불평을 잊어보고 또 얼굴을 고쳐 기쁜 체 하는 일 같은 것을 포기한다는 것이다. 애써 수고해도 헛되다는 것이었다. 인위적인 노력은 헛되다는 것이다. 욥은 자기 고통의 이유를 하나님의 정죄의 표시로 알았다. 하지만 하나님께서는 그에게 놀라운 영적 경험을 통해 큰 복을 주시고자 하셨다. 그러나 아직 그는 그 사실을 알지 못했다. 욥은 훗날에 가서야 알게 되었다(42장).

욥 9:30. 내가 눈 녹은 물로 몸을 씻고 잿물로 손을 깨끗하게 할지라도.

본절은 욥이 자기의 죄를 완전히 씻기 위하여 "눈 녹은 물로 몸을 씻고 잿물로 손을 깨끗하게 할지라도" 소용없다(다음 절)는 것이다. 여기 "눈 녹은 물"도 깨끗한 물이고, "잿물"도 역시 깨끗하게 씻기는 세제(洗劑)이다. 그러나 이런 세제들로 손을 깨끗하게 씻어보아도 아무 소용없다는 것이다. 하나님께서 욥을 개천에 빠지게 하시면 손보다 더 더러워진다는 것이다. 그러니까 인위적인 정결법은 모두 헛되다는 것이다.

욥 9:31. 주께서 나를 개천에 빠지게 하시리니 내 옷이라도 나를 싫어하리이다.

본절의 "주께서 나를 개천에 빠지게 하시리니"란 말은 인위적으로 깨끗한 척 하는 자는 더 정죄를 받는다는 뜻이다. "내 옷이라도 나를 싫어하리이다"란 말은 욥이 입은 옷까지도 욥을 싫어할 것이란 뜻이다. 이 말은 옷도 더러워져 싫어함을 당한다는 뜻이 아니라 욥이 입은 옷이 욥을 싫어하게 될 것이란 뜻이다. 그러니까 인위적인 정결(자기 의)은 실제로 성결에 이르지 못하고 헛되이 끝난다는 뜻이다. 사람의 정결은 성령에 의해 되는 것이다(빌 3:3). 인생의 자기 의(義)는 영원히 의에 이르지 못하고 실패하고 만다.

욥 9:32-33. 하나님은 나처럼 사람이 아니신즉 내가 그에게 대답할 수 없으며 함께 들어가 재판을 할 수도 없고 우리 사이에 손을 얹을 판결자도 없구나.

욥은 32절과 33절에서 하나님과 논쟁해보려는 것이 무의미하다는 것을 다시 한 번 언급한다. 욥이 이와 같이 언급하는 이유는 1) 하나님은 인간이 아니시고 한없이 높으신 존재라는 것, 2) 하나님과 인간 사이에 해결해 줄 중보자가 없다는 것이다. 바로 여기에 우리의 중보자가 반드시 하나님이시요 인간이어야 할 이유가 있다. 이 중보자의 요건을 만족시키는 분이 바로 참 하나님이시요 참 인간이신 예수 그리스도이시다(딤전 2:5,6; 요일 2:1, 그랜드 종합 주석).

본절의 "판결자"라는 말은 '양편의 말을 듣고 판결하는 재판관'을 지칭한다. 그러나 본절에서는 '중보자'라는 뜻이다. 욥은 하나님과 자기 사이에 중보자가 필요함을 절감하고 있다. 오늘 우리는 하나님과 우리 사이에 중보자가 계심을 한없이 감사해야 할 것이다.

욥 9:34. 주께서 그의 막대기를 내게서 떠나게 하시고 그의 위엄이 나를 두렵게 하지 아니하시기를 원하노라.

욥은 하나님 앞에 바라는 것이 있다. 그것만 이루어지면 하나님 앞에 두려움이 없이 자기변명을 하겠다는 것이다. 본절의 "막대기"와 "위엄"이란 말은 동의어로 사용되고 있다. 여기 "막대기"는 '징벌의 막대기'를 지칭한다(21:9; 사 10:5; 애 3:1). 그리고 "위엄"(dread)이란 말은 '하나님을 두려워하는 것'이란 뜻으로 욥은 하나님께 욥 자신을 치는 징계의 막대기와 그를 두려워하는 것을 제거해 주시기를 바라고 있다.

욥 9:35. 그리하시면 내가 두려움 없이 말하리라 나는 본래 그렇게 할 수 있는 자가 아니니라.

본절에서 욥은 하나님께서 징계의 막대기를 치워주시고 또 하나님을 두려워하는 것을 치워주신다면(앞절) 욥 자신이 두려움 없이 말하겠다는 의사를 드러낸다. 그러나 욥 스스로는 그렇게 할 수 있는 자가 아니라고 말한다. 하나님께서 해주셔야지 욥 스스로는 그렇게 할 수 있는 위인이 되지 못한다는 것이다. 오늘날 우리는 우리의 중보자가 계시니 그 중보자의 역할을 믿고 하나님 앞에 담대히 나아갈 수 있게 되었다(요 14:6; 히 10:19-22).

제 10 장

10:1. 내 영혼이 살기에 곤비하니 내 불평을 토로하고 내 마음이 괴로운 대로 말하리라.

욥은 '산다는 것이 이처럼 괴로우니 나는 이제 내 불평을 참지 않고 다 토해내어 내 괴로움을 입으로 다 말하려 한다'고 한다. 본절의 "곤비하니"란 말은 살기가 너무 힘들어 기진맥진하게 된 것을 뜻한다(창 27:46; 왕상 19:4; 욘 4:8). 그리고 "내 마음이 괴로운 대로 말하겠다"는 말은 "내 마음에서 괴로움을 느끼는 대로 말하리라"는 말과 동의어이다. 욥이 자기의 마음에서 괴로움을 느끼는 대로 말하리라는 말은 결코 하나님을 향해서 원망하겠다는 뜻은 아니다. 단지 하나님을 향해서 괴로움을 토해내겠다는 뜻이다. 만약 그가 하나님을 향해 원망했다면 그의 원망이 죄가 되어 훗날의 회복은 전혀 기대할 수 없는 일이 되었을 것이다(42장, 서론).

욥 10:2. 내가 하나님께 아뢰오리니 나를 정죄하지 마시옵고 무슨 까닭으로 나와 더불어 변론하시는지 내게 알게 하옵소서.

욥은 '내가 하나님께 아뢰겠사오니 나를 죄인 취급하지 말아주십시오. 무슨 까닭으로 나 같은 자와 다투시는지 알려 주십시오'라고 기도한다. 욥은 하나님께서 자신을 정죄하시는 것을 가장 싫어했다. 욥은 하나님께서 자신을 정죄하셔서 소유물을 다 빼앗아가셨고 자녀들을 다 빼앗아 가셨으며 또 건강도 빼앗아 갔다고 알았기 때문에 하나님께서 정죄하시는 것을 제일 두려워했다 욥은 "무슨 까닭으로 나와 더불어 변론하시는지 내게 알게 하옵소서"라고 애원한다. 여기 "변론한다"는 말은 하나님께서 욥과 '다투신다'는 뜻인데, 욥은 하나님께서 왜 욥을 괴롭게 하시는지 알게 해

주시라고 말씀드린다. 욥은 왜 하나님께서 자신을 괴롭히시는지 알게 해주시라고 애원한 것이다.

욥 10:3. 주께서 주의 손으로 지으신 것을 학대하시며 멸시하시고 악인의 꾀에 빛을 비추시기를 선히 여기시나이까.

3절과 4절 그리고 5절은 질문 형식이지만 대답을 요구한 질문 형은 아니다. 이는 수사적 표현으로 욥은 이 세 질문을 하면서 오히려 자신의 견해를 강하게 피력한다.

욥은 '주님께서 손수 만드신 이 몸에 대해서는 학대하시고 멸시하시면서도 악인이 세운 계획은 아주 잘 되게 하시니 그것이 주님께 무슨 유익이라도 되는지요'라고 애절한 마음을 표한다. 욥은 하나님께서 자신의 소유물과 자녀들과 건강을 빼앗아 가신 일들을 다른 이들의 잘 되는 일들과 비교하면서 그러시는 이유를 알기를 간절히 소원한다(14:15; 34:19; 시 138:8). 본절도 역시 욥이 하나님을 향하여 원망하는 말은 아니다. 서론 참조.

욥 10:4. 주께도 육신의 눈이 있나이까 주께서 사람처럼 보시나이까.

욥은 '주님께서 사람들이 가지고 있는 눈이라도 가지고 있으신지요. 주님께서도 매사를 사람이 보듯이 보시기라도 하는 것인지요'라고 질문한다. 이 질문은 대답을 요구하는 질문을 한 것이 아니라 그저 간절한 마음을 표한 것뿐이다.

욥은 '주님께서 사람의 눈을 가지지 않으신 것을 알면서도 사람처럼 눈을 가지고 판단하시기 때문에 3절과 같은 실수를 범하시는 것 아닌가'라고 묘사한 것이다. 욥은 주님께서 자신을 바로 보아주시라는 뜻을 애절히 요청한다.

욥 10:5-6. 주의 날이 어찌 사람의 날과 같으며 주의 해가 어찌 인생의 해와 같기로 나의 허물을 찾으시며 나의 죄를 들추어내시나이까(Are your days as the days of man or your years as man's years, that you seek out my iniquity and search my sin-ESV).

욥은 '주님의 날도 사람이 누리는 날처럼 짧기라도 한 것인지요. 주님의 햇수가 사람이 누리는 햇수와 같이 덧없는 햇수인지요. 그렇지 않다고 하면 어찌하여 주님께서는 기어이 내 허물을 찾아내려고 하시며 내 죄를 들추어내려고 하시는 것인지요'라고 탄식한다. 욥은 '짧은 세월을 살고 있는 인생이 어떤 기간 안에 남의 죄를 알아보기 위하여 서두르는 것처럼 하나님께서 욥 자신을 심사하실 필요가 없지 않으신가'하고 탄식한다. 다시 말해 욥은 자신에게 미친 환난의 가혹함, 연속성, 지속성 등과 같은 사실이 하나님의 영원성과는 모순되고 있음을 지적하면서 하나님의 날이 인간의 날과 다른데 하나님은 어찌하여 세상 지배자들이 죄를 속히 들추어내기 위해 극심한 고문을 가하듯이 견딜 수 없는 고난을 주어 욥 자신의 죄를 들추어내려 하시느냐고 탄식하고 있다. 그러나 이 말씀도 애절하게 탄식하는 것이지 하나님을 원망하는 것은 아니다. 서론 참조.

욥 10:7. 주께서는 내가 악하지 않은 줄을 아시나이다 주의 손에서 나를 벗어나게 할 자도 없나이다.

욥은 '내게 죄가 없다는 것과, 주님의 손에서 나를 빼낼 사람이 없다는 것을 주님께서도 아시지 않습니까?'라고 말한다. 욥은 자기에게 그 환난을 가져올만한 죄가 없다는 것을 알고 있었다. 그리고 욥은 주님의 손에서 욥 자신을 해방시킬 자도 없음을 알았다. 욥은 하나님 앞에서 원망하는 것이 아니라(서론 참조) 하나님 앞에 잡혀 있는 사실을 탄식하는 것이다.

ㄹ. 욥 자신이 하나님의 특수한 피조물로 알다 10:8-13

욥 10:8. 주의 손으로 나를 빚으셨으며 만드셨는데 이제 나를 멸하시나이다.

주의 손으로 나를 "만들다"(וַיַּעֲשׂוּנִי)는 말은 '이미 존재하는 자료로 만든 것'을 뜻한다(창 1:7,16,25,26,31; 2:1). 본절은 '하나님께서 욥 자신을 만드셨는데 이제 와서 욥 자신을 멸하려 하시나이까'라고 탄식한다. 욥은 하나님께서 자신을 만드신 것을 믿고 있었으니 죽이실 이유는 없음을 알고 있었다.

욥 10:9. 기억하옵소서 주께서 내 몸 지으시기를 흙을 뭉치듯 하셨거늘 다시 나를 티끌로 돌려보내려 하시나이까.

욥은 하나님을 향하여 "주님께서는 내 몸 지으시기를 진흙을 빚듯이 지으셨음을 기억해 주십시오. 어찌하여 주님께서는 나를 티끌로 되돌아가게 하십니까?"라고 애원한다. 욥은 큰 믿음을 가지고 살아왔다. 즉, 하나님께서 욥 자신을 지으셨다는 것 알고 있었으며 또 죽는 것(욥을 티끌로 돌아가게 하시는 일)도 하나님께서 하신다는 믿음을 가지고 있었다. 욥은 하나님을 향하여 하나님께서 욥을 지으신 사실을 기억해주시기를 간절히 요청하고 있다.

욥 10:10-12. 주께서 나를 젖과 같이 쏟으셨으며 엉긴 젖처럼 엉기게 하지 아니하셨나이까 피부와 살을 내게 입히시며 뼈와 힘줄로 나를 엮으시고 생명과 은혜를 내게 주시고 나를 보살피심으로 내 영을 지키셨나이다.

10절과 11절에서는 여호와께서 욥 자신의 육신을 지으셨다는 것을 강하게 부각시켰고, 12절에서는 여호와께서 욥에게 생명과 은혜를 주시고 욥을 계속해 보살피심으로 욥의 영을 지켜주셨다는 것을 부각시킨다. 이 세절은 여호와께서 욥에게 영육을 주신 것을 드러내고 있다.

욥 10:13. 그러한데 주께서 이것들을 마음에 품으셨나이다 이 뜻이 주께 있는 줄을 내가 아나이다.

문장 초두의 "그러한데"(yet)란 말은 '욥이 하나님으로부터 지음을 받았는데'(8-12절)란 뜻이다. 욥이 여호와의 지음을 받았는데 "주께서 이것들을 마음에 두셨다"란 말은 14-17절에 진술된, 하나님께서 욥에게 주신 고난을 지칭한다(K.&D., Lange). 즉, 여호와께서 욥의 영육을 지어주셨는데, 여호와께서 욥의 죄악을 사하시지 않고(14절), 욥에게 화를 내리신 일(15절), 욥을 사자처럼 사냥하신 일(16절), 여호와께서 욥을 자주 치신 일이 계속되었다는 것이다. 욥은 하나님께서 자신에게 주신 고난 때문에 원망하는 것은 아니고 마음으로 탄식한 것뿐이다(서론 참조).

ㅁ. 욥이 하나님의 엄격한 취급을 탄식하다 10:14-19

욥은 하나님께서 자신을 엄격하게 취급하시는 것을 탄식한다.

욥 10:14. 내가 범죄하면 주께서 나를 죄인으로 인정하시고 내 죄악을 사하지 아니하시나이다.

본절의 주께서 욥이 범죄하면 그것을 간과하시지 않고 죄인으로 단정하여 죄를 사하지 아니하신다는 뜻이다.

욥 10:15. 내가 악하면 화가 있을 것이오며 내가 의로울지라도 머리를 들지 못하는 것은 내 속에 부끄러움이 가득하고 내 환난을 내 눈이 보기 때문이니이다.

욥은 '내가 악하면(전절의 "범죄하면"이란 말보다 더 강한 표현이다. Lange, G.&D., 박윤선) 주님께서 내게 화를 주실 것이지만(אַלְלַי לִי), 내가 의롭다고 해도 수치스러워서 머리를 들지 못하는 것은 첫째 내 속에 부끄러움이 가득하고(이런 심정을 가지고 있는 욥이 하나님을 원망했을 리는 없다), 또 둘째 내가 현재 당하고 있는 환난을 실제 내 눈으로 보고 있기 때문입니다'라고 말한다. 본절은 14절보다 더 심각한 감정에 휩싸여 있음을 보여준다. 그러나 욥이 탄식은 했을지언정 하나님을 향하여 원망하지는 않았다. 서론 참조.

욥 10:16. 내가 머리를 높이 들면 주께서 젊은 사자처럼 나를 사냥하시며 내게 주의 놀라움을 다시 나타내시나이다.

욥은 '내 일이 잘 되고 번성하기라도 하면 주님께서는 젊은 사자 모양을 해서 나를 사냥하시며 나에게 기적을 일으키면서까지 내게 상처를 주려고 하셨습니다'라고 말한다.

본절의 "사자처럼"이란 말은 '하나님께서 사자처럼 무섭게 욥을 사냥하신다'는 뜻이다(사 31:4; 38:13; 렘 25:38; 애 3:10; 호 5:14, Rawlinson). 그리고 "주의 놀라움"(פֶּלֶא)이란 말은 '하나님의 창조적인 능력'을 지칭한다(사 28:29; 29:14). 이 말은 욥의 환란을 통해 보인 하나님의 크고 두려우신 능력을 가리킨다(Driver. Gray).

욥은 본절에서 하나님을 원망하는 듯 보이지만 하나님의 능력을 실감했던 욥이 하나님을 원망했다고 보기는 어렵다. 다만 그는 하나님 앞에서 자신이 왜 그렇게 당해야 하는지를 놓고 탄식한 것으로 보아야 할 것이다.

욥 10:17. 주께서 자주자주 증거하는 자를 바꾸어 나를 치시며 나를 향하여 진노를 더하시니 군대가 번갈아서 치는 것 같으니이다.

욥은 '주님께서는 자주자주 번갈아서 내게 불리한 증인들을 세우셔서 나를 치셨으며 또 내게 노여움을 더하시니 군대가 번갈아서 나를 치는 것 같았습니다'라고 말한다. 욥은 이 말을 하는 당시에도 세 친구들은 번갈아서 욥을 치고 있었다.

욥 10:18. 주께서 나를 태에서 나오게 하셨음은 어찌함이니이까 그렇지 아니하셨더라면 내가 기운이 끊어져 아무 눈에도 보이지 아니하였을 것이라.

욥은 '주님께서 나를 이렇게 할 것이라면 왜 나를 모태에서 살아 나오게 하셨습니까? 차라리 모태에서 죽고 살아나오게 하지 않으셨더라면 사람들의 눈에 띄지나 아니하였을 것입니다'라고 말한다(3:3-10 주해 참조). 태에서 죽어났다면 이것저것 보지 않았을 것이라고 말한다. 욥은 어머니의 태에서 살아서 나오게 하신 하나님께 소망을 두면서 이 말을 하고 있다.

욥 10:19. 있어도 없던 것 같이 되어서 태에서 바로 무덤으로 옮겨졌으리이다.

욥은 '존재했는데 존재하지 않게 되어 모태에서 곧바로 무덤으로 옮겨졌을 것입니다'라고 말한다. 본절의 "있어도 없던 것 같이 되어서"(and were as though I had not been-ESV)란 말은 '존재했는데 존재하지 않게 되었다'는 뜻이다. 즉, 욥이 사산되었다면 태어나서 바로 무덤으로 가서 묻혔을 것이란 의미이다.

ㅂ. 욥이 생전에 한번 평안을 주시기를 애원하다 10:20-21

욥 10:20. 내 날은 적지 아니하니이까 그런즉 그치시고 나를 버려두사 잠시나마 평안하게 하시되.

욥은 '내가 살아가야 할 날도 이제 얼마 남지 않았으니(21-22절) 나를 병고에서 좀 쉬게 혼자 있게 내버려 두십시오. 내게 남은 이 기간만이라도 내가 잠시라도 쉴 수 있게 해 주십시오'라고 애원한다. 욥이 이렇게 말하는 것이 하나님을 향한 원망은 아니다. 모든 것을 되게 하시는 이의 능력을 믿는 욥이 하나님을 원망할 이유는 없었다. 그는 다만 간절히 그의 소원을 아뢴 것이다. 서론 참조.

욥 10:21. 내가 돌아오지 못할 땅 곧 어둡고 죽음의 그늘진 땅으로 가기 전에 그리하옵소서.

본절의 "돌아오지 못할 땅"이란 말과 "어둡고 죽음의 그늘진 땅"이란 말은 동의어로 세상의 무덤을 지칭하는 말이다. 신학적으로는 한번 가면 도무지 돌아오지 못할 스올(지옥)을 지칭하는 말이나 욥이 그런 곳을 소원했을 리는 만무하다(7:9 주해 참조). 아무튼 욥은 무덤으로 가기 전에 자신에게 잠시라도 평안의 기간을 주시라고 애원한다.

욥 10:22. 땅은 어두워서 흑암 같고 죽음의 그늘이 져서 아무 구별이 없고

광명도 흑암 같으니이다.

욥은 '그 땅(앞절의 "어둡고 죽음의 그늘진 땅")은 흑암처럼 캄캄하고 죽음의 그늘이 드리워져서 아무런 질서도 없고 빛도 흑암과 같을 뿐입니다'라고 말한다. 욥이 앞으로 들어갈 죽음의 세계는 흑암의 세계라는 것이다. 그곳에는 빛이라는 것도 흑암이니 결국 완전한 흑암의 세계라는 것이다.

제 11 장

6. 소발이 욥에게 질문하다 11:1-20

세 번째의 질문자는 제일 연소한 소발이었다. 소발도 역시 다른 두 친구처럼 인과응보설에 의하여 욥을 정죄했고, 다른 두 친구보다 더 예리했으며, 아주 불손한 사람이었다. 소발이 말한 내용은 ㄱ) 하나님은 말이 많은 욥의 죄를 알게 하소서(1-6절) 하였고, ㄴ) 욥이 하나님의 오묘함을 어찌 능히 측량하겠느냐(7-12절) 했으며, 그리고 ㄷ) 욥의 회개를 권면한다(13-20절).

ㄱ. 하나님은 말이 많은 욥의 죄를 알게 하소서 11:1-6

질문자 중에 세 번째로 나선 소발 역시 욥의 고난이 죄의 결과에서 왔다고 주장한다. 소발은 한 걸음 더 나아가 욥에게 내려진 벌이 죄보다 가볍다고 말하면서 하나님께서 욥으로 하여금 그의 죄를 알게 해달라고 빈다.

욥 11:1. 나아마 사람 소발이 대답하여 이르되.

소발은 최연소의 사람이다. 앞으로 전개되는 소발의 어조로 보아 그는 성급한 사람인 듯하다(K.&D.). 소발을 위해 2:11주해 참조.

욥 11:2. 말이 많으니 어찌 대답이 없으랴 말이 많은 사람이 어찌 의롭다 함을 얻겠느냐.

소발은 욥이 말이 많은 것을 문제로 삼고 나선다. 소발은 욥이 "말이 많으니" 거기에 실수가 많을 것으로 알아 말이 많은 사람이 "어찌 의롭다 함을 얻겠느냐"고 도전한다. 표준 새 번역은 본절을 '네가 하는 헛소리를 듣고서, 어느 누가 잠잠할 수 있겠느냐? 말이면 다 말인 줄 아느냐?'고 번역했다.

욥 11:3. 네 자랑하는 말이 어떻게 사람으로 잠잠하게 하겠으며 네가 비웃으면 어찌 너를 부끄럽게 할 사람이 없겠느냐.

소발은 욥에게 '네가 여러 가지로 떠들고 있는데 그 말소리를 듣고 우리가 대답도 하지 않을 것이라고 생각하느냐? 네가 우리를 비웃는데도 너를 부끄럽게 할 사람이 없을 줄 아느냐?'고 대든다. '네 말이 문제라'고 말한다.

욥 11:4. 네 말에 의하면 내 도는 정결하고 나는 주께서 보시기에 깨끗하다 하는구나.

소발은 욥을 향하여 '당신이 여러 가지 말을 하는 것을 들어보니 네 행위는 깨끗하고 여호와께서 보시기에 깨끗하다고 떠벌리고 있는데 말이나 되는 말이냐'고 반박한다.

욥 11:5. 하나님은 말씀을 내시며 너를 향하여 입을 여시고.

소발은 '이제 나는 하나님께서 당신을 향하여 입을 여셔서 네게 반박하시기를 원한다'고 말한다.

욥 11:6. 지혜의 오묘함으로 네게 보이시기를 원하노니 이는 그의 지식이 광대하심이라 하나님께서 너로 하여금 너의 죄를 잊게 하여 주셨음을 알라.

소발은 욥에게 '하나님께서 지혜의 오묘함(תַּעֲלֻמוֹת, 비밀)을 욥 당신에게 드러내어 주시기를 바란다. 지혜란 우리가 이해하기에는 너무나도 광대한 것이다. 욥 당신은 하나님께서 당신에게 내리시는 벌이 당신의 죄보다 가볍다는 것을 알아야 할 것이라'고 말한다. 소발의 이 말이 욥에게는 해당되지 않으나 일반적 경우에 있어서는 진리이다. 사실상 하나님께서는 사람들에게 갚으시되 죄대로 다 갚지 않으신다(시 103:9-11, 박윤선).

ㄴ. 하나님의 오묘함을 어찌 능히 측량하겠느냐 11:7-12

하나님은 하늘, 스올, 땅, 바다보다 크고 위대하시니 욥을 포함한 모든 인생이 알 수 없다는 내용이다. 또 하나님께서 하시는 일을 무시하는 것은 허망한 짓이다.

욥 11:7. 네가 하나님의 오묘함을 어찌 능히 측량하며 전능자를 어찌 능히 완전히 알겠느냐.

소발은 욥을 향하여 '당신이 하나님의 오묘함(חֵקֶר, 깊은 것)을 어찌 능히 측량하며 전능자 하나님을 어찌 능히 온전히 알겠소'라고 도전한다(롬 11:33 참조). 사람은 하나님을 전적으로 파악하지는 못한다. 계시에 의하여 그저 일부만 알뿐이다. 그것도 많은 기도를 통하여 조금 아는 정도이다.

욥 11:8-9. 하늘보다 높으시니 네가 무엇을 하겠으며 스올보다 깊으시니 네가 어찌 알겠느냐 그의 크심은 땅보다 길고 바다보다 넓으니라.

본절의 "하늘"이나 "스올"이나 "땅"이나 "바다" 등은 모두 피조물이다. 하늘은 높은 것의 대명사, 스올은 깊은 것의 대명사, 땅과 바다는 넓은 것의 대명사다. 이것들은 창조주 하나님께서 지으신 것들이니 이것들을 지으신 하나님은 이런 것들보다 상상할 수 없는 정도로 위대하시니 우리가 어찌 하나님을 다 알 수 있겠느냐는 것이다(요일 3:20). 하나님의 위대하심은 우리가 그 무엇으로도 다 설명할 수 없다. 그저 알 수 없다는 말밖에 할 수 없는 것이다.

욥 11:10. 하나님이 두루 다니시며 사람을 잡아 가두시고 재판을 여시면 누가 능히 막을소냐.

소발은 욥에게 '하나님이 두루 지나다니시며 죄를 지은 사람마다 쇠고랑을 채우고 재판을 여시면 누가 감히 막을 수 있겠느냐?'고 말한다. 하나님은 절대적으로 의로우시고 또 절대적으로 주권을 행사하시는 분이시다.

욥 11:11. 하나님은 허망한 사람을 아시나니 악한 일은 상관하지 않으시는 듯하나 다 보시느니라.

소발은 '하나님은 어떤 사람이 잘못하는지를 분명히 아시고 악한 일을 하는 사람을 보시면 곧바로 분간하신다'고 말한다. 본문의 "허망한"(שָׁוְא)이란 말은 '거짓된', '허무한'이란 뜻이다. 여기 "허망한 사람"이란 말은 욥을 지칭하는 말이다. 소발은 욥을 정죄하는 것을 아주 흥미롭게 생각했다.

욥 11:12. 허망한 사람은 지각이 없나니 그의 출생함이 들나귀 새끼 같으니라 (וְאִישׁ נָבוּב יִלָּבֵב וְעַיִר פֶּרֶא אָדָם יִוָּלֵד׃, But a stupid man will get understanding, when a wild donkey's colt is born a man!-ESV)**.**

카일과 델리취(K.&D.)는 본절 해석을 위해 여러 학자(게세니우스, 올스하우젠, 스티켈, 히르첼, 훔펠트)의 해석을 소개한 후 마지막으로 욀러(Oehler)의 해석을 들면서 욀러의 해석이 우리에게 제일 좋은 의미를 전달한다고 했다. 즉, "그러나 허망한 사람은 마치 들 나귀 새끼가 사람으로 태어나는 일이, 말하자면 다시 태어나는 일이 거의 없는 것과 마찬가지로 거의 감각이 주어지지 않았다"고 해석했다. 소발은 이 말로 욥을 공격한 것이다. 남을 정죄하기 좋아하는 사람은 소발처럼 다른 이를 향해 '머리가 비어 있다', '석두(石頭)이다', '그 사람 머릿속에는 오물밖에 없다'고 떠들어댄다.

ㄷ. 욥의 회개를 권면하다 11:13-20

소발은 욥을 원색적으로 비난한(7-12절) 후 엘리바스(5:17-27)나 빌닷(8:20-22)처럼 욥에게 회개를 권한다.

욥 11:13. 만일 네가 마음을 바로 정하고 주를 향하여 손을 들 때에.

소발은 욥을 향하여 '네가 일심 순종의 결심으로 하나님께 나아가서(삼상 7:3; 대하 16:9; 약 1:6-8) 여호와를 향하여 기도하는 중에(시 28:2; 63:4; 애 2:19)' 다음 절처럼 악을 버리라고 권고한다. 오늘 우리도 하나님만 사랑하는 마음으로 하나님께 나아가서 기도하여 죄를 아주 멀리 버려야 할 것이다.

욥 11:14. 네 손에 죄악이 있거든 멀리 버리라 불의가 네 장막에 있지 못하게 하라.

"손에 죄악이 있거든"이란 말은 '손을 들어 기도하기에(전절) 앞서 손에 죄악이 있거든 이를 멀리 버리라'는 말이고(이상근), '손으로 행하는 모든 악행'을 버리라는 뜻이다(박윤선).

본절의 "불의가 네 장막에 있지 못하게 하라"는 말은 '욥 개인뿐 아니라 욥의 집에도 불의가 있을 수 있으니 집에도 불의가 있거든 그 모든 불의를 멀리 버리라'는 뜻이다. 소발이 이 말을 하는 이유는 욥의 열 명의 자녀들이 압사당해 죽은 것을 그들의 죄 때문에 일어난 것으로 보았기 때문이다. 소발의 이 말은 욥에게는 해당되지 않는 말이다.

욥 11:15. 그리하면 네가 반드시 흠 없는 얼굴을 들게 되고 굳게 서서 두려움이 없으리니.

본절 초두의 "그리하면"(surely then)이란 말은 앞절들(13-14절)에 나오는 '회개하면'이란 말과 같은 뜻으로, "그리하면"이란 말 다음에는 19절까지의 여러 결과(복)가 뒤따라 나온다. 즉, 회개하면 '욥 자신도 아무 부끄러움 없이 얼굴을 들 수 있다는 것이며 욥의 마음이 편안해져서 두려움이 없어질 것이라'고 말한다(잠 28:1).

욥 11:16. 곧 네 환난을 잊을 것이라 네가 기억할지라도 물이 흘러감 같을 것이며.

회개하면(13-15절) "환난을 잊게 될 것"이라고 말한다. "환난을 잊을 것이라"는 말은 '환난이 아주 멀리 물러갈 것이라'는 뜻이다. 어느 정도 물러가는가 하면 기억해 보려고 해도 물이 일단 흘러가면 다시 위로 올라오지 않는 것처럼 환난이 결코 오지 않는다는 뜻이다(호 6:1-3 참조).

욥 11:17. 네 생명의 날이 대낮보다 밝으리니 어둠이 있다 할지라도 아침과 같이 될 것이요.

회개하면(13-15절) "네 생명의 날이 대낮보다 밝아질 것이라"고 한다. 이 말은 '앞날이 형통하리라'는 비유적 표현이다(박윤선). "어둠이 있다 할지라도 아침과 같이 될 것이라"는 말은 '어둠은 새 아침처럼 밝아진다'는 뜻으로 환난은 간곳없이 사라지고 형통한 날이 온다는 뜻이다.

욥 11:18. 네가 희망이 있으므로 안전할 것이며 두루 살펴보고 평안히 쉬리라.

회개하면(13-15절) '욥 자신에게 희망이 있으므로 안전하게 될 것이라'고 한다. 이 말은 욥 자신에게 희망이 넘치는 앞날이 있다는 뜻으로 항상 안전하게 살게 된다는 뜻이다. 그리고 "두루 살펴보고 평안히 쉬리라"는 말은 '두루 살펴보아도 환난이 없고 평안이 찾아온 것을 알고 평안히 쉴 수 있게 될 것이라'는 뜻이다.

욥 11:19. 네가 누워도 두렵게 할 자가 없겠고 많은 사람이 네게 은혜를 구하리라.

회개하면(13-15절) "네가 누워도 두렵게 할 자가 없을 것이라"고 한다. 다시 말해 하나님께서 성도를 보호하시기 때문에 평안히 잘 수도 있게 된다는 뜻이다.

그리고 회개하면(13-15절) "많은 사람이 네게 은혜를 구하리라"는 말은 '많은 사람이 네게 잘 보이려고 할 것이다', '많은 사람이 네게 총애를 구할 것이다'(many will court your favor-ESV)는 뜻이다. 즉, 주위의 많은 사람들이 욥에게 혜택을 얻기 위해 잘 보이려 한다는 뜻이다(잠 19:6). 그러나 애석하게도 13-19절까지의 진리는 욥에게 해당되지 않는 이야기이다. 그러나 일반적 진리임에는 틀림없다.

욥 11:20. 그러나 악한 자들은 눈이 어두워서 도망할 곳을 찾지 못하리니 그들의 희망은 숨을 거두는 것이니라.

소발은 욥을 향하여 '그러나 악한 사람들은 눈이 멀어서 도망칠 길마저 찾지 못할 것이다. 악한 자들의 희망이라고는 다만 마지막 숨을 잘 거두는 일뿐이라'고 말한다. 본절 초두의 "그러나"라는 말은 소발의 마음속에 욥이 앞서 회개하도록 권고 받은 내용들(13-19절)과는 현저히 다른 운명을 맞이하게 될 것이라는 의미의 아주 독살스러운 말, 즉 욥을 악담하기 위한 첫 음성이다. 그러나 욥은 악인이 아니었다. 그는 큰 은혜를 얻기 위해 하나님으로부터 엄청난 고난을 받고 있는 중이었다.

제 12 장

7. 욥이 대답하다 12:1-14:22

소발이 욥의 회개를 권면한(11:13-20) 후 욥은 세 친구에게 길게 대답한다. 즉, 나도 지혜자라는 것(12:1-12)을 말하고, 또 하나님의 무한한 지혜와 권능을 말하며(12:13-25), 친구들의 독선에 대해 질책한다(13:1-12). 욥은 또 자신이 하나님께 고통을 호소하리라고 말하고(13:13-28), 덧없는 인생에 대해 탄식하며(14:1-12), 마지막으로 하나님께 구원을 간구한다(14:13-22).

ㄱ. 나도 지혜자다 12:1-12

욥은 세 친구에게 자기도 그들 못지않게 지혜자라고 밝히고(1-6절), 그 정도의 지혜는 동물이나 자연도 가지고 있다고 주장한다(7-12절).

1-6절. 나도 지혜자이다.

욥 12:1. 욥이 대답하여 이르되.

욥은 세 친구의 변론에 대하여 제 2차로 비난한다.

욥 12:2. 너희만 참으로 백성이로구나 너희가 죽으면 지혜도 죽겠구나.

욥은 세 친구를 향해 '지혜로운 사람이라곤 너희밖에 없는 것 같구나. 너희가 죽으면 지혜도 너희와 함께 사라질 것 같구나'라고 심한 풍자를 한다. 본절의 "너희"는 복수로 '세 친구'를 지칭한다. 욥은 세 친구의 독선적 태도에 일격을 가하고 있다.

욥 12:3. 나도 너희 같이 생각이 있어 너희만 못하지 아니하니 그 같은 일을

누가 알지 못하겠느냐.

욥은 '그러나 나도 너희만큼은 알고 있다. 내가 너희보다 못할 것이 없다. 너희가 한 말을 모를 사람이 세상에 어디에 있겠느냐?'고 반박한다. 욥은 세 친구가 가지고 있는 생각(이해력)을 자신도 가지고 있다고 말한다. 욥은 세 친구가 조상적부터 가지고 있는 이해력을 인정한다.

욥 12:4. 하나님께 불러 아뢰어 들으심을 입은 내가 이웃에게 웃음거리가 되었으니 의롭고 온전한 자가 조롱거리가 되었구나.

욥은 '한때는 내 기도에 하나님께서 응답하신 적도 있는데 지금 나는 친구들의 웃음거리가 되었으니 의롭고 흠 없는 내 자신이 조롱을 받고 있으니 참 안타깝다'고 탄식한다.

욥 12:5. 평안한 자의 마음은 재앙을 멸시하나 재앙이 실족하는 자를 기다리는구나.

욥은 '고통을 당해 보지 않은 너희가 불행한 내 처지를 비웃고 있다. 너희는 넘어지려는 사람을 아주 넘어지도록 떠미는 사람들이구나'라고 말하며 친구들의 비행을 말한다. 로린슨(Rawlinson)은 본절을 '내가 평안하게 앉아 있는 자들에 의하여 조롱을 받고 있는 까닭은 내 발이 실족하였음이요, 고통을 당하고 있기 때문이다'라고 번역한다. 즉, 아무리 의로운 사람이라 할지라도 그가 환난에 빠지면 평안한 자들의 멸시와 조롱거리가 된다는 뜻이다. 따라서 본절을 통해 욥은 자신의 심중을 헤아리지 못하고 나타난 현상만을 가지고 자신을 비웃는 친구들의 위선적 태도를 비난하고 있는 것이다(Rawlinson).

본절의 "평안한 자"(שַׁאֲנָן)란 말은 '할 일 없이 태평스러운 자' 혹은 '번영을 누리고 있는 자'란 뜻으로 사용되었다. 그리고 "실족하는 자"(מוֹעֲדֵי רָגֶל)란 말은 '미끌어지는 발' 혹은 '번영이 흔들리는 사람'이란 뜻으로 가까운 시일 내에 몰락할 위험이 있는 사람이라는 뜻이다.

욥 12:6. 강도의 장막은 형통하고 하나님을 진노하게 하는 자는 평안하니 하나님이 그의 손에 후히 주심이니라.

욥은 '강도들은 제 집에서 안일하게 지내고, 하나님을 멸시하는 자들도 평안히 산다. 그러므로 그들은 하나님까지 자기 손에 넣었다고 생각한다'고 말한다. 본절의 "강도의 장막"과 "하나님을 진노하게 하는 자"는 동의어로 사용되었다. 다시 말해 강도들이나 하나님을 진노하게 하는 자들도 때로는 이 세상에서 형통하기도 하고 평안하게 살기도 한다는 뜻이다. 욥의 세 친구들은 한결같이 악한 자들은 이 세상에서 결코 형통할 수 없고 반드시 재앙과 심판을 받는다고 주장했다(11:20). 그러나 욥은 지금까지 살아오면서 악한 자들도 이 세상에서는 잠시 동안 형통하게 살 수 있다고 본 것이다(9:24).

본절에서 난해한 문제는 "하나님이 그의 손에 후히 주심이니라"(KJV번역)는 말을 어떻게 번역하느냐 하는 것이다. 두 가지 번역이 가능한 것으로 본다. 1) "하나님이 그의 손에 들어가도록 한 자에게"라고 번역할 수도 있고, 2) "하나님(God, 신)을 그의 손에 들어가도록 한 자에게"라고 번역할 수도 있다. 이 중에서 2)번의 번역이 더 바른 것으로 본다(K.&D.). 2)번의 번역이 바른 것으로 보고 손 안에 있는 자가 '우상'이 아니라 '칼'이라고 주장한다. 이렇게 칼(무기)을 손에 넣고 다니면서 다른 신이 필요하지 않다고 세상을 휘두르는 사람들은 세상에서 일시 동안 평안히 살고 형통하게 산다는 것이다. 하늘에 계신 우리 하나님은 이런 악인들(시 17:13,14)을 세상에서 잠시 동안 잘 지내게 하시다가 훗날 더 큰 심판에 넘기신다. 욥은 이런 사람들을 두고 "하나님이 그의 손에 후히 주심이니라"고 말한 것이다.

7-12절. 동물과 땅과 바다도 다 안다.

욥 12:7. 이제 모든 짐승에게 물어 보라 그것들이 네게 가르치리라 공중의 새에게 물어 보라 그것들이 또한 네게 말하리라.

욥은 세 친구에게 "이제 모든 짐승에게 물어보라"고 도전한다. 모든 짐승들이 가르쳐 줄 것이라고 말한다. 공중의 새도 사람들에게 가르쳐 줄 것이라고 말한다. 땅 위의 짐승들도 하나님으로부터 신기한 지혜를 가지고 태어났기 때문에 신기한 것을 보여주기도 한다. 그들도 큰 홍수가 올 것을 알고 대피하고, 지진이 날 것을 알고 대피하는 것을 보게 된다.

욥 12:8. 땅에게 말하라 네게 가르치리라 바다의 고기도 네게 설명하리라.

땅이나 바다의 고기도 인생에게 지혜를 알려준다는 뜻이다. 세상 만물이 우리 인생에게 하나님의 지혜를 가르쳐준다는 것은 놀라운 일이다.

욥 12:9. 이것들 중에 어느 것이 여호와의 손이 이를 행하신 줄을 알지 못하랴.

이것들(세상 만물) 중에 어느 것이 여호와의 손이 이(이런 것들)를 행하신 줄 알지 못할 것이냐는 뜻이다. 본절의 "여호와"(יְהוָה)라는 단어가 대화 부분에서는 유일하게 여기에서만 나타난다. 본서의 역사적 부분에서는 많이 나타나나(1:1-12, 21; 2:1-7; 38:1; 40:1, 3, 6; 42:1, 7-11) 대화 부분에서는 여기 처음 나타난다(이상근).

욥 12:10. 모든 생물의 생명과 모든 사람의 육신의 목숨이 다 그의 손에 있느니라.

모든 생물의 생명과 사람의 목숨 또한 모두 그분의 능력 안에 있다. 본절은 모든 것이 다 하나님의 통제 하에 있다는 것이다. 욥은 하등한 피조물 세계에서도 하나님의 주권이 나타나고 또한 들의 짐승들과 바다의 물고기들과 공중의 새들도 하나님께서 다 주관하신다고 말한다(행 17:28 참조).

욥 12:11. 입이 음식의 맛을 구별함 같이 귀가 말을 분간하지 아니하느냐.

몸의 모든 지체들도 하나님으로부터 받은 지혜대로 각자의 역할을 감당한다는 것이다. 감당하지 못하는 지체는 불구에 해당하는 것이다.

욥 12:12. 늙은 자에게는 지혜가 있고 장수하는 자에게는 명철이 있느니라.

본절의 "늙은 자"와 "장수하는 자"라는 말은 동의어로 사용되었다. 그리고 "지혜"란 말이나 "명철"이란 말도 동의어로 사용되었다. 한 사람이 때를 따라 지혜가 달라지는데 늙은 후에는 더욱 깨달음이 많게 된다는 것이다.

ㄴ. 하나님의 무한한 지혜와 권능 12:13-25

이 부분(13-25절)은 하나님의 무한한 지혜와 권능에 대하여 진술한다.

욥 12:13. 지혜와 권능이 하나님께 있고 계략과 명철도 그에게 속하였나니.

욥은 '지혜와 권능은 본래 하나님의 것이며 슬기와 이해력도 하나님께 속해 있다'고 말한다. 본절의 "지혜"(חָכְמָה)란 자연의 이치, 존재하는 사물의 실재를 파악하는 능력을 지칭한다. 그리고 "권능"(גְבוּרָה)이란 지혜로우신 하나님께서 가지고 계신 계획과 목적과 결정을 실행하실 수 있는 능력을 의미한다. 그리고 "계략"(עֵצָה)은 목적을 달성하는 최선의 방법을 망설이지 않고 결정하는 힘을 의미한다. 그리고 "명철"(תְבוּנָה)은 옳고 그릇된 것과 정결하고 부패한 것을 바닥까지 꿰뚫어 분별하시는 힘을 의미한다. 하나님은 이런 것들(지혜, 권능, 계략, 명철)이 속성적으로 갖추어 있으시다.

욥 12:14. 그가 헐으신즉 다시 세울 수 없고 사람을 가두신즉 놓아주지 못하느니라.

욥은 '하나님께서 헐어 버리시면 그것을 세울 인간이 없고, 하나님께서 사람을 가두시면 풀어 줄 인간이 없다'고 말한다. 하나님은 세우시고 헐으시며 가두시고 놓으신다. 하나님께서는 권능이 무한하신즉 모든 것을 행하신다. 바벨탑도 하나님께서 헐으신즉 사람이 다시 세우지 못했다(창 11:7-9). 하나님께서 가두시면 아무도 풀어놓지 못한다(11:10).

욥 12:15. 그가 물을 막으신즉 곧 마르고 물을 보내신즉 곧 땅을 뒤집나니.

욥은 '하나님이 물길을 막으시면 땅이 곧 마르고 물길을 터놓으시면 땅을 송두리째 삼키신다'고 말한다. 하나님은 절대적인 권능을 가지고 계신다. 즉,

하나님께서는 한재와 홍수를 자유로이 내리시는 분이시다. 하나님께서 비를 내리지 않으시면 땅은 곧 말라 사막이 되고, 많은 물을 내리시면 땅은 물로 범람하여 땅이 뒤집히고 말게 되는 것이다(신 11:17; 왕상 8:35; 17:1).

욥 12:16. 능력과 지혜가 그에게 있고 속은 자와 속이는 자가 다 그에게 속하였으므로.

욥은 '능력과 지혜가 그분의 것이니, 속는 자와 속이는 자도 다 그분의 통치 아래에 있다'고 말한다. 여기 "능력"(עֹז)은 '힘'(strength)이란 뜻이고 "지혜"(תּוּשִׁיָּה)란 말은 12절의 지혜란 말과 다른 낱말로 번역자에 따라 다른 번역을 시도했다. 즉, 70인역(LXX)은 '능력'으로 번역했고, 시리아 역과 아람 역은 '지혜'(호크마타)로 번역했으며, 포우프(M. H. Pope)는 '승리'로 번역했고, 미국 표준역은 '건전한 지혜'(sound wisdon-ESV)로 번역했다. 그런고로 '지혜'란 말로 번역하는 수밖에 없을 것이다.

"속은 자(잘못된 길로 인도된 자)와 속이는 자가 다 그에게 속하였다"는 말은 이들이 모두 하나님의 통제 하에 있다는 뜻이다. 욥은 이 말을 하면서 아마도 그의 세 친구도 잘 못된 길로 인도되었기에 하나님의 심판을 받을 것이라고 믿고 있는 것이다.

욥 12:17. 모사를 벌거벗겨 끌어가시며 재판장을 어리석은 자가 되게 하시며.

욥은 '하나님은 상담자들을 벗은 몸으로(수치를 당한 채) 끌려가게 하시는가 하면 재판관들을 바보로 만드시기도 하신다'고 말한다. 욥은 본절의 말씀으로 자신의 고난과 수치가 죄의 결과가 아니라 하나님의 뜻에 의한 것임을 분명히 밝히고 있다.

욥 12:18. 왕들이 맨 것을 풀어 그들의 허리를 동이시며.

욥은 '하나님께서는 왕들을 결박하고 있는 줄을 풀어 주시고 그들의 허리를 포승으로 묶으신다'고 말한다. 욥은 하나님께서는 세상의 권세 있는 사람들을 마음대로 낮추신다는 것을 드러낸다. 하나님께서 원하시면 왕을 권력에서 낮추시기도 하신다는 것이다.

욥 12:19. 제사장들을 벌거벗겨 끌어가시고 권력이 있는 자를 넘어뜨리시며.

욥은 '하나님은 제사장들의 옷을 벗겨 맨발로 끌려가게 하시며 권력 있는 자들(왕이나 방백들)을 넘어뜨려 다시 권력을 행사하지 못하게 하시기도 하신다'고 말한다. 이런 현상은 예루살렘이 함락될 때 사실로 드러났다(왕하 25:7-18).

욥 12:20. 충성된 사람들의 말을 물리치시며 늙은 자들의 판단을 빼앗으시며.

욥은 '하나님은 충성스럽게 말을 하던 사람들의 말문이 막히게 하시며 나이 든 사람들의 분별력도 거두어 가시기도 하신다'고 말한다. 본절의 "충성된 사람들"(נֶאֱמָנִים)이란 '신임을 받는 자'란 뜻으로 왕 옆에서 왕의 자문에 응하며 충언을 하는 자를 뜻한다. 하나님께서 충성된 사람들에게서 지혜를 빼앗으시면 저들은 왕의 자문 역할을 하지 못하게 된다. 또 하나님께서 "늙은 자들"에게서 지혜를 빼앗으시면 저희도 역시 자문을 할 수 없게 된다.

욥 12:21. 귀인들에게 멸시를 쏟으시며 강한 자의 띠를 푸시며.

욥은 '하나님께서 귀족들의 얼굴에 수치를 쏟아 부으시기도 하시며 힘 있는 사람들의 허리띠를 풀어 버리시기도 하신다'고 말한다. 여기 "귀인들"이란 사회적으로 존귀하게 여김을 받는 사람들로 왕이나 지도자들을 지칭한다. 하나님께서는 때로는 저희를 멸시하셔서 패망하게 하신다(시 107:40 참조).

"강한 자의 띠를 푸신다"는 말은 '강한 자에게서 힘을 빼신다'는 뜻이다. "띠"란 옷을 몸에 붙게 하여 힘을 쓰게 하는 것인데 띠를 풀면 사람이 힘이 풀려 맥을 추지 못하게 된다. 강한 자는 힘이 있는 자인데, 하나님께서 강한 자들에게서 힘을 빼시는 것을 본문이 이같이 묘사한다. 그러므로 우리는 항상 하나님에게 힘을 구해서 살아야 한다.

욥 12:22. 어두운 가운데에서 은밀한 것을 드러내시며 죽음의 그늘을 광명한 데로 나오게 하시며.

욥은 '하나님께서는 악인들이 어두운 가운데서 행한 악한 행위들을 만천하에 드러내시며 살인적인 음모(죽음의 그늘)를 만천하에 드러내신다'고 말한다. 하나님에게는 숨길 수 있는 것이 아무 것도 없다. 하나님께서는 현세의 섭리적 심판에서도 어두운 것들(죽음의 그늘)을 드러내시지만 끝 날의 대 심판에서는 더욱 샅샅이 드러내신다. 우리가 하나님께 기도할 때에 세상 악인들의 은밀한 것들을 많이 드러나게 하실 수 있다.

욥 12:23. 민족들을 커지게도 하시고 다시 멸하기도 하시며 민족들을 널리 퍼지게도 하시고 다시 끌려가게도 하시며.

욥은 '하나님께서는 민족들을 강하게도 만드시고 망하게도 하시며, 널리 퍼져나가게도 하시고 흩어 버리기도 하신다'고 말한다. 하나님에게 불가능이 어디 있겠는가. 하나님께서는 국가의 흥망성쇠의 열쇠를 가지고 계신다. 이스라엘만 아니라 앗수르 바벨론, 애굽, 로마 등 모든 나라들도 흥망의 역사를 피하지 못했다. 우리는 우리가 진정으로 흥하려면 예수를 철저히 따라야 할 것이다.

욥 12:24. 만민의 우두머리들의 총명을 빼앗으시고 그들을 길 없는 거친 들에서 방황하게 하시며.

욥은 '하나님께서는 이 땅 백성의 지도자들에게서 나라를 다스리는데 필요한 총명을 빼앗으시기도 하시고, 총명을 빼앗으셨기 때문에 길 없는 거친 들(멸망의 처소)에서 방황하게도 하신다'고 말한다. 세상 우두머리들도 하나님의 수중에 있다. 세상의 지도자들은 항상 하나님을 바라보며 기도하는 삶을 살아야 한다.

욥 12:25. 빛 없이 캄캄한 데를 더듬게 하시며 취한 사람 같이 비틀거리게

하시느니라.

욥은 '하나님께서 만민의 우두머리들로 하여금 빛 없이 캄캄한 데를 더듬게 하시며 술에 취한 사람 같이 비틀거리게 하신다'(사 19:13-15 참조)고 말한다. 예수님 없는 개인, 예수님 없는 가정, 예수님 없는 사회는 캄캄하기 이를 데 없다.

제 13 장

ㄷ. 친구들의 독선에 대해 질책하다 13:1-12

욥은 세 친구들이 자기들만 옳다고 하고 욥을 정죄한 것을 두고 그들은 모두 사람을 고치지 못하는 쓸데없는 의원들이라고 질책한다.

욥 13:1. 나의 눈이 이것을 다 보았고 나의 귀가 이것을 듣고 깨달았느니라.

욥은 '내가 이 모든 것을 내 눈으로 똑똑히 보았고 또 내 귀로 다 들어서 깨달아 알고 있다'고 주장한다. 본문에 "이것"이란 말은 욥이 앞장에서 말한 하나님의 섭리(12:7-25)를 지칭한다. 하나님의 섭리에 대해 욥이 공연히 이말 저말로 떠든 것이 아니라 욥의 눈으로 똑똑히 보고 욥의 귀로 분명히 들어다 깨달은 것이라고 말한다. 하나님을 믿는 성도들은 성경에서 배우고 또 자연에서 배워 수많은 섭리들을 알고 있다.

욥 13:2. 너희 아는 것을 나도 아노니 너희만 못하지 않으니라.

욥은 세 친구들을 향하여 '너희가 아는 정도는 나도 알고 있으니 내가 너희보다 못할 것이 없다'고 말한다. 여기 "너희가 아는 것"이란 세 친구들이 욥을 공격할 때 드러낸 인과응보(因果應報)설이다. 욥도 그들이 알고 있는 인과응보설을 잘 알고 있었다. 오늘날 불교의 전용용어인 인과응보설에 대해서는 예수님을 믿는 사람이라면 거의 다 알고 있는 학설이다.

욥 13:3. 참으로 나는 전능자에게 말씀하려 하며 하나님과 변론하려 하노라.

욥은 '그러나 나는 전능하신 분께 말씀드리고 싶으며, 하나님께 내 마음을 다 털어놓고 싶다'고 말한다. 본절의 "말씀하려 한다"는 말과 "변론하려 한다"

는 말은 동의어로 사용되었다. 본절의 “변론한다”(אֹחָפָּץ)는 말은 ‘논쟁하다’, ‘논하다’, ‘꾸짖다’는 뜻이다. 욥은 도무지 풀리지 않는 문제가 있는데, 세 친구의 말도 욥이 가진 문제를 푸는데 도움이 되지 못했으므로 직접 하나님과 변론하여 자신에게 닥친 재난의 이유를 시원히 알 수 있기를 소원했다. 하나님도 인간과 변론하시기를 원하신다(사 1:18; 43:26).
오늘 우리는 하나님께 기도함으로 변론할 수 있는 것이다.

욥 13:4. 너희는 거짓말을 지어내는 자요 다 쓸모없는 의원이니라.

욥은 ‘너희는 무식한 것을 거짓말로 메꾸는 사람들이다. 너희는 모두가 돌팔이 의사나 다름없는 사람들이다’고 말한다. 본문의 “지어낸다”(טֹפְלֵי)는 말은 ‘꾸미다’, ‘싸매다’라는 뜻으로 욥은 그의 세 친구들이 자신이 무죄함에도 불구하고 자신을 죄과에 따라 형벌을 받을 죄인으로 만들기 위해 허망한 말을 지어내고 있다고 비난했다.

너희는 “다 쓸모없는 의원이니라”는 말은 욥의 세 친구들이 욥이 받은 상처를 치료하지 못했고 더 나아가 마치 돌팔이 의사처럼 엉터리로 치료하여 더 큰 상처를 안겨주었다는 의미이다. 오늘날에도 영적 세계에서 사람들의 영혼에 상처만 입히는 전도자들이 있다.

욥 13:5. 너희가 참으로 잠잠하면 그것이 너희의 지혜일 것이니라.

욥은 세 친구들을 향하여 ‘너희가 참으로 입을 떠벌리지 말고 잠잠히 있었더라면 그것이 더 지혜로운 일이었을 것이라’고 말한다. 그들이 욥을 위로하러 왔던 처음 한 주간 동안 잠잠했는데(2:13) 그것이 더 좋았다는 것이다. 잠 17:28에 “미련한 자라도 잠잠이 있었더라면 지혜로운 자로 여겨지고 그의 입술을 닫으면 슬기로운 자로 여겨지느니라”고 말씀하고 있다. 오늘도 입을 벌리지 말고 잠잠히 있었더라면 오히려 현명하게 보였을 사람들이 많이 있다.

욥 13:6. 너희는 나의 변론을 들으며 내 입술의 변명을 들어 보라.

욥은 세 친구들을 향하여 잠잠히 있기를 부탁하며(5절) '내가 말하는 것을 먼저 들어보며 내 입술이 내는 소리를 먼저 들어보라'고 권고한다. 남의 말을 듣지도 않고 떠들면 지혜롭지 못한 것이며 대화는 평행선을 달리는 수밖에 없게 된다. 다시 말해 소통이 안 되게 되는 것이다.

욥 13:7. 너희가 하나님을 위하여 불의를 말하려느냐 그를 위하여 속임을 말하려느냐.

욥은 세 친구들을 향하여 '너희들이 하나님을 위하여 불의한 일을 말할 작정이냐. 하나님을 위한다고 하나님을 속일 작정이냐'고 다그친다. 세 친구들이 욥을 향하여 들이댄 인과응보 논리는 사실 하나님으로 하여금 불의한 일을 행하신 분으로 만드는 것이었다. 죄를 짓지 않은 욥에게 들이대는 인과응보 논리는 거짓 주장이다. 오늘도 사람이 죄를 짓지도 않았는데 죄를 지었기에 그렇게 벌을 받는 것이라고 주장하면 하나님을 위하여 불의를 말하는 것이고 하나님을 위하여 속임을 말하는 것이다.

욥 13:8. 너희가 하나님의 낯을 따르려느냐 그를 위하여 변론하려느냐.

욥은 세 친구들을 향하여 '너희가 하나님의 편을 드는 것이냐. 하나님을 위하여 변론하려는 것이냐'고 말한다. 세 친구들은 하나님의 편을 들기 위해 욥에게는 아주 냉정하게 대했다. 우리는 하나님 편에 선다고 하면서 사람을 함부로 정죄하는 어리석음에 빠져서는 안 될 것이다.

욥 13:9. 하나님이 너희를 감찰하시면 좋겠느냐 사람을 속임 같이 그를 속이려느냐.

욥은 세 친구들을 향하여 '하나님께서 너희 세 사람을 자세히 조사하셔서 너희 세 사람을 정죄하시면 좋겠느냐'고 묻는다. 욥은 세 친구들이 욥에게 죄과를 돌리고 있는 것이 잘못된 주장이므로 만일 하나님께서 세 친구들을 자세히 조사하시면 틀림없이 그들이 정죄를 당할 터인데 그래도 좋으냐는 것이다. 그러니 욥을 정죄하는 일을 그만 두어야 한다는 주장이다.

욥은 세 친구들을 향하여 "사람을 속임같이 그를 속이려느냐"고 말한다. 로린슨(Rawlinson)은 본절을 주해함에 있어 "너희가 사람을 속일 수는 있다. 그러나 너희가 하나님을 속이지는 못할 것이다"라고 주해했다. 이 해석은 세 친구들이 욥을 속인 것으로 말하나 하나님을 속일 수는 없을 것이라고 말을 하는 셈이다.

욥 13:10. 만일 너희가 몰래 낯을 따를진대 그가 반드시 책망하시리니.

욥은 세 친구들을 향하여 '너희가 만에 하나라도 몰래 하나님을 위한다는 명목으로 하나님 편만 든다면 하나님께서 반드시 너희들을 책망하실 것이라'고 말한다. 우리가 하나님을 위하는 일도 이치에 닿게 해야 하는 것이다. 공연히 하나님을 위한다고 사람을 정죄하는 일을 해서는 안 될 것이다.

욥 13:11. 그의 존귀가 너희를 두렵게 하지 않겠으며 그의 두려움이 너희 위에 임하지 않겠느냐.

욥은 세 친구들을 향하여 '너희들이 하나님을 위한답시고 욥 자신에게 죄가 있어 벌을 받는다고 인과응보의 설을 들이대면 하나님의 위대하심이 너희들을 두렵게 할 것이며 그의 두려움이 너희들 위에 임하게 될 것이라'고 말한다. 하나님은 참으로 위대하신 분이시며 그는 참으로 두려우신 분이시다.

욥 13:12. 너희의 격언은 재 같은 속담이요 너희가 방어하는 것은 토성이니라.

욥은 세 친구들을 향하여 '너희가 지금까지 설파했던 격언, 즉 인과응보설은 바람에 쉽게 날아가 버리는 재 같은 속담에 지나지 않으며, 너희가 옹호하는 주장은 비가 오면 쉽게 무너지는 토성(土城)에 지나지 않는 것이라'고 말한다. 오늘 세상 사람들이 주장하는 신념들은 많은 경우 재 같은 속담들이고 토성에 지나지 않는 것들일 수가 있다. 쉽게 입을 열어서는 안 될 것으로 보인다.

ㄹ. 나는 하나님께 고통을 호소하리라 13:13-28

욥은 일사각오하고 하나님께 변명하기를 원하며(13-19절), 또 일사각오하고 기도한다.

욥 13:13. 너희는 잠잠하고 나를 버려두어 말하게 하라 무슨 일이 닥치든지 내가 당하리라.

욥은 세 친구들을 향하여 '너희는 나를 향하여 이런 말 저런 말 하지 말고 버려두어 말하게 하라. 무슨 일이 나에게 닥치든지 내가 당할 것이라'고 한다. 어떤 일이 욥 자신에게 닥치든지 일사각오의 정신으로 말을 하겠다는 것이다.

욥 13:14. 내가 어찌하여 내 살을 내 이로 물고 내 생명을 내 손에 두겠느냐 (Why sould I take my flesh in my teeth and put my life in my hand?-ESV).

상반절("내가 어찌하여 내 살을 내 이로 물고")의 뜻이 분명하지 않은 구절이나 '고통을 참기 위해 이로 살을 문다'는 뜻으로(Rashi) 앞절 하반절("무슨 일이 닥치든지 내가 당하리라")과 자연스럽게 연결되어 어떠한 위험이라도 감수하고 본인이 하고자 하는 말을 해보고자 하는 굳은 결심을 가지고 있음을 뜻한다. 그리고 하반절("내 생명을 내 손에 두겠느냐")은 자신의 생명을 아까워하여 그 어떤 모험이라도 못하겠느냐는 뜻이다(K.&D.). 다시 말해 더 이상 고통을 참지 않고 생명을 걸고 자기의 말을 하겠다는 뜻이다.

욥 13:15. 그가 나를 죽이시리니 내가 희망이 없노라 그러나 그의 앞에서 내 행위를 아뢰리라.

본절은 두 가지로 번역된다. 1) "그가 나를 죽이시리니 내가 희망이 없노라 그러나 그의 앞에서 내 행위를 아뢰리라"(Behold, he will slay me, I have no hope-RSV). 2) 성경 각주에 있는 대로 "그가 나를 죽이실지라도 나는 그를 의뢰하리니 그 앞에서 내 행위를 아뢰리라"(Though he slay me, I will hope in him, yet I will argue my ways to his face-KJV, AV, ESV, 시리아 역본, 탈굼역, Rashi, K.&D.). 2)번의 번역을 취하는 것이 다음절(16절)과 잘 어울린다.

욥 13:16. 경건하지 않은 자는 그 앞에 이르지 못하나니 이것이 나의 구원이 되리라(This will be my salvation, that the godless shall not come before him-ESV)**.**

본절 하반절의 "이것이 나의 구원이 되리라"(This will be my salvation)는 말은 앞절(15절)에 나오는 "그의 앞에서 내 행위를 아뢰리라"는 말을 받는 것으로 보아 욥이 하나님 앞에서 자신의 행위를 아뢰는 것이 바로 욥 자신의 구원이 되리라는 의미이다. 욥은 아무튼 자기의 행위를 아뢰는 것이 결국은 자신의 구원으로 나타나게 될 것이라고 말한다.

그리고 본절 상반절의 "경건하지 않은 자는 그 앞에 이르지 못하나니"란 말은 '사악한 자는 근본적으로 하나님께서 불의와 죄와는 상관없는 거룩하신 분이시기 때문에 구원받을 수 없다'(레 11:44-45)는 표현이다. 본절은 욥과는 아주 다른 사악한 자의 불행을 말하는 것으로 보인다.

욥 13:17. 너희들은 내 말을 분명히 들으라 내가 너희 귀에 알려 줄 것이 있느니라.

본절은 6절의 반복이다. 6절 주해를 참조하라. 욥은 친구들에게 "너희들은 내 말을 분명히 들어주라. 내가 너희 귀에 알려 줄 것이 있다"고 말한다. 욥은 그의 친구들에게 자신의 무죄를 주장하는 말을 들어주기를 완전히 바라고 있다. 욥은 그에게 닥친 고난과 질병과 또 세 친구의 공통된 공격에도 굴하지 않고 자기의 의를 견지한다. 욥의 이런 신념은 놀랍다.

욥 13:18. 보라 내가 내 사정을 진술하였거니와 내가 정의롭다 함을 얻을 줄 아노라.

욥은 본절을 시작하면서 "보라"라는 말로 시작하여 본절이 중요함을 강조하고 있다. 즉, 자기가 자기의 무죄를 진술하였으므로 자신이 의롭다는 사실을 다른 이들로부터 얻게 될 확신을 가지고 있었다. 욥은 항상 자신이 정의롭다는 확신에 차 있었다(10:2; 12:4; 16:11; 27:2, 6). 오늘 우리 각자는 예수 그리스도 안에서 의롭다는 확신에 차 있어야 한다(롬 3:24).

욥 13:19. 나와 변론할 자가 누구이랴 그러면 내가 잠잠하고 기운이 끊어지리라.

욥은 '나의 죄를 입증할 자가 있는가. 만일 누군가가 나의 죄를 입증해 낸다면 욥은 더 이상 말을 하지 않고 잠잠해질 것이며 또 죽을 각오가 돼 있다'고 말한다. 욥이 이런 말을 하는 것은 욥의 죄를 입증할만한 사람이 그 세 친구 중에도 없고 세상 그 어느 곳에도 없음을 확신하고 있었던 것이다. 오늘 우리가 예수 그리스도를 믿는 한 세상 그 어디에도 우리를 죄인으로 정죄할 자가 없음을 확신해야 한다. 예수님의 대속의 힘은 놀라운 것임에 틀림없다(마 20:28; 막 10:45).

욥 13:20. 오직 내게 이 두 가지 일을 행하지 마옵소서 그리하시면 내가 주의 얼굴을 피하여 숨지 아니하오리니.

욥은 세 친구들과 대화하다가 갑자기 하나님께 기도드리기 시작한다(9:34 참조). 하나님께 기도드리고 싶은 심정으로 가득 차 있었던 것으로 보인다. 우리는 사람들과 대화하다가 갑자기 묵도를 할 수도 있다. 느헤미야는 아닥사스다 왕과 대화하다가 왕의 질문을 받고 갑자기 하늘의 하나님께 묵도하고(느 2:4) 대화를 이어갔다(느 2:5).

욥은 하나님께 기도를 시작하면서 두 가지 조건을 제시한다(다음절). 욥은 하나님께 "오직 내게 이 두 가지 일을 행하지 마옵소서. 그리하시면 내가 주의 얼굴을 피하여 숨지 아니하겠다"고 말씀드린다. 하나님께서 두 가지를 행하시지 않으면 하나님을 피하지 아니하고 자유롭게 기도를 드리겠다고 말씀드린다.

욥 13:21. 곧 주의 손을 내게 대지 마시오며 주의 위엄으로 나를 두렵게 하지 마실 것이니이다.

본절은 욥이 하나님께 제시한 두 가지 조건을 진술하고 있다. 첫째는 "주의 손을 내게 대지 마실 것", 즉 '주의 손(징계의 손)을 내게서 거두시라는 것'이었고, 둘째는 "주의 위엄으로 나를 두렵게 하지 마실 것"이었다. 욥은 그 동안 하나님의 두려움을 많이 느꼈던 것으로 보인다. 그래서 그는 하나님께 욥 자신을 두렵게 마실 것을 소원한다. 오늘 우리는 사랑의 하나님으로부터 두려움을 느끼는 것이 아니라 엄청난 사랑을 느끼면서, 그리고 사랑을 받으면서 살아야 할 것이다(요 3:16; 요일 4:8).

욥 13:22. 그리하시고 주는 나를 부르소서 내가 대답하리이다 혹 내가 말씀하게 하옵시고 주는 내게 대답하옵소서.

욥은 앞절(21절)에서 두 가지 조건을 제시했는데 이제 본절에서는 한 가지를 요구한다. 즉, "그리하시고 주님께서 나를 불러달라는 것"이었다. 그러면 "내가 대답한다"는 것이었다. 여기 "그리하시고"란 말은 앞절에 진술된 대로 '하나님께서 징계의 손을 욥에게 대지 않으시고 또 주님의 위엄으로 욥을 두렵게 하지 않으셔야 한다'는 것이다. 그렇게 하신 다음 욥을 불러주시라는 것이다. 그러면 욥이 하나님의 부르심에 응답을 하겠다는 것이다.

상반절과 같이 하든지 아니면 "나로 하여금 말씀하게 하옵시고 주는 내게 대답하옵소서"라고 한다. 즉, '주님께서 나로 하여금 말씀하도록 해주시고 내가 말씀드린 것을 주님께서 들으시고 주님께서 내게 대답해주옵소서'라고 요구한다. 욥은 자신이 주님께 기도하는데도 주님의 선수적 행위를 기대하고 있다.

욥 13:23. 나의 죄악이 얼마나 많으니이까 나의 허물과 죄를 내게 알게 하옵소서.

욥은 이제 본격적으로 기도를 시작한다. 욥은 자기가 가지고 있는 죄나 혹은 자기가 지은 죄가 얼마나 많은지 알기를 원한다. 즉, "나의 허물과 죄를 내게 알게 하옵소서"라고 아뢴다. 욥은 자신의 소유를 모두 빼앗기고 또 자녀들이 모두 죽었으며 또 자기의 몸에 형언할 수 없는 질병이 든 이유가 무엇인지 알기를 소원한다. 우리의 기도 중에 우리는 죄를 자복하는 일이 중요함을 알아야 할 것이다.

욥 13:24. 주께서 어찌하여 얼굴을 가리시고 나를 주의 원수로 여기시나이까.

욥은 자기의 소유물과 자녀들을 잃고 난 후 그리고 질병에 걸려 몸을 긁고 있는 동안 주님께서 욥을 향하여 환하게 웃으시는 것을 느끼지 못하고 오히려 얼굴을 가리시고(신 31:17,18; 32:20; 시 27:9; 사 54:8) 욥을 주님의 원수로 여기시는 것이 아닌가 생각했다. 그러나 이때에도 사실은 주님은 욥을 뜨겁게 사랑하고 계셨다.

욥 13:25. 주께서 어찌하여 날리는 낙엽을 놀라게 하시며 마른 검불을 뒤쫓으시나이까.

욥은 자신의 연약함을 바람에 날리는 낙엽과 불 앞에 있는 마른 검불에 비유하고 있다. 인생은 하나의 안개와 같이 금방 없어진다(약 4:14).

욥 13:26. 주께서 나를 대적하사 괴로운 일들을 기록하시며 내가 젊었을 때에 지은 죄를 내가 받게 하시오며.

욥은 "주께서 나를 대적하신다"고 말한다. 다시 말해 여호와께서 욥을 대적하신다는 말씀이다. 여호와께서 욥을 대적하시기 때문에 주님께서 괴로운 일들을 기록하셨다가 욥에게 고통(욥의 소유가 다 없어진 일, 욥의 자녀들이 사망한 일, 욥의 몸에 질병이 들은 일 등)을 주셨다고 말한다.

욥은 "주님께서 내가 젊었을 때에 지은 죄를 내가 받게 하신다"고 말씀한다. 욥은 현재의 죄에 대해서는 아무리 생각해보아도 생각나는 것이 없고 젊은 때의 죄 때문에 고난을 받고 있다고 말한다.

욥 13:27. 내 발을 차꼬에 채우시며 나의 모든 길을 살피사 내 발자취를 점검하시나이다.

욥은 "주님께서 내 발을 차꼬에 채우셨다"고 말한다. '주님께서 나를 도망치지 못하도록 차꼬에 채우셨다'는 것이다(시 105:18; 렘 20:2; 행 16:24). 이 표현은 욥이 중병에 걸려 자신의 몸을 자유롭게 움직이지 못하도록 만든 것을 가리킨다.

욥은 주님께서 "나의 모든 길을 살피사 내 발자취를 점검하신다"고 말씀한다. 욥은 주님께서 나의 모든 길, 즉 젊었을 때부터의 모든 행위를 살피셔서 자기의 발자취를 점검하신다는 것이다.

욥 13:28. 나는 썩은 물건의 낡아짐 같으며 좀 먹은 의복 같으니이다.

욥은 자기 신체에 침입한 악창(2:7-8)을 생각하면서 자신이 "썩은 물건의 낡아짐 같으며 좀 먹은 의복 같다"고 말한다. 욥은 자기가 썩은 물건이 점점 낡아지는 것 같으며 좀 먹은 의복같이 점점 못쓰게 되어가고 있다고 비유하고 있다.

제 14 장

ㅁ. 덧없는 인생에 대해 탄식하다 14:1-12

욥은 자신을 생각할 때 이제 죽을 날을 앞두고 인생은 짧고 허무하다고 말한다. 이 부분(1-12절)을 끝으로 그 친구들과의 대화를 끝낸다.

욥 14:1. 여인에게서 태어난 사람은 생애가 짧고 걱정이 가득하며.

인생은 여인에게서 태어난 것이 특징인데(창 3:16) 인생의 수명은 짧고 그 짧은 생애를 살아가면서도 괴로운 한 생애를 살아가는 것이 특징이다(시 90:4-6). 성경은 짧은 인생을 사는 우리에게 세월을 아끼라고 말씀한다(엡 5:16; 골 4:5). 그리고 성경은 인생의 모든 걱정을 주님께 맡기라고 말씀한다(빌 4:6).

욥 14:2. 그는 꽃과 같이 자라나서 시들며 그림자 같이 지나가며 머물지 아니하거늘.

욥은 '인생이 꽃과 같이 자라나서 금방 시들어버린다'고 말한다(시 103:15; 사 28:1, 4; 40:6,7). 그리고 '그림자 같이 지나가며 머물지 아니 한다'고 말한다. 그러니까 인생은 금방 시들어버리고 그림자 같이 빨리 지나가서 머물지 아니하는 것이 특징이라는 것이다(8:9; 대상 29:15; 시 102:11; 109:23).

욥 14:3. 이와 같은 자를 주께서 눈여겨 보시나이까 나를 주 앞으로 이끌어서 재판하시나이까.

2절과 같이 빨리 시드는 인생, 그리고 빨리 지나가는 인생을 주님께서 그냥 간과하시지 않고 눈을 들어 살피시고 또 주님 앞으로 이끌어내어 재판하시다니 참으로 이해가 가지 않는다는 이야기이다.

욥 14:4. 누가 깨끗한 것을 더러운 것 가운데에서 낼 수 있으리이까 하나도 없나이다(Who can bring a clean thing out of an unclean? There is not one-ESV).

"누가 깨끗한 것을 더러운 인생 중에서 끌어낼 수 있을 것인가. 하나도 없다"고 선언한다. 더러운 인생 중에서는 한 사람의 의인도 끌어낼 수 없다는 것이다(잠 26:12; 시 14:2,3; 롬 3:11). 욥은 인생은 모두 죄인이니 하나님의 긍휼이 필요함을 구하고 있다. 더러운 인생 가운데서는 깨끗한 것을 낼 수 없으니 우리 모두는 하나님의 무한한 긍휼을 구해야 할 것이다.

욥 14:5. 그의 날을 정하셨고 그의 달 수도 주께 있으므로 그의 규례를 정하여 넘어가지 못하게 하셨사온즉.

욥은 '자신을 포함한 모든 인생의 짧은 날수를 주님께서 정하셨고 또 인생이 사는 달(月)수도 주님의 손에 있기 때문에 욥을 포함한 모든 인생의 한계(limits)를 주님께서 정하셔서 넘어지지 않게 하셨다'고 말한다. 주님은 모든 인생이 사는 날을 정하셔서 살게 하셨다는 것이다.

오늘날 한국인들이 살게 된 인생 100세에 대해 많이 말하고 있다. 하지만 그것은 주님께서 인생들의 노력을 조금 인정한 것이고, 여전히 인생의 수명이 주님 손에 있음을 우리는 부인할 수 없다. 즉, 우리는 주님께서 인정하신 한계를 넘을 수는 없다.

욥 14:6. 그에게서 눈을 돌이켜 그가 품꾼 같이 그의 날을 마칠 때까지 그를 홀로 있게 하옵소서.

욥은 '주님께서 우리 인생의 짧은 기한을 정하셨으니 욥을 더 이상 감시하시지 말고 품꾼이 하루 종일 일하다가 저녁이 되어 주인의 감시를 떠나 쉬는 것처럼 주님께서 짧게 사는 욥에게서 눈을 돌이켜 그를 홀로 있게 해주십사'고 소망한다. 이제 욥이 죽기 전에 안식을 주시라는 것이다. 이제는 질병의 고난에서 벗어나게 해달라고 애원을 한다.

욥 14:7-9. 나무는 희망이 있나니 찍힐지라도 다시 움이 나서 연한 가지가 끊이지 아니하며 그 뿌리가 땅에서 늙고 줄기가 흙에서 죽을지라도 물 기운에 움이 돋고 가지가 뻗어서 새로 심은 것과 같거니와.

욥은 이 부분에서 나무는 희망이 있으나(7-9절) 자기는 희망이 없으니(10-12절) 주님께서 자기를 숨겨주시라고 애원한다(13절).

욥은 이 부분(7-9절)에서 나무는 희망이 있다고 말한다. 나무가 희망이 있다고 말하는 것은 나무에 비하여 사람에게는 나무에 있는 것 같은 희망이 없다는 것을 말하기 위함이다.

욥은 '나무는 몸통이 찍힐지라도 다시 움이 돋아나서 연한 가지가 끊이지 않고 자란다'는 것이다. 그리고 '뿌리가 땅에서 늙고 줄기가 흙에서 죽을지라도 물 기운에 움이 돋고 가지가 뻗어서 새로 심은 것과 같은 나무가 된다'(사 11:1; 53:2)고 말한다.

욥 14:10. 장정이라도 죽으면 소멸되나니 인생이 숨을 거두면 그가 어디 있느냐

욥은 사람의 경우에는 '힘이 있는 장정이라도 일단 한번 죽으면 없어져서 어디로 가서 없어지고, 인생이 한번 숨을 거두면 그가 어디로 가서 없어진다'고 말한다. 죽은 후의 인생을 생각할 때는 나무(7-9절)보다 못하다는 것이다.

욥 14:11. 물이 바다에서 줄어들고 강물이 잦아서 마름 같이.

본절은 인생의 죽음 후를 바다 물과 강물에 비하고 있다. 본절의 "바다"란 말은 '호수'를 지칭한 것으로 보인다. 지금까지 바다에 물이 완전히 줄어든 예는 없었으니 말이다. 인생이 죽은 후에는 호수의 물이 말라서 줄어드는 것 같고, 강물이 말라서 줄어드는 것 같다는 것이다. 호수에 있는 물이나 강물도 땅속으로 스며들고 하늘로 증발되면 호수나 강바닥에 물이 없어지는 것처럼 사람도 죽은 후에는 없어진다는 것이다. 욥은 자기가 죽음 후의 입장이 호수나 강물처럼 될 것을 알고 이 말을 한 것이다.

욥 14:12. 사람이 누우면 다시 일어나지 못하고 하늘이 없어지기까지 눈을 뜨지 못하며 잠을 깨지 못하느니라.

욥은 '사람이 일단 죽어서 누우면 다시 일어나지 못하고 하늘이 없어지기까지 눈을 뜨지 못하고 깨지 못한다'고 말한다. 본문의 "하늘이 없어지기까지 눈을 뜨지 못하며 잠을 깨지 못한다"는 말은 '하늘이 없어진 후에는 다시 눈을 뜨게 되고 다시 잠을 깬다'는 말이다. 다시 말해 하늘이 물러가면 사람이 부활을 한다는 것이다. 즉, 천지의 판국이 변할 때 인생이 부활하고 눈을 뜨며 잠을 깬다는 것이다. 그 때까지는 사람이 부활을 하지 못한다(마 24:29; 요 5:28-29; 살전 4:16-17; 계 6:14; 20:11-15; 21:1).

ㅂ. 욥이 하나님께 사후의 생명을 간구하다 14:13-22

욥은 앞에서 사후의 생명을 구했으나 이제 이 부분(13-22절)에서는 사후의 생명을 간절히 구하고 있다. 욥의 강렬한 간구는 19:25-27에서 더 강해지고 있다. 욥은 현재 자신이 받은 고난으로 인하여 영안이 점점 밝아지고 있다.

욥 14:13. 주는 나를 스올에 감추시며 주의 진노를 돌이키실 때까지 나를 숨기시고 나를 위하여 규례를 정하시고 나를 기억하옵소서.

욥은 '주님께서 자기를 스올(무덤)에 감추어주시며 주님의 진노가 지나기까지 자기를 숨겨주시고 자기를 위하여 기한을 정하시며 기억해 주옵소서'라고 애원한다. 본절의 "스올"이란 말은 '무덤'을 지칭하는 말이다(7:9 주해 참조). 욥은 '주님께 자신을 스올에 감추시고 주님의 진노가 지날 때까지 자신을 숨기시며 자신을 위하여 기한을 정하시고 다시 살려 주님과 영교의 시간을 가지게 해주시라'고 애원한다. 지금 욥은 주님께서 자기에게 내려주신 고난이 진노인 줄 알고 있다. 그러나 사실 이 고난은 욥의 신앙 성장을 위한 고난이었다.

욥 14:14. 장정이라도 죽으면 어찌 다시 살리이까 나는 나의 모든 고난의 날 동안을 참으면서 풀려나기를 기다리겠나이다.

본절 상반절("장정이라도 죽으면 어찌 다시 살리이까")의 해석에 두 가지가 있다. 1) 부정적으로 '사람이 죽으면 다시 살 수가 없다'는 뜻으로 보는 견해(Lange, K.&D. Rawlinson). 2) 긍정적으로 '사람이 죽으면 그가 살리이다'로 보는 편(LXX, Koroeze, Pope, 박윤선, 이상근). 2)번의 해석이 앞절의 문맥과 맞는다.

후반절의 "나의 모든 고난의 날 동안"이란 말은 욥의 한 생애의 날은 고난의 날이었다는 표현이다. 욥은 일생을 참으면서 고난으로부터 풀려나기를 기다리겠다고 말한다. 오늘 우리의 한 생애도 고난의 날인데 이 고난을 주님께 다 맡겨야 할 것이다.

욥 14:15. 주께서는 나를 부르시겠고 나는 대답하겠나이다 주께서는 주의 손으로 지으신 것을 기다리시겠나이다(You would call me, I would answer you; you would long for me the work of your hands-ESV).

본절의 세 개의 동사("부르시겠고", "대답하겠나이다", "기다리시겠나이다")는 모두 미래사이다. 그런고로 모두 미래의 뜻으로 해석해야 할 것이다. 즉, '부르실 것이고', '대답할 것이며', '기다리실 것이다'라고 해석해야 할 것이다. 그런데 이 세 개의 동사가 다 미래 시제지만 1) 앞으로 닥칠 현세의 일이냐, 다시 말해 욥이 죽기 전에 주님께서 욥을 부르실 것이고, 욥이 대답할 것이며, 주님께서 욥을 간절히 사모하실 것이라고 해석해야 할 것이냐, 2) 아니면 훗날 욥이 고통을 피하여 음부에 가 있을지라도 주님께서 욥을 기억하셔서 욥 자신을 불러주실 것이고, 욥이 하나님의 부르심에 순종하여 대답할 것이며, 주님께서 주님의 작품이신 욥을 열망하실(long for) 것이라고 해석해야 할 것인가 어느 것이 문맥에 맞느냐 하는 것이다. 전체 문맥을 고찰할 때 2)번의 해석이 바른 것으로 보인다. 욥은 부활의 소망을 가지고 있었음이 분명하다.

욥 14:16. 그러하온데 이제 주께서 나의 걸음을 세시오니 나의 죄를 감찰하지 아니하시나이까(For then you would number my steps; you would not keep watch over my sin-ESV)**.**

욥은 '그러나 이제 주님께서 욥 자신의 현세에서의 죄악을 세시고(기억하시고) 감찰하시는 것은 아닙니까?'라고 의아해 한다. 욥은 자신에게 하나님께서 긍휼을 베푸시길 바라고 본절을 말한 것이다.

본절 초두의 "그러하온데 이제"란 말에 대한 해석은 두 가지이다. 1) '그 때에는'이란 해석을 채택하는 편(for then-RSV, NIV, ESV), 2) '그러나 이제'(but now-Amplified, NASB, K.&D., Rawlinson, 박윤선, 이상근)라고 해석하는 편. 후자의 해석이 더 바른 것으로 보인다. 그러니까 욥은 음부에서의 부활의 소망은 확실하나(15절) 현재는 괴롭다는 뜻이다. 욥은 현세에서 죄 때문에 놀라운 재앙을 받은 것은 결코 아니었지만 그러나 하나님께서 멀리 계신 것 같은 느낌을 받고 지내는 동안 어쩐지 하나님께서 욥의 죄의 걸음을 관찰하시고 조사하시는 듯한 느낌을 받은 것이다(시 32:3-4 참조).

욥 14:17. 주는 내 허물을 주머니에 봉하시고 내 죄악을 싸매시나이다.

욥은 '주님은 욥 자신의 허물을 주머니에 봉하시고 아주 싸매셨다가 때가 되어 욥 자신을 징계하려 하신다'는 것이다(신 32:34, 35 참조).

욥 14:18-19. 무너지는 산은 반드시 흩어지고 바위는 그 자리에서 옮겨가고 물은 돌을 닳게 하고 넘치는 물은 땅의 티끌을 씻어버리나이다 이와 같이 주께서는 사람의 희망을 끊으시나이다.

이 부분(18-19절)은 주님께서 욥 자신의 희망을 끊으신다는 것을 비유로 보여주고 있다. 그 비유란 "무너지는 산"은 반드시 흩어지는 법이고, "무너지는 산의 바위"는 그 자리에서 옮겨가는 법이며, "강가의 물"은 돌을 닳게 하고, "땅 위의 넘치는 물"은 땅의 티끌을 씻어버리는 것처럼 주님께서는 욥 자신의 희망을 끊고 계시다는 것이다. 주님께서 욥 자신의 견고했던 소망을 큰 재앙으로 끊어지게 하셨다는 것이다. 주님께서는 욥을 위하여 세상의 모든 재산이며 소유를 없애버리시고 몸에 병을 주셔서 더 깊은 신앙을 주신 것이었다.

욥 14:20. 주께서 사람을 영원히 이기셔서 떠나게 하시며 그의 얼굴 빛을 변하게 하시고 쫓아보내시오니.

욥은 '주님께서는 사람과의 싸움에서 영원한 승리를 거두셔서 사람으로 하여금 죽게 하셔서 떠나게 하시며 사람의 얼굴빛을 변하게 하시고 사람을 멀리 떠나게 하신다'고 말한다. "쫓아보내신다"는 말씀은 '사람을 썩게 해서 비참한 모습이 되게 하신다'는 뜻이다.

욥 14:21. 그의 아들들이 존귀하게 되어도 그가 알지 못하며 그들이 비천하게 되어도 그가 깨닫지 못하나이다.

욥은 '이렇게 사람이 죽으면(앞절) 아무 것도 알지 못하게 되어 아들들이 존귀하게 되든지, 비참하게 되든지 간에 죽게 된 사람은 자기 아들들이 그렇게 된 것을 깨닫지 못한다'고 말한다(전 9:6).

욥 14:22. 다만 그의 살이 아프고 그의 영혼이 애곡할 뿐이니이다.

욥은 죽은 자는 무감각할 뿐(앞절) 아니라 "그의 살이 아프고 그의 영혼이 애곡할 뿐이라"고 말한다. "그의 살이 아프고 그의 영혼이 애곡한다"는 말은 죽은 자의 고통을 말하는 것으로 육체들이 썩어져 고통하며(사 66:24), 그 영이 슬퍼한다는 뜻이다(이상근).

본절의 말씀은 '사람이 죽은 후에 무덤에 간 영혼이 그 육체가 무덤 속에서

썩는 것을 아프게 여긴다든지 혹은 사람이 그 죽는 순간에 당하는 고통을 가리키는 것이 아니고, 사람이 죽은 후에 당하는 것은 자기 혼자만이 당하는 것으로써 남들은 알 수 없다'는 것이다.

제 15 장

B. 욥이 세 친구와 두 번째 대화를 하다 15-21장

15-21장은 두 번째 대화로 세 친구는 차례로 질문한다. 그리고 욥은 대답한다. 이 두 번째 대화는 세 친구가 상선 벌악의 원리를 구체적으로 말하나 욥은 자신이 당한 고난이 의인의 고난이라고 응답한다. 이 부분의 내용은 첫 번째와 같은 순서로 배열되었으며 먼저 엘리바스의 질문(15장), 욥의 대답(16-17장), 빌닷의 질문(18장), 욥의 대답(19장), 소발의 질문(20장), 욥의 대답(21장)으로 구성되어 있다.

1. 엘리바스가 욥에게 질문하다 15:1-35

엘리바스의 첫 번째 질문은 은유적[6]이었으나 두 번째 질문은 직접적으로 욥의 죄를 지적하는 것이었다. 욥의 불신과 불손(1-16절), 악인의 운명을 거론한다(17-35절).

ㄱ. 욥의 주장에 대해 반박하다 15:1-16

엘리바스는 욥이 불신하고(1-6절), 불손하다(7-16절)고 말한다. 쉽게 말하면 불신하니 불손하다는 것이다.

1-6절. 욥은 불신하다는 것이다.

욥 15:1. 데만 사람 엘리바스가 대답하여 이르되.

2:11주해를 참조할 것. 첫 번째 엘리바스의 질문(4-5장)은 비유적이고

---

6) 은유법: 수사법상 비유법의 한 가지로, 본뜻은 숨기고 비유하는 형식만 드러내어 표현하려는 대상을 설명하거나 그 특질을 묘사하는 표현방법.

동정적이었으나 이제 본절부터 시작되는 두 번째의 질문은 자신이 가지고 있는 인과응보설을 욥에게 적극적으로 적용시키고 있다. 오늘날 세상 사람들의 주장도 대체적으로 인과응보설이다. 특별히 불교는 인과응보설이라고도 할 수 있다. 더욱이 불교의 인생 윤회설은 인과응보적이다.

욥 15:2. 지혜로운 자가 어찌 헛된 지식으로 대답하겠느냐 어찌 동풍을 그의 복부에 채우겠느냐.

엘리바스는 욥에게 '지혜롭다는 자가 어찌 허황된 지식으로 대답하겠느냐. 어찌 동풍을 그의 배에 가득 채우겠느냐'고 쏘아붙인다. "헛된 지식"(דַעַת־רוּחַ)이란 말은 '바람의 지식'이란 뜻이다. '바람의 지식'이란 '가볍고 공허한 지식'이란 뜻이다. 참 지식이 아니라 가볍게 날아가는 지식이고 헛된 지식이란 뜻이다. 그리고 "동풍"이란 시리아나 북 아라비아 지방에서 팔레스틴 지역으로 불어오는 열대 풍을 지칭하는 말로 농작물에 커다란 해를 주는데, 지혜로운 자는 동풍과 같은 해를 줄 수 없다는 것이다(27:21; 창 41:6; 렘 18:17; 겔 17:10).

욥 15:3. 어찌 도움이 되지 아니하는 이야기, 무익한 말로 변론하겠느냐.

이웃에게 도움이 되지 아니하는 이야기는 모두 무익한 말이다. 그리고 하나님께 영광을 돌리지 아니하는 말은 모두 쓰레기이다. 엘리바스는 욥의 이야기가 사람들에게 도움이 되지 않을 뿐만 아니라 일고(一考)의 가치도 없는 말이라고 여겼다.

욥 15:4. 참으로 네가 하나님 경외하는 일을 그만두어 하나님 앞에 묵도하기를 그치게 하는구나(But you are doing away with the fear of God and hindering meditation before God-ESV).

엘리바스는 욥에게 '참으로 네가 하나님 경외하는 일을 그만두고 있고, 하나님 앞에 묵도하기를 그치게 하는구나'라고 말한다. 로린슨(Rawlinson)의 관찰에 의하면 욥의 대담한 충고(13:3,15,22), 욥이 의로운 것을 그 자신이 알고 있다는 선언(13:18), 그리고 하나님은 그의 구원자가 되시리라는 선언(13:16) 등, 이 모든 욥의 말은 하나님을 두려워하지 않고, 하나님에 대한 존경심을 결여하고 있는 듯이 보였다. 욥의 표현 중에 어떤 것은 확실히 지나친 대목이 없지 않아 있었다. 그러나 이런 선언들이 결코 욥의 허황된 말이라고 할 수는 없다.

그리고 욥이 사람들로 하여금 "하나님 앞에 묵도하기를 그치게 한다"고 했는데 여기 "묵도한다"는 말을 두고 '묵상한다'는 말로 보는 학자(F. Horst, Rawlinson)도 있고, 또 어떤 이는 '기도한다'는 말로 보는 이도 있다(Matthew Henry, Barnes, 박윤선). 그러나 어느 뜻으로 보든 간에 엘리바스의 주장대로 욥이 사람들로 하여금 하나님 경외하는 일을 금한 사실은 없었다. 엘리바스의 일방적인 주장일 뿐이다.

욥 15:5. 네 죄악이 네 입을 가르치나니 네가 간사한 자의 혀를 좋아하는구나.

엘리바스는 욥을 향하여 '네가 죄악으로 가득 차 있어서 그 죄악이 입으로 하여금 죄를 말하게 하고, 또 네 혀가 간사한 것을 좋아하여 죄악을 택한다'고 말한다. 엘리바스의 주장은 욥이 죄악이 있기 때문에 그 입이 죄악을 말한다고 한다.

욥 15:6. 너를 정죄한 것은 내가 아니요 네 입이라 네 입술이 네게 불리하게 증언하느니라.

엘리바스는 욥을 향하여 욥 자신을 정죄한 몸통이 누구냐 하는 것을 말한다. 욥 자신을 정죄한 것은 엘리바스 자신이 아니라 죄의 관할을 받고 있는 욥의 입이라고 말한다. 다시 말해 욥의 입술이 욥에게 아주 불리하게 증언하고 있다고 말한다.

7-16절. 욥이 불손하게 행동한다는 것.

욥 15:7-8. 네가 제일 먼저 난 사람이냐 산들이 있기 전에 네가 출생하였느냐 하나님의 오묘하심을 네가 들었느냐 지혜를 홀로 가졌느냐.

엘리바스는 욥을 향하여 '네가 지구상에서 제일 처음 난 사람보다 먼저 난 사람이냐 그리고 우리 세 사람보다 먼저 난 사람이냐. 좀 더 구체적으로 말해서 산들이 창조받기 전에 출생했느냐'고 질문한다. 엘리바스가 이렇게 질문한 것은 욥이 나이도 많지 않으면서 나이가 많은 척, 제일 지혜로운 척 한다는 것을 꺾기 위해 말하는 것이었다.

엘리바스는 욥을 향하여 '하나님의 오묘하심'(the council of God), 곧 네가 하나님의 지혜를 들었느냐, 네 자신 혼자만 지혜를 가졌느냐 왜 혼자만 지혜로운 척하느냐고 따지는 것이다.

욥 15:9. 네가 아는 것을 우리가 알지 못하는 것이 무엇이냐 네가 깨달은 것을 우리가 소유하지 못한 것이 무엇이냐.

본절의 "아는 것"이란 말과 "깨달은 것"이란 말은 동의어로 사용되었다. 엘리바스는 세 사람 중에 나이가 제일 많은 사람으로 지금 세 사람을 대표하여 욥을 공격하고 있다. 즉, '네가 안다는 것 중에 우리 세 사람이 알지 못하는 것이 무엇이 있겠느냐, 네가 깨달은 것 중에 우리 세 사람이 깨닫지 못하는 것이 무엇이 있겠느냐'고 공격한다.

욥 15:10. 우리 중에는 머리가 흰 사람도 있고 연로한 사람도 있고 네 아버지보다 나이가 많은 사람도 있느니라.

엘리바스는 자신과 다른 친구 두 사람을 합하여 세 사람 모두가 욥보다 나이가 더 많다는 것을 말한다. 이는 자신들의 지혜가 더 많다는 것을 말하기 위함이다(12:12; 레 19:32 참조). 셋 중에 한 사람은 머리가 희었고 또 다른 한 사람은 욥보다 연장자였으며 또 다른 한 사람은 욥의 아버지보다 나이가 많은 사람도 있다고 주장한다. 왕상 12:6-15 참조.

그런데 본절은 욥이 한 말("이제는 나보다 젊은 자들이 나를 비웃는구나",

30:1)과 충돌됨이 문제이다. 그러니까 본절에서의 엘리바스의 표현은 욥보다는 자기들이 더 지혜롭다는 것을 완곡하게 표현한 것으로 보는 것이 좋을 듯하다.

욥 15:11. 하나님의 위로와 은밀하게 하시는 말씀이 네게 작은 것이냐.

본절의 "하나님의 위로"란 말과 "은밀하게 하시는 말씀"은 동의어로서 하나님께서 세 친구들을 통하여 은밀하게 하시는 위로의 말씀이라는 것이다. 이 위로의 말씀은 작은 위로는 아니라고 못을 박는다.

욥 15:12. 어찌하여 네 마음에 불만스러워하며 네 눈을 번뜩거리며.

엘리바스는 욥에게 '왜 그렇게 네 마음이 불만스러워하며 또 마음을 잡지 못하고 있다는 표시로 네 눈을 번쩍거리느냐'고 묻는다. 세 친구들을 통하여 하나님께서 세미하게 위로의 말씀을 주시는데, 왜 그 위로의 말씀에 감사하지 않고 오히려 불만을 갖는냐는 질타이다.

욥 15:13. 네 영이 하나님께 분노를 터뜨리며 네 입을 놀리느냐.

엘리바스는 욥에게 앞절과 거의 같은 말을 반복한다. 즉, '네 노기가 하나님을 대적하여 분노를 터뜨리고 그 분노를 입을 벌려 말하느냐'는 것이다. 욥이 자기가 의롭다고 말하고 또 세 친구들을 향하여 격렬하게 충고하는 일이나 경멸적으로 부르짖은 일은 친구들 보기에 욥이 하나님을 대적하여 분노를 터뜨린 것으로 보였을 것이다.

욥 15:14. 사람이 어찌 깨끗하겠느냐 여인에게서 난 자가 어찌 의롭겠느냐.

엘리바스는 욥이 의롭다는 말을 듣고 "사람이 어찌 깨끗하겠느냐 여인에게서 난 자가 어찌 의롭겠느냐"고 반문한다. 본절의 "사람"이란 말과 "여인에게서 난 자"란 말은 동의어로 사용되었고 또 "어찌 깨끗하겠느냐"는 말씀과 "어찌 의롭겠느냐"는 말씀도 동의어로 사용되었다. 엘리바스의 이 말씀은 그리스도를 영접한 일반 사람들에게 대체적으로 적용되는 말이지만 욥에게는 해당되지 않는 말이었다(1:1,8 참조). 욥은 하나님께서 인정하신 의인이었다.

욥 15:15-16. 하나님은 거룩한 자들을 믿지 아니하시나니 하늘이라도 그가 보시기에 부정하거든 하물며 악을 저지르기를 물 마심 같이 하는 가증하고 부패한 사람을 용납하시겠느냐.

15절과 16절은 엘리바스가 욥을 정죄하기 위해 진술한 내용이다. 즉, 하나님은 거룩한 자들, 곧 천사들을 믿지 아니하시는 고로 하나님의 보좌까지도 하나님 보시기에는 부정하다고 말한다. 하물며 악을 저지르기를 물을 마시 듯 하는 가증하고 부패한 사람을 하나님께서 용납하시겠느냐는 것이다. 하나님께서는 결코 사람을 깨끗하다고 말씀하시지 않는다는 것이다.

ㄴ. 악인의 종말에 대하여 설명하다 15:17-35

엘리바스는 이 부분(17-35절)에서 악인들이 심판을 받게 되어 불안과 공포 속에서 살게 된다는 것을 강조한다. 엘리바스는 이 부분을 말씀하면서 욥에게 간접적으로 경고하고 있다.

욥 15:17. 내가 네게 보이리니 내게서 들으라 내가 본 것을 설명하리라.

엘립바스는 자신이 욥에게 보여주겠다고 말한다. 그런고로 내 말을 들으라고 말한다. 자신이 그 동안 본 것을 설명해주겠다고 말한다. 엘리바스가 "본 것"이란 엘리바스가 경험한 인과응보설이다.

욥 15:18. 이는 곧 지혜로운 자들이 전하여 준 것이니 그들의 조상에게서 숨기지 아니하였느니라.

"이는"이란 말은 앞절에 나온 바 엘리바스가 "본 것"(인과응보설)을 뜻한다. 엘리바스가 전달받은 인과응보설은 "지혜로운 자들이 전하여 준 것"이라는 것이다. 그런데 이 인과응보설은 그 지혜로운 자들이 엘리바스에게 전해줄 때 그들의 조상에게서 숨기지 아니한 채, 전혀 훼손되지 아니한 채 그대로 전해주었다는 주장이다.

욥 15:19. 이 땅은 그들에게만 주셨으므로 외인은 그들 중에 왕래하지 못하였느니라(to whom alone the land was given, and no stranger passed among them-ESV).

여기서 "이 땅"(the land)이란 말은 데만 사람 엘리바스가 살던 엘리바스의 고향인 에돔 지역을 지칭한다(Pope). 그런데 여기 "그들에게만 주셨다"는 말은 '에돔 지역 사람들에게만 주셨다'는 말로 외인은 그들 중에 왕래하지 못했다는 것이다. 다시 말해 사람이 드물었던 고대 사회에서 침입자로 인한 혼란이나 전쟁이 없이 비교적 평화스럽게 자기들의 땅을 간직할 수 있었다는 것이다.

다시 말해 본절은 결국 데만 사람들이 지니고 있는 순수한 지혜는 외부인의 영향에 의해 오염되거나 왜곡된 일이 없었다는 말로 그들의 후손인 엘리바스의 지혜는 그만큼 순수하고 진실되다는 것을 드러내고 있다(그랜드 종합 주석).

욥 15:20. 그 말에 이르기를 악인은 그의 일평생에 고통을 당하며 포악자의 햇수는 정해졌으므로.

우리 개역개정판 번역의 "그 말에 이르기를"이란 말은 히브리어판에는 없는 말로서 우리 번역판에 넣어 뜻을 보강한 것이다. "고통"이란 말은 해산하는 고통과 같은 심각한 고통을 뜻하는 말이다. 따라서 악인은 일평생에 심각한 고통을 당하며 포악자의 햇수는 아주 짧게 정해져 있다고 말한다. 엘리바스는 욥의 일평생에 심각한 고통이 있었을 것이며 욥의 짧은 햇수가 정해져 있다고 말한다. 그러나 이런 예언들은 욥에게 적용되지 않는 말이다.

욥 15:21. 그의 귀에는 무서운 소리가 들리고 그가 평안할 때에 멸망시키는 자가 그에게 이르리니.

엘리바스는 본절부터 24절까지 욥에게 무서운 일들이 많이 생길 것이라고 예언한다. 본절에서는 욥의 귀에는 무서운 소리(멸망의 소리)가 들릴 것이고 그가 평안한 중에 그를 멸망시키는 자가 이를 것이라고 한다.

욥 15:22. 그가 어두운 데서 나오기를 바라지 못하고 칼날이 숨어서 기다리느니라.

엘리바스는 본절에서 '욥이 불행한 중에서 빠져나오지 못하고 불행의 칼날이 욥을 계속해서 감시하게 될 것이라'고 예언한다. 그러나 엘리바스의 예언은 다 틀렸다. 이 예언이 틀린 이유는 하나님께서 주신 예언이 아니었기 때문이다.

욥 15:23. 그는 헤매며 음식을 구하여 이르기를 어디 있느냐 하며 흑암의 날이 가까운 줄을 스스로 아느니라.

본절의 엘리바스의 예언은 '욥이 세상에서 방황하며 살 것이며 또 음식이 없어서 음식을 찾아 헤맬 것이며 이제 곧 죽음이 찾아올 것을 알고 살 것이라'고 한다. 그러나 엘리바스의 예언은 세상 전통이 만들어낸 이야기에 지나지 않는 예언이기 때문에 욥에게 해당되지 않았다. 욥은 결코 방황하지 않았고 모년에 재산이 배나 증가했으며 장수했다.

욥 15:24. 환난과 역경이 그를 두렵게 하며 싸움을 준비한 왕처럼 그를 쳐서 이기리라.

엘리바스는 본절에서 '욥은 항상 환난과 역경 때문에 두렵게 살다가 결국 환난과 역경이 욥을 찾아와 욥을 이길 것이라'고 예언한다. 그러나 욥은 머지않아 모든 환난과 역경은 사라지고 아주 복된 여생을 만나게 되었다. 세상 사람들의 머리에서 나온 예언, 세상 사람들의 전통에서 나온 예언들은 모두 틀리고만 것이다. 하나님으로부터 온 예언이라야 정확하게 들어맞는 것이다.

욥 15:25-26. 이는 그의 손을 들어 하나님을 대적하며 교만하여 전능자에게 힘을 과시하였음이니라. 그는 목을 세우고 방패를 들고 하나님께 달려드니.

21절부터 24절까지의 엘리바스의 예언이 성취되어야 할 이유는 '욥이 그의 손을 들어 하나님을 대적했기 때문이고 또 항상 교만하게 살았으며 또 전능자 하나님에게 욥 자신의 힘을 과시했기 때문이며, 목을 뻣뻣하게 세우고 하나님과 싸울 모양으로 하나님께 달려들었기 때문이라'는 것이다. 그러나 욥은 하나님과 싸운 것이 아니라 자신이 당하는 고난의 이유를 알기 원해서 하나님께 질문한 것뿐이었다. 오늘 우리도 우리의 형편을 알기 위해 하나님께 얼마든지 질문할 수 있는 것이다.

욥 15:27. 그의 얼굴에는 살이 찌고 허리에는 기름이 엉기었고.

엘리바스는 욥이 교만한 삶을 살고 있다는 것을 묘사하기 위하여 "그의 얼굴에는 살이 찌고 허리에는 기름이 엉기었다"고 표현한다. 욥의 얼굴과 허리에 살이 찌고 기름이 엉기었다고 말했으나 실제로 욥은 악창 때문에 파리했었다. 아마도 엘리바스는 욥이 교만했다는 것을 이렇게 묘사했을 것으로 보이나 욥은 교만한 사람이 아니라 하나님께서 인정한 사람이었다 (1:1, 8).

욥 15:28. 그는 황폐한 성읍, 사람이 살지 아니하는 집, 돌무더기가 될 곳에 거주하였음이니라.

엘리바스는 '욥이 사람이 살지 못할 곳에 거주한 악인이었다'고 말한다. 황폐한 성읍이나 사람이 살지 아니하는 집이나 돌무더기가 될 곳은 모두 같은 의미로 욥은 사람이 살 수 없는 곳에 거했었다고 말한다. 이 말은 욥이 악인이라는 표현이다.

욥 15:29. 그는 부요하지 못하고 재산이 보존되지 못하고 그의 소유가 땅에서 증식되지 못할 것이라.

악인의 소유는 현상을 유지하지 못할 뿐 아니라 악인의 소유는 더 이상 불어나지 못할 것이라는 것이다. 그러나 욥의 재산은 훗날 각각 두 배로 증식되었다.

욥 15:30. 어두운 곳을 떠나지 못하리니 불꽃이 그의 가지를 말릴 것이라 하나님의 입김으로 그가 불려가리라.

엘리바스는 '악인은 자신이 거하는 불행한 처소(22-23절)를 떠나지 못할 것이고, 하나님의 진노를 상징하는 불꽃(사 30:33; 히 12:29)이 그 가지(악인의 번영 상징, 시 1:3; 92:12)를 말려서 번영이 끝나게 할 것이며, 하나님의 입김(하나님의 심판을 상징함)으로 악인이 멸망할 것이라'는 것이다. 그러나 욥은 훗날 불행하게 되지 않았고 그의 신앙이 성장하여 복된 삶을 살았다.

욥 15:31. 그가 스스로 속아 허무한 것을 믿지 아니할 것은 허무한 것이 그의 보응이 될 것임이라(Let him not trust in emptiness, deceiving himself; For emptiness will be his reward-NASB. Let him not trust in emptiness, deceiving himself, for emptiness will be his payment-ESV)**.**

엘리바스는 '악인이 스스로 속아 허무한 것을 믿지 않아야 할 이유는 허무한 것이 그의 보응이 될 것이기 때문이라'고 말한다. 다시 말해 악인은 다시 새롭게 될 소망을 가져보아야 헛될 뿐이라는 것이다. 악인이 자랑하고 의지하는 모든 것들은 궁극적으로 공허하며 쓸모없는 것이며 따라서 자신을 기만하는 것일 뿐이다(Rawlinson).

욥 15:32. 그의 날이 이르기 전에 그 일이 이루어질 것인즉 그의 가지가 푸르지 못하리니.

엘리바스는 '악인은 그의 천수를 누리는 날이 이르기 전에 그의 죽음이 찾아올 것인즉 그의 가지가 말라 죽는 것 같을 것이라'고 말한다.

욥 15:33. 포도 열매가 익기 전에 떨어짐 같고 감람 꽃이 곧 떨어짐 같으리라.

엘리바스는 '천수를 누리지 못하는 악인은 포도 열매가 익기 전에 포도가 떨어지는 것 같고 또 감람 꽃이 감람나무 열매를 맺기 전에 꽃이 떨어지는 것 같다'고 말한다. 다시 말해 악인은 번영의 기회가 오기 전에 망한다는 주장이다.

욥 15:34. 경건하지 못한 무리는 자식을 낳지 못할 것이며 뇌물을 받는 자의 장막은 불탈 것이라.

엘리바스는 욥을 빗대서 '경건하지 못한 무리는 자식을 낳지 못할 것이며 뇌물을 받는 자들의 장막은 불 탈 것이라'고 말한다. 그러나 욥은 훗날 자식을 또 많이 낳았다. 훗날 낳은 자식들은 인물들도 좋았다(42:14-15). 그리고 욥의 장막도 불에 탄 일이 없었다. 본절의 저주는 욥에게는 해당되지 않아 욥에게는 이루어지지 않았다.

욥 15:35. 그들은 재난을 잉태하고 죄악을 낳으며 그들의 뱃속에 속임을 준비하느니라(They conceive trouble and give birth to evil, and their womb prepares deceit-ESV).

엘리바스는 '그들(악인들, 34절)은 해악을 품고 실제로 남을 해칠 뿐 아니라 결국에는 자기 자신도 뱃속에 속임을 품고 사는 중 멸망에 빠지게 되는 자들이라'고 말한다. 악인들은 해악을 계획적으로 산출하는 사람들로서 남들과 자신들을 해치는 사람들이다. 엘리바스는 자기 나름대로 욥을 회개시키려고 하다가 결국은 실패하고 말았다.

제 16 장

2. 욥이 대답하다 16-17장

엘리바스의 진술에 대한 욥의 두 번째 대답은 욥 자신의 고통에 대한 심각한 호소가 진술되어 있다. 이 부분(16-17장)의 내용은 하나님의 방관하심에 대한 욥의 회의(16:1-17), 하나님은 나의 증인(16:18-22), 주는 나의 보주(17:1-5), 욥이 탄식한 일(17:6-16) 등이 진술된다.

ㄱ. 하나님의 방관하심에 대한 욥의 회의 16:1-17

이 부분(1-17절)은 하나님의 방관하심에 대한 욥의 회의가 진술되었는데 먼저 엘리바스는 번뇌케 하는 위로자라는 말이 등장하고(1-5절), 다음으로는 하나님께서는 욥을 곤고하게 하신다는 말씀이 나온다(6-17절).

1-5절. 엘리바스는 번뇌하게 하는 위로자이다.

욥 16:1. 욥이 대답하여 이르되.

욥은 엘리바스의 말에 대해 대답한다(6:1 참조).

욥 16:2. 이런 말은 내가 많이 들었나니 너희는 다 재난을 주는 위로자들이로구나.

엘리바스가 욥을 회개시키려고 한 말은 욥이 많이 들었다고 하면서 친구들은 욥에게 위로를 주는 사람들이 아니라 오히려 재난을 가져다주는 위로자들이라고 비비 꼬아 말한다.

욥 16:3. 헛된 말이 어찌 끝이 있으랴 네가 무엇에 자극을 받아 이같이

대답하는가.

욥은 엘리바스에게 '헛된 말을 하자면 한 없이 늘어놓을 수 있는데 네가 나의 어떤 말에 자극을 받아 이렇게 헛된 말을 길게 늘어놓느냐'고 말한다.

욥 16:4. 나도 너희처럼 말할 수 있나니 가령 너희 마음이 내 마음 자리에 있다 하자 나도 그럴 듯한 말로 너희를 치며 너희를 향하여 머리를 흔들 수 있느니라.

욥은 친구들에게 '욥이 그 친구와 입장을 바꾼다고 가정한다면 욥도 그 친구들처럼 미사여구로써 친구들을 치며 친구들을 향하여 머리를 흔들며 조롱할 수 있을 것이라'고 말한다. 여기 "머리를 흔드는" 행위는 '남들의 행위를 정죄하고 조소하는 태도'이다(시 22:7; 사 37:22; 렘 18:16; 애 2:15; 마 27:39).

욥 16:5. 그래도 입으로 너희를 강하게 하며 입술의 위로로 너희의 근심을 풀었으리라.

욥은 친구들과 입장이 바뀐다면 입으로 친구들을 강하게 해주며 또 입술의 위로로 친구들의 근심을 풀어줄 수 있을 것이라고 말한다. 우리는 우리의 입을 가지고 무엇을 하겠는가. 우리 이웃에게 유익을 주어야 하지 않겠는가.

6-17절. 하나님께서 욥을 곤고케 하신다.

욥 16:6. 내가 말하여도 내 근심이 풀리지 아니하고 잠잠하여도 내 아픔이 줄어들지 않으리라.

욥은 '자기가 친구들에게 자신의 고통을 말했으나 자기의 고통이 풀리지 아니했고 혹은 말을 하지 않고 잠잠했으나 똑같이 아픔이 줄어들지 않았다'고 말한다. 사실은 사람이 다른 사람에게 자기의 고통을 말하면 고통이 줄어들고 또 잠잠하면 슬픔은 줄어드는 법인데 욥은 그렇지 않다고 말한다. 그러나 욥이 이런 고난을 받은 것은 하나님께서 욥에게 고난을 주어 그의 신앙을 증진시키려 하셨기 때문이다. 우리가 이런 현상을 만나면 하나님께서 우리의 신앙을 높이시려고 한다는 것을 알아야 할 것이다.

욥 16:7. 이제 주께서 나를 피로하게 하시고 나의 온 집안을 패망하게 하셨나이다.

욥은 자기가 어떻게 하든지 근심과 슬픔이 줄어들지 않은 것은 주님께서 자신을 극도로 피로하게 하시고(10:2, 8) 욥의 온 가족을 패망하게 하셨기 때문이라 생각했다. 욥이 고난을 당함으로 가족도 함께 멸망했다. 10자녀는 죽임을 당했고 그의 아내도 욥을 냉대하면서 하나님을 욕하고 죽으라 했으니 (2:9) 가족 전체가 망한 것으로 알았다.

욥 16:8. 주께서 나를 시들게 하셨으니 이는 나를 향하여 증거를 삼으심이라 나의 파리한 모습이 일어나서 대면하여 내 앞에서 증언하리이다(And he has shriveled me up, which is a witness against me, and my leanness has risen up against me; it testifies to my face-ESV).

본절의 나를 "시들게"(דתִּקְמְטֵנִי란 말은 '시들게'란 뜻으로도 사용되고, 또 '결박함'(Lange, Rawlinson)이란 뜻으로도 사용된다. 그리고 "이는"이란 말은 앞에 나온 말 전체, 즉 '주께서 나를 시들게 한 일' 자체를 뜻한다. 즉, 이렇게 주께서 나를 시들게 하신 일 때문에 욥의 친구들이 욥 자신을 대적하여 불리하게 증언하게 되었다는 뜻이다. 다시 말해 이런 욥의 초라한 모습을 보고 친구들이 일어나서 욥을 정죄했다는 말이다.

"내 앞에서 증언하리이다"(it testifies to my face)란 말은 욥의 파리한 모습이 욥이 죄인인 것을 정죄한다는 것이다. 다시 말해 욥이 파리한 모습을 보이니 욥이 죄를 많이 지어 죄인으로 볼 수밖에 없게 되었다는 뜻이다.

욥 16:9. 그는 진노하사 나를 찢고 적대시 하시며 나를 향하여 이를 갈고 원수가 되어 날카로운 눈초리로 나를 보시고.

욥은 '주님께서 욥에게 진노하셔서 욥을 찢으시고 격하게 대적하시며 욥을 물어뜯으실 양으로 이를 갈으시며 원수가 되어 날카로운 눈초리로 욥을 보신다'고 말한다. 하나님의 이런 모습을 보고 혹자들은 구약 시대의 성도들의 신관(神觀)이 저열했다고 말한다. 그러나 구약 시대의 성도들의 신관을 저열했다고 평가하기 보다는 본절을 통해 하나님이 엄숙히 임하시는 인격신이심을 드러내는 것으로 보는 편이 더 나을 듯하다(박윤선). 하나님은 욥을 향하여 심각한 고난을 느끼게 해서 신앙을 성장시키기 위해 아주 현실적으로 다가오신 것이었다.

욥 16:10. 무리들은 나를 향하여 입을 크게 벌리며 나를 모욕하여 뺨을 치며 함께 모여 나를 대적하는구나.

세 친구들을 포함하여 욥을 적대하던 무리들은 욥을 향하여 입을 크게 벌리며 욥을 모욕하여 뺨을 치며 함께 모여 욥을 대적했다. 이 모든 사람들은 그리스도를 대적하던 사람들의 그림자이다.

욥 16:11. 하나님이 나를 악인에게 넘기시며 행악자의 손에 던지셨구나.

본절의 "악인"이란 말과 "행악자"란 말은 동의어로 사용되었다. 그들이 당시 세상에 있었던 이유는 하나님께서 욥에게 고난을 주시기 위함이었다. 하나님께서 이런 사람들을 세상에 두신 이유는 욥에게 고난을 주셔서 욥의 신앙이 성장하게 하시려는 것이었다. 하나님께서는 세상에 이런 종류의 사람들을 두시고 우리의 신앙을 연단하신다.

욥 16:12. 내가 평안하더니 그가 나를 꺾으시며 내 목을 잡아 나를 부서뜨리시며 나를 세워 과녁을 삼으시고.

욥은 한동안 평안하게 지냈는데 하나님께서 욥을 꺾으시며 욥의 목을 잡아 욥을 부서뜨리시며 욥을 공격하기 위해 과녁을 삼으셨다는 것이다(신 32:23; 시 7:13).

욥 16:13. 그의 화살들이 사방에서 날아와 사정없이 나를 쏨으로 그는 내 콩팥들을 꿰뚫고 그는 내 쓸개가 땅에 흘러나오게 하시는구나.

하나님께서 쏘신 화살들이 사방에서 욥에게 날아와 사정없이 욥을 쏘아 하나님은 결국 욥의 콩팥들을 꿰뚫으시고 또 하나님께서 욥의 쓸개가 땅에 흘러나오게 하셨다는 것이다.

욥 16:14. 그가 나를 치고 다시 치며 용사 같이 내게 달려드시니.

하나님께서는 욥을 연속해서 치시고 마치 용사같이 욥에게 달려드셨다는 것이다. 하나님께서는 세상에 있는 악인들을 사용하셔서 욥을 치신 것이다.

욥 16:15. 내가 굵은 베를 꿰매어 내 피부에 덮고 내 뿔을 티끌에 더럽혔구나.

욥은 '내가 열 명의 자녀가 죽었을 때 굵은 베를 꿰매어 욥의 몸에 두르고 애곡했으며 또 욥의 뿔(힘을 상징하는 말)을 티끌에 더럽혀 힘이 소멸되고 말았다'고 말한다. 욥은 자녀들이 죽은 후 그의 힘이 줄어들고 말았다는 것이다.

욥 16:16. 내 얼굴은 울음으로 붉었고 내 눈꺼풀에는 죽음의 그늘이 있구나.

욥은 '내 얼굴은 너무 많이 울어 붓고 붉게 되었고, 욥의 눈꺼풀은 죽음을 예기하여 사색이 되었다'고 말한다. 너무 울고 너무 고난을 받아 눈꺼풀에 죽음의 그늘마저 들었다는 것이다.

욥 16:17. 그러나 내 손에는 포학이 없고 나의 기도는 정결하니라.

욥은 '주위의 악인들로부터 많은 고난을 받아 고난의 흔적이 많았으나 자신의 손에는 포학이 없고 따라서 욥의 기도는 아주 순수하고 정결하게 되었다'고 말한다. 고난을 심하게 받으면 훗날 속사람은 날로 새로워진다고 성경은 말한다(고후 4:16).

ㄴ. 하나님은 나의 증인이시다 16:18-22

욥은 자신이 의로웠음을 믿으며 하나님께서 자신의 증인이 되신다고 말한다.

욥 16:18. 땅아 내 피를 가리지 말라 나의 부르짖음이 쉴 자리를 잡지 못하게 하라.

욥은 자신이 세상에서 당하는 심한 고난으로 땅에 피를 흘린 셈이니 땅은 그 피를 가리지 않아야 된다는 것이었다. 그 피의 부르짖음이 쉬지 못하게 하여 하늘에 닿을 때까지 부르짖게 하라는 것이었다.

욥 16:19. 지금 나의 증인이 하늘에 계시고 나의 중보자가 높은 데 계시니라.

본절의 "증인"('욥의 의로움을 증거 해 주시는 분')이란 말과 "중보자"('나를 위해 보증하시는 이')란 말은 동의어로 사용되었다. 이 '증인'('중보자')이란 낱말은 다음절(20절)에 등장하는 "하나님"을 지칭한다. 욥의 의로움을 증거 해 주시는 이는 "하늘"("높은 데")에 계시다는 것이다. 하늘의 중보자를 믿는 신앙은 신약 시대의 그리스도를 믿는 신앙을 예언하는 말이다(박윤선).

욥 16:20. 나의 친구는 나를 조롱하고 내 눈은 하나님을 향하여 눈물을 흘리니.

욥은 '나의 친구들은 나를 조롱하고 있고(30:1-13) 이때에 내 눈은 하나님을 향하여 눈물을 흘리며 기도하고 있다'는 것이었다. 욥이 기도하고 있다는 말은 욥이 승리자로 나설 것이란 말이다. 눈물의 기도는 승리를 가져올 수밖에 없다.

욥 16:21. 사람과 하나님 사이에와 인자와 그 이웃 사이에 중재하시기를 원하노니.

욥은 '하나님께서 사람과 하나님 사이에와 인자와 그 이웃 사이에 중재하시기를 원한다'고 말한다. 욥은 '자신이 사람과 하나님 사이에 그리고 인자(사람)와 그 이웃 사이에 문제가 있으니 하나님께서 중재하시기를 원한다'는 것이었다. 본절의 "인자"란 말은 단순히 '사람'이란 뜻으로 사용되었다. 이유는 바로 다음에 따라오는 "그 이웃"이란 말이 나온 것을 보면 단순히 '사람'이란 뜻으로 사용된 것을 알 수 있다.

욥 16:22. 수년이 지나면 나는 돌아오지 못할 길로 갈 것임이니라.

본절 초두에는 이유 접속사(For)가 나타나 하나님께서(21절) 욥 자신과 하나님 사이에서 중재자가 되어 주셔야 할 이유를 보이고 있다. 다시 말해 욥은 하나님께서 "사람과 하나님 사이와 인자와 그 이웃 사이에 중재하시기를 원하는"(전절) 이유는 "수년이 지나면 나는 돌아오지 못할 길로 갈 것"이기 때문이라는 것이다. 본절의 "수년"이란 말은 문자적으로 몇 년 뒤를 말한다기보다는 '가까운 시기'를 뜻하는 말이다. 욥은 이제 얼마 되지 않아 다시는 돌아오지 못할 길을 떠난다는 것이고 그 날이 오기 전에 욥은 자신의 의로움이 입증되기를 원하는 것이었다.

제 17 장

ㄷ. 주는 나의 보주이시다 17:1-5

이 부분(1-5절)은 조롱하는 사람들이 주위에 많이 살고 있는 세대인고로 주님께서 욥 자신을 보증하는 주님이 되소서라고 진술하는 내용을 드러낸다.

욥 17:1. 나의 기운이 쇠하였으며 나의 날이 다하였고 무덤이 나를 위하여 준비되었구나.

욥은 '자신의 기운이 쇠하였으며 자신이 살날이 다하였고 자신이 들어갈 무덤이 준비된 것을 알게 되었다'는 것이다. 욥은 이런 때에 그의 종말이 오기 전에 그의 의로움이 입증되기를 바라고 있는 것이었다.

욥 17:2. 나를 조롱하는 자들이 나와 함께 있으므로 내 눈이 그들의 충동함을 항상 보는구나.

욥은 자신의 기운이 다하였고 자신의 살날이 거의 끝장 난 것을 알았을 뿐 아니라(1절) 지금 형편은 '나를 조롱하는 자들이 주위에 나와 함께 있기 때문에 욥 자신이 조롱하는 자들의 충동하는 것을 항상 보고 있는 형편이라'는 것이다. 욥은 심히 비참한 형편을 당하여 하루 빨리 그의 의로움이 입증되기를 바란다는 것이다.

욥 17:3. 청하건대 나에게 담보물을 주소서 나의 손을 잡아 줄자가 누구리이까 (Lay down a pledge for me with yourself; who is there who will put up security for me-ESV).

욥은 하나님을 향하여 '나의 보주(보증인)와 함께(with yourself) 또 나에게 담보물을 주시라'고 소원한다. 여기 "담보물"(עָרְבֵנִי)이란 말은 법적인 용어로 사용되는데 계약을 증명하기 위한 물적 증표나 신원 보증을 위한 증표를 가리킨다. 그리고 "나의 손을 잡아줄 자가 누구리이까"라고 여쭙는다. 욥에게 있어서 고난을 받으면서 가장 괴로운 것은 그가 친구들로부터 사악한 사람으로 취급되어 조롱을 받는 것이었다. 그래서 그는 하나님을 중재자와 보증인으로 세워 자신의 결백과 친구들의 위증을 밝혀 그에 상응하는 보응을 해주고 싶었던 것이다.

여기 "손을 잡아주다"(יִתָּקֵעַ)는 말은 '손을 내어주다'라는 뜻으로, 이것은 남의 보증을 설 때에 채무자의 대리로서 중재의 책임을 진다는 것을 상징하는 것이다(잠 6:1; 11:15; 17:18). 따라서 본절은 하나님만이 자신의 보증인 또는 중재자가 되신다는 욥의 고백이다. 여기서 우리가 볼 수 있는 욥의 사상은 하나님을 두 가지 인격을 가지신 분으로 알고 있음을 볼 수 있다. 즉, 하나님이 악인에 대한 심판자인 동시에, 악인에 의해 고통당하는 자의 무죄를 친히 보증해주시는 중재자라는 것이다(K.&D., 그랜드 종합 주석).

욥 17:4. 주께서 그들의 마음을 가리어 깨닫지 못하게 하셨사오니 그들을 높이지 마소서.

욥은 '주님께서 욥을 조롱하는 친구들의 마음을 가리어 깨닫지 못하게 하셨으니 그들을 높이지 마시라'고 탄원한다. 사람이 깨닫지 못하는 것은 주님께서 그 마음을 어둡게 하신 때문이다. 욥은 주님께서 그들의 마음을 어둡게 하셨으니 주님께서 그들을 패소하게 해주시라고 탄원한 것이다.

욥 17:5. 보상을 얻으려고 친구를 비난하는 자는 그의 자손들의 눈이 멀게 되리라.

욥은 '보상을 바라보고 친구를 비난하는 자들은 그들의 자손들의 눈이 멀게 될 것이라'고 말한다. 아무튼 친구를 비난하여 어떤 해를 당하게 하는 자는 그 자식들의 눈이 멀게 되길 저주하는 것이다. 욥은 친구들의 행위를 심히 못마땅하게 여겨 저주했다.

ㄹ. 욥이 탄식하다 17:6-16.

욥이 친구들의 조소를 받으면서 죽음에 이르러 탄식한다.

욥 17:6. 하나님이 나를 백성의 속담거리가 되게 하시니 그들이 내 얼굴에 침을 뱉는구나.

욥은 '하나님께서 나 자신을 주변에 있는 백성들로부터 이야기 거리(말거리)가 되게 하시니 그들이 내 얼굴에 침을 뱉고 있다'고 말한다. 욥은 하나님의 주권 사상을 잘 알고 있었다. 하나님께서 욥을 주위에 있는 사람들로부터 이야기의 대상이 되게 하시니 그들이 욥에게 심한 모욕을 준다는 것이었다. 하나님께서 그렇게 되게 하시면 되는 것이다. 하나님께서 욥을 이런 지경에 빠지게 하시면 욥은 얼굴을 들을 수 없을 정도로 모욕감을 느끼고 살 수 밖에 없는 것이었다. 하나님은 욥의 고난 위에 고난을 더 얹어주셨다. 이는 욥의 신앙 성장을 위함이었다.

하나님은 오늘 우리를 어쩌다가 주위의 속담거리가 되게 하셔서 모종의 모욕을 느끼고 살게 하시는 때가 있다. 이는 우리의 신앙 성장을 위함인 줄 알고 참고 있노라면 우리는 더욱 성화된 사람이 된다.

욥 17:7. 내 눈은 근심 때문에 어두워지고 나의 온 지체는 그림자 같구나.

욥은 심한 육체적 고난에 시달리고 있었기 때문에 눈이 어두워져서 욥의 온 지체를 잘 볼 수 없게 되었다. 따라서 몸이 몸처럼 보이지 않고 그림자처럼 어른거리게 되었다는 것이다.

욥 17:8. 정직한 자는 이로 말미암아 놀라고 죄 없는 자는 경건하지 못한 자 때문에 분을 내나니.

"정직한 자", 곧 '욥이 의롭다는 것을 바로 알고 있는 자들'은 욥이 특별한 죄도 없이 고난을 받는 것을 보고 놀랐다. 그리고 "죄 없는 자들", 곧 '정직한 자들'은 "경건하지 못한 자들", 즉 '욥을 비난하고 손가락질 하는 자들' 때문에 놀람이 커져서 분노로 변하고 말았다.

욥 17:9. 그러므로 의인은 그 길을 꾸준히 가고 손이 깨끗한 자는 점점 힘을 얻느니라.

본절 초두의 "그러므로"(ו)란 말은 문맥을 고려하여 '그러나'라는 말로 번역하는 것이 바를 것이다(RSV, ESV, 바른 성경, 공동번역, Rawlinson). 그러니 본절의 뜻은 비록 욥과 논쟁하는 자들이 욥을 정직하지 못하다고 할지라도(앞절) 그러나 욥은 자기의 의의 길을 독실하게 걸어갈 것이고 또 욥은 손이 깨끗한 자로 힘을 더 얻을 것이란 뜻이다. 욥은 본절 말씀대로 훗날까지 의인의 길을 꾸준히 걸어갔고 그는 손이 깨끗한 자로서 이전에 가졌던 재산보다 두 배나 되는 많은 재산과 새로운 10명의 자녀를 더 얻었다(42장).

욥 17:10. 너희는 모두 다시 올지니라 내가 너희 중에서 지혜자를 찾을 수 없느니라.

욥은 자기의 친구들을 향하여 '너희는 모두 돌아가서 지혜를 얻어가지고 다시 오라. 내가 보기에는 너희 중에서는 지혜가 있는 자를 찾을 수가 없으니 돌아갔다가 다시 오라'고 한다. 엘리바스는 자기가 지혜가 있는 자라고 말했지만(15:9-10) 욥은 그도 역시 지혜가 없는 자로 여겼다. 우리는 지혜를 솔로몬처럼 하나님에게서 얻어야 할 것이다(왕상 4:30). 누구든지 지혜가 부족한 줄 알면 하나님에게 구해야 할 것이다(약 1:5).

욥 17:11. 나의 날이 지나갔고 내 계획, 내 마음의 소원이 다 끊어졌구나.

욥은 '나의 일생이 다 지나갔고 내 계획과 내 마음에 품었던 소원도 다 끊어졌다'고 탄식한다. 욥은 자기의 일생을 위해 꿈꾸어 왔던 모든 계획들이 이제는 자기가 당한 고난들로 말미암아 다 무산되었다고 표명한다.

욥 17:12. 그들은 밤으로 낮을 삼고 빛 앞에서 어둠이 가깝다 하는구나.

본절은 욥의 세 친구들이 욥을 향해서 엉터리로 위로하는 말을 욥이 말해놓은 것이다. 본절의 "그들"이란 말은 '욥의 세 친구들'을 지칭한다. 욥의 세 친구들은 "밤을 낮으로 삼는" 사람들이었다. 그들은 욥의 밤(11절의 고난)을 낮으로 삼는(다 회복되는 것으로 말하는) 사람들이란 뜻이다. 욥이 심각하게 고난을 당한다고 했는데(11절) 그들은 이제 욥이 회개만 하면 곧 회복될 것으로 말한 것이다. 엉터리 위로였다.

욥은 '그들은 빛 앞에서 어둠이 가깝다'고 무책임하게 말하는 사람들이라고 말한다. 그들은 빛과 어둠을 바꾸어 말하는 사람들이었다. 지금 욥은 심각한 고난 중에 있는데 그가 지은 모든 죄를 회개하면 금방 회복될 것이라고 위로한 것이다. 이들은 인과응보의 신념을 가지고 욥을 대한 것이었다.

욥 17:13. 내가 스올이 내 집이 되기를 희망하여 내 침상을 흑암에 펴놓으매.

본절부터 16절까지 욥은 죽음이라는 낱말과 밀접한 단어들 곧 "스올", "흑암", "무덤", "구더기"라는 단어를 사용하여 그의 이 세상의 소망은 사라져 버렸고 오직 자신의 소망은 죽음밖에 없다는 것을 피력한다. 욥은 죽음만이 그에게 안식을 제공해 줄 수 있다는 생각으로 가득 차 있다.

욥은 본절에서 '내 유일한 희망은 스올(죽은 자들의 세계)로 가는 것이다. 거기 어둠 속에 잠자리를 펴고 눕는 것뿐이다'라고 말한다. 욥은 이제 세상을 떠나 죽은 자들의 세계로 가서 그들과 함께 잠자리를 펴고 눕기를 소망하고 있다.

욥 17:14. 무덤에게 너는 내 아버지라, 구더기에게 너는 내 어머니, 내 자매라 할지라도.

욥은 '무덤에게 너를 내 아버지라고 부르겠다. 그리고 내 시신을 파먹는 구더기를 내 어머니, 내 누이들이라고 부를 것이라고 하겠다'고 한다. 욥은 이제는 아무 것도 두려워하지 않는 사람이 되었다. 이제는 그들과 아주 친근한 존재가 된 것이다. 이때 욥은 실제로 자기의 악창으로 말미암아 구더기가 몸에 생겼다(7:5; 21:26; 24:20).

욥 17:15. 나의 희망이 어디 있으며 나의 희망을 누가 보겠느냐.

욥은 '내 희망이 어디에 있을 것이며 내 희망을 누가 볼 수 있겠느냐?'고 말한다. 다시 말해 이미 스올(음부)에서 안주하겠다고 작심한 욥에게 어떤 현세적인 어떤 희망은 없다는 것이며 또 아무도 욥에게서 희망을 발견하지 못할 것이란 뜻이다. 욥은 이때에 세상적인 희망은 전혀 존재하지 않는다는 것을 묘사한다.

욥 17:16. 우리가 흙 속에서 쉴 때에는 희망이 스올의 문으로 내려갈 뿐이니라 (Will it go down to the bars of Sheol? Shall we descend together into the dust?-ESV)**.**

욥은 '우리가 함께 흙 속으로 들어가 쉴 때에는 희망이 스올의 문으로 내려갈 것이라'고 말한다. '희망이 스올의 문으로 내려갈 것'이란 말은 희망도 그와 함께 무덤 속으로 내려간다는 뜻이다. 스올이 비록 형벌 받는 장소는 아닐지라도 그곳은 희망을 가지거나 즐거움을 가질 수 있는 곳은 아니다.

제 18 장

3. 빌닷이 질문하다 18:1-21

빌닷의 두 번째 질문은 첫 번째 질문과 같이 전통적으로 인과응보의 개념을 가지고 질문한다. 질문의 어조는 보다 과격하고 냉혹하다. 내용은 욥이 오만하다는 것(1-4절), 욥이 악인의 운명을 가지고 있다는 것을 드러낸다(5-21절).

ㄱ. 욥은 너무 오만하다 18:1-4

빌닷의 질문은 자연의 법칙을 따라 욥이 오만하다고 공격한다.

욥 18:1. 수아 사람 빌닷이 대답하여 이르되.

수아 사람 빌닷이 욥에게 대답한다. 빌닷에 대해 2:11주해 참조.

욥 18:2. 너희가 어느 때에 가서 말의 끝을 맺겠느냐 깨달으라 그 후에야 우리가 말하리라.

빌닷은 '너희는 언제 입을 다물 것이냐? 제발 좀 이제라도 눈치를 채고서 말을 그치면 우리가 말을 할 수 있겠다'고 말한다. 다시 말해 빌닷은 욥이 엘리바스의 질문을 받고 길게 말한 것을 먼저 비난한다. 욥이 쓸데없이 말을 길게 한다고 비난했고 그런고로 먼저 바른 지혜를 깨닫고 말하라는 것이었다. 빌닷의 말은 처음부터 강경했다.

욥 18:3. 어찌하여 우리를 짐승으로 여기며 부정하게 보느냐.

빌닷은 '너 욥은 어찌하여 우리를 짐승처럼 여기며 어찌하여 우리를 부정하게 보느냐?'고 질문한다. 빌닷은 욥의 말을 들어보니 세 친구들을 악하다고 했으며 지혜 없는 자라고 비난했다(16:11; 17:4, 10). 그래서 빌닷은 욥의 말이 자기들을 짐승으로 여기며 또 부정하게 간주한다고 본 것이다. 그래서 빌닷은 욥을 오만불손하다고 말한다.

욥 18:4. 울분을 터뜨리며 자기 자신을 찢는 사람아 너 때문에 땅이 버림을 받겠느냐 바위가 그 자리에서 옮겨지겠느냐.

빌닷은 욥을 두고 '네가 분을 내어 자신을 의롭다고 주장한 일(10:2-11; 12:4; 13:18-19)은 화가 치밀어서 제 몸을 갈기갈기 찢는 행위(자기가 자기를 해하는 행위)가 아니고 무엇인가, 네가 그런다고 이 땅이 황무지가 되어야 하며, 바위가 제자리에서 밀려날 것으로 아느냐?'고 호통을 친다. 다시 말해 빌닷이 "땅이 버림을 받겠느냐 바위가 그 자리에서 옮겨지겠느냐"고 물은 것은 땅이나 바위가 부동한 것처럼 자연법칙은 불변하고 이와 같이 사람이 죄 값으로 고난을 받는다는 인과응보설도 불변이란 것이다(이상근). 빌닷은 본절에서 욥에게 '네가 격렬한 정신 착란 상태에 있다'는 것이다. 곧 그는 미친 사람처럼 행동했다고 말한 셈이다(알버트 반즈). 빌닷이 본절에서 말하는 것은 욥에게는 전혀 해당되지 않는 엉뚱한 말이나 빌닷의 말 자체는 바른 말이다. 즉, 사람이 하나님을 향하여 울분을 터뜨리는 행위는 사람이 제 몸을 갈기갈기 찢는 행위임에는 틀림없다. 우리는 어떤 일을 당하든지 하나님의 주권을 인식하고 그것을 달게 받아야 된다(박윤선). 그런 자는 징계를 받을 때에도 도리어 하나님의 사랑을 느끼고, 자기가 하나님의 자녀임을 더욱 깨닫게 된다.

ㄴ. 욥은 비참하게 끝날 것이다 18:5-21

빌닷은 욥의 종말이 비참하게 끝날 것이라고 예언한다. 욥의 끝이 비참할 것이라고 말한 것은 빌닷만 아니라 앞서 말한 엘리바스도 마찬가지였다. 이제 빌닷은 욥이 비참하게 끝날 수밖에 없다는 것을 말하기 위해 욥의 죄를 찾기에 급급했다.

욥 18:5. 악인의 빛은 꺼지고 그의 불꽃은 빛나지 않을 것이요.

빌닷은 욥을 두고 '너 욥은 하나님 앞에 회개도 않는 악인이니 네 말년의 빛은 꺼질 것이고 욥의 불꽃은 결국은 꺼져서 빛나지 않을 것으로 알라'고 말한다. 집안에서 비치는 등불은 번영의 표시인데 그 등불이 꺼지는 것은 쇠퇴를 의미한다는 것이다. 결국 욥의 말년은 비참하게 될 것이라고 말하는 것이다.

욥 18:6. 그의 장막 안의 빛은 어두워지고 그 위의 등불은 꺼질 것이요(The light is dark in his tent, and his lamp above him is put out-ESV).

빌닷은 '욥의 장막 안의 빛은 어두워지고 악인의 장막 안에서 욥의 위에 매달린 등불은 꺼질 것이라'고 악담한다. 다시 말해 어두움은 악인의 장막 전체에 임할 것이다. 본절은 앞절의 반복이다.

욥 18:7. 그의 활기찬 걸음이 피곤하여지고 그가 마련한 꾀에 스스로 빠질 것이니.

빌닷은 '욥의 힘찼던 발걸음이 무기력하게 되며 그가 마련한 꾀에 스스로 넘어지게 될 것이라'(5:13; 시 7:14-16; 9:16; 호 10:2, 6)고 악담한다. 뽐내며 살던 욥은 갑가기 자기가 설계한 꾀에 넘어져 비참하게 된다는 것이다.

욥 18:8. 이는 그의 발이 그물에 빠지고 올가미에 걸려들며.

문장 초두의 "이는"(כִּי)이란 말은 이유를 말해주는 접속사(for)로 5-7절에 욥의 집안이 아주 망할 것이라고 빌닷이 예언했는데 그 망할 이유가 본절 이하 10절까지 기록되어 있다. 그리고 본절 이하 10절까지는 짐승을 잡는데 사용되는 각종 사냥 기구들을 비유적으로 동원시켜 악인의 종국이 멸망 곧 사망으로 끝나고 만다는 사실을 강조하고 있다(Norman C. Habel).

욥이 망할(5-7절) 이유는 본절부터 10절에 기록되어 있다. 욥이 망할 이유는 "그의 발이 그물에 빠지고 올가미에 걸려들기" 때문이라는 것이다. 다시 말해 그가 자기 발로 그물에 걸리게 하고 스스로 함정으로 걸어 들어간다는 것이다.

욥 18:9. 그의 발뒤꿈치는 덫에 치이고 그의 몸은 올무에 얽힐 것이며.

욥이 망할 이유는 '그의 발뒤꿈치가 덫에 걸리고, 올가미가 그를 단단히 옭아맬 것이기' 때문이다. "덫"은 짐승을 잡기 위해 설치해 놓는 기구이다. 악인의 발뒤꿈치는 덫에 치이고 악인의 몸은 올무에 걸려 꼼짝없이 사로잡힌다는 것이다.

욥 18:10. 그를 잡을 덫이 땅에 숨겨져 있고 그를 빠뜨릴 함정이 길목에 있으며.

욥이 망할 이유는 '욥을 동여맬 덫이 땅에 숨겨져 있고 그를 빠뜨릴 올무가 길목에 있기' 때문이라는 것이다. 욥의 세 친구들의 견해로는 욥이 죄를 엄청나게 지었기에 엄청난 재앙을 받으면서도 회개할 생각을 하지 않으니 그를 잡을 모든 덫들이 욥의 주위에 설치되어 있다는 것이었다. 욥의 세 친구들은 아주 잘못 짚은 것이었다. 그들은 하나님께서 욥에게 덤으로 고난을 주셔서 큰 깨달음을 주시고 또 복을 주시기 위함인 줄 알지 못했다.

욥 18:11. 무서운 것이 사방에서 그를 놀라게 하고 그 뒤를 쫓아갈 것이며.

빌닷은 '무서운 공포가 사방에서 욥을 두렵게 하고 또 욥의 발걸음을 뒤따를 것이라'고 예언한다. 욥의 앞날에는 공포가 전후좌우와 뒤에서 무섭게 뒤 따를 것이란 뜻이다(14절; 24:17; 30:15; 시 73:19).

욥 18:12. 그의 힘은 기근으로 말미암아 쇠하고 그 곁에는 재앙이 기다릴 것이며.

빌닷은 '욥이 그처럼 부자였어도 이제는 그의 힘이 기근으로 말미암아 빠지며, 그 주변에는 재앙이 늘 도사리고 있다'고 말한다. 기근 재앙이라는 것은 눈물 날 정도의 가슴 아픈 재앙이 아닐 수 없다.

욥 18:13. 질병이 그의 피부를 삼키리니 곧 사망의 장자가 그의 지체를 먹을 것이며.

빌닷은 '욥의 피부는 성한 곳 없이 썩어 들어가고 마침내 죽을병이 그의 팔다리를 파먹을 것이라'고 말한다. 본절의 "사망의 장자"란 사망의 원인이 되는 질병을 지칭한다. 빌닷은 욥에게 있었던 악창을 보고 본절처럼 예언한지도 모른다. 즉, 악창이 욥의 피부를 삼킬 것으로 보고 또 결국은 악창이라는 것이 사망의 원인이 되어 욥의 지체를 먹는다고 묘사한 것처럼 보인다.

욥 18:14. 그가 의지하던 것들이 장막에서 뽑히며 그는 공포의 왕에게로 잡혀가고.

빌닷은 '욥은 자신이 믿고 살던 집에서 뽑혀서(쫓겨나서) 죽음의 세계를 통치하는 왕(사망)에게로 끌려갈 것이라'고 말한다. 자기가 믿고 살던 집에서 쫓겨나는 일이나, 공포의 왕에게로 잡혀가는 문제는 모두 죽음을 가리키는 말이다.

욥 18:15. 그에게 속하지 않은 자가 그의 장막에 거하리니 유황이 그의 처소에 뿌려질 것이며.

빌닷은 '욥의 것이라고는 무엇 하나 그의 집에 남아 있지 않으며 그가 살던 곳에는 유황이 뿌려져 사람이 살지 못하도록 황폐하게 될 것이라'(15:34; 창 19:24,25; 신 29:22, 23; 시 11:6)고 예언한다.

욥 18:16. 밑으로 그의 뿌리가 마르고 위로는 그의 가지가 시들 것이며.

빌닷은 본절에서 욥이 완전히 망할 것을 식물에 비하여 묘사한다. 즉, 식물의 밑으로는 식물의 뿌리가 마르겠고, 식물의 위로는 그의 가지가 시들 것이라고 한다. 다시 말해 욥이 아주 멸망할 것이라고 한다. 욥의 재산, 자녀, 자신의 몸까지 앞으로 아주 망하게 될 것을 지적하는 예언이다.

욥 18:17. 그를 기념함이 땅에서 사라지고 거리에서는 그의 이름이 전해지지 않을 것이며.

빌닷은 '땅에서는 아무도 그를 기억하지 못하고 어느 거리에서도 그의 이름을 부르는 이가 없을 것이라'고 말한다. 빌닷은 욥의 자녀가 다 몰살당했으니 자녀를 통하여 전해져야 할 욥의 이름은 이제 영원히 기억함이 사라질 것이며 거리에서도 욥의 이름이 전해지지 않을 것이라고 말한다. 빌닷은 욥의 자녀 열 명이 천국에 간 줄은 까마득히 몰랐고 또 훗날 욥이 건강해져서 다시 아들 딸 열 명을 낳을 줄은 까마득히 알지 못했다.

욥 18:18. 그는 광명으로부터 흑암으로 쫓겨 들어가며 세상에서 쫓겨날 것이며.

빌닷은 '사람들이 욥을 밝은 데서 어두운 곳으로 몰아넣어 사람 사는 세상에서 쫓아낼 것이라'고 예언한다(10:21, 22; 17:16 참조). 빌닷은 욥을 광명의 세계로부터 암흑의 세계로 쫓아버리겠다는 심산이었다.

욥 18:19. 그는 그의 백성 가운데 후손도 없고 후예도 없을 것이며 그가 거하던 곳에는 남은 자가 한 사람도 없을 것이라.

빌닷은 '욥의 백성 가운데는 그의 뒤를 잇는 자손이 한 사람도 남아 있지 않을 것이며, 그의 거하던 집안에는 남아 있는 이가 하나도 없을 것이라'고 말한다. 빌닷은 욥의 자녀들이 다 몰살되는 것을 보고 본절과 같은 말을 한 것이다. 이것이 친구로서 할 위로인가. 이런 위로는 악담이 아닌가. 친구들은 욥에게 왔다가 악담만 하고 떠난 것이다. 이렇게 세상에 와서 악담만 하다가 떠나는 사람들이 있다.

욥 18:20. 그의 운명에 서쪽에서 오는 자와 동쪽에서 오는 자가 깜짝 놀라리라 (They of the west are appalled at his day, and horror seizes them of the east-RSV, ESV)**.**

빌닷은 '동쪽 사람들이 욥의 종말을 듣고 놀라듯이 서쪽 사람들도 그의 말로를 듣고 겁에 질릴 것이라'고 말한다. 여기 "그의 운명"이란 말은 '악인이 심판받아 멸망하는 날'이라는 뜻이다(삼상 26:10; 시 37:13; 137:7; 욥 1:12).

그리고 "서쪽에서 오는 자"(אַחֲרֹנִים)란 말은 '뒤에 오는 자'란 뜻이고, "동쪽에서 오는 자"(קַדְמֹנִים)란 말은 '앞선 자'란 뜻으로 이곳에서는 '전후'(前後)라는 뜻으로 사용되어 조상과 후손을 지칭한다. 따라서 본절의 뜻은 악인의 갑작스럽고 철저한 멸망을 보고 그 악인의 행실을 관찰하던 그 악인의 동시대 사람들뿐 아니라 후손들도 악인의 멸망을 인하여 크게 두려워할 것이라는 뜻이다. 빌닷은 욥의 멸망을 보고 현 시대 사람들이나 후 시대 사람들이 모두 놀랄 것이라고 예언한다. 그런데 빌닷의 예언과는 달리 욥에게는 전혀 다른 상황이 전개된 것이다(그랜드 종합 주석).

욥 18:21. 참으로 불의한 자의 집이 이러하고 하나님을 알지 못하는 자의 처소도 이러하니라.

본절의 "불의한 자"와 "하나님을 알지 못하는 자"란 말은 동의어로 사용되었다. 빌닷은 욥을 불의한 자와 하나님을 모르는 자라고 말하고 있다. 참으로 너무 심한 비약을 하고 있는 것이다.

빌닷은 '악한 자의 집안은 반드시 이런 일(20절에 진술된 일)을 당할 것이며, 하나님을 알지 못하는 자가 사는 곳이 이렇게 되고(20절에 언급된 일) 말 것이라'고 예언한다. 오늘 우리는 인과응보론을 아무에게나 적용해서는 안 될 것이다. 하나님께서 특수하게 취급하여 은혜를 더 주시고자 고난을 주시는 자에게 죄를 지어 그런 일을 당한다고 말해서는 안 될 것이다.

제 19 장

4. 욥이 대답하다 19:1-29

19장은 빌닷의 두 번째 질문에 대해 욥의 대답을 진술한 글이다. 욥은 그가 당한 고통을 호소하면서 앞으로의 위대한 구속을 대망하는 신앙 고백을 발표한다. 본장의 내용은 하나님께서 고난을 주신 일(1-12절), 사람들도 욥을 대적한 일(13-22절), 부활을 소망하는 일(23-29절)을 진술하고 있다.

ㄱ. 하나님께서 고난을 주신 것을 진술하다 19:1-12

이 부분(1-12절)은 하나님께서 욥에게 심한 고난을 주신 것을 진술하고 있다. 하나님께서 욥에게 심한 고난을 주신 후 욥의 친구들을 동원하여 욥에게 고통을 더하니 욥이 친구들에 대해 질책한다.

1-6절. 하나님께서 욥을 굴복하게 하셨다는 말씀.

욥 19:1. 욥이 대답하여 이르되.

욥이 대답하여 말했다. 욥은 친구들의 인과응보설에 근거한 정죄를 받고 대응하지 않을 수 없었다. 세 친구 중에서도 빌닷의 정죄는 가장 강했다.

욥 19:2. 너희가 내 마음을 괴롭히며 말로 나를 짓부수기를 어느 때까지 하겠느냐.

본절의 "괴롭힌다"는 말과 "짓부수다"는 말은 동의어로 사용되었다. 욥은 친구들을 향하여 '언제까지 너희가 내 마음을 괴롭히며 나를 말로 꺾으려 하느냐?'고 대든다. 친구들의 공격은 인과응보설에 근거한 정죄였고 욥에게 아무런 위로도 되지 못했다. 거짓된 정죄보다는 침묵이 낫다.

욥 19:3. 너희가 열 번이나 나를 학대하고도 부끄러워 아니하는구나.

욥은 친구들을 향하여 '너희가 나를 수십 번 모욕하고도 전혀 부끄러워하는 기색이 없구나'라고 쏘아붙인다. 본절의 "열 번"이란 말은 '많이'라는 뜻이다(창 31:7; 민 14:22). 욥의 세 친구들은 번갈아가며 욥을 정죄했다. 죄를 지어서 재산이 날라 가고 자식들도 다 죽어버리고 또 욥 자신에게 병이 들어 고생한다고 말했다. 의사가 병을 고친 것이 아니라 도리어 병나게 한 것과 같이 친구들은 욥을 악을 비난했다. 친구들은 욥을 향해서 못할 짓을 하고도 그것이 잘못인 줄도 모르고 고칠 생각도 하지 않았다.

욥 19:4. 비록 내게 허물이 있다 할지라도 그 허물이 내게만 있느냐.

본절의 앞쪽의 "허물"이란 말과 뒤쪽의 "허물"이란 말은 히브리어 단어가 다르다. 앞쪽의 "허물"(שָׁגִיתִי)이란 말은 '정도를 벗어나다'라는 뜻이고, 뒤쪽의 "허물"(מְשׁוּגָתִי)이란 말은 '무의식 중에 범한 어떤 실수'를 뜻하는 말이다. 다시 말해 후자는 인간이기 때문에 누구나 범할 수 있는 부주의한 실수를 뜻한다(Hartley). 욥은 친구들의 괴롭힘 때문에 자신도 인간이기 때문에 그 어떤 인간적인 실수를 저질렀을 것이라고 그냥 말해 둔 것뿐이다.

본절의 뜻은 '참으로 내가 잘못했다 하더라도, 그것은 내가 잘못한 것일 뿐이고, 너희를 괴롭히는 것은 아니지 않느냐'는 것이다. "나에게 과연 허물이 있다고 해도(사실은 아니지만) 그것은 내 문제이지 너희의 문제는 아닌 것이다"(이상근)라는 의미를 나타낸다. 따라서 본절은 "내가 죄를 지었다면 그것은 어디까지나 내게 해당되는 문제이므로 너희가 나를 비난하고 회개하라고 권고할 필요는 없다"는 뜻이다(그랜드 종합 주석).

욥 19:5-6. 너희가 참으로 나를 향하여 자만하며 내게 수치스러운 행위가 있다고 증언하려면 하려니와 하나님이 나를 억울하게 하시고 자기 그물로 나를 에워싸신 줄을 알아야 할지니라.

욥은 '너희 생각에는 너희가 나보다 더 나을 것이라 생각하고, 내가 겪는 이 모든 고난도 내가 지은 죄를 증명하는 것이라고 하겠지만, 그러나 이것만은 알아야 한다. 나를 궁지로 몰아넣으신 분이 하나님이시고, 나를 그물로 덮어씌우신 분도 하나님이시라는 것만은 알아야 할 것이라'고 말한다.

5절의 "나를 향하여 자만한 것"이란 말과 "내게 수치스러운 행위가 있다고 증언하는 일"은 동의절이다. 친구들이 욥에 대해 욥이 교만하기 때문에 욥에게 죄가 있다고 증언한다는 것이다. 사람이 자만하면 다른 이에게 죄가 있다고 정죄한다는 것이다.

6절의 "하나님이 나를 억울하게 하셨다"는 말과 "자기 그물로 나를 에워싸셨다"는 말도 동의절이다. 즉, 욥의 재난의 원인이 욥 자신에게 있지 않고, 하나님께 있다는 것을 친구들이 알아야 한다는 것이다.

7-12절. 하나님께서 진노하셔서 욥을 치셨다는 말씀.

욥 19:7. 내가 폭행을 당한다고 부르짖으나 응답이 없고 도움을 간구하였으나 정의가 없구나.

욥은 '지금 내가 폭행을 당한다 하고 부르짖어도 하나님께서 응답하시지 않고, 살려 달라고 애원해도 하나님께서 귀를 기울이시지 않는구나'라고 말한다. 본절의 "정의가 없다"는 말은 '재판하여 억울한 사실을 바로 잡아주시는 분이 없다'는 뜻이다.

욥 19:8. 그가 내 길을 막아 지나가지 못하게 하시고 내 앞길에 어둠을 두셨으며.

욥은 '하나님께서 내가 가는 길 앞에 높은 담을 쌓아 막으시니 내가 지나갈 수가 없고, 내가 가는 앞길을 어둠으로 가로 막으셨다'고 말한다. 하나님께서 욥을 막아 꼼짝 못하게 하셨다는 뜻이다.

욥 19:9. 나의 영광을 거두어가시며 나의 관모를 머리에서 벗기시고.

욥은 '하나님께서 내 영광, 곧 재산, 자녀들, 건강을 거두어 가시고, 머리에서 면류관(영광)을 벗겨 가셨다'고 말한다. 본절의 "나의 영광"이란 말과 "나의 관모"라는 말은 동의어로 욥이 고난을 받기 전에 누렸던 영광을 지칭한다. 이제는 하나님께서 욥의 영광과 관모를 거두어가셨고 벗겨 버리셨다고 말한다.

욥 19:10. 사면으로 나를 헐으시니 나는 죽었구나 내 희망을 나무 뽑듯 뽑으시고.

욥은 '하나님께서 나를 사방으로 성을 파괴하듯 파괴하시니 내가 죽어가는구나. 그분이 내 소망을 나무 뽑듯 뽑으시니 절망 상태가 되었다'고 말한다. 욥에게 이제 남은 것이라곤 거의 아무것도 없는 상태가 된 것이다.

욥 19:11. 나를 향하여 진노하시고 원수 같이 보시는구나.

욥은 '하나님께서 나를 향하여 진노하시고 원수를 대하듯 나를 보시는구나'라고 말한다. 하나님은 욥에게 더 놀라운 신앙을 주시고 복을 더 주시려고 마구 치신 것이다.

욥 19:12. 그 군대가 일제히 나아와서 길을 돋우고 나를 치며 내 장막을 둘러 진을 쳤구나.

욥은 '하나님의 군대가 일제히 나아와서 길을 돋우고 욥 자신을 치시며(10절; 10:17; 16:14; 30:12) 욥의 장막을 둘러 진을 치셨다'고 말한다. 본절의 "군대"란 말은 사탄이 보낸 여러 무리의 파괴자들을 지칭한다.

ㄴ. 욥이 하나님께 호소하다 19:13-22

욥은 하나님께서 사람들을 통하여 욥 자신을 치시며 또 욥을 대적하는 것을 느끼고 친구들에게 동정을 구한다.

욥 19:13. 나의 형제들이 나를 멀리 떠나게 하시니 나를 아는 모든 사람이

내게 낯선 사람이 되었구나.

욥은 '하나님께서 내 형제들과 자매들(42:11)을 나에게서 멀리 떠나가게 하시니 나를 아는 모든 사람이 내게 낯선 사람이 되게 하셨다'고 말한다. 욥은 자기를 아는 사람들이 우연히 자기를 떠났다고 보지 않고 하나님께서 그렇게 되게 하셨다고 말한다.

욥 19:14. 내 친척은 나를 버렸으며 가까운 친지들은 나를 잊었구나.

욥은 '내 친척들과 친구들(시 38:11; 41:9; 99:18)이 나를 멀리 버렸고 가까운 친지들도 나를 잊어버렸다'고 말한다. 아무튼 욥 가까이에 있는 사람이나 먼데 있는 사람들 모두 욥 주위를 멀리 떠났다는 것이다. 이렇게 되게 하신 이가 하나님이라고 말한다. 하나님은 우리로 하여금 사람들을 의지하지 않도록 이렇게 만드신다.

욥 19:15. 내 집에 머물러 사는 자와 내 여종들은 나를 낯선 사람으로 여기니 내가 그들 앞에서 타국 사람이 되었구나.

욥은 '내 집에 머물러 사는 자들과 내 여종들까지도 나를 낯선 사람으로 대하니 그들의 눈에 나는 완전히 낯선 사람이 되고 말았다'고 말한다. "내 집에 머물러 사는 자와 내 여종들"은 내(욥) 집에 머무르면서 신세를 지던 사람들이었다. 욥의 집에는 이런 사람들이 많았고 욥이 어려움을 당하기 전에는 욥 가까이 서서 욥을 존경했으나 이제는 욥을 대하기를 아주 모르는 사람 대하듯 한다는 것이다.

욥 19:16. 내가 내 종을 불러도 대답하지 아니하니 내 입으로 그에게 간청하여야 하겠구나.

욥은 '내가 내 집에서 부리던 종들을 불러도 대답조차 안 하니 내가 그들을 부를 때 애걸해서 불러야 하는 판이 되었다'고 말한다. 참으로 욥이 비참한 신세가 되었다는 것이다.

욥 19:17. 내 아내도 내 숨결을 싫어하며 내 허리의 자식들도 나를 가련하게 여기는구나.

욥은 '심지어 내가 사랑하던 내 아내까지도 내 숨결을 싫어하며 내 형제와 자매들(K.&D.)도 나를 볼 때 가련하게 여기고 있다'고 말한다. 욥의 몸에 든 악창 때문에 욥의 숨결을 싫어하게 되었고 욥을 볼 때 멀리 하게 되었다는 것이다.

욥 19:18. 어린 아이들까지도 나를 업신여기고 내가 일어나면 나를 조롱하는구나.

욥은 '욥의 집 근처에 사는 어린 것들까지도 나를 업신여기고 내가 일어나기만 하면 나를 구박하니 기가 막힌 것 아니냐'고 말한다. 과거에 이 어린 아이들은 욥을 잘 따르던 아이들이었다.

욥 19:19. 나의 가까운 친구들이 나를 미워하며 내가 사랑하는 사람들이 돌이켜 나의 원수가 되었구나.

욥은 '과거에 나의 가깝던 세 친구들이 이제는 나를 미워하며 내가 사랑하던 그 사람들이 나를 돌이켜 나를 싫어하는 원수가 되었다'고 말한다.

욥 19:20. 내 피부와 살이 뼈에 붙었고 남은 것은 겨우 잇몸 뿐이로구나.

욥은 '나는 피골이 서로 붙어서 뼈만 앙상하게 남게 되었고 잇몸으로 겨우 연명하는 신세가 되었구나'라고 말한다. 아무튼 욥이 극도로 쇠약해지고 말았다.

욥 19:21. 나의 친구야 너희는 나를 불쌍히 여겨다오 나를 불쌍히 여겨다오 하나님의 손이 나를 치셨구나.

욥은 세 친구들을 향하여 '너희는 내 친구들이니, 나를 너무 정죄하거나 구박하지 말고 불쌍히 여겨다오. 참으로 불쌍히 여겨다오. 하나님께서 그

손으로 나를 치셨으니 말이다'고 말한다. 욥은 진정으로 그 친구들에게 동정을 호소하고 있다.

욥 19:22. 너희가 어찌하여 하나님처럼 나를 박해하느냐 내 살로도 부족하냐.

욥은 세 친구들을 향하여 '너희가 어찌하여 하나님처럼 나를 핍박하느냐? 내 몸이 이 꼴인데도 이만큼 괴롭혔으면 됐지 또 더 괴롭히기를 원하느냐?'고 말한다. "내 살로도 부족하냐?"는 말은 당시 유행하던 격언의 하나로 '나를 이만큼 괴롭혔으면 됐지 더 괴롭힐 작정이냐'는 뜻이다.

ㄹ. 욥의 부활의 소망 19:23-29

욥은 빌닷의 송곳 같은 질문에 대답하는 도중 갑자기 대속자를 대망하며 내세와 부활의 소망을 말한다.

욥 19:23. 나의 말이 곧 기록되었으면, 책에 씌어졌으면,

욥은 '아!, 누군가가 내 말을 듣고 곧 기록해 주었으면, 그것도 책에 기록해 주었으면 좋겠구나!'라고 말한다. 여기 "책"이란 '고대에 유행하던 두루마리 책' 혹은 '왕의 서고'(書庫)나 '기념비' 등을 지칭한다. 욥은 당시의 친구들이나 주위 사람들이 자기의 사정과 말을 이해하지 못했기 때문에 책에 기록되어 후대인이 이해해 주기를 바랐던 것이다.

욥 19:24. 철필과 납으로 영원히 돌에 새겨졌으면 좋겠노라.

욥은 '누군가가 내가 하는 말을 철필과 납으로 바위에 기록해 주었으면! 누군가가 내가 한 말을 영원히 남도록 바위에 글을 새겨 주었으면 좋겠구나'라고 말한다. 본절의 "철필"은 돌에 글자를 새길 때 사용하는 정(돌에 구멍을 뚫거나 쪼아서 다듬는데 쓰는 쇠로 만든 연장)의 일종을 지칭하며, "납"은 고대 사람들이 중요한 업적이나 사건을 돌비에 새기고 그 글자가 풍파에 지워지는 것을 방지하고 영구적으로 보관하기 위해 글자 위해 납을 부어 입혔다(Lange). 욥이 그의 사연을 철필과 납으로 기록하고자 소망한 것은 그의 사연이 영구적으로 후대에 전해지기를 갈망했기 때문이다. 다시 말해 당대와 후세들이 욥의 정직함을 알게 하기 위함이었다.

욥 19:25. 내가 알기에는 나의 대속자가 살아 계시니 마침내 그가 땅 위에 서실 것이라(For I know that my Redeemer lives, and at the last he will stand upon the earth-ESV).

욥은 '나는 확신한다. 내 대속자(구속자)가 살아 계신다. 마침내 나를 돌보시는 그가 땅 위에 우뚝 서실 날이 반드시 오고야 말 것이다'라고 말한다. 본절의 "내가 알기에는"(אֲנִי יָדַעְתִּי)이란 말은 역설체로서 '내가 확신하기에는'이란 뜻이다. "나의 대속자"(גֹּאֲלִי)[7]란 말은 '종을 사서 그를 자유하게 하는 자'를 지칭하는데 '하나님 자신'을 가리킨다(Anderson, Pope, Hartley, Albert Barnes, Roy B. Zuck, 박윤선). "그는 자기 백성을 위하여 자기 피로 그들의 죄를 담당하셔서 그들을 죄에서 해방시켜 주신다. 욥은 자기의 죽을 날이 가까워 옴을 생각하면서 살아계신 구속자(救贖者)가 자기 문제를 해결해 주실 것을 내다보았다"(박윤선). 본문의 "살아계시니"(חָי)란 말은 욥은 죽으나 하나님은 살아계셔서 하나님께서 욥을 구원하시는 완전한 구원자가 되신다는 것을 드러내는 말이다.

그리고 "땅 위에 서실 것이라"는 말은 증인이 자신의 주장을 말하기 위해

7) 히브리어 "고엘"이란 말에 대해서는 여러 가지로 번역되어 왔다. 로젠뮐러와 슐텐스는 이 낱말을 "vindicem"이라 번역했고, 굳 박사는 "구속자"라 번역했으며, 노이즈와 웨미즈는 "신원자", 헤르더는 "보복자", 루터는 "구속자", 갈대어와 시리아어도 "구속자"로 번역했다. 알버트 반즈는 "대가를 지불하고 속량되어 하나님께 바쳐진 것"(레 25:25; 룻 4:4,6), "속량함을 받은 종"(레 27:13), "토지를 속량한 사람"(레 25:26), "피의 보복자" 또는 "침해당한 권리의 신원자"(민 35:12, 19, 21, 24, 25, 27; 신 19:6-12; 룻 4:1, 6, 8; 수 20:3 참조), "기업 무를 자"(룻 4:1, 3, 6, 8), "기업 무를 가까운 친척"(룻 3:9, 12), "보수할 자"(민 35:12), "피의 보수자"(수 20:3), "구속자"(욥 19:25; 시 19:14; 사 41:14; 44:24; 47:4; 48:17; 49:26; 54:8; 60:16)로 번역했다. 마샬(J. T. Marshall)은 자신의 욥기 주석에서 '고엘'이 지니고 있는 다섯 가지 기능들을 열거하면서 다음과 같은 구약 성경 구절들을 참조하도록 제시하고 있다. 1) 가난한 친족을 노예 생활로부터 속량하는 것(레 25:41; 사 49:7, 26; 54:5, 8). 2) 가난 때문에 저당 잡힌 것을 갚아주는 것(레 25:25). 3) 자식이 없이 죽은 자기 형제의 미망인과 결혼하는 것(룻 4:10). 4) 살해당한 자를 대신하여 보수하는 것(민 35장). 5) 법적 소송에서 자신의 주장을 변호하는 것(시 119:154; 잠 23:11; 렘 50:34, 루돌프 E. 혼지의 글에서).

법정에 서는 것을 나타내는 법정 용어로 본절에서는 구속자이신 하나님께서 욥 자신의 진실성을 반드시 변호해 주실 것이라는 의미로 사용되었다(그랜드 종합 주석). 좀 더 구체적으로 말하면 욥이 죽은 후에(세상 끝 날에) 부활하신 주님이 오신다는 뜻으로 본다(Kuyper). 이 말씀은 욥의 내세 사상인데 "구속자"[8], 곧 하나님께서 세상 끝 날에 자기를 부활시켜 영원토록 복되게 하신다는 뜻이다(박윤선).

욥 19:26. 내 가죽이 벗김을 당한 뒤에도 내가 육체 밖에서 하나님을 보리라 (and after my skin has been thus destroyed, yet without(or in) my flesh I shall see God-ESV)**.**

욥은 '내 살갗이 다 썩은 다음에라도, 다시 말해 내 육체가 다 썩은 다음에라도, 나는 육체 밖에서 하나님을 뵈올 것이라'고 말한다. 욥이 말한바 "육체 밖에서[9] 하나님을 보리라"는 말은 '육체를 떠나서' 혹은 '육체 없이'란 뜻으로 '죽은 후에'란 뜻이다(G. Van Gelderen, Gustav Hoescher, Rawlinson, Lee, Roy B. Zuck, 박윤선, 이상근). 본절에서 욥은 죽은 자의 부활을 확신하고 있음을 볼 수 있다.

욥 19:27. 내가 그를 보리니 내 눈으로 그를 보기를 낯선 사람처럼 하지 않을 것이라 내 마음이 초조하구나.

욥은 '내가 그를 직접 뵈올 것이다. 내가 이 눈으로 직접 그를 뵐 때에 하나님이 낯설지 않을 것이다. 내 마음이 내 속에서 다 녹는구나!'라고 말한다.

---

8) 예수님은 우리의 구속자로서 뛰어나신 분이시다. 신인(神人)으로서의 독특한 인격을 지니셨다는 점으로 인해 그는 우리의 구속자가 되신다. 그는 우리를 지옥의 어귀로부터 낚아채서 그를 믿는 믿음을 통하여 우리가 천국에서 영원토록 살게 하여 주셨다. 틀림없이 구약 시대의 신자로서 욥도 역시 자신의 고엘(구속자)이 지닌 이러한 모습을 인식하고 있었을 것이다 (Ruddolph E. Honsey의 글에서).

9) 이 "육체 밖에서"라는 말은 혹자들은 '욥의 현재의 질병이 치료되고 회복되어서'라는 말로 보는 이들이 있다(Knapp, Noyes, Harlley). 그러나 이렇게 보는 견해는 "내 가죽이 벗김을 당한 후에도"란 말과 조화가 되지 않는다.

본절에서는 "내"가 강조 되어 나왔다. 본절에서 표현된 것처럼 욥은 하나님을 만나 뵈올 소망으로 마음이 뜨거운 것이다. 욥은 하나님을 만나 뵐 소망으로 뜨거운 데 아주 친밀한 관계에서 뵙는다는 확신으로 가득 차 있었다. 하나님을 뵈옵는다는 것은 그가 의롭다는 증거인 것이다(이상근). 욥이 하나님을 뵈옵는 것처럼 초조한 때는 아마도 없었으리라.

욥 19:28. 너희가 만일 이르기를 우리가 그를 어떻게 칠까 하며 또 이르기를 일의 뿌리가 그에게 있다 할진대.

욥은 '나는 너희가 만일 이르기를 우리가 그를 어떤 방식으로 정죄할까 하며 또 너희는 내게 고통을 줄 궁리만 하고, 나를 칠 구실만 찾고 있으니 위험한 발상이라'고 경고한다.

욥 19:29. 너희는 칼을 두려워 할지니라 분노는 칼의 형벌을 부르나니 너희가 심판장이 있는 줄을 알게 되리라.

욥은 '이제 너희는 칼을 두려워해야 한다. 너희가 나를 향해 분노하면 하나님의 형벌을 받는다. 너희는 심판하시는 분이 계시다는 것을 알아야 할 것이라'고 말한다. 욥은 자신을 정죄하는 세 친구들에게 그들이 하나님께 반드시 형벌을 받으리라고 경고를 했는데 그들은 욥의 경고를 듣지 않고 계속 정죄하다가 후에 하나님의 경책을 받았다(42:7-9). 오늘도 남을 정죄하는 사람들은 훗날 심한 벌을 받는 것을 볼 수 있다.

제 20 장

5. 소발이 욥에게 2차로 질문하다 20:1-29

소발은 엘리바스(15장)나 빌닷(18장)과 같이 인과응보설에 근거한 두 번째 질문을 통해 가장 신랄한 비난을 욥에게 퍼붓고 있다. 소발은 욥의 부(富)가 사라진 것은 그가 가난한 자를 착취했기 때문이라고까지 말한다. 20장의 내용은 악인의 번영은 잠시라는 것(1-11절), 악인은 반드시 망한다는 것을 피력한다(12-29절).

ㄱ. 악인의 번영은 잠시 있는 일이다 20:1-11

나아마 사람 소발이 욥의 말을 받아 두 번째로 대답한다. 소발은 마음이 조급해서 견딜 수 없어 입을 열어 대답한다고 말하며(1-3절), 욥이 악을 행했으므로 욥의 번영은 잠시 진행하다가 멈추었다고 악담한다(4-11절).

욥 20:1. 나아마 사람 소발이 대답하여 이르되.

나아마 사람 소발이 욥의 말을 받아 신랄하게 비판한다. 본절을 위해 2:1 주해 참조.

욥 20:2. 그러므로 내 초조한 마음이 나로 하여금 대답하게 하나니 이는 내 중심이 조급함이니라.

소발은 '입을 다물고 묵묵히 있으려 했으나 네(욥) 말을 듣고 있자니 화가 나서 참을 수가 없어 입을 열어 대답하는 수밖에 없다'고 말한다. 입을 다물고 벙어리처럼 그냥 있으려 했지만 욥이 자신의 종말에 대한 말을 터뜨리니 도무지 견딜 수가 없어 입을 벌려 말하기 시작한다는 것이다. 소발은 제일 연소하였고 성격이 아주 급하여 참지 못하는 사람이었다.

욥 20:3. 내가 나를 부끄럽게 하는 책망을 들었으므로 나의 슬기로운 마음이 나로 하여금 대답하게 하는구나.

소발은 욥을 향하여 '네가 하는 말을 듣고 있자니 모두 나를 모욕하는 말이었다. 그러니 깨닫게 하는 내 영이 내게 대답할 말을 일러주었다'고 말한다. 소발은 욥이 친구들을 책망하며 앞으로 친구들이 심판을 받을 것이라는 말(19:28-29)을 했는데, 그 말을 들으니 자기 마음속에 슬기로운 마음이 생겨서 이렇게 심하게 욥에게 대답하게 되었다고 말한다. 사실 화가 치밀어 나오는 마음으로부터 좋은 말은 나올 수 없다. 화가 치밀어 오를 때는 남을 비난하는 말밖에 나올 것이 없다.

욥 20:4-5. 네가 알지 못하느냐 예로부터 사람이 이 세상에 생긴 때로부터 악인이 이긴다는 자랑도 잠시요 경건하지 못한 자의 즐거움도 잠깐이니라(Do you not know this from of old, since man was placed upon earth, that the exulting of the wicked is short, and the joy of the godless but for a moment?-RSV, ESV).

소발은 욥을 향하여 '너도 이런 것쯤은 알고 있을 것이다. 이 땅에 사람이 생기기 시작한 옛날부터 악인들이 승리한다는 것이 잠깐일 뿐이며, 경건하지 못한 이들의 기뻐하는 기간도 순간일 뿐이라는 것을 말이다'라고 한다.

5절의 초두의 접속사 키(כִּי)는 5절 이하를 모두 4절의 "네가 알고 있을 것이다"라는 말의 목적절(that, 명사절)을 이끌게 하고 있다. 본절의 "악인"이란 말과 "경건하지 못한 자"라는 말은 동의어로 사용되었다. 이들 악인들이나 경건하지 못한 이들이 자랑하는 일들이나 즐겁게 산다는 기간도 길지 못하고 아주 눈 깜빡할 사이에 지나간다는 것을 네가 알고 있을 것이란 뜻이다(시 37:35-36; 73:17-19). 소발이 여기서 이런 말을 하는 것은 욥으로 하여금 그런 진리를 부정하지 못하게 하기 위함이었다. 소발은 욥이 그렇게 망하게 된 것이 악인이어서 또 경건하지 못했기 때문이라는 것을 알리기 원한다. 마 23:13, 15, 16, 23, 25, 27, 29 참조.

욥 20:6-7. 그 존귀함이 하늘에 닿고 그 머리가 구름에 미칠지라도 자기의 똥처럼 영원히 망할 것이라 그를 본 자가 이르기를 그가 어디 있느냐 하리라.

소발은 욥으로 하여금 들으라고 말한다. 즉, '교만이 하늘 높은 줄 모르고, 머리가 구름에 닿는 것처럼 높다 해도, 마침내 그도 똥처럼 사라지고 말 것이며 그를 본 적이 있는 사람도 그 교만한 자가 왜 안 보이느냐고 질문하리라는 것쯤은 너도 알고 있을 것이라'고 말한다. 소발은 그 동안 욥이 심히 교만했기 때문에 아주 폭삭 망했다는 것을 말하고 싶어서 이런 말을 한 것이다. 그러나 욥은 교만하지 않았고 하나님께서 아주 인정하는 사람이었다(1:1,8; 2:3). 하나님께서는 욥을 하나의 인류의 모델로 세우기 위해 고난을 주신 것이었다.

욥 20:8. 그는 꿈 같이 지나가니 다시 찾을 수 없을 것이요 밤에 보이는 환상처럼 사라지리라.

소발은 '교만했던 욥이 꿈 같이 잊혀서 다시는 흔적을 찾을 수 없게 되며, 마치 밤에 본 환상처럼 사라질 것이라'고 경고한다. "꿈"이나 "환상"은 없어지는 데 있어서는 동일한 것이다. 소발의 주장은 그동안 악인으로 살아온 욥, 교만하기 짝이 없었던 욥은 이제 금방 사라질 것이라고 확신한다.

욥 20:9. 그를 본 눈이 다시 그를 보지 못할 것이요 그의 처소도 다시 그를 보지 못할 것이며.

소발은 욥이 이제 곧 죽을 것이라고 말한다. 즉, '그를 본 적이 있는 사람들도 다시는 그를 볼 수 없을 것이며, 그가 살던 집 부근 사람들도 다시는 그를 볼 수 없을 것이라'고 예언한다. "그의 처소도 다시 그를 보지 못할 것이라"는 말은 욥이 살던 동네 사람들도 욥이 죽으니 욥을 다시는 볼 수 없을 것이라는 뜻이다. 소발은 이렇게 욥을 정죄하는 일에 열심을 다했다.

욥 20:10. 그의 아들들은 가난한 자에게 은혜를 구하겠고 그도 얻은 재물을 자기 손으로 도로 줄 것이며.

소발은 '욥이 벌을 받아 죽고 나면 욥이 가난한 자들에게서부터 착취한 물질을 물려받은 욥의 후손들이 물질을 착취당한 사람들에게 찾아가서 용서해 달라고 은혜를 구할 뿐 아니라 얻어먹은 재물을 가난한 자들에게 돌려주는 날이 올 것이란' 뜻이다. 참으로 욥은 불쌍한 사람이 될 것이란 뜻이다.

욥 20:11. 그의 기골이 청년 같이 강장하나 그 기세가 그와 함께 흙에 누우리라.

소발은 '욥의 몸에 한때는 젊음이 넘쳤다 해도 욥의 젊음은 역시 그와 함께 먼지 속에 눕게 될 것이라'고 예언한다. 소발은 가지가지로 욥을 나쁘게 말하고 있다. 이렇게 남을 능욕하는 사람들은 머지않아 자신도 벌을 받는 날이 온다.

ㄴ. 악인의 멸망은 필연적이다 20:12-29

소발의 견해로 보아 아주 악하고 교만했던 욥은 벌을 받아 자신을 해치고 (12-19절), 하늘도 땅도 욥을 쳐서 욥의 멸망은 부득불 찾아온다고 주장한다 (20-29절).

욥 20:12-13. 그는 비록 악을 달게 여겨 혀 밑에 감추며 아껴서 버리지 아니하고 입천장에 물고 있을지라도.

소발의 견해대로 보면 '욥이 자신의 혀로 악을 맛보니 맛이 좋아 악행을 버리지 아니하고 입천장에 물고 있어 버리지 않는다'는 것이다. 소발은 욥이 악행을 버리며 살아야 하는데 악행을 맛있는 음식처럼 혀 밑에 감추고 자주자주 맛을 음미하며 그 악행을 아주 즐기고 산다는 것이다.

욥 20:14. 그의 음식이 창자 속에서 변하며 뱃속에서 독사의 쓸개가 되느니라.

소발은 '욥이 즐기고 있는 음식이 언젠가 입에서 창자로 내려가 창자 속에서 쓸개로 변하는 것처럼 욥이 버리지 않은 악행은 언젠가 욥을 죽이는 독사의 쓸개가 된다'(잠 20:17; 계 10:10 참조)고 말한다.

욥 20:15. 그가 재물을 삼켰을지라도 토할 것은 하나님이 그의 배에서 도로 나오게 하심이니.

욥이 남의 재물을 삼켰을지라도 훗날 토해낼 수밖에 없는 것은 하나님께서 욥의 배에서 도로 나오게 하시기 때문이라는 것이다. 소발은 아마도 욥이 잃어버린 그 엄청나게 많은 재물(1:13-17)을 두고 욥의 악행으로 하나님께서 그렇게 되게 하셨다고 본 것이다. 참으로 소발의 근거 없는 악담이었다(이상근).

욥 20:16. 그는 독사의 독을 빨며 뱀의 혀에 죽을 것이라.

소발은 '욥이 독사의 독을 빠는 사람이며 뱀의 혀에 죽을 사람이라'고 예언한다. 소발은 욥이 독사에게 물려 죽을 것이라고 예언한 것이다. 다시 말해 하나님으로부터 벌을 받아 죽을 것이라고 한다.

욥 20:17-18. 그는 강 곧 꿀과 엉긴 젖이 흐르는 강을 보지 못할 것이요 수고하여 얻은 것을 삼키지 못하고 돌려주며 매매하여 얻은 재물로 즐거움을 삼지 못하리니.

소발은 17절과 18절에서 욥이 누리지 못할 것을 세 가지로 말한다. 즉, '꿀과 엉긴 젖이 흐르는 강을 보지 못할 것이고, 수고하여 얻은 것을 삼키지 못할 것이고 돌려줄 것이며, 또 매매하여 얻은 재물로 즐거움을 삼지 못할 것이라'고 말한다. 17절의 "꿀과 엉긴 젖이 흐르는 강"은 가나안 땅의 풍요로움을 묘사하는 말인데, 욥은 가나안 땅의 풍요로움을 만끽하지 못할 것이라는 것이다. 욥은 무력으로 재물을 착취했으니 결국 벌을 받아 재물의 복락을 누리지 못한다는 것이다.

그리고 18절에서 소발은 욥이 수고하여 얻은 것(악행으로 얻은 재물)을 누리지 못하고 돌려줄 것이며, 욥이 매매하여 얻은 재물을 누리지 못할 것이라고 말한다. 소발은 욥이 수고하여 얻은 재물은 악행으로 착취한 재물로 본 것이다. 그래서 그 모든 재물을 도로 돌려주게 될 것이라고 말한다.

욥 20:19. 이는 그가 가난한 자를 학대하고 버렸음이요 자기가 세우지 않은 집을 빼앗음이니라.

본절 초두에는 이유를 나타내는 접속사 “키”(yKi)라는 단어가 나타나 17-18절에서 욥이 모은 재물을 누리지 못하고 도로 돌려주어야 할 이유가 제시된다. 즉, ‘욥이 가난한 이들을 억압하고 돌보지 않았기 때문이며, 자기가 세우지도 않은 남의 집을 강제로 빼앗았기 때문이라’는 것이다. 소발은 욥이 수고하여 얻은 재물을 모두 가난한 이들을 억압해서 얻은 것으로 보았으며, 남의 집을 강제적으로 빼앗은 것으로 본 것이다. 그러나 소발의 이 말은 욥에게는 전혀 해당되지 않은 엉뚱한 주장이었다.

욥 20:20. 그는 마음에 평안을 알지 못하니 그가 기뻐하는 것을 하나도 보존하지 못하겠고.

소발은 ‘욥은 아무리 가져도 만족하지 못한다. 탐욕에 얽매여 벗어나지를 못한다’고 말한다. “마음에 평안을 알지 못한다”는 말은 ‘심리적으로 평안을 알지 못한다는 말이 아니라 음식을 잘못 먹은 관계로 배가 불안하고 고통스런 것’을 지칭하는 말이다. 소발의 견해에 의하면 욥은 불의한 방법으로 재산을 모았기에 욥에게 안정을 주지 못하고 그 재물 때문에 고통을 받는다는 것이다. 악인은 재물을 얻어 기뻐하지만 그것을 누리지도 못하고 보관하지도 못한다는 것이다.

욥 20:21. 남기는 것이 없이 모두 먹으니 그런즉 그 행복이 오래 가지 못할 것이라.

소발은 '욥이 먹을 때에는 남기는 것 없이 모조리 먹어 치우지만 그의 번영은 오래 가지 못한다'고 말한다. 본절의 "남기는 것이 없이 모두 먹는다"는 말은 '자신의 재산을 모두 잃어버리고 남는 것이 없어졌다'(K.&D., Lange)는 뜻이다. 아무튼 악인이 불의한 재물을 모으고 형통한 것은 오래 가지 못한다는 뜻이다(이상근). 이 말씀은 진리에 속하지만 욥에게는 해당되지 않는 말이었다.

욥 20:22. 풍족할 때에도 괴로움이 이르리니 모든 재난을 주는 자의 손이 그에게 임하리라.

소발은 '욥의 성공이 하늘 끝까지 이를 때에 욥에게 재앙이 임하겠고, 온갖 재난을 주는 자의 손이 그에게 임할 것이라'고 말한다. "모든 재난을 주는 자의 손이 그에게 임하리라"는 말은 '하나님의 섭리적 심판이 그에게 이르리라'는 말이다. 하나님의 섭리적 심판이 아니면 모든 재난을 주는 자의 손이 절대로 그에게 임하지 아니한다. 소발의 이 말은 욥이 가난한 자들에게서 탈취했으니 결국 훗날에 그들의 손 전체가 하나님의 섭리에 의해서 한꺼번에 욥에게 재난으로 임한다는 뜻이다.

욥 20:23. 그가 배를 불리려 할 때에 하나님이 맹렬한 진노를 내리시리니 음식을 먹을 때에 그의 위에 비 같이 쏟으시리라.

소발은 '욥이 배를 채우려 할 때에(한참 번창할 때에) 하나님의 맹렬한 진노가 그에게 임할 것이니 그가 한참 먹고 있을 때 그에게 비처럼 내리실 것이라'고 말한다. "음식을 먹을 때에 그의 위에 비 같이 쏟으시리라"는 말은 욥의 열 자녀들이 맏이의 집에서 음식을 먹을 때에 집이 무너져 압사 당한 것(1:18)을 염두에 두고 한 말인 듯하다. 소발은 욥의 모든 재난은 하나님께서 내리신 맹렬한 진노라고 말한다. 그러나 욥에게 내리신 하나님의 재난은 욥에게 신앙을 더하시고 하나님께 더욱 가까이하게 하시며 욥에게 복을 배나 더하시려고 하나님께서 주셨던 고난이었다.

욥 20:24. 그가 철 병기를 피할 때에는 놋 화살을 쏘아 꿰뚫을 것이요.

소발은 '욥이 철 병기(무기)를 피하면 놋 화살이 그를 꿰뚫을 것이라'고 말한다. 소발은 욥이 철 병기를 피하면 그것으로 끝나는 것이 아니라 더 무서운 놋 활이 날아와 욥을 공격할 것이라고 말한다. 본절은 욥에게 공격이 연속해서 임한다는 것을 말한다.

욥 20:25. 몸에서 그의 화살을 빼낸즉 번쩍번쩍하는 촉이 그의 쓸개에서 나오고 큰 두려움이 그에게 닥치느니라.

소발은 '욥의 등을 뚫고 나온 화살을 혹시 빼낸다고 해도 쓸개를 휘젓고 나온 번쩍거리는 활촉이 그를 겁에 질리게 할 것이라'고 말한다. 몸에 박힌 화살은 쉽게 빠지는 수도 있으나 그의 쓸개에서 나오는 화살은 깊이 뚫고 들어간 화살인고로 화살이 박힌 사람에게는 큰 두려움이 아닐 수 없다는 것이다. 화살이 등을 뚫고 들어가고 쓸개 쪽으로 들어간다는 것은 재난의 연속성을 보여주는 말이다.

욥 20:26. 큰 어둠이 그를 위하여 예비되어 있고 사람이 피우지 않은 불이 그를 멸하며 그 장막에 남은 것을 해치리라.

소발은 '완전한 큰 어두움이 욥의 보물을 위하여 예비되었고, 사람이 피우지 않은 불이 욥을 삼킬 것이며, 욥의 장막에 남아 있는 재산을 태울 것이라'고 말한다. 본절의 "어두움"(15:22-23)이나 "피우지 않은 불"(1:16)은 다 같이 하나님의 심판을 뜻하고, 악인의 보물이 하나님의 심판에 노출되며, 그 악인에게 하나님의 심판이 임한다는 것이다.

욥 20:27. 하늘이 그의 죄악을 드러낼 것이요 땅이 그를 대항하여 일어날 것인즉.

본절은 하늘과 땅이 욥을 대항하여 일어날 것이라는 것을 말한다. 소발은 '하늘이 욥의 죄악을 밝히 드러내며, 땅이 욥을 고발할 것이라'고 말한다.

소발은 하늘과 땅이 욥을 칠 것이라고 말한다. 소발은 욥이 하늘에서 내린 불로 인해 피해를 본 일과 땅에서부터 약탈을 당했던 경험들을 연관시켜 본절을 주장한다(1:15-19). 그러니까 소발은 욥이 하늘과 땅으로부터 얻어맞기를 소원한 것으로 보인다.

욥 20:28. 그의 가산이 떠나가며 하나님의 진노의 날에 끌려가리라.

본절은 욥의 가산이 없어지며 욥이 또 하나님의 진노의 날에 끌려가리라는 것이다. 소발은 '욥의 번영은 떠나가며 욥의 재물은 하나님의 진노의 날에 날아갈 것이라'고 말한다.

욥 20:29. 이는 악인이 하나님께 받을 분깃이요 하나님이 그에게 정하신 기업이니라.

소발은 '이것, 즉 소발이 본장에서 말한 모든 재난이 악한 사람 욥이 하나님께 받을 몫이며, 하나님이 욥의 것으로 정해 주신 유산이 될 것이라'고 말한다. 소발은 욥을 향해 잠시도 저주의 마음을 지우지 않았다. 소발은 욥이 너무 교만하다고 생각하여 그에게 마음속으로 계속해서 재난을 선포한 것이다.

제 21 장

6. 소발의 질문에 대한 욥의 대답 21:1-34

욥은 소발이 일관되게 인과응보설로 욥을 공격하는 것을 두고 악인들이 형통한 경우도 있다고 맞선다. 욥은 이 부분(1-34절)에서 하나님의 섭리는 알 수 없다는 것(1-16절), 악인이 형통한 수도 있다는 것(17-26절), 친구의 위로는 진실하지 않다는 것(27-34절)을 말한다.

ㄱ. 하나님의 섭리는 알 수 없다 21:1-16

욥은 친구에게 자신을 용납하여 말하기를 허락하라 하며(1-6절), 악인의 형통을 보아 하나님의 섭리를 다 헤아릴 수 없다는 것(7-16절)을 말한다.

1-6절. 욥 자신을 용납하여 말하기를 허락하라.

욥 21:1. 욥이 대답하여 이르되.

욥은 나아마 사람 소발의 변론에 대하여 두 번째로 반론한다(12:1). 욥은 다른 두 친구의 변론과 소발의 변론을 듣고 욥이 답변하는 것으로 전체적으로 여섯 번째 변론이다.

욥 21:2. 너희는 내 말을 자세히 들으라 이것이 너희의 위로가 될 것이니라.

욥은 친구들을 향하여 '너희는 내 말을 건성으로 듣지 말고 나를 위로할 생각이면 내가 하는 말에 귀를 기울여 다오. 그것이 내게는 유일한 위로가 될 것이라'고 말한다.

욥은 자신의 고난이 죄 때문이라고 주장하는 세 친구의 인과응보론의 주장에 대하여 욥은 자신에게 임한 고난이 죄 때문이 아니라는 것을 말할 터이니 자세히 들어 달라고 주문한다. 자세히 들어주는 것이 위로가 될 것이라고 말한다. 이들은 원래 욥을 위로하려고 왔는데 욥에게 도착해서는 욥을 위로한 것이 아니라 욥을 정죄 하는 일에 전심을 다했다. 아무튼 욥이 죄를 지어 이렇게 큰 재앙이 닥쳐왔다고 말해주며 회개해야 할 것이라고 강조했다. 이제 욥은 친구들을 향하여 욥의 말을 자세히 들어달라고 말한다. 그것이 욥에게 위로가 될 것이라고 말한다.

욥 21:3. 나를 용납하여 말하게 하라 내가 말한 후에 너희가 조롱할지니라.

욥은 '나에게 말할 기회를 다오. 조롱하려면 내 말이 다 끝난 다음에 또 하라'고 말한다. 욥은 그들이 또 조롱할 것을 알고 자기가 말한 후에 조롱하라고 말한다. 욥이 이렇게 어려운 고난을 당했고 또 자신이 죄를 지은 것이 아니라고 하는데 친구들은 기어코 죄를 지었기에 그런 고난이 왔다고 주장하고 있으니 그들은 참으로 무식한 사람들이었다. 아는 것이 인과응보론 뿐이었다. 오늘 우리가 무식하면 남에게 위로를 줄 수 없다는 것을 알고 성령을 구하여 지혜를 얻어야 할 것이다.

욥 21:4. 나의 원망이 사람을 향하여 하는 것이냐 내 마음이 어찌 조급하지 아니하겠느냐.

욥은 '내가 왜 이런 고난을 받아야 하는 것인지 근심이 있는데 그 근심은 사람을 향하여 하는 것이냐? 내가 어찌 초조하지 않겠느냐? 내 마음이 초조해서 이런 근심을 표하고 있는 것이 아니겠느냐'고 말한다.

전반절의 "나의 원망이 사람을 향하여 하는 것이냐"는 문장 중에서 "나의 원망"(שִׂיחִי)이란 말은 '나의 근심', '나의 수심'이란 뜻이다. 욥에게는 심각한 근심이 있었다. 왜 이런 고난이 찾아왔는가를 알지 못함에서 오는, 즉 하나님을 향하여 갖는 근심이었다. 그는 결코 그의 근심을 사람에게 품지 않았다. 하나님을 향하여 욥은 근심을 품었다. 왜 이런 고난이 그에게 찾아왔는지 알기 원했다. 욥은 자기 고난의 이유를 알지 못함으로 인한 근심이 컸기에 그의 마음이 심히 조급하기도 했다. 욥은 아직까지도 하나님으로부터 답을 얻지 못했으므로 심히 초조했다(10:1-11; 13:3, 21-28; 16:11-17; 19:6).

욥 21:5. 너희가 나를 보면 놀라리라 손으로 입을 가리리라.

욥은 친구들을 향하여 '너희가 내 곤경을 보면 깜짝 놀랄 것이다. 기가 막혀 손으로 입을 막고 말 것이라'고 말한다. 욥은 자기의 친구들이 욥을 위로한다고 와 앉았는데 욥을 자세히 보면 놀라고 말 것이라고 한다. 놀라서 입을 가려야 할 것이라고 한다. 욥의 친구들은 피상적으로 살펴 욥이 죄를 지어 이렇게 큰 재앙을 당했다고 주장했지만 욥의 과거의 삶을 살펴보고 하나님께서 욥에게 주신 고난을 보면 말할 수 없이 놀랄 것이라고 한다. 너무 놀라 손으로 입을 가릴 수밖에 없을 것이라고 말한다. 욥은 친구들을 향하여 욥 자신이 당한 일을 보고 놀라고 입을 다물라는 것이었다.

욥 21:6. 내가 기억하기만 하여도 불안하고 두려움이 내 몸을 잡는구나.

욥은 '내게 일어난 일을 내 기억에 떠올리기만 해도 떨리고 몸에 소름이 끼친다'고 말한다. 욥에게는 엄청난 큰일들이 일어났다. 재산이 다 달아났고 열 자녀가 다 죽었으며 자신의 몸에 병이 찾아왔다. 이런 것들을 기억하기만 해도 마음이 불안하고 두렵다는 것이다.

7-16절. 악인의 형통을 보니 하나님의 섭리를 다 헤아릴 수 없다.

욥 21:7. 어찌하여 악인이 생존하고 장수하며 세력이 강하냐.

욥은 친구들을 향하여 '어찌하여 악한 자들이 잘 사느냐? 어찌하여 그들이 늙도록 오래 살면서 번영을 누리느냐?'고 질문을 한다. 친구들이 인과응보설, 즉 죄를 지으면 재앙을 받고 회개하면 잘 된다는 논리(15:20, 33; 18:5, 19; 20:10)를 펴는데, 욥은 이에 대해 악인이 번영을 누리며 장수하고, 때로는 강한 세력을 떨치기도 하는데 이것은 어찌된 셈이냐고 질문한다.

욥 21:8. 그들의 후손이 그들 앞에서 그들과 함께 굳게 서고 자손이 그들의 목전에서 그러하구나(Their children are established in their presence, and their descendants before their eyes-ESV).

욥은 '그들의 씨가 그들이 보는 앞에서, 그들의 자손들이 그들 앞에서 그들과 함께 든든히 서 있으니 웬 일이냐'고 질문한다. 여기 본절의 "그들의 후손이"란 말은 "그들의 씨"(זַרְעָם)란 말이다. 세 친구의 주장을 들어보면 악인의 자손은 끊긴다고 했고(18:19), 또 비참하게 된다고 했는데(20:10) 그와 반대로 악인의 자녀가 잘 자라고 굳세게 사는 경우를 보게 되는데 그렇다면 그것은 웬 일이냐는 것이다. 세 친구의 인과응보논리에 맞지 않는 것 아니냐는 것이다. 세상에서는 악인들과 그 후손들이 형통하게 되는 일이 많이 있다. 그렇게 되는 이유는 성도들로 하여금 그런 현상을 보고 내세를 더욱 실감하도록 하기 위함이다. 어느 선교사가 아프리카에서 선교하고 잠시 뉴욕 항으로 돌아왔을 때 당시의 미국 대통령은 자국민으로부터 열렬한 환영을 받고 있었다. 하지만 선교사는 환영해 주는 사람이 아무도 없었다. 그는 너무 섭섭하여 여관방에 들어가 자기의 슬픈 사연을 말씀했는데, 그때 선교사는 하나님으로부터 '대통령은 제 집에 온 것이고 너는 아직 네 집(천국)에 도착한 것이 아니라는 것을 알라'는 메시지를 받고 큰 위로를 받았다고 한다.

욥 21:9. 그들의 집이 평안하여 두려움이 없고 하나님의 매가 그들 위에 임하지 아니하며.

욥은 친구들에게 '그들의 집은 평안하고 아무 두려운 일도 없고, 늘 평화가 깃들이며, 하나님마저도 채찍으로 치시지 않으니 어떻게 설명 하겠는가'라고 말한다. 욥의 세 친구는 의인의 가정이 평안하고 악인의 집은 멸망한다고 했는데(5:24; 15: 20-24) 악인의 집이 오히려 평안하고 두려움이 없으며 하나님으로부터 징계의 채찍도 맞지 않으니 그런 현상을 어떻게 설명 하겠느냐고 세 친구들에게 물은 것이다.

욥 21:10. 그들의 수소는 새끼를 배고 그들의 암소는 낙태하는 일이 없이 새끼를 낳는구나.

욥은 '악인들의 수소는 틀림없이 새끼를 배게 하고 암소는 새끼를 밸 때 마다 낙태하는 일도 없이 다 잘도 낳으니 어떻게 설명하겠느냐'고 말한다. 욥의 세 친구는 의인의 가축은 번성하고 악인의 가축은 멸망한다고 했으나 욥은 본문에서 악인들의 가축도 잘 되니 이게 어찌 된 일이냐고 응수한다.

욥 21:11. 그들은 아이들을 양 떼 같이 내보내고 그들의 자녀들은 춤추는구나.

욥은 친구들에게 '악인들의 어린 자식들을 양 떼같이 바깥에 내보내어 풀어 놓으면 양 떼처럼 춤추면서 잘 뛰어 논다'고 하면서 친구들의 주장을 거스른다. 아이들이 잘 되는 것은 복이었다(슥 8:5).

욥 21:12. 그들은 소고와 수금으로 노래하고 피리 불어 즐기며.

욥은 친구들에게 '악인들의 어린 자식들이 소고(일종의 타악기로 오늘날 탬버린 같은 것임, 출 15:20)와 수금(현악기의 일종으로 오늘날 하프와 같은 것임, 사 24:8)에 맞춰 노래 부르고 피리 소리에 즐거워하지 않느냐'고 응수한다. 욥의 친구들은 악인들의 자녀들은 재앙을 받는다고 못 박아 놓았는데 (20:5-7) 실제 현실을 보면 친구들의 주장과는 반대되는 일이 벌어지고 있다는 것이었다.

욥 21:13. 그들의 날을 행복하게 지내다가 잠깐 사이에 스올에 내려가느니라.

욥은 친구들에게 '악인들은 일생을 행복하게 지내다가 별로 앓지도 않고 순식간에 스올로 내려가는 것 아니냐'고 말한다. 욥의 친구들은 악인들은 자신들의 수명이 차기 전에 없어져 버릴 것이며(15:32) 또는 병으로 고생하다가 죽을 것이라(18:13)고 주장한데 대한 욥의 반박이다. 본문의 "스올"이란 말은 '무덤'을 지칭한다. 7:9; 14:13 주해 참조.

욥 21:14. 그러할지라도 그들은 하나님께 말하기를 우리를 떠나소서 우리가 주의 도리 알기를 바라지 아니하나이다.

욥은 '악인들이 세상에서 잘 지내고 죽을 때에도 별 고통을 당하지 않고 별세하는데도 악한 자들은 하나님께 감사하기는커녕 하나님을 향하여 자기들을 그냥 좀 내버려 두라고 꿍얼댄다. 이렇게 살면 되지 하나님의 뜻을 알 필요가 무엇이냐'고 말한다. 욥이 본절부터 16절까지를 말하는 이유는 친구들의 주장을 반박하기 위함이다. 친구들은 인과응보론에 근거하여 번영을 구가하는 악인들이 하나님을 잘 섬기는 쪽으로 돌아서든지 아니면 아주 모두 망해버려야 하는데 현실은 그렇지 않다는 것이 욥이 말하고자 하는 요지이다. 욥은 친구들의 인과응보론을 강력히 반박함으로 자신의 재난이 죄의 결과가 아니라는 것을 강하게 드러내고 있다. 그들은 하나님께서 욥을 특수하게 취급하고 계심을 알지 못했다. 하나님께서 욥을 놀라운 신앙인으로 만들려는 것을 친구들은 모르고 욥에게 욥이 죄를 지었으니 회개하라고 했다.

욥 21:15. 전능자가 누구이기에 우리가 섬기며 우리가 그에게 기도한들 무슨 소용이 있으랴 하는구나.

욥은 친구들에게 '악인들(무신론자들)은 전능자(창 49:25; 민 24:4, 16; 룻 1:20; 시 68:14; 91:1)가 누구이기에 우리가 그를 섬기며 그에게 기도한다고 해서 무슨 도움이 되기에 기도를 하겠느냐'고 말한다. 앞절 주해 참조.

욥 21:16. 그러나 그들의 행복이 그들의 손 안에 있지 아니하니 악인의 계획은 나에게서 멀구나(Behold, is not their prosperity in their hand? The counsel of the wicked is far from me-RSV, ESV)**.**

본절 초두에는 히브리어로 "보라"(הֵן)라는 말이 나와 본절의 내용이 아주 중요하다는 것을 말한다. 욥은 친구들에게 '보라, 악인들의 번영이 그들의 손에 있지 않으니, 나는 악인들의 계획(인생관)을 받아들일 수가 없구나'라고 말한다.

상반절의 "그들의 행복이 그들의 손 안에 있지 아니하니"란 말은 '악인들의 번영이 악인들의 노력 때문이 아니라'는 것을 밝히는 것이다. 다시 말해 악인들이 잘 살고 복되게 살아가는 것은 하나님께서 주시는 복 때문이라는 것을 드러낸다.

그리고 하반절의 "악인의 계획은 나에게서 멀다"는 말은 '악인들이 하나님을 떠나 악을 행하면서도 잘 되고 번영하는 것이, 하나님을 섬기고 죄를 짓지 않고 의롭게 살아가면서 무서운 재난을 받고 사는 욥의 경우와는 너무 다르다는 것을 말한다. 다시 말해 악인들의 인생관과 욥의 인생관이 완전 다르다는 것(22:18)을 세 친구들이 매우 주의해서 관찰해야 함을 본절이 드러내고 있다.

ㄴ. 악인이 형통한 때가 있긴 하다 21:17-26

악인의 형통을 진술하는 이 부분(17-26절)은 앞선 부분(7-16절)과 대체로 같다. 악인들은 하나님의 징계를 받지 아니하고 형통하다는 것을 진술한다.

욥 21:17. 악인의 등불이 꺼짐과 재앙이 그들에게 닥침과 하나님이 진노하사 그들을 곤고하게 하심이 몇 번인가.

욥은 친구들에게 '악한 자들의 등불이 꺼진 일이 있었느냐? 과연 그들에게 재앙이 닥친 일이 있었느냐? 하나님이 진노하셔서 그들을 고통에 빠지게 하신 적이 몇 번이나 있었느냐?'고 질문한다. 악인들이 망하는 수도 있었지만 그래도 아주 망하지 않고 잘 된 경우도 많았다는 것을 드러낸다. 그리고 악인들이 재난을 당하는 일이 있지만 그런 일이 몇 번이나 있었느냐는 것이다. 그리고 하나님께서 진노하사 악인들을 아주 곤고하게 하신 일이 몇 번이나 있었느냐고 질문하는 것이다. 욥의 친구들의 주장대로 하자면 악인들은 반드시 망해야 하는 것이었다. 그러나 욥이 관찰한대로는 악인들이 반드시 망하는 것은 아니었다는 것이다. 욥이 본절에서 이런 사실을 지적하는 것은 친구들의 주장이 바른 것이 아님을 드러내려는 것이었다.

욥 21:18. 그들이 바람 앞에 검불 같이, 폭풍에 날려가는 겨 같이 되었도다(That they are like straw before the wind, and like chaff that the storm carries away?-RSV, ESV).

개역개정판(KJV, 바른성경)은 본절을 긍정문으로 번역하여 '악인들이 바람 앞의 검불처럼, 폭풍에 날아가는 겨처럼 되었다'고 했지만, 문맥을 고려하여 다른 많은 번역들은 대체적으로 의문문으로 번역했다(NASB, NIV, RSV, ESV, 개역판, 박윤선, 이상근, 그랜드 종합 주석). 즉, "악인들이 바람에 날리는 검불과 같이 된 적이 있느냐? 폭풍에 날리는 겨와 같이 된 적이 있느냐?"는 의문문으로 번역하고 있다.

본절에서 "검불"이나 "겨"는 악인들이 하나님의 진노 앞에서 힘없이 떠밀려 망하는 모습을 묘사한 것이다(시 1:4; 사 17:13 참조). 본절에서 욥은 악인들이 이 세상에서 패망하는 경우가 있기는 하지만 모든 악인이 다 그렇게 되는 것은 아니라는 것을 드러냈다.

욥 21:19. 하나님은 그의 죄악을 그의 자손들을 위하여 쌓아 두시며 그에게 갚으실 것을 알게 하시기를 원하노라.

욥은 친구들에게 '너희들은 하나님께서는 아비에게 줄 벌을 남겨 두셨다가 그 자식들에게 내리신다고 말하지만 그게 어디 될 말인가? 본인이 받을 줄로 알아야 한다'고 말한다. 다시 말해 '너희들은 하나님이 아버지의 죄를 그 자식들에게 갚으신다고 말하지만 그런 말은 되지도 않는 말이다. 죄 지은 그 사람이 벌을 받아야 한다. 그래야만 그가 제 죄를 깨닫는다'는 것이다. 하나님께서 악인들에게 내리실 형벌을 유보해 두셨다가 그들의 자손들에게 내리신다고 엘리바스(5:4)나 소발(20:10)이 말했으나 형벌은 반드시 죄를 지은 본인에게 내려져서 그 본인이 깨닫게 할 것이지 왜 자손에게 갚느냐는 것이다.

욥이 본절부터 21절까지를 말하는 것은 아비의 죗값이 그 자손에게 미치게 된다는 성경적 진리(출 20:5; 신 5:9)를 아주 반대하는 의미는 아니다. 그는 이 점에 있어서 한 가지 난제를 제시하는 것뿐이다. 그가 그 난제 때문에 의문을 가지지만 그것이 하나님께 대한 그의 불신앙은 아니다. 그것은 하나님의 심오하신 처사에 대하여 알아보려는 것뿐이다. 이것이 본서에 계시된 욥의 신앙과 또는 그의 인내의 덕이다. 그는 자기에게 닥친 난제를 이해하지 못하면서도 하나님을 믿었고 또 참았다(박윤선).

욥 21:20. 자기의 멸망을 자기의 눈으로 보게 하며 전능자의 진노를 마시게 할 것이니라.

욥은 '악인들(죄인들)은 제 스스로 망하는 꼴을 제 눈으로 보아야 하고 전능하신 분께서 내리시는 진노의 잔을 받아 마셔야 마땅하다'고 말한다. 본절은 앞절을 잇는 욥의 주장으로 악인들은 반드시 심판을 받아서 죄라는 것이 얼마나 나쁜가를 알아야 한다는 것이다.

욥 21:21. 그의 달 수가 다하면 자기 집에 대하여 무슨 관계가 있겠느냐.

본절 초두에는 이유 접속사 "왜냐하면"(כִּי)이란 말이 있어 전절의 이유를 제공하고 있다. 다시 말해 앞절에서 욥은 벌이라는 것은 죄지은 사람이 마땅히 받아야 하는데 그 이유는 앞 세대와 뒷 세대가 끊어지기 때문이라는 것이다.

욥은 '악인들의 수명이 다하면 제 집에 관해서 무슨 관심이 더 있겠느냐?'고 말한다. 욥은 그의 삶을 마치면 그가 살던 집의 남은 자손들과 관계가 없어지고 그들이 징계를 받는다고 한들 죽은 본인이야 알지 못할 것이 아니냐는 것이다(이상근).

욥 21:22. 그러나 하나님께서는 높은 자들을 심판하시나니 누가 능히 하나님께 지식을 가르치겠느냐(Will any teach God knowledge, seeing that he judges those who are on high?-ESV).

욥은 '하나님은 높은 곳에 있는 자들까지 심판하는 분이시니, 그에게 사람이 감히 지식을 가르칠 수 있겠느냐?'고 말한다. 본절의 "높은 자들"이란 '천사들'을 지칭한다(K.&D. Robinson, 박윤선, 이상근). 하나님께서는 하늘의 천사들도 심판하시는데 누가 감히 하나님께 가르친단 말인가라는 뜻이다. 누가 능히 하나님보다 더 알아서 하나님을 가르치겠느냐는 것이다. 본절은 바울 사도의 외침(롬 11:33-36)처럼 아무도 하나님께 가르칠 수 없다는 뜻이다. 욥은 본절에서 하나님의 섭리를 제대로 알지 못하는 인간이 겉으로 나타난 현상만을 가지고서 하나님의 뜻을 판단하는 것은 매우 잘못된 일이라는 사실을 역설적 질문을 통해 친구들에게 지적하고 있는 것이다(그랜드 종합 주석).

욥 21:23. 어떤 사람은 죽도록 기운이 충실하여 안전하며 평안하고.

욥은 '어떤 사람은 죽을 때까지도 기력이 정정하게 살다가 죽을 때에도 안전하고 편안하게 죽는다'고 말한다. 욥은 본절에서 하나님의 섭리를 인생이 알 수 없음을 말한다. 아무튼 인생이 한평생 힘 있게 살다가 죽는다는 것이고, 또 안전하고 평안하게 일생을 산다는 것이다.

욥 21:24. 그의 그릇에는 젖이 가득하며 그의 골수는 윤택하고.

욥은 '악인들의 몸은 평소에 어느 한 곳도 영양이 부족하지 않으며 뼈마디마다 생기가 넘치는 사람들이 있다'고 말한다. "그릇에 젖이 가득하다"함은 '풍요한 생활 상태'를 가리키는 말이다. "골수는 윤택하다"고 함은 역시 '풍요한 젖을 먹고 풍요를 누리며 산다'는 뜻이다.

욥 21:25. 어떤 사람은 마음에 고통을 품고 죽으므로 행복을 맛보지 못하는도다.

욥은 '어떤 사람은 행복한 것과는 거리가 멀게 살다가 고통스럽게 죽는 이들이 있다'고 말한다. 본절의 사람은 23절, 24절 경우의 사람들과는 대조적인 사람으로 죽을 때까지 마음에 고통을 품고 살다가 죽는 사람도 있다는 것이다.

욥 21:26. 이 둘이 매 한 가지로 흙 속에 눕고 그들 위에 구더기가 덮이는구나.

욥은 '그들 두 종류의 사람은 다 함께 티끌 속에 눕고 말 것이며 하나같이 구더기로 덮이는 신세가 되고 말 것이라'고 말한다. 23-25절은 생전에 두 종류의 사람이 있어 서로 대조되었으나 이제 본절에서는 두 종류의 사람은 똑같이 죽어 흙에 묻히고 그들의 시체는 다 함께 구더기가 달려들어 먹는다는 것이다(17:14; 사 14:11).

ㄹ. 친구의 위로는 거짓되다 21:27-34

인과응보설에만 사로잡힌 세 친구들의 위로가 욥에게는 거짓된 것임을 말한다. 욥은 세상의 위로자들의 위로는 헛됨을 알았다. 하나님께서 위로 주시기 이전에는 사람들의 위로가 헛되다는 것이다.

욥 21:27. 내가 너희의 생각을 알고 너희가 나를 해하려는 속셈도 아노라.

욥은 '내가 너희의 생각을 다 잘 알고 있다. 너희의 속셈은 나를 해하려는 것이다'라고 말한다. 본절의 "속셈"(מְזִמּוֹת)이란 말은 '교활한 책략' 또는 '모략'이란 뜻이다. 욥은 세 친구들의 교활한 책략을 잘 알고 있다고 말한다. 여기 교활한 책략이란 욥을 향하여 고난을 받는 자가 악인이라 하는 변론에 입각하여 고난의 사람인 욥을 죄인으로 몰아붙이려는 방침을 뜻하는 것이다. 신자는 고난당하는 자에게 구원의 손길을 펴야 마땅하다. 그리고 신자는 고난 중에 빠져 있는 자를 귀히 여기며 그 앞에서 자신을 낮추어야 할 것이다.

욥 21:28. 너희의 말이 귀인의 집이 어디 있으며 악인이 살던 장막이 어디 있느냐 하는구나.

욥은 '너희의 말이 세상에서 폭군이 살던 집이 어디 있으며(20:6-7), 악한 자가 살던 집이 어디에 있느냐고 말했다'(8:22; 15:34)는 것을 드러낸다. 세상의 악한 폭군이 살던 집이 어디 있으며 악인은 이 세상에서 하나님의 벌을 받아 멸망하기 때문에 그 종적도 찾을 수 없이 되었다는 것이다. 이 말은 세 친구가 욥을 능욕하던 말이었는데 본절에 그대로 욥이 인용했다. 친구들은 욥이 과거에 호화롭게 살던 것을 빗대어 폭군같이 살던 욥 자신의 집이 어디 있으며 그의 살던 장막은 어디 있느냐고 했던 것이다.

욥 21:29. 너희가 길 가는 사람들에게 묻지 아니하였느냐 그들의 증거를 알지 못하느냐.

욥은 친구들에게 '너희는 세상을 많이 돌아다녔기에 견문을 넓힌 사람들과 말을 해 본 일이 없느냐? 너희는 그 여행자들이 말해주는 말을 듣지 못하느냐?' 고 물어본다. 욥은 친구들에게 욥이 죄를 지었기에 엄청난 재앙을 받는다는 인과응보설의 고정관념을 버리도록 하기 위해 세상의 견문을 많이 가진 길가는 나그네들, 일반 상식을 많이 가진 나그네들에게 물어보지 않았느냐고 질문한다. 인과응보설은 좁은 견해에 속한 것이니 넓은 지식을 가질 필요가 있다고 욥이 권고한다. 욥은 자기가 죄의 결과로 엄청난 고난을 받는 것은 아니라는 것을 주장하려는 것이었다.

욥 21:30. 악인은 재난의 날을 위하여 남겨둔 바 되었고 진노의 날을 향하여 끌려가느니라.

본절 초두에는 "왜냐하면"(כִּי)이란 말이 있어 본절이 앞절의 이유를 말하고 있다. 즉, 욥은 친구들에게 욥 자신이 죄를 범했기에 재앙을 받는 것(인과응보론)이라고 말한데(앞절) 대하여 본절에서 '악인은 멸망의 날까지 보존되며 진노의 날에 심판받도록 보존되면서 그 때를 향하여 끌려 나가고 있는 것이라' 고 말한다. 욥은 친구들이 주장하는 대로 악인들이 당장에 심판받는 것은 아니고 인류 대 심판 때에 가서 심판을 받을 것이니 지금은 악인들이 그냥 생명을 연장 받고 있는 것이라고 말한다. 다시 말해 악인들이 죄를 지으면 당장에 심판 받는 것은 아니고 대 심판의 날까지 심판이 연기된다는 것을 말한다. 눅 6:22-26; 14:12-14; 16:25; 고후 5:10 참조.

욥 21:31. 누가 능히 그의 면전에서 그의 길을 알려 주며 누가 그의 소행을 보응하랴.

욥은 '누가 감히 그 악인이 살아있는 동안 그 악인 앞에서 그 악인이 행한 일을 잘못했다고 꾸짖는 사람이 있겠는가? 또 그가 저지른 대로 징벌하는 이가 있느냐?'고 말한다. 악인은 세상에서 멋대로 살지 않느냐는 것이다.

욥 21:32. 그를 무덤으로 메어 가고 사람이 그 무덤을 지키리라.

욥은 '악인이 세상에서 살다가 죽으면 사람들은 화려하게 꾸민 무덤으로 그를 옮겨놓고 또 그 화려하게 가꾼 무덤에 장사한 다음 수위를 두고 지킬 것이라'고 말한다. 고대 근동의 많은 나라에서 부자들은 그들의 무덤을 안전하게 보호하기 위해서 많은 돈을 들였다고 한다(Hartley). 악인들은 이처럼 세상에서는 잘 지내고 죽어서도 화려한 장례 행사의 순서를 가지지만 그들의 심판은 내세에 남아 있다는 것이다(30절).

욥 21:33. 그는 골짜기의 흙덩이를 달게 여기리니 많은 사람들이 그보다 앞서 갔으며 모든 사람이 그의 뒤에 줄지었느니라.

욥은 '악인은 자신이 묻혀 있는 골짜기의 흙덩이를 만족하게 여기고(신 34:6) 그의 장례 행렬은 성대하여 그의 시신을 앞선 자와 뒤따르는 자가 무수히 그를 따를 것이라'고 말한다. 욥은 본절을 통해서도 친구들이 주장했던 인과응보론의 허황된 점을 지적하고 있다. 다시 말해 악인은 저주를 받아 그의 이름이 세상에서 완전히 끊겨질 것이라는 주장을 완전히 반박하고 있는 것이다(18:17).

욥 21:34. 그런데도 너희는 나를 헛되이 위로하려느냐 너희 대답은 거짓일 뿐이니라.

욥은 친구들에게 '그런데 어찌하여 너희는 나를 헛된 말로만 위로하려 하느냐? 너희가 하는 말은 온통 거짓말뿐이라'고 말한다. 즉, 의인은 항상 번영하고 악인은 언제나 망한다는 인과응보론에 매달린 친구들의 위로는 헛된 것이고 거짓되다는 것을 말한다. 진리에 맞지 않는 위로는 듣는 자들의 마음속에 진정한 위로를 주지 못하고 언제나 헛된 위로로 느껴질 뿐인 것이다.

제 22 장

C. 욥이 친구들과 세 번째 대화를 하다 22-31장

22-31장은 욥과 세 친구간의 세 번째 대화를 기록하고 있다. 그러나 특징적인 것은 세 친구가 다 등장하지 않고 소발은 빠져 있다. 두 사람, 엘리바스와 빌닷의 질문은 여전히 인과응보론을 고집하고 있다. 이 세 번째 대화에서의 엘리바스와 빌닷의 질문은 듣기에도 불편할 정도로 욥을 공격하는 수준이었다. 친구 간에 이럴 수 있을까 할 정도였다. 이 세 번째 대화에 나선 욥은 처음부터 끝까지 자기의 의를 사수했다. 물론 처음에는 좀 과격하여 자기의 생일을 저주하는 데까지 이르렀으나 점차 침착해졌다. 그러니까 서로 반대였다. 처음에 질문자들이 평온하게 시작했다가 차차 흥분 상태로 변했고, 욥은 처음에는 좀 과격했으나 점진적으로 침착해진 것이다. 이 부분(22-31장)의 내용은 엘리바스의 질문(22장), 욥의 대답(23-24장), 빌닷의 질문(25장), 욥의 대답(26-28장), 그리고 마지막으로 욥의 독백순(29-31장)으로 진행된다.

1. 엘리바스가 질문하다 22:1-30

처음에는 침착했던 엘리바스도 세 번째 질문에서는 친구답지 않게 욥을 면전에서 책망한다. 이 부분(1-30절)의 내용은 엘리바스가 욥을 정죄한 일(1-11절), 하나님께서 보응하신다는 것(12-20절), 욥에게 회개를 재촉한 일(21-30절)이 진술된다.

ㄱ. 엘리바스가 욥을 정죄하다 22:1-11

엘리바스는 처음에는 욥의 죄가 크다고 공격했으나(1-5절), 후에는 욥의 죄를 추측해서 말한다(6-11절).

1-5절. 엘리바스는 욥의 죄가 크다고 공격한다.

욥 22:1. 데만 사람 엘리바스가 대답하여 이르되.

연장자 순으로 데만 사람 엘리바스가 욥의 말에 대답한다. 2:11주해 참조.

욥 22:2. 사람이 어찌 하나님께 유익하게 하겠느냐 지혜로운 자도 자기에게 유익할 따름이니라.

엘리바스는 욥에게 '사람이 하나님께 무슨 유익을 끼쳐드릴 수 있겠느냐? 아무리 지혜로운 사람이라고 해도 욥에게 아무런 유익을 끼쳐드릴 수가 없으며 자신에게나 유익할 따름이니라'(잠 9:12; 전 10:10)고 말한다. 엘리바스가 본절처럼 말한 것은 욥이 아무리 죄를 짓지 않고 의롭게 산다고 해도 하나님께 유익이 되는 것은 없음을 말하려는 것이다.

욥 22:3. 네가 의로운들 전능자에게 무슨 기쁨이 있겠으며 네 행위가 온전한들 그에게 무슨 이익이 되겠느냐.

본절의 "의로운들"이란 말과 "온전한들"이란 말은 동의어로 사용되어 욥이 의롭고 온전해도 전능자 하나님에게 무슨 기쁨이 되며 유익이 되겠느냐는 것이다. 인간의 그런 장점들이 하나님에게 어떤 도움도 되지 않는다는 것이다. 그러나 사실 엘리바스는 사람들의 의로움을 통하여 하나님께서 영광 받으신다는 사실을 간과한 것이다.

욥 22:4. 하나님이 너를 책망하시며 너를 심문하심이 너의 경건함 때문이냐.

엘리바스는 욥에게 '네가 하나님을 경외한 것 때문에 하나님이 너를 책망하시며 너를 심판하시겠느냐?'고 말한다. 욥이 극한 고난에 빠진 것은 두말할 것 없이 극한 범죄 때문이지 결코 욥의 경건 때문이 아니라는 주장이다. 엘리바스는 욥이 고난을 당하는 것은 인과응보의 결과임을 강조하는 것이다. 엘리바스의 이런 주장을 통해 우리는 그가 하나님의 섭리를 제대로 이해하지 못한 사람이라는 것을 보게 된다. 욥이 고난을 당하는 것은 그의 죄악 때문이 아니었다(1:1-12).

욥 22:5. 네 악이 크지 아니하냐 네 죄악이 끝이 없느니라.

엘리바스는 욥에게 '네 악이 크고 네 죄악이 끝이 없으니 그러한 고난이 임한 것이 아니냐?'고 말한다. 엘리바스는 욥에게 네가 이렇게 큰 고난을 받는 것은 네 죄가 크고 죄가 무지하게 큰 탓이 아니겠느냐고 막연히 말한다.

6-11절. 엘리바스는 욥의 죄를 추측해서 말한다.

욥 22:6. 까닭 없이 형제를 볼모로 잡으며 헐벗은 자의 의복을 벗기며.

본절부터 엘리바스는 욥의 죄를 구체적으로 말하고 있다. 엘리바스는 '네가 까닭 없이 친족의 재산을 악하게 압류하고 옷을 빼앗아 벌거숭이로 만들었다'고 말한다. 엘리바스의 이런 주장은 욥과는 관련이 없는 주장이다. 성경은 가난한 자의 물건을 볼모(어떤 일을 자기에게 유리하게 흥정하기 위하여 상대편 쪽의 사람을 자기 쪽에서 감금하는 일)로 잡고 돈을 빌려주거나 그들을 학대하는 일을 율법이 금하고 있다(출 22:22-26; 잠 22:22, 23).

욥 22:7. 목마른 자에게 물을 마시게 하지 아니하며 주린 자에게 음식을 주지 아니하였구나.

엘리바스는 욥에게 '네가 목마른 자에게 물을 마시게 하지 않았고, 굶주린 자에게 음식을 주지 않았구나'라고 말한다. 그러나 욥이 엘리바스의 공격에 대해 거부한 것을 보면(31:16-23) 엘리바스가 단지 욥을 공격하기 위해 날조한 말인 것을 알 수 있다.

욥 22:8. 권세 있는 자는 토지를 얻고 존귀한 자는 거기에서 사는구나.

엘리바스는 욥에게 '너는 권세를 이용하여 땅을 차지했고 지위를 이용하여 이 땅에서 거들먹거리면서 살았구나'라고 말한다. 그러나 욥은 엘리바스의 주장과는 달리 '가난한 자를 돕고 살았다'고 분명히 말한다(29:15-17). 엘리바스는 본절에서 욥을 근거 없이 비난했다.

욥 22:9. 너는 과부를 빈손으로 돌려보내며 고아의 팔을 꺾는구나.

엘리바스는 욥에게 '너는 과부들에게 필요한 것을 주지 않아서 그들이 빈손으로 돌아가게 했고, 고아들을 잘 돌보지 않을뿐더러 혹사시키고 학대하였구나'라고 말한다. 과부와 고아들을 잘 돌보지 않고 학대하는 것은 이스라엘 사회에서 큰 죄악이었는데(신 10:18; 14:29) 욥이 학대했다는 것이다. 그러나 욥은 엘리바스가 주장한 것과는 반대로 행했다(29:12-13). 본절은 엘리바스가 욥을 공격하기 위해 거짓말한 것임을 알 수 있다.

욥 22:10. 그러므로 올무들이 너를 둘러 있고 두려움이 갑자기 너를 엄습하며.

엘리바스는 욥을 향해 '욥이 그렇게 악질적으로 행했기에 그 결과적으로 이제는 온갖 올무에 걸려 들었고 공포에 사로잡히게 되었다'고 말한다. 엘리바스는 욥이 죄를 지어 큰 재앙이 찾아왔다고 주장하는 것이다. 다시 말해 인과응보를 맛보게 되었다는 논리이다.

욥 22:11. 어둠이 너로 하여금 보지 못하게 하고 홍수가 너를 덮느니라.

엘리바스는 욥에게 '네가 행한 대로 갚음을 받아 어둠이 덮쳐서 네가 앞을 볼 수 없게 되었고 홍수가 너를 뒤덮고 말았다(시 42:7; 69:2; 마 7:25)'고 말한다. 엘리바스는 욥을 정죄하는 데는 일가견이 있었다.

ㄴ. 하나님으로부터 보응이 있을 것이다 22:12-20

엘리바스는 하나님께서 반드시 욥이 행한 대로 보응하신다고 강변한다.

욥 22:12. 하나님은 높은 하늘에 계시지 아니하냐 보라 우두머리 별이 얼마나 높은가.

엘리바스는 욥에게 '하나님께서는 저 높은 하늘에 계시지 않느냐? 별들이 얼마나 높은지 가장 높은 별들을 보라'고 말한다. 다시 말해 '하나님은 높은 하늘에 계시지 않느냐? 저 공중에 높이 떠 있는 별들까지도 하나님께서 내려다 보고 계시지 않느냐?'고 말한다. 하나님께서는 인간이 거하는 지구에서 높이 초월하여 계셔서 인간을 감찰하시며 아주 훤히 알고 계신다는 것이다(전 5:2; 사 11:4; 엡 4:10 참조).

욥 22:13. 그러나 네 말은 하나님이 무엇을 아시며 흑암 중에서 어찌 심판하실 수 있으랴.

엘리바스는 욥에게 '하나님께서 높은 데 계셔서 모르는 것이 없으신데 너는 말하기를 하나님께서 무엇을 아시며 캄캄한 구름 속에서 어찌 심판하실 수 있겠느냐?'고 말했다. 그러나 욥은 이런 말을 한 적이 없다. 다시 말해 욥이 하나님을 두고 인간의 일을 인식하시지 못하시는 분이라고 말한 적이 없다. 엘리바스가 욥을 모함하려고 이렇게 꾸며 낸 것이었다.

욥 22:14. 빽빽한 구름이 그를 가린즉 그가 보지 못하시고 둥근 하늘을 거니실 뿐이라 하는구나.

엘리바스는 욥이 '하나님께서 짙은 구름에 둘러싸여 어떻게 보실 수 있겠느냐? 다만 하늘에서만 왔다 갔다 하실 뿐이겠지'라고 말했다. 욥은 결코 여기 엘리바스가 인용한대로 말한 적이 없었다. 하나님을 이렇게 오해하는 것은 죄인들의 악한 사상일 뿐이다(21:15). 사 29:15; 렘 23:24; 겔 8:12 참조.

욥 22:15. 네가 악인이 밟던 옛적 길을 지키려느냐.

엘리바스는 욥을 향하여 '너는 아직도 옛 길을 고집할 작정이냐? 악한 자들이 걷던 그 길을 고집할 참이냐?'고 대든다. 여기서 엘리바스가 말한 "옛 길"이란 '옛날 사람들이 걷던 죄악 된 길'을 지칭하는 말로 노아 홍수 시대 사람들의 죄악 된 길(창 6:11), 소돔 고모라 사람들의 죄악상(창 18:20),

그리고 이스라엘인들이 광야에서 하나님을 거역했던 죄 된 삶(민 14장) 같은 길을 그대로 걷다가 그들처럼 멸망하려는 것이냐고 물어본 것이다. 그러나 하나님께서 욥에 대해서 아주 의로운 사람이라고 인정하셨으니 욥의 친구들이 욥을 비방한 말과는 천양의 차이가 있다.

욥 22:16. 그들은 때가 이르기 전에 끊겨 버렸고 그들의 터는 강물로 말미암아 함몰되었느니라.

엘리바스는 욥에게 '그들은 때가 되기도 전에(창 6:5-7) 생명이 끊겨 버렸고 그들이 살던 기초는 아주 무너져서 함몰되고 말았다'고 말한다. 엘리바스는 욥에게 일찍 죽고 싶으냐고 협박한 것이다. 엘리바스는 욥이 지금 당하고 있는 비참상을 연상시키면서 일찍 죽으려는가를 물은 것이다. 엘리바스는 하나님께서 욥에게 큰 신앙을 갖게 하시고 또 복을 더하시기 위해서 고난을 주신 것을 까마득히 모르고 있었다(42장).

욥 22:17. 그들이 하나님께 말하기를 우리를 떠나소서 하며 또 말하기를 전능자가 우리를 위하여 무엇을 하실 수 있으랴 하였으나.

엘리바스는 욥이 앞에서 악인들이 불신앙적으로 말해 놓은 것(21:14-15)을 본절에 그대로 진술하여 욥을 공격하고 있다. 즉, 욥이 '불신자들은 하나님께 말하기를 우리를 좀 지나쳐 그냥 내버려 두십시오. 전능하신 분이라고 하여 우리에게 무슨 일을 더 하실 수 있겠습니까'라고 말한 것을 엘리바스는 그대로 본절에 진술하여 욥을 공격하고 있다. 욥은 악인들의 부요함이 그들의 죄악과는 전혀 관계가 없듯이(21:16), 자신의 처지도 죄와는 상관없음을 드러내고 있으며 하나님의 진노가 악인들 자신에게 반드시 쏟아져야 할 것이라고 말했다(21:19, 20). 이것도 욥을 대단히 오해한 것이었다. 욥이 고난에 지쳐 한 말을 엘리바스는 마치 욥이 믿음이 없어 말한 것처럼 여기에 인용했다. 이것도 욥을 오해한 것이었다. 실제로 욥은 언제나 믿음의 사람이었다.

욥 22:18. 하나님이 좋은 것으로 그들의 집에 채우셨느니라 악인의 계획은 나에게서 머니라.

엘리바스는 '하나님께서 악인들의 집에 좋은 것을 가득 채워 주셨는데도 악한 자들이 그런 생각을 하다니 나는 이해할 수 없다네'라고 말한다. 엘리바스는 욥이 앞에서(21:16) 한 말("그들의 행복이 그들의 손 안에 있지 아니하니 악인의 계획은 나에게서 멀구나")을 엘리바스가 본절에 인용하여 욥을 공격하고 있다. 악인(욥을 지칭한다)이 한 때 굉장히 흥왕하나 곧 소멸된다는 것이다. 욥은 과거에 크게 잘 되었지만 이제 앞으로는 소멸될 것이라고 주장한다. 그런 악인(욥 자신)은 엘리바스 자신과는 전혀 관련이 없다는 것이다.

욥 22:19. 의인은 보고 기뻐하고 죄 없는 자는 그들을 비웃기를.

엘리바스는 '그런 악한 자(욥 자신)가 형벌을 받는 것을 의인이 보고 기뻐하며(사 58:10; 잠 11:10) 죄 없는 사람들이 그것을 보고 비웃는다'고 말한다. 엘리바스는 욥이 대단히 흥왕했다가 지금 극한 고난을 받는 것을 보고 세상의 의인들이 욥을 보고 기뻐한다는 것이며 죄 없는 많은 사람들도 욥이 하나님의 심판을 받는 것을 보고 아주 기뻐한다는 것이다. 본절의 "의인"이나 "죄 없는 자"는 동의어로 사용되었다. 엘리바스는 세상에는 욥이 주장하듯 욥이 의인이 아니고, 많은 다른 의인들과 죄 없는 자들이 있음을 말한다.

욥 22:20. 우리의 원수가 망하였고 그들의 남은 것을 불이 삼켰느니라 하리라.

엘리바스는 '우리 원수는 전멸되고 우리의 원수의 남은 재산은 불에 타서 없어졌다'고 말한다. 여기에서 '우리의 원수'란 욥을 지칭하는 말로 세상의 의인들이 우리의 원수인 욥이 망했고, 또 욥의 남은 재산을 불이 삼켜 버렸다고 비웃을 것이라는 것이다. 엘리바스가 욥을 이렇게 원수 같이 여기는 것을 보면 엘리바스는 이미 욥의 친구는 아닌 것이다. 오늘 세상에도 자기의 친구가 망하는 것을 이렇게 좋게 생각하는 사람들이 있다.

ㄹ. 욥에게 회개를 독촉하다 22:21-30

엘리바스는 욥에게 회개를 독촉한다. 욥이 회개하면 복이 올 것이라고 말한다. 엘리바스가 이렇게 말하는 것은 욥이 하나님과 멀리 떨어진 사람으로 죄인이라는 것을 드러내려는 말이다.

욥 22:21. 너는 하나님과 화목하고 평안하라 그리하면 복이 네게 임하리라.

엘리바스는 욥에게 '너는 하나님과 화해하고, 하나님을 원수로 여기지 말라. 그러면 하나님이 너에게 은총을 베푸실 것이다'라고 권고한다. 욥이 지금 하나님과 화목하지 않아서 평안이 없다고 주장하는 것이다. 욥이 하나님과 화목만 하면 복이 올 것이라고 확언하고 있다. 구약 전체에 미치고 있는 메시지는 하나님과 화목하고 평안하라는 것이었다.

21-26절. 하나님께서 주신 교훈을 마음에 간직하라.

욥 22:22. 청하건대 너는 하나님의 입에서 교훈을 받고 하나님의 말씀을 네 마음에 두라.

엘리바스는 욥에게 '너는 하나님이 친히 말씀하여 주시는 교훈을 받아들이고 그의 말씀을 네 마음에 깊이 간직하라'고 말한다. 회개의 첫째 단계는 하나님께서 주시는 교훈을 마음에 받고 간직하는 것이라는 것이다. 여기 "교훈"(תּוֹרָה)이란 말은 '율법'을 지칭한다. 그러나 본서에는 '모세의 율법'이 언급되지 않은 것을 보아 본서가 모세 이전에 기록된 증거로 본다(이상근). 그래서 이 "토라"(תּוֹרָה)를 '교훈'으로 이해하는 것이 주석가들의 일반적인 관례이다. 다시 말해 "율법"은 "교훈"을 뜻한다.

욥 22:23. 네가 만일 전능자에게로 돌아가면 네가 지음을 받을 것이며 또 네 장막에서 불의를 멀리 하리라(If you return to the Almighty and you will be built up, if you remove injustice far from your tents-ESV).

엘리바스는 욥에게 '네가 만일 전능하신 분에게로 돌아가면, 너는 다시 회복될 것이다. 온갖 불의한 것을 네 집 안에서 내버리면 다시 회복될 것이라' 고 말한다. 본절의 "돌아가면"(תָּשׁוּב)이란 말은 '유턴(U-turn)하면'이란 말로 전능자에게로 완전히 돌아가는 철저한 회개를 가리킨다. 빌닷(8:5)이나 소발(11:13)도 욥이 하나님께로부터 멀어졌다는 것을 말하고 하나님께로 돌아갈 것을 촉구한 일이 있다. 또 진정한 회개란 이전의 악습을 과감히 청산하고 하나님께 돌아가서 선한 열매를 맺는 실천을 포함한다.

본절의 "네가 지음을 받을 것이라"(תִּבָּנֶה)는 말은 '네가 회복될 것이라' 또는 '너는 세워질 것이다'라는 뜻인데 여기서는 파멸된 번영이 다시 회복된다는 의미로 사용되었다(렘 12:16). 우리가 하나님께로 돌아가기만 하면 우리도 반드시 찬란한 시대를 맞을 것이다. 우리는 우리의 마음에서 또 우리의 집에서 모든 불의를 멀리 버려야 할 것이다. 불의란 하나님 보시기에 옳지 않은 모든 것을 지칭한다.

욥 22:24. 네 보화를 티끌로 여기고 오빌의 금을 계곡의 돌로 여기라.

엘리바스는 욥에게 '네 금덩어리도 흙 위에 던져 버리고 오빌의 금도 시냇가의 돌 사이에 버려라'고 권고한다. 회개의 셋째 단계는 세상의 재물을 티끌로 여기고 버리는 것이다. "오빌의 금"이란 '가장 좋은 금'을 뜻한다. 오빌[10]의 금은 모든 보물의 대명사가 된다(왕상 9:28; 10:11; 22:48; 대상

---

10) 오빌은 품질이 우수한 금의 생산으로 유명한 지역을 가리킨다(욥 28:16). Cassuto는 목록에 언급된 오빌과 금을 산출하는 오빌의 땅 사이에 어떠한 연관이 있는지도 모른다고 한다. 그러나 오발과 하윌라라는 이름이 창 10:29(병행구 대상 1:23)에서 나란히 나타나며 둘 다 그 밖의 다른 곳에서 금으로 유명한 지역에 대해 사용되었다는 것은 의미심장한 사실이다.

오빌의 위치에 대해서는 어떤 학자들은 인도에 있었을 것이라고 한다. 특별히 "백단(a lmug)" 나무가 백단향(sandalwood)을 말하는 것이라면, 인도에서 이러한 상품들을 구하는 것이 가능했기 때문이다. 어떤 학자들은 오빌을 봄베이에서 북쪽으로 60마일 떨어져 있는 수파라(Supara)와 동일시한다. 인도와 페르시아만 사이의 무역은 주전 2,000년부터 입증되었다. 그 당시의 유력한 전승을 반영해주는 제롬은 일찍이 오빌을 '인도'로 번역했다(욥 28:16). 어떤 학자들은 오빌이 아라비아의 남서해안으로 본다. 창 10:29에서 오빌과 스바와 하윌라가 밀접하게 관련되어 나온다는 사실은 이런 주장을 뒷받침해 준다. 예멘에 있는 마카피르(Macafir)가 오빌의 위치로 시사되기도 하였다. 이 이론은 생산물 중 어느 것들은 본래 인도에서 오빌로 가져갔던 것이었으리라는 가능성을 배제하지 않는다(바이블렉스).

29:4; 시 45:9; 사 13:12). 보물을 진토에 버리고 강가의 돌같이 생각하라는 것이다. 이때 욥은 모든 가축은 잃었으나(1:13-17) 보석류는 그대로 가지고 있었을지 모른다(이상근).

욥 22:25. 그리하면 전능자가 네 보화가 되시며 네게 고귀한 은이 되시리니.

엘리바스는 욥에게 '세상의 보화를 티끌로 여기고 버리며 하나님만 의지하면 전능하신 분이 너에게 금이 되실 것이며 귀한 은이 되실 것일세'라고 말한다. 이 진리는 사실이나 엘리바스가 이 경지를 체험했는지는 미지수이다.

욥 22:26. 이에 네가 전능자를 기뻐하여 하나님께로 얼굴을 들 것이라.

본절 초두의 "이에"(כִּי־ אָז)란 말은 앞 문장을 다시 강조하고 확인하고 있다. 즉, '그때에는 진실로' 전능자 가운데서 기뻐할 것이라는 의미이다. 의인의 기쁨은 하나님 안에서 찾아지는 법이다(시 37:4; 사 58:14). 본절의 뜻은 '그때에는 진실로 전능하신 분을 진정으로 의지하게 되고 그분만이 네 기쁨의 근원이심을 알게 될 것이라'는 것이다.

"얼굴을 들 것이라"는 말은 '죄악과 수치로 인하여 감히 들 수 없었던 얼굴을 이제 자신 있게 들어 하나님을 향하게 될 것임을 뜻한다. 다시 말해 이는 회개와 헌신에 따른 기쁨과 자신감을 나타내는 표현이다(호크마 주석).

27-30절. 회개하는 자의 첫째 축복은 기도 응답을 받는 것이다.

욥 22:27. 너는 그에게 기도하겠고 그는 들으실 것이며 너의 서원을 네가 갚으리라.

엘리바스는 욥에게 '네가 하나님에게 기도를 드리면 하나님은 귀담아 들어주실 것이며 너는 서원한 것을 다 갚을 수 있을 것이라'고 말한다. 하나님에게 돌아가는 자가 받는 첫째 복은 기도의 응답을 받는 것이다. 회개하여 하나님과의 관계가 회복되면 하나님과의 영교가 시작되는 것이고 또 기도가 응답되는 것이며 모든 서원을 갚을 수 있게 되는 것이다.

욥 22:28. 네가 무엇을 경영하면 이루어질 것이요 네 길에 빛이 비치리라.

엘리바스는 욥에게 '네가 무엇을 경영하면 이루어질 것이며 네 길에 빛이 비칠 것이다'라고 말한다. 복의 둘째는 무슨 일을 경영하면 이루어질 것이며 네 일생에 복이 따를 것이라고 말한다. 엘리바스는 욥이 하나님께서 자기에게 재앙을 내리셨기 때문에 자기의 길이 어둡게 되었다고 말한 적이 있었는데(19:8) 이에 엘리바스는 욥에게 네가 회개하고 주께로 돌아가면 어둠이 제거되고 밝은 빛이 욥의 삶을 밝힐 것이라고 말한다. 엘리바스는 욥을 회개시키려는 노력이 대단함을 보여주고 있다. 본절은 일반적으로 적용되는 진리이긴 하나 욥에게 해당되는 구절은 아니다.

욥 22:29. 사람들이 너를 낮추거든 너는 교만했노라고 말하라 하나님은 겸손한 자를 구원하시리라.

엘리바스는 욥에게 '사람들이 너를 낮추거든 너는 그것이 너의 교만 때문이었다고 말해주어라. 하나님은 겸손한 사람을 구원하실 것이다'고 말한다. 복의 셋째는 높아지는 것이다. 욥이 낮춤 받거든 그렇게 된 것이 너의 교만 때문이라고 말해 주라는 것이다. 그렇게 회개하면 하나님께서 너를 높이신다는 것이다. 엘리바스는 욥이 교만해서 현재 그 엄청난 재앙을 받은 것이니 겸손히 회개하라고 말하는 것이다. 본절은 일반적인 진리로 바른 것이지만 욥에게는 해당되지 않는 말이다.

욥 22:30. 죄 없는 자가 아니라도 건지시리니 네 손이 깨끗함으로 말미암아 건지심을 받으리라(He delivers even the one who is not innocent[11]; who will be delivered through the cleanness of your hands-ESV)**.**

---

11) Septuagint, Syriac, Vulgate, Hebrew성경은 him that is not innocent으로 묘사되어 있다.

엘리바스는 욥에게 '하나님께서는 죄 없는 사람도 구원하신다. 너도 깨끗하게 되면 하나님께서 너를 구원해 주실 것이라'고 말한다. 엘리바스는 욥에게 죄가 있으니 회개하면 네 마음이 깨끗해져서 구원을 받을 것이라고 말한다. 본절은 일반적인 진리를 말하는 구절이지만 욥에게는 해당되지 않은 구절이다. 욥이 죄가 있어서 그렇게 큰 재앙을 만난 것은 아니었다.

제 23 장

2. 욥이 대답하다 23-24장

욥이 엘리바스의 질문에 대해 대답한 내용을 보면 한편으로 하나님을 사모한 욥의 심정을 고백했고(23장), 다른 한편으로 악인의 행위를 규탄하고 있다(24장). 이 부분(23-24장)의 내용은 욥이 하나님 앞에 이르기를 소원한 일(23:1-9), 하나님께서는 두려우신 존재라는 것(23:10-17), 부자들의 횡포가 극악하다는 것(24:1-12), 그리고 악인들의 악행(24:13-25)을 진술한다.

ㄱ. 내가 어찌하면 하나님 앞에 이를 수 있을까 23:1-9

욥은 하나님 앞에 나아가 그의 심정을 아뢰기를 원한다.

욥 23:1. 욥이 대답하여 이르되.

본장과 다음 장(24장)은 엘리바스의 3차 변론에 대한 욥의 답변을 진술한 것이다.

욥 23:2. 오늘도 내게 반항하는 마음과 근심이 있나니 내가 받는 재앙이 탄식보다 무거움이라(Today also my complaint is bitter, his hand is heavy in spite of my groaning-RSV. Today also my complaint is bitter,[12] my hand is heavy on account of my groaning-ESV).

욥은 '오늘도 내가 처절하게 탄식하고 내 신음 때문에 내 손이 무겁다'고 말한다. "오늘도 역시"란 말은 '이전부터 있어온 대로 오늘도 역시'라는 뜻인데 오늘도 역시 욥은 "내게 반항하는 마음이 있다"고 말한다. 여기 "반항하는

---

12) or defiant(반항적인).

마음"(שִׂחַי)이란 말은 '비관'이란 뜻으로 욥은 오늘도 역시 '비관한다'는 것이다. 욥이 3장에서 비관한 것을 볼 수 있는데 그 이유는 그가 하나님으로부터 버림을 받았다는 생각 때문이었다. 어떠한 고난이라도 넉넉히 견딘 욥이었으나 하나님께서 자기를 버리셨다는 생각에 대해서는 가장 힘들어하며, 삶을 비관하는 태도가 보였다. 하나님으로부터 버림받을 바에야 차라리 세상에 태어나지 않았더라면 좋았을 것이라고 생각했다. 욥이 이렇게 하나님으로부터 버림받았다는 것을 안 것은 그의 경건의 증표라고 할 수 있다(박윤선). 욥이 모든 것을 다 잃어버릴지라도 하나님과는 화목한 자로서 살기를 원했다. 그래서 욥은 하나님의 진노 아래 있기 보다는 차라리 죽기를 소원했다. 즉, "주는 나를 음부에 감추시며 주의 진노가 쉴 때까지 나를 숨기시고 나를 위하여 기한을 정하시고 나를 기억하옵소서"라고 했다. 욥은 하나님을 심히 사모하는 자였다(13:15 주해 참조).

욥은 "내가 받는 재앙이 탄식보다 무겁다"고 말한다(본절 하반절). 즉, 욥은 자기가 받는 재앙(모든 소유를 잃은 것, 자식들을 잃은 것, 건강을 잃은 것 등)이 너무 커서 자기의 탄식보다 더 크다고 말한다. 다시 말해 아무리 탄식한다고 해도 다 발표할 수가 없다는 것이다(박윤선).

욥 23:3. 내가 어찌하면 하나님을 발견하고 그의 처소에 나아가랴.

욥은 '내가 어떻게 하면 하나님을 만나서 그분의 보좌 앞에 나아갈까'고 말한다. 상상할 수 없는 고통 가운데 있는 욥은 하나님을 만나기를 간절히 소원하고 있다. 다시 말해 하나님을 만나 그의 억울한 사정을 토로하고 자기의 무죄를 입증하고 싶었다. 오늘 우리는 하나님만이 모든 것을 해결하시는 분임을 더욱 알아야 할 것이다.

욥 23:4-5. 어찌하면 그 앞에서 내가 호소하며 변론할 말을 내 입에 채우고 내게 대답하시는 말씀을 내가 알며 내게 이르시는 것을 내가 깨달으랴.

욥은 '어떻게 하면 그분 앞에 나아가 내가 호소할 말과 변론할 말을 내 입에 채워 말씀을 드리며 내게 대답하시는 말씀을 내가 알고 내게 이르시는 것을 내가 깨달으랴'고 말한다.

4절의 "호소하다"라는 말과 "변론하다"는 말은 동의어로 사용되었다. 욥은 하나님 앞에 나아가 자기의 억울한 사정을 고하고 또 그의 무죄에 대해 변명하려던 것이었다. 그러나 실제로 그가 후에 하나님 앞에 나아갔으나 그는 하나님 앞에 한마디도 하지 않았다(42장).

그리고 5절의 "내게 대답하시다"는 말과 "내게 이르시다"는 말은 역시 동의어로 사용되었다. 욥은 자신이 하나님 앞에서 의롭다함을 받으리라 확신했고 하나님의 증언에 만족하리라 확신했다.

욥 23:6. 그가 큰 권능을 가지시고 나와 더불어 다투시겠느냐 아니로다 도리어 내 말을 들으시리라.

욥은 '하나님이 큰 힘으로 나를 억누르실까? 아마도 그렇지 않을 것이다. 도리어 내가 말씀을 드릴 때에 사랑의 귀를 기울여 내 말을 들어 주실 것이라'고 말한다. 욥은 하나님을 사랑의 하나님으로 믿고 있었다(요일 4:8, 16).

욥 23:7. 거기서는 정직한 자가 그와 변론할 수 있은즉 내가 심판자에게서 영원히 벗어나리라.

욥은 '하나님 앞에서는 정직한 자가 하나님께 말씀드릴 수 있으니 아무런 잘못이 없는 내가 하나님께 떳떳하게 말씀드릴 수 있을 것이다. 그러면 하나님께서는 내 말을 다 들으시고 나서 단호하게 무죄를 선언하실 것이라'고 말한다. "영원히 벗어나리라"는 말은 하나님께서 욥의 무죄를 선언하시고 욥의 고난을 다 벗겨주시리라는 뜻이다.

욥 23:8-9. 그런데 내가 앞으로 가도 그가 아니 계시고 뒤로 가도 보이지 아니하며 그가 왼쪽에서 일하시나 내가 만날 수 없고 그가 오른쪽으로 돌이키

시나 뵈올 수 없구나.

욥은 하나님을 사랑의 하나님으로 알고 있었다. 그러나 그 하나님을 도무지 만날 수가 없다고 표현한다. 즉, 앞으로 가도 만날 수 없고 뒤로 가 보아도 보이지 않는다는 것이다. 더 나아가 하나님께서 역사상에 나타나셔서 일하시는 것은 확실하긴 하지만 자기는 그 분을 도무지 만날 수 없다고 말한다. 그러나 훗날 욥은 폭풍우 가운데 나타나신 하나님을 만난다(38:1 참조).

ㄴ. 하나님은 두려우신 존재이시다 23:10-17

욥은 자신의 무죄를 확신하고 있었으나 하나님께서 작정하신 것을 절대로 변경할 수 없으므로 하나님의 존재 앞에서는 두려움을 금할 수 없다고 말한다.

10-14절. 의로우신 하나님의 섭리가 있음을 확신하다.

욥 23:10. 그러나 내가 가는 길을 그가 아시나니 그가 나를 단련하신 후에는 내가 순금 같이 되어 나오리라.

욥은 '나는 하나님을 뵐 수는 없으나(8-9절) 그러나 하나님께서는 내가 가는 길을 알고 계신다. 그분이 나를 단련하신 후에는 내가 정금같이 나올 것이 분명하다'고 말한다. 현재 욥이 볼 수 없는 하나님께서는 욥이 하고 있는 것을 샅샅이 알고 계신다는 것이다. 욥은 하나님이 역사의 주인이심을 고백한다. 욥은 지금 자신이 당하고 있는 고난을 하나님의 단련하심으로 보고 하나님께서 그 고난을 통하여 자신을 단련시키신 후에는 자신이 순금이 되어 나올 것을 확신한다(벧전 1:7).

욥 23:11. 내 발이 그의 걸음을 바로 따랐으며 내가 그의 길을 지켜 치우치지 아니하였고.

욥은 '내 발이 하나님의 걸음(계명)을 바로 따랐으며 내가 하나님이 정하신 계명을 바로 지켰으며 길을 벗어나서 방황하지 않았다'고 말한다. 자신이 하나님의 계명을 충실히 지키면서 살았다는 것이다. 욥의 친구들은 욥을 향하여 욥이 하나님의 계명을 지키지 아니하고 범했기 때문에 하나님으로부터 징계를 받는다고 했으나(15:4-6; 20:12-29) 욥은 자신이 하나님의 계명을 바로 지켰다고 말한다.

욥 23:12. 내가 그의 입술의 명령을 어기지 아니하고 정한 음식보다 그의 입의 말씀을 귀히 여겼도다.

욥은 '내가 하나님의 입술에서 나온 명령을 어긴 적이 없고 매일 매시 먹는 일정한 음식보다 하나님의 입에서 나온 말씀을 귀히 여겼다'고 고백한다. 렘 15:16 참조. 다윗은 하나님의 말씀을 꿀보다 더 달다고 했다(시 19:10).

욥 23:13. 그는 뜻이 일정하시니 누가 능히 돌이키랴 그의 마음에 하고자 하시는 것이면 그것을 행하시나니(But he is unchangeable and who can turn him back? What he desires, that he does-ESV)**.**

욥은 '그러나 하나님께서 한번 뜻을 정하시면, 누가 그것을 돌이킬 수 있으랴? 한번 하려고 하신 것은 반드시 이루고 마시는데 우리 인간이 절대로 돌이킬 수가 없다'고 말한다. 하나님께서 하시고자 하시는 일은 확실히 행하신다는 것이다. 하나님의 뜻이 반드시 성취된다는 것이다.

욥 23:14. 그런즉 내게 작정하신 것을 이루실 것이라 이런 일이 그에게 많이 있느니라(For he will complete what he appoints for me; and many such things are in his mind-ESV)**.**

본문 초두에는 히브리어 원문에 이유 접속사(כִּי)가 등장하고 있어 본문은 앞절의 이유를 제공하고 있다. 즉, 하나님의 마음에 하고자 하시는 것이면 그것을 행하시는(앞절) 이유는 하나님이 가지고 계시다는 뜻이다. 그리고 그의 뜻을 이루는 많은 계획 가운데 욥을 두고 세우신 계획이 포함되어 있다면 하나님께서 반드시 그 계획을 이루신다는 의미이다.

"이런 일이 그에게 많이 있느니라"는 말은 '이와 같이 불가해적 하나님의 역사가 자신에게만 아니라 그 외에도 얼마든지 같은 예가 많이 있다'는 뜻이다. 여기 "이런 일"은 욥이 알 수는 없지만 하나님께서 무죄한 자를 고난에 처하게 하시는 하나님의 섭리, 즉 욥이 현재 당하고 있는 것과 같은 경우를 가리키는 표현이다. 욥에게 내려진 고통은 하나님의 작정대로 그의 절대적인 섭리 하에 행하여진다는 것이다.

15-17절. 욥이 하나님 앞에서 나약함을 드러낸다.

욥 23:15. 그러므로 내가 그 앞에서 떨며 지각을 얻어 그를 두려워하리라 (Therefore I am terrified at his presence; when I consider, I am in dread of him-RSV, ESV).

욥은 '그러므로 하나님의 불변성과 절대성을 생각하며 나는 그분 앞에서 욥 자신에게 정하신 재난을 이루실 것을 생각할 때 떨며 두려워진다. 이런 것을 생각할수록 그분이 두렵다'고 말한다. 욥은 현재 하나님 앞에서 떨리고 있고 또 이런 것을 생각할수록 떨린다는 것이다.

욥 23:16. 하나님이 나의 마음을 약하게 하시며 전능자가 나를 두렵게 하셨나니.

욥은 '자신에게 행하신 하나님의 뜻을 다 이해할 수는 없으나 하나님의 뜻은 반드시 성취된다는 것을 생각하면서 내 용기가 꺾어졌고 내가 떨게 되었다'고 말한다. 욥의 용기가 꺾어지고 떨게 된 것은 하나님께서 하신 일이었다.

욥 23:17. 이는 내가 두려워하는 것이 어둠 때문이나 흑암이 내 얼굴을 가렸기 때문이 아니로다(for I am hemmed in by darkness, and thick darkness covers my face-RSV. yet I am not silenced because of the darkness, not because thick darkness covers my face-ESV).

본절 초두에는 이유 접속사(כִּי)가 나타나서 본절이 앞절의 이유를 제공하고 있다. 욥은 '내가 무서워 떨었는데 이는 어둠 때문도 아니고, 흑암이 나를 덮은 탓도 아니었다'고 말한다. 즉, 욥이 두려워한 것은 다른 이유 때문이 아니라 하나님께서 두려워하게 하셨기 때문이라는 것이다.

제 24 장

ㄹ. 부자들의 횡포 24:1-12

욥은 자신의 문제 말고도 인간 세상에 존재하는 악질적인 두 가지 존재들을 예로 든다. 곧, 부자들의 횡포를 들고 있고(1-12절), 악인들의 악행이 자행되는 것(13-25절)을 들고 있다. 부자들의 횡포 문제는 부자가 과부와 고아와 가난한 자들을 구박하나 하나님은 이를 돌아보시지 않으신다는 것이다.

욥 24:1. 어찌하여 전능자는 때를 정해 놓지 아니하셨는고 그를 아는 자들이 그의 날을 보지 못하는고(Why are not times of judgment kept by the Almighty, and why do those who know him never see his days?-RSV, ESV).

욥은 '어찌하여 전능하신 분께서는 심판하실 때를 정하여 두지 않으셨을까? 어찌하여 그를 섬기는 사람들이 정당하게 심판받을 날을 정하지 않으셨을까?'라고 말한다. "때"란 말은 '하나님께서 악인들을 심판하시고 의인들을 구원하시는 때'를 지칭한다. 이는 곧 '주의 날'이라 불리는 날을 말하는 것이다(1:15; 사 2:12; 3:18; 습 1:7,14). 욥은 주님께서 주의 날을 미리 정하시고 미리 인생에게 알려주시지 않으심은 어떤 이유가 있으신가 하고 의문하는 것이다. 주님을 아는 자들, 곧 믿는 의인들이 주님의 날을 미리 알고 있다면 얼마나 좋을까 하는 것이다.

때를 미리 알려주시지 않은 이유는 만약 미리 그날을 알려주셨다면 세상에 엄청난 혼란이 올 것이다. 아무렇게나 살다가 주님께서 심판하실 날 며칠 전에 회개를 할 터이니 세상은 어지럽게 될 것이다. 알려주시지 않으셨으니 천만다행이다. 알려주시지 않으셨으니 항상 깨어 있게 된 것이다.

욥 24:2. 어떤 사람은 땅의 경계표를 옮기며 양 떼를 빼앗아 기르며.

본절 이하에는 심판 받아야 할 사람들이 열거되어 있다. 본절에는 두 종류의 사람들이 기록되어 있다. 한 종류는 "땅의 경계표를 옮기는" 사람이고, 또 다른 종류는 남의 "양 떼를 빼앗아 기르는" 사람이다. "경계표"는 나무나 돌로 땅의 경계를 표시하기 위하여 만들어 세우는 표식이다. 땅의 경계표를 옮기는 사람들은 땅 도둑으로 율법에 금지되어 있다(신 19:14; 27:17). 양 떼를 빼앗아 기르는 것도 역시 율법에 금지되어 있는 사항이다(신 28:31).

욥 24:3. 고아의 나귀를 몰아가며 과부의 소를 볼모 잡으며.

욥은 '고아의 나귀를 강제로 끌어가고, 과부가 빚을 갚을 때까지 기다려 주어야 하는데 과부의 소를 끌어가는 사람도 있다'고 말한다(신 24:17; 27:19; 사 1:23). 이들도 역시 심판 받아야 할 사람들이다.

욥 24:4. 가난한 자를 길에서 몰아내나니 세상에서 학대 받는 자가 다 스스로 숨는구나.

욥은 '가난한 사람들을 생활 터전에서 몰아내기도 하고 흙에 묻혀 사는 가련한 사람들이 학대를 견디다 못해 도망가서 숨기도 한다'고 말한다. 숨게까지 만드는 것은 큰 범죄가 아닐 수 없다.

욥 24:5. 그들은 거친 광야의 들 나귀 같아서 나가서 일하며 먹을 것을 부지런히 구하니 빈 들이 그들의 자식을 위하여 그에게 음식을 내는구나.

욥은 '가난한 사람들은 거친 광야의 들나귀처럼 메마른 곳으로 갈 수밖에 없어서 거기서 일거리를 찾고 먹거리를 얻으려고 한다. 어린 아이들에게 먹일 것을 찾을 곳은 빈들뿐이라'고 말한다. 우리는 이 글만 보아도 눈시울이 붉어지려 한다. 참으로 불쌍한 광경이다.

욥 24:6. 밭에서 남의 꼴을 베며 악인이 남겨 둔 포도를 따며(They gather their fodder in the field and they glean the vineyard of the wicked man-RSV, ESV).

욥은 '가을걷이가 끝난 남의 밭에서 나머지 이삭이나 줍고, 악인들의 포도밭에서 남은 것이나 긁어모은다'고 말한다. 문맥으로 보아 "꼴"이란 말은 '이삭'을 지칭하는 것으로 본다. 그러니까 부자들의 밭에 남겨진 이삭을 가난한 자들이 베는 것으로 보는 것이다.

욥 24:7. 의복이 없어 벗은 몸으로 밤을 지내며 추워도 덮을 것이 없으며.

욥은 '밤이 되었는데도 덮고 잘 것이 없으며, 추위를 막아 줄 이불 조각 하나도 없다'고 말한다. 성지에서 겉옷은 낮에는 겉옷으로 사용했고 밤에는 덮고 자는 이불이었다.

욥 24:8. 산중에서 만난 소나기에 젖으며 가릴 것이 없어 바위를 안고 있느니라.

욥은 '산중에서 만난 소낙비에 젖어도 비를 피할 곳이라고는 바위를 안고 바위 밑밖에 없다'고 말한다. 가난한 자들(4절)은 성읍에서 부자들의 압박으로 쫓겨나와(4-5절) 산중에 가서 살지만 살 집이 없으며 소나기를 그냥 맞고 있을 수밖에 없다.

욥 24:9. 어떤 사람은 고아를 어머니의 품에서 빼앗으며 가난한 자의 옷을 볼모 잡으므로.

욥은 '아버지 없는 어린 아이를 어머니의 품에서 노예로 빼앗아 가는 자들도 있다. 그리고 가난한 사람이 빚을 못 갚는다고 가난한 자의 옷을 빼앗아 가는 자들도 있다'고 말한다. 아직 젖을 떼지 않은 아기를 잡아가서 노예로 삼고(왕하 4:1; 느 5:15) 옷을 전당 잡아 밤을 춥게 지나게 하는 수도 있다.

욥 24:10. 그들이 옷이 없어 벌거벗고 다니며 곡식 이삭을 나르나 굶주리고.

욥은 '가난한 사람들은 옷이 없어 입지도 못한 채로 헐벗고 다녀야 한다. 그리고 가난한 자들은 곡식 단을 지고 나르지만 굶주림에 허덕여야 한다'고 말한다. 옷을 전당 잡는 사람들은 밤에는 돌려주어야 했다(출 22:26-27). 이 옷은 밤에는 이불로 덮어야 하는 옷이었다. 그리고 가난한 자들은 굶주리면서 주인의 곡식 단을 메는 중노동에 시달려야 했다.

욥 24:11. 그 사람들의 담 사이에서 기름을 짜며 목말라 하면서 술틀을 밟느니라.

욥은 '가난한 자들은 부자들의 담 안에서 올리브로 기름을 짜며 포도로 포도주를 담가도 그들은 여전히 목말라 한다'고 말한다. 가난한 자가 부자에게 노동의 착취를 당한다는 뜻이다. 여기 "담 사이"는 '부자들의 담 안'을 지칭하는 말이다. 그 담 안에서 부자들로부터 노동의 착취를 당하여 감람유를 짜고 포도주 틀을 밟아 즙을 짜면서 목이 말라도 곁에 있는 포도주를 마시지 못한다는 뜻이다. 노동을 할 때 철저하게 감시를 당한다는 것이다.

욥 24:12. 성 중에서 죽어가는 사람들이 신음하며 상한 자가 부르짖으나 하나님이 그들의 참상을 보지 아니하시느니라.

욥은 '성읍 안에서 상처받은 사람들과 죽어 가는 사람들이 신음 중에 소리를 질러도 하나님은 그들의 간구를 못 들은 체 하신다'고 말한다. 사람이 많이 살고 있는 성읍에서 부자들의 압제를 받는 가난한 자들이 압제를 받아도 하나님은 가난한 자들이 당하는 고통을 들어주시지 않는다는 것이다.

가난한 자들이 고통을 당하면서 아무 말을 하지 않으니 하나님께서 돕지 아니하시는 것이다. 기도해야 되도록 되어 있다. 우리는 우리의 고통을 기도로 아뢰어야 한다. 하나님께서 부자들의 악행을 잠시 그냥 두시는 이유는 훗날 심판하시기 위함이다.

ㅁ. 악인들의 악행 24:13-25

욥은 살인자와 강도와 간음하는 자 등이 어둠에 행하지만(13-17절) 그들은 잠시 후에 없어질 것이라(18-25절)고 말한다.

욥 24:13. 또 광명을 배반하는 사람들은 이러하니 그들은 그 도리를 알지 못하며 그 길에 머물지 아니하는 자라.

욥은 '빛을 싫어하는 사람들(악인들)이 세상에 있는데 그들은 세상의 빛 되신 하나님을 대적함으로써 고의적으로 죄를 범한다. 그들은 또한 빛이 밝혀 주는 도리를 알지 못하고 세상에 광명이 있음도 알지 못하며(요 1:9-11), 빛이 밝혀 주는 길로도 가지 않는다'고 말한다. 그러므로 욥은 이러한 악인에게 하나님은 심판도 하지 않으시고 방관자적 자세를 취하시는데 하루 빨리 그들을 심판해 주실 것을 갈망하고 있다(20, 24절).

욥 24:14. 사람을 죽이는 자는 밝을 때에 일어나서 학대 받는 자나 가난한 자를 죽이고 밤에는 도둑 같이 되며.

욥은 '사람을 죽이는 자는 새벽에 일어나서 학대 받는 가난한 사람과 궁핍한 사람을 죽이고 밤에는 도둑질을 한다'고 말한다. 악인들은 빛이 밝은 때나 사람이 많은 곳에서가 아니라 어둡고 사람이 없을 때 행한다. 그리고 가난한 자를 택하여 범행하는데 저들은 재물을 도둑질하고 심한 경우 사람을 죽이기까지 한다.

욥 24:15. 간음하는 자의 눈은 저물기를 바라며 아무 눈도 나를 보지 못하리라 하고 얼굴을 가리며.

욥은 '간음하는 자는 저물기를 바라며 사람들이 자기를 보지 못할 것이라고 생각하며 얼굴을 가린다'고 말한다. 간음하는 자의 세 가지 특징은 첫째 어두워지기를 바란다는 것, 그리고 둘째 특징은 사람들이 자기를 보지 못할 것이라고 생각한다는 것, 그리고 셋째 특징은 얼굴을 가린다는 것이다. 여기 "얼굴을 가린다"는 말은 간음자의 얼굴을 변장하거나 가리는 것을 뜻한다.

욥 24:16. 어둠을 틈타 집을 뚫는 자는 낮에는 잠그고 있으므로 광명을 알지 못하나니.

욥은 '어둠을 틈타 남의 집을 뚫는 도둑들(14절)은 낮에는 자기 집에 틀어박혀 문을 잠그고 숨어 있으니 빛을 알지 못한다'고 말한다. 고대 근동 사람들은 대개 진흙집에 살았다. 그런데 이 진흙집은 창문의 위치가 높고 그 넓이가 좁은 특성을 가지고 있어 문의 빗장만 잘 지르면 도둑이 쉽게 들어갈 수가 없었다. 하지만 벽은 흙으로 되어 있어 약하기 때문에 힘들이지 않고 뚫을 수 있었는데 당시의 도둑들은 거의 벽을 뚫고 집안으로 침입했다는 것이다(Rawlinson).

본절의 "광명을 알지 못하나니"란 말의 "알다"(יָדְעוּ)란 말은 지식적으로 아는 것을 말하지 않고 '경험적으로 아는 것'을 지칭한다. 그런고로 본절은 '경험을 통해 아는 것'을 의미한다. 따라서 본절은 '도적'의 삶이 빛과는 아무 상관이 없는 삶임을 나타낸다(K.&D., Rawlinson). 악인들은 빛을 싫어하여 어둠과 밀접한 교제를 나누며(요 1:5, 11) 살아간다.

욥 24:17. 그들은 아침을 죽음의 그늘 같이 여기니 죽음의 그늘의 두려움을 앎이니라.

욥은 '도둑들은 아침을 죽음의 그림자같이 여기니 이는 죽음의 그림자의 공포를 잘 알기 때문이라'고 말한다. 다시 말해 도둑들이 빛을 비춰주는 아침을 흑암같이 여긴다는 말은 흑암과 같이 싫어한다는 말이다. 도둑들은 그들의 악한 행위를 숨겨주는 어두움이 올수록 기뻐하면서 비로소 활동을 시작한다. 그들은 밤에 너무나도 익숙하여 밤의 두려움에 놀라지 않고 도리어 그런 위험을 미리 예견하고 피하는 것에 능숙하다(K.&D.). 그들은 어두움의 특성을 노련하게 이용하여 사람들의 집을 뚫고 재산을 훔치는 데 교묘하고 능란하다. 이와 같이 어둠에 깊이 빠졌기 때문에 그들은 빛과의 사귐을 갖지 못하는 것이다(고후 6:14).

욥 24:18. 그들은 물 위에 빨리 흘러가고 그들의 소유는 세상에서 저주를 받나니 그들이 다시는 포도원 길로 다니지 못할 것이라(You say, "They are swiftly carried away upon the face of the waters; their portion is cursed in the land; no treader turns toward their vineyards"-RSV. You say, " Swift are they on the face of the waters; their portion is cursed in the land; no treader turns toward their vineyards"-ESV).

욥은 본절부터 21절까지에서 욥의 세 친구의 주장을 인용한다. 이 부분(18-21절)이 욥의 세 친구의 주장인지 어떻게 알 수 있는가. 1) 이 부분(18-21절)에서 욥이 친구들의 인과응보론을 인용한 것을 보면 알 수 있다. 2) 또 이 부분이 욥의 세 친구의 주장이라고 몇몇 학자들이 주장한다(RSV, ESV, H.H. Rowley, 박윤선).

욥은 본절에서 세 친구의 인과응보론을 인용한다. 즉, '악한 사람은 홍수에 빨리 떠내려간다. 그의 소유에 하나님의 저주가 내리니 다시는 포도원에 갈 일이 없을 것이라'고 말한다. 욥의 세 친구는 현재는 하나님께서 악인을 번영토록 하시지만 때가 되면 철저히 멸망토록 하신다는 사실을 언급함으로써 악인의 번영 이면(裏面)에는 하나님의 오묘한 섭리가 개입되어 있음을 암시하고 있다.

욥 24:19. 가뭄과 더위가 눈 녹은 물을 곧 빼앗나니 스올이 범죄자에게도 그와 같이 하느니라.

욥의 세 친구의 주장을 여기 또 인용한다. 즉, '날이 가물고 무더워지면 눈 녹은 물을 곧 빼앗는 것 같이 죄인들도 그렇게 스올로 사라질 것이라'고 말한다. 본문의 "스올이 범죄자에게도 그와 같이 하느니라"는 말은 죽음이 악인을 빨리 채가고 만다는 뜻이다.

욥 24:20. 모태가 그를 잊어버리고 구더기가 그를 달게 먹을 것이라 그는 다시 기억되지 않을 것이니 불의가 나무처럼 꺾이리라.

욥의 세 친구는 '모태가 그를 잊어버리고 구더기가 그를 달게 먹을 것이다. 아무도 그를 다시 기억하지 않을 것이다. 악은 결국 잘린 나무처럼 멸망하고 말 것이라'고 말한다. 여기 "모태"란 말은 '그의 생모'를 지칭하는 말이다. 악인이 망하니 그의 생모조차 그를 잊어버리고 그 악인이 시신이 되어 땅에 묻히니 구더기가 그의 시신을 먹는다는 것이다(이상근).

욥 24:21. 그는 임신하지 못하는 여자를 박대하며 과부를 선대하지 아니하는도다.

욥의 세 친구는 '사악한 자는 과부를 등쳐먹고 자식 없는 여인을 학대했으니, 어찌 이런 일이 안 일어날 수 있겠느냐?'고 말한다. "임신하지 못하는 여자"는 불행한 여인으로 불쌍히 볼 대상이다. 그리고 "과부" 역시 불쌍한 여인으로 동정해야 할 사람이다(3절). 사악한 자는 이런 여인들을 동정하지 않고 학대한다.

욥 24:22. 그러나 하나님이 그의 능력으로 강포한 자들을 끌어내시나니 일어나는 자는 있어도 살아남을 확신은 없으리라(Yet God prolongs the life of the mighty by his power; they rise up when they despair of life-RSV, ESV)**.**

본절부터 25절까지에서는 위의 18-21절에 인용한 욥의 세 친구의 주장(인과응보론)과는 달리 욥 자신의 주장을 펼친다. 22-25절까지를 욥의 주장이라고 보는 이유는 18-21절의 인과응보론과는 다른 주장이 나타나고 있고, 또 본절 초두에 "그러나"라는 반어(yet, ו)가 나타나기 때문이다.

욥은 '그러나 하나님이 그의 능력으로 강포한 사람들을 보존시키는 것'을 말한다. 성경은 어디서든지 악인들의 생존과 형통함도 있다는 것을 말한다. 렘 12:1-2 참조. 악인들이 세상에서 그렇게 하나님의 보호를 받는 것은 그들이 세상에서 받는 분깃이다(시 17:13-15).

하반절("일어나는 자는 있어도 살아남을 확신은 없으리라"를 다시 번역해 보면 '살 소망이 없을 때에도 일어난다'고 번역해야 할 것이다)은 악인들이 살 소망이 없는데도 일어난다는 것을 말한다. 악인들의 세계에 이런 현상이 있는 것이 욥에게는 이상해 보였으나 악인들의 생존과 형통함도 있다는 것을 말한다. 태연하게 죄를 계속해서 지으면서도 도대체 왜 그들이 번영을 누릴 수 있는가가 욥에게는 수수께끼였다. 이에 대해 대부분의 학자들은 욥이 하나님의 공의에 의해 악인들에게 철저한 심판이 임할 것을 믿고는 있었으나 그러한 심판이 빨리 실현되지 않는 현실로 인해 심한 갈등과 고뇌에 빠져있는 것으로 추정한다.

욥 24:23. 하나님은 그에게 평안을 주시며 지탱해 주시나 그들의 길을 살피시도다.

욥은 '하나님이 악한 자들에게 안정을 주셔서 그들을 평안하도록 지탱해 주시지만 하나님은 그들의 행동을 낱낱이 살피신다'고 말한다. 하나님은 악인들에게 평안을 주셔서 잘 지내게 하시지만 결국 그들의 족적(足跡)을 살피신다는 것이다.

욥 24:24. 그들은 잠깐 동안 높아졌다가 천대를 받을 것이며 잘려 모아진 곡식 이삭처럼 되리라.

욥은 '악인들은 잠시 번영하고 높아졌다가 곧 사라질 것이며 풀처럼 마르고 시들며 곡식 이삭처럼 마를 것이라'고 말한다. 욥도 사람이 하나님의 공의의 심판을 피할 수는 없는 것을 말한다.

욥 24:25. 가령 그렇지 않을지라도 능히 내 말을 거짓되다고 지적하거나 내 말을 헛되게 만들 자 누구랴.

욥은 '내가 한 말을 거짓되다고 부인할 사람이 누구냐? 내가 한 말이 모두 진실이 아니라고 공격할 자가 누구란 말이냐?'고 말한다. 욥은 강하게 자기의 주장을 결론짓는다. 욥은 자신의 주장을 세 친구들이 주장한 인과응보론 주장보다 부족하다거나 거짓되어 허위적이라고 전적으로 부인할 사람이 어디 있느냐고 말한다. 욥의 주장이 세 친구들의 주장보다 하나님의 뜻을 더 잘 살핀 것임은 틀림없는 사실이다.

제 25 장

3. 빌닷의 3차 질문 25장

본장은 빌닷의 세 번째 질문으로서 세 친구들의 질문 중 마지막 질문에 해당된다. 빌닷은 높으신 하나님의 주권과 위엄, 그러나 그에 반해 낮은 인간에 대해 말하며 질문을 마친다. 빌닷은 욥의 날카로운 주장(24:1,12)에 대해서는 전혀 언급하지 않은 채 질문을 끝낸다.

욥 25:1. 수아 사람 빌닷이 대답하여 이르되.

본절 주해를 위해서는 2:11주해 참조하라. 빌닷이 이렇게 질문을 간략히 끝내는 것은 아마도 욥의 변론에 압도되어 단념 상태였던 것으로 보인다(이상근). 빌닷은 하나님 앞에서는 어느 누구도 자신의 의로움이나 순전함을 주장할 수 없다는 반복적인 주장을 펴고 있다.

욥 25:2. 하나님은 주권과 위엄을 가지셨고 높은 곳에서 화평을 베푸시느니라.

빌닷은 '하나님께서는 주권과 위엄을 가지고 계시며, 그분은 하늘 높은 곳에서 평화를 이루신다'고 말한다. 본절의 "주권"(הַמְשֵׁל)이란 '통치권' 혹은 '지배권'이란 뜻이다. 그리고 "위엄"(פַּחַד)이란 '모든 피조물에 대한 창조주 하나님의 절대적 통치' 혹은 '탁월'이란 뜻이다. "높은 곳"이란 말은 '하늘 위의 존재들이 거주하는 하늘'을 뜻한다. 그리고 빌닷이 "화평을 베푸신다"는 말을 했는데 이는 '하나님께 대항해서 일어났던 악한 세력들에 대하여 하나님께서 진압하신다'는 뜻이다(9:13; 26:12, Hartley, Rawlinson). 빌닷은 욥이 하나님께서 공의를 빨리 실천하지 않는다고 불평하는 것으로 보아 하나님의 통치를 받게 될 것으로 여겨 이 말을 사용한 것으로 보인다. 그러나 욥은 하나님께 불평은 하지 않았다.

욥 25:3. 그의 군대를 어찌 계수할 수 있으랴 그가 비추는 광명을 받지 않은 자가 누구냐.

빌닷은 '하나님께서 거느리시는 하늘의 군대를 누가 헤아릴 것인가? 하나님께서 비추시는 태양빛이 닿지 않는 곳이 세상에 어디에 있느냐?'고 말한다.

여기 "군대"란 말은 '하늘의 군대인 천사의 무리'를 지칭하는 말이다(시 68:17; 단 7:10). 빌닷이 본절에서 이 말을 하는 것은 욥을 반박하기 위함이다. 빌닷은 우리 인생이 하늘에 있는 천사들의 무리도 계산할 수 없는데 어떻게 감히 하나님의 의중을 다 알 수 있겠느냐는 것이다. 욥은 계속해서 세 친구들의 인과응보론을 반박하면서 하나님께서는 인과응보론 말고 딴 것으로 세상을 주장하신다고 계속해서 말한 것을 반박하기 위해 빌닷이 이 말을 한 것이다. 우리는 욥의 지혜와 명철이 세 친구들에 비해 월등한 것을 알 수 있다.

그리고 빌닷이 말한바 "그가 비추는 광명을 받지 않은 자가 누구냐"고 말한 것은 '하나님께서 비추시는 태양광의 혜택을 받지 않은 자가 세상에 어디 있느냐'는 말인데 이 말도 역시 욥을 반박하기 위하여 한 말이다. 빌닷은 인생은 스스로 의를 행할 수 없고 하나님의 은혜를 입을 때에만 의를 행할 수 있는 법인데 욥은 스스로 의를 행할 수 있다고 하니 빌닷은 욥을 이 말로 반박하는 것이다. 빌닷은 욥이 스스로 의로울 수 있고 또 스스로 의를 행할 수 있다고 주장하는 것을 이 말로 반박하는 것이다. 우리 인생은 빌닷의 말대로 하나님의 은혜를 입어야만 의를 행할 수 있다는 것은 사실이나 빌닷은 욥이 자기들보다 더 높은 차원의 신앙인임을 알지 못한 것이다.

욥 25:4. 그런즉 하나님 앞에서 사람이 어찌 의롭다 하며 여자에게서 난 자가 어찌 깨끗하다 하랴.

빌닷은 '사람이 하나님의 은혜를 입어야 의롭다 함을 얻을 수 있는 법인데 사람이 은혜를 입지 않고서는 어찌 사람이 하나님 앞에서 의롭다고 하겠으며,

여자에게서 태어난 사람이 어찌 깨끗하다고 하겠는가?'라고 말한다. 빌닷의 이 말은 바른 말이다. 사람은 하나님의 은혜가 아니고는 의롭다함을 얻을 수 없는 것은 사실이나 욥은 이미 의롭다함을 얻은 사람(1:1,8; 2:3)으로 빌닷 주장보다 더 높은 차원에 대해 말하고 있었던 것이다.

욥 25:5. 보라 그의 눈에는 달이라도 빛을 발하지 못하고 별도 빛나지 못하거든.

본절 초두에는 주의를 기울여 달라는 단어 "보라"(הֵן)라는 말이 나타나 본절을 아주 주의해서 보아야 하는 것이라고 주의를 시킨다. 빌닷은 '비록 달이라도 하나님에게는 그다지 밝은 것이 아니며 별들마저도 하나님이 보시기에는 청명하지 못한 것이라'고 말한다.

하나님께서 귀하게 창조하신 달과 별도 하나님 보시기에는 별로 밝지 못한데 죄악 된 욥이야 더 말할 것이 무엇이냐는 식이다. 다시 말해 욥이 의롭다고 하는 것은 말도 되지 않는다는 주장이다.

욥 25:6. 하물며 구더기 같은 사람, 벌레 같은 인생이랴.

빌닷은 '하물며 구더기 같은 인생, 벌레 같은 인생이야 말할 것이 무엇 있겠는가?'하고 말한다. 빌닷은 욥이 하나의 구더기 같은 인생, 벌레 같은 인생, 티끌 같은 인생(사 40:15), 안개 같은 인생(약 4:14)으로서 무엇이 깨끗하다고 자랑할 수 있겠느냐는 것이다. 그러나 하나님께서 욥을 깨끗한 인생이라고 하셨는데(1:1,8; 2:3) 빌닷은 감히 인생으로서 욥을 깎아내리려고 한다.

제 26 장

4. 빌닷의 3차 질문에 대한 욥의 대답 26-28장

빌닷의 마지막 질문은 아주 짧고(25:1-6) 간단했으나 거기에 대한 욥의 대답은 아주 길었고 직접적이었다(26-28장). 욥의 대답은 하나님의 큰 능력(26장), 무죄 선언(27장), 지혜의 찬미(28장)로 나누어진다(이상근).

ㄱ. 하나님은 무한한 능력을 가지고 계시다 26장

욥은 빌닷의 대답에 대하여 그 허구성을 지적했고(1-4절), 또 하나님의 크신 능력에 대하여 말한다(5-14절).

1-4절. 욥은 빌닷의 지혜의 허구성을 지적한다.

욥 26:1. 욥이 대답하여 이르되.

욥은 빌닷의 제 3차 질문(25:1-6)에 대해 길게 대답한다(26-28장). 욥은 이 긴 답변에서 반어법을 사용하고, 반복법과 비유법을 사용하여 항변을 전개해 나가고 있다. 욥은 빌닷의 변론이 고난을 당하고 있는 욥 자신에게 그 어떤 위로와 도움도 되지 못했음(2절)과 빌닷의 변론이 논리적 오류와 어리석음으로 이루어졌다는 것을 밝히고(3절), 빌닷의 변론이 욥의 문제와 상관이 없는 무가치한 것이었음을 말하고 있다(4절).

욥 26:2. 네가 힘없는 자를 참 잘도 도와 주는구나 기력 없는 팔을 참 잘도 구원하여 주는구나.

본절의 "힘없는 자"란 말과 "기력 없는 팔"이란 말은 동의어로 사용되어 욥이 장기간의 고난에 많이 지쳐 있음을 묘사하고 있음을 알 수 있다. 그리고 본절의 "도와주다"라는 말과 "구원하여 주다"라는 말도 역시 동의어로 사용되었다. 욥은 본절에서 빌닷의 변론이 욥 자신에게 아무런 도움이 되지 못했음을 역설적으로 드러내고 있다. 사람은 다른 이들에게 큰 도움을 줄 수 있는 사람들이 되어야 할 것이다.

욥 26:3. 지혜 없는 자를 참 잘도 가르치는구나 큰 지식을 참 잘도 자랑하는구나.

욥은 '너는 우둔한 나를 잘 가르쳐 주었고 네 지혜를 내게 잘 나누어 주었다'고 말한다. 욥은 빌닷의 인과응보론적 지식이 욥 자신에게 큰 가르침이 되었다고 역설적으로 말한다. 그리고 빌닷의 인과응보론적 지식이 빌닷 자신에게 하나의 자랑거리로 등장하고 있다고 말한다. 우리는 우리의 지식이 이웃에게 도움이 되도록 해야 할 것이다. 그저 자신만 드러내는 것이어서는 이웃에게 상처만 될 뿐이다.

욥 26:4. 네가 누구를 향하여 말하느냐 누구의 정신이 네게서 나왔느냐(With whose help have you uttered words, and whose spirit has come forth from you?-RSV. With whose help have you uttered words, and whose spirit has come forth from you?-ESV**).**

욥은 '네가 누구의 도움을 받아서 지금까지 말을 해왔으며, 누구의 영감이 네게서 나온 것이냐?'고 말한다. 다시 말해 '빌닷 너는 누구의 도움을 받아서 지금 까지 욥 나에게 말해온 것이냐? 네 신적인 영감이 누구에게서 와서 누구에게 간 것이냐'는 것이다. 본절의 "정신"이란 말은 '영감'이란 뜻이다. 결국 빌닷은 아무런 영감을 이웃에게 끼치지 못하고 있다는 것을 말한다. 빌닷은 욥에게도 아무런 좋은 영감을 끼쳐주지 못했다는 것을 드러낸다.

5-14절. 욥은 하나님의 크신 능력에 대하여 말한다.

욥 26:5. 죽은 자의 영들이 물 밑에서 떨며 물에서 사는 것들도 그러하도다.

욥은 '죽은 사람들의 영들(죽은 사람들의 영들, 음부에 거하는 악한 영들)이 큰물 밑(음부)에서 떨며 또 물에 사는 것들도 물 밑에서 떨고 있다'고 말한다. 여기 죽은 사람들의 영혼들이 음부로 내려가 하나님의 크신 능력 앞에서 떤다는 것을 말한다. 하나님은 우주 안의 어디(천상, 천하)를 막론하고 지배하고 계신다.

욥 26:6. 하나님 앞에서는 스올도 벗은 몸으로 드러나며 멸망도 가림이 없음이라.

욥은 '스올(무덤)도 하나님께는 훤하게 드러나고 멸망의 구덩이도 그분의 눈에는 가려지지 못한다'고 말한다. 본절은 하나님께서는 음부도 지배하신다는 것을 말한다. "멸망"(אֲבַדּוֹן)이란 말은 '악인이 거하는 음부'를 뜻한다. 음부는 하나님 앞에는 감출 수 없는 곳이다. 하나님께서 지배하시는 곳이다.

욥 26:7. 그는 북쪽을 허공에 펴시며 땅을 아무것도 없는 곳에 매다시며.

욥은 '하나님께서 북쪽 하늘을 허공에 펼쳐 놓으시고 이 지구 덩이를 빈 곳에 매달아 놓으셨다'고 말한다. 여기 "북쪽"이란 '북반구의 하늘'을 지칭하는 말이다. 이 표현은 하나님께서 북쪽 하늘만 주장하신다는 뜻이 아니라 하늘 전체를 주장하신다는 뜻이다.

그리고 "허공"이란 말은 '넓은 우주 공간'을 뜻하는 말이다. 하나님께서는 우주 전체를 우주 공간에 펼쳐 놓으셨다. 그리고 땅을 아무 것도 없는 곳에 매달아 놓으셨다. "펴시며"란 말은 장막을 펴시는 것처럼 하나님께서 우주 공간을 펴 놓으셨다는 뜻이다(사 40:22; 렘 10:12). 하나님께서는 원하시는 대로 우주를 배치하셨다.

욥 26:8. 물을 빽빽한 구름에 싸시나 그 밑의 구름이 찢어지지 아니하느니라.

욥은 '구름 속에 물을 채우고 계신 동안 물이 구름 밑으로 터져 나오지 못하게 막고 계시다가 물이 땅에 필요할 때에 물을 바로 땅 아래로 내려 보내시는 하나님이시라'고 말한다. 하나님은 물을 구름에 싸셨다가 땅에 물이 필요할 때는 구름을 찢으셔서 물을 땅에 부으신다는 것이다.

욥 26:9. 그는 보름달을 가리시고 자기의 구름을 그 위에 펴시며(He covers the face of the moon, and spreads over it his cloud-RSV. He covers the face of the full moon, and spreads over it his cloud-ESV).

욥은 '하나님께서는 구름으로 그의 보좌를 가리게 하셔서 사람에게 보이지 않게 하신다'는 것을 말한다. 욥은 본절을 통해 사람이 함부로 하나님의 보좌(왕상 10:19; 사 66:1)와 그 영광스러운 광채를 볼 수 없게 하신다는 것과 또 하나님께서 그의 오묘하신 섭리를 사람에게 숨기신다는 사실을 암시하고 있다. 본절은 하나님 세계의 신비를 말하고 있다.

욥 26:10. 수면에 경계를 그으시니 빛과 어둠이 함께 끝나는 곳이니라.

욥은 '하나님께서 물 위에 수평선을 만드시고, 빛과 어둠을 나누어 놓으셨다'고 말한다. 다시 말해 하나님께서 수면에 경계를 그으셨으며 빛과 어두움의 한계를 세우셨다는 것이다.

본절의 "경계"(חֹק)란 말은 '명확한 구분점' 또는 '뚜렷이 보이는 경계선'이란 뜻이다(K.&D.). 따라서 본절은 하나님께서 물을 궁창 위와 아래로 나누신 사실을 가리키는 것이다. 창 1:5,7주해 참조.

"빛과 어둠이 함께 끝나는 곳이니라"는 말은 '하나님께서 물을 궁창 위와 아래로 나누신 것처럼 땅에 빛과 어두움을 두셔서 낮과 밤을 교차하게 하신 것도 하나님의 지혜에 기초해 있다는 사실을 암시하고 있음'을 나타낸 표현이다(그랜드 종합 주석).

욥 26:11. 그가 꾸짖으신즉 하늘 기둥이 흔들리며 놀라느니라.

욥은 '하나님께서 꾸짖으시면, 하늘을 떠받치는 기둥이 흔들린다'고 말한다. 본절의 "그가 꾸짖으심"이란 번개와 뇌성 등을 발하신다는 것을 가리키며, 그 때 산들까지 진동한다는 시적 표현이다(시 18:7; 114:4). 그리고 본절의 "하늘 기둥"이란 하늘 높이 솟아있어 육지와 하늘이 접하는 산을 가리키며 그 산이 하늘을 받치고 있다는 시적 표현이다(K.&D., D.&G. Lange, 이상근).

욥 26:12. 그는 능력으로 바다를 잔잔하게 하시며 지혜로 라합을 깨뜨리시며.

욥은 '하나님께서 능력으로 바다를 잔잔하게 하시며 지혜로 라합을 쳐부수신다'고 말한다. 여기 "라합"은 '교만하고 사악한 자'를 지칭하고 사탄의 세력을 가리킨다. 하나님은 크신 권능과 지혜로 바다를 지배하시고 악의 세력도 지배하신다.

욥 26:13. 그의 입김으로 하늘을 맑게 하시고 손으로 날렵한 뱀을 무찌르시나니.

욥은 '하나님의 바람으로 하늘을 맑게 하시고 그분의 손으로 도망치는 바다 괴물을 찔러 죽이신다'고 말한다. 본절의 "그의 입김"이란 '하나님의 호흡' 또 '하나님의 바람'이란 뜻이다(RSV, ESV, K.&D.). 하나님은 그의 능력으로 하늘을 깨끗하게 단장하신다. "손으로 날렵한 뱀을 무찌르신다"는 말은 '손으로 사탄의 세력을 무찌르심'을 뜻한다(사 27:1; 계 20:4).

욥 26:14. 보라 이런 것들은 그의 행사의 단편일 뿐이요 우리가 그에게서 들은 것도 속삭이는 소리일 뿐이니 그의 큰 능력의 우렛소리를 누가 능히 헤아리랴.

본절 초두에 "보라"란 말이 등장하는 것은 본절이 아주 중요하니 주의해서 읽으라는 뜻으로 지금까지 말한 하나님의 행사가 하나님께서 행하시는 단편이라는 것이다.

본절의 뜻은 '보아라, 지금까지 예를 든 것은 그분이 행하시는 일의 일부일 뿐이며, 우리가 그분에게서 듣는 것은 세미한 소리에 지나지 않는다. 그가 행하시는 전체의 것은 누가 능히 이해하겠느냐?'는 것이다. 아무도 알 수 없다는 말이다.

제 27 장

ㄴ. 욥이 무죄를 선언하다 27장

욥이 한번 의롭다함을 받았으니(1:1,8; 2:3) 그는 영원히 자신이 의롭다고 주장한다. 그는 자신이 무죄한 사람임을 선언하고(1-12절), 악인들이 벌을 받을 것을 말한다(13-23절).

1) 욥이 무죄를 선언하다 27:1-12

욥은 의롭다하는 선언을 받았으니(1:1,8; 2:3) 그는 영원한 의인으로 자신은 무죄임을 선언한다.

욥 27:1. 욥이 또 풍자하여 이르되.

욥은 세 친구의 정죄 선언에 대해 항거하기 위해 풍자로 선언한다. 여기 "풍자"(מָשָׁלוֹ)란 말은 '비유', '속담', '격언'이란 뜻이다. 욥이 친구들의 정죄 선언에 대하여 풍자하여 대항한 것은 무엇인가 새롭고 확연하게 뜻을 드러나게 하기 위함이었을 것이다. "욥이 풍자로 말한 것은 욥의 말이 엄중하고 무게가 있으며 매우 교훈적이고 욥이 권세를 지닌 자로서 말하고 있음을"(Matthew Henry) 드러내기 위함이었다.

욥 27:2. 나의 정당함을 물리치신 하나님, 나의 영혼을 괴롭게 하신 전능자의 사심을 두고 맹세하노니(As God liveth, who hath taken away my judgment ; and the Almighty, who hath vexed my soul-KJV, As God lives, who has taken away my right, and the Almighty, who has made my soul bitter-RSV, ESV)**.**

욥은 '내가 살아 계신 하나님 앞에서 맹세한다. 그분께서는 나로 하여금 공정한 판결을 받지 못하게 하셨고, 전능하신 분께서 나를 몹시 괴롭게 하셨다' 고 말한다.

"하나님께서 분명히 살아계시다"(As God lives)는 말은 하나님 자신이 맹세할 때 흔히 사용하시던 형식이고(겔 14:16; 33:11), 또 사람들도 이런 형식을 사용하여 맹세를 했다(삼상 20:3; 25:26). 이 형식의 말이 히브리 원문에서는 제일 앞에 기록되어 "나의 정당함을 물리치신 하나님", "나의 영혼을 괴롭게 하신 전능자"라는 두 구절의 수식을 받고 있다.

"나의 정당함을 물리치신 하나님"이란 말은 욥이 친구들로부터 죄인으로 낙인찍힌 사실을 설명하는 말일 것이다(이상근). 본 구절의 해석을 두고 매튜 헨리(Matthew Henry)는 "하나님께서 욥의 정당함을 빼앗아 버리셨고, 그의 친구들이 욥의 계속되는 환란들을 근거로 끊임없이 그를 비난하는데도 하나님은 그 환란들을 거두지 않으심으로써 욥이 직접 나서서 자신의 결백을 증명할 기회를 앗아가 버리셨다고 말한다.

그리고 "나의 영혼을 괴롭게 하신 전능자"라는 말은 그의 육신과 영이 다 같이 괴롬에 빠졌다는 호소일 것이다(이상근).

욥 27:3. (나의 호흡이 아직 내 속에 완전히 있고 하나님의 숨결이 아직도 내 코에 있느니라).

앞절은 하나님께서 사시고 계시다는 것을 말했고 본절은 욥이 아직도 하나님이 주신 호흡을 하고 있다고 말한다. 욥은 본절을 통해 자신은 고난 속에서도 하나님의 은혜와 보호로 생명이 유지되고 있다는 사실을 알고 있기 때문에 하나님께서 자기를 죽이는 한이 있어도 전적으로 하나님을 신뢰하겠다는 의지를 드러내고 있다.

욥 27:4. 결코 내 입술이 불의를 말하지 아니하며 내 혀가 거짓을 말하지 아니하리라.

본절과 다음 절은 욥이 무엇을 맹세했는지를 보여준다. 욥은 '결코 내 입술이 불의를 말하지 아니하며 내가 혀를 가지고 있는 동안 거짓을 말하지 아니하겠다'고 말한다. 욥은 본절에서 친구들의 정죄를 정면으로 거부하는 것이다.

욥 27:5. 나는 결코 너희를 옳다 하지 아니하겠고 내가 죽기 전에는 나의 온전함을 버리지 아니할 것이라.

욥은 '나는 결코 너희가 옳다고 말할 수가 없고 나는 죽기까지 내 결백을 주장하겠다'고 말한다. 욥은 결코 친구들 주장인 인과응보론에 자신의 주장을 양해할 의향이 없음을 드러내고 있다. 욥은 아닌 것은 아니라고 말하는 사람이었다.

욥 27:6. 내가 내 공의를 굳게 잡고 놓지 아니하리니 내 마음이 나의 생애를 비웃지 아니하리라.

욥은 '자신이 의롭다고 믿는 믿음을 끝까지 버리지 않고 살아갈 것이며, 내 마음으로 내 생애의 삶을 비웃지 않고 살겠다'고 말한다. 욥은 지금까지 자신이 지녀왔던 의(義)를 과거와 현재뿐 아니라 앞으로도 계속 유지할 것이라는 사실을 매우 강하게 주장하고 있다. 욥은 하나님께 인정받을 만큼 순전하고 정직했으며 믿음도 신실했다(1:1,8; 2:3).

"내 마음이 나의 생애를 비웃지 아니하리라"는 말은 '욥이 마음으로 자신의 생애를 비난하지 않겠다'는 것이다. 그런고로 욥은 자신에게 비난과 정죄를 서슴지 않았던 친구들의 태도를 책망하면서 자신은 결코 어떤 양심의 가책이나 조금의 죄의식도 가지고 있지 않다는 사실을 강조하고 있다.

욥 27:7. 나의 원수는 악인 같이 되고 일어나 나를 치는 자는 불의한 자 같이 되기를 원하노라.

본절의 "나의 원수"라는 말과 "나를 치는 자"라는 말이 동의어인데 여기에서 이 원수들은 욥을 정죄하던 친구들을 지칭하는 말이다. 욥은 '내 원수들은 악한 자가 받는 댓가를 받기를 바라고, 나를 대적하는 자는 악인이 받을 벌을 받기를 원한다'고 말했는데 욥은 자기의 친구들이 악한 자들이 받는 댓가를 받기를 바란다는 것이다. 욥은 자기의 의를 강하게 변호하고 있는 것이다.

욥 27:8. 불경건한 자가 이익을 얻었으나 하나님이 그의 영혼을 거두실 때에는 무슨 희망이 있으랴.

욥은 '하나님이 경건하지 않은 자의 생명을 끊고, 그의 영혼을 불러 가실 때에, 무슨 희망이 있겠는가?'고 말한다. 본절을 통하여 욥은 악인의 궁극적 멸망을 말하고 있는데 욥의 이러한 주장은 악인이 반드시 이 세상에서 하나님의 징벌을 받아 멸망한다는 친구들의 현세적 인과응보론과는 분명히 차이가 있음을 알 수 있다.

욥 27:9. 환난이 그에게 닥칠 때에 하나님이 어찌 그의 부르짖음을 들으시랴.

욥은 '환난이 불경건한 자에게 닥칠 때에, 하나님이 그의 부르짖음을 들어 주시겠느냐?'고 말한다. 앞절에 표시된 불경건한 자들이 현세에서 고통을 받으나 그것을 무시하고 회개하지 않다가 하나님의 궁극적인 심판을 받을 때 비로소 하나님께 구원을 호소하지만 때가 이미 지났기 때문에 하나님께서는 듣지 않으신다는 것이다.

욥 27:10. 그가 어찌 전능자를 기뻐하겠느냐 항상 하나님께 부르짖겠느냐.

욥은 '불경건한 자들(사악한 자들)이 어찌 전능하신 분을 기뻐하겠으며 항상 하나님을 부르겠는가?'고 말한다. 사악한 자들은 하나님을 기뻐하지 않고 사는 것이 특징이니 어찌 전능자 하나님을 기뻐하겠으며 하나님을 부르짖는 삶을 살 것이냐는 것이다.

엘리바스는 욥에게 전능자를 기뻐하라고 충언했는데(22:26) 욥은 자신이 전능자를 기뻐하지 않는 사악한 자가 아니라는 사실을 역설적으로 강조함으로써 자신의 고통이 악한 자의 경우와 같이 죄의 결과가 아님을 명백히 드러내고 있다.

욥 27:11. 하나님의 솜씨를 내가 너희에게 가르칠 것이요 전능자에게 있는 것을 내가 숨기지 아니하리라(I will teach you concerning the hand of God; what is with the Almighty I will not conceal-RSV, ESV).

욥은 '날더러도 하나님의 응답이 얼마나 큰지 가르치라고 해 보아라. 전능하신 분께서 계획하신 바를 설명하라고 해 보라'고 말한다. 욥은 친구들의 질문에 항변했고, 저주했으며(7절), 이제는 하나님께서 하시는 일을 가르치겠다고 하며 하나님의 깊은 뜻을 드러내겠다고 말한다.

욥 27:12. 너희가 다 이것을 보았거늘 어찌하여 그토록 무익한 사람이 되었는고.

욥은 '하나님께서 하시는 일은 너희도 이미 알고 있는 것이 아니냐? 그런데 너희는 어찌하여 그처럼 터무니없는 말을 하느냐?'고 말한다. 욥의 친구들은 욥을 통하여 하나님께서 하시는 일을 다 보았는데 이제는 정도에서 벗어나 헛되이 생각하고 잘못 행동하고 있다는 것이다. 욥의 친구들은 자신과 같이 의인과 악인을 다루시는 하나님의 공의에 대해 아는 지식이 있었지만 현재 욥이 당하고 있는 고난을 보면서도 욥을 악인으로 정죄하는 잘못을 범했다는 사실을 지적하고 있는 것이다.

2) 악인이 보응을 받을 것이다 27:13-23

욥은 앞(1-12절)에서 자신의 무죄를 선언했는데 여기서는 악인이 받는 보응을 말하여 친구들에게 반격한다. 이 부분(13-23절)의 내용은 소발과 친구들의 앞선 발언과 거의 같다.[13] 그럼에도 이 부분을 욥의 대답이라고 여겨두는

13) 13절과 20:29, 14-15절과 5:4; 18:19; 20:10, 18절과 8:14-15, 20절과 20:28; 22:11; 18:11,14, 21절과 1:19, 22절과 16:13, 23절과 22:19을 비교하라(이상근).

것이 바람직할 것이다(Umbreit, K.&D. Lange, 이상근).

이 부분(13-23절)에서 악인에 대한 궁인 심판의 모습은 크게 세 가지로 분류된다. 먼저 13-15절은 악인들의 후손은 결국 징계를 받아 멸망 받음을 말하고, 16-19절은 악인의 재물은 결국 빼앗겨 없어진다는 것이며, 마지막으로 20-23절은 악인은 결국 비참한 징벌을 받아 비웃음과 조롱의 대상이 된다는 것을 말한다.

욥 27:13. 악인이 하나님께 얻을 분깃, 포악자가 전능자에게서 받을 산업은 이것이라.

본절의 "악인"이란 말과 "포악자"란 말은 동의어로 사용되었다. 그리고 "분깃"이란 말과 "산업"이란 말도 역시 동의어로 사용되어 악인이 받을 보응을 뜻한다. 본절의 "전능자"라는 단어의 뜻에 대해서는 21:15주를 참조하라. 악인과 포악자가 받을 산업은 다음절부터 나온다.

욥 27:14. 그의 자손은 번성하여도 칼을 위함이요 그의 후손은 음식물로 배부르지 못할 것이며.

욥은 '악인들(포악자들)의 자손이 아무리 많이 번성한다 해도 그들은 모두 전쟁에서나, 혹은 악인들에 의해 압제 당한 자들의 자손들의 복수를 받아 죽고 말 것이며, 그 악인들의 자손들은 결국 배불리 먹을 것을 얻지 못해 죽을 것이라'고 말한다. 악인들은 악인들에 의해 죽는다는 것이다.

욥 27:15. 그 남은 자들은 죽음의 병이 돌 때에 묻히리니 그들의 과부들이 울지 못할 것이며.

악인들(포악자들)의 자손들이 전쟁에서 죽고 또 기근에 죽은 다음 남은 자들은 죽음의 병(염병)에 걸려 죽는다는 것이다. 결국 악인들의 자손들은 이래저래 하나님의 심판에 의해 죽을 수밖에 없는 것이라는 것이다. 이렇게 죽게 되니 이들의 여인들(과부들)은 이들 비참한 남자들의 죽음에 어찌할 줄 몰라 울지도 못하고 그냥 보낸다는 것이다.

욥 27:16-17. 그가 비록 은을 티끌 같이 쌓고 의복을 진흙 같이 준비할지라도 그가 준비한 것을 의인이 입을 것이요 그의 은은 죄 없는 자가 차지할 것이며.

욥은 '악인들(포악자들)이 은을 티끌같이 많이 쌓고 의복을 많이 준비할지라도 악인들이 준비해 놓은 의복들을 의인들이 입을 것이요 악인들이 쌓아 놓은 것들은 죄 없는 자들이 사용할 것이라'고 말한다. 악인들이 악한 방법으로 많이 쌓아 놓은 재물들은 의인들에게 돌아가 사용되는 것이다.

욥 27:18. 그가 지은 집은 좀의 집 같고 파수꾼의 초막 같을 것이며.

욥은 '악인들(포악자들)이 아무리 알뜰하게 집을 지어도 너무 약해서 고작 거미줄 정도요, 아무리 살뜰하게 세워보아도 보기에 고작 파수꾼의 초막 정도로 보인다'고 말한다. 악인들이 아무리 집을 잘 짓는다고 견고하게 세워도 그 집은 훗날 폐허가 되어 좀이 가득하게 되고, 또 오두막처럼 힘없이 변하게 된다는 것이다.

욥 27:19. 부자로 누우려니와 다시는 그렇지 못할 것이요 눈을 뜬즉 아무것도 없으리라.

본절 상반절을 정확히 번역해 보면 '악인이 부자로 눕지만 그 이상은 아무 것도 못하리라'는 뜻이다. 즉, 악인이 밤에 갑작스런 죽음을 맞이하여 그의 생명에서 떠나고, 부귀에서 떠나버리고 만다는 뜻이다 (K.&D., Rawlinson, 그랜드 종합 주석).

"눈을 뜬즉 아무것도 없으리라"는 말은 악인 자신이 죽었다는 사실을 깨닫는 순간 자기에게 아무 것도 없다는 것을 발견하게 된다는 뜻이다. 그러므로 욥은 본절을 통해 아무리 많은 재산을 소유한 악인이라 할지라도 죽을 때 그것을 결코 가지고 가지 못한다는 사실을 부각시키고 있는 것이다(그랜드 종합 주석).

욥 27:20. 두려움이 물 같이 그에게 닥칠 것이요 폭풍이 밤에 그를 앗아갈 것이며.

욥은 '악인들(포악자들)에게는 두려움(미래에 닥칠 돌연한 재앙에 대한 공포)이 홍수같이 밀려들고 폭풍이 밤중에 그를 휩쓸어 갈 것이라'고 말한다. 악인에게 이와 같은 두려움이 생기는 이유는 자기가 행한 악행에 대한 하나님의 심판을 의식하기 때문이다. 욥은 본절에서 자신은 고난 가운데서도 두려워하지 않는다는 사실을 암시함으로써 자신은 친구들의 주장과 같이 죄인이 아님을 드러내고 있는 것이다.

욥 27:21. 동풍이 그를 들어올리리니 그는 사라질 것이며 그의 처소에서 그를 몰아내리라.

욥은 '동풍이 그 집에 불어와서 악인들이 살던 집에서 쓸어 갈 것이라'고 말한다. 여기 "동풍"(קָדִים)이란 '사막에서 불어오는 뜨겁고 건조한 바람'을 지칭하는데, 이 바람은 식물을 말려버리게 함으로써 땅을 황무하게 한다(창 41:23; 출 14:21). 이 회오리바람은 어떤 물건을 삼켜 날려버리듯이 그 존재 자체를 흔적도 없이 없애버린다는 것이다. 욥은 본절에서 악인이 하나님의 심판을 받아 완전히 파멸에 이르게 되리라는 것을 비유적으로 묘사한 것이다 (그랜드 종합 주석).

욥 27:22. 하나님은 그를 아끼지 아니하시고 던져 버릴 것이니 그의 손에서 도망치려고 힘쓰리라.

욥은 '하나님께서 악인들(포악자들)을 사정없이 던져 버리실 것이니, 악인들이 하나님의 손에서 필사적으로 도망치려 할 것이라'고 말한다. 표준 새번역은 문맥을 고려하여 악인들이 동풍으로 휩쓸려 쓸려 갈 것이라고 번역했다. 즉, "도망치려고 안간힘을 써도, 동쪽에서 오는 폭풍이 사정없이 불어 닥쳐서, 그들을 날려 버릴 것이다"라고 번역했다. 가능한 번역으로 본다.

본절의 "던져 버리다"(יַשְׁלֵךְ)라는 말은 '세게 내 던진다'는 뜻이다. 따라서 본절은 하나님께서 정하신 때가 되면 더 이상 악인들에게 자비와 긍휼을 베풀지 아니하시고 그들을 완전히 멸망시키신다는 뜻이다.

욥 27:23. 사람들은 그를 바라보며 손뼉치고 그의 처소에서 그를 비웃으리라.

욥은 '악인들이 하나님의 심판을 받을 때 사람들은 그들을 바라보며 손뼉을 치고 자신들의 처소에서 악인들을 비웃으리라'고 말한다. 본절의 뜻은 악인들이 세상에서 한 때는 잘 지내지만 하나님의 때가 되면 하나님께서 더 이상 참으시지 않고 멸하신다는 것을 말한다. 그때가 되면 사람들은 자기들이 거하는 처소에서 그 악인들을 경멸하고 멸시한다는 것이다.

제 28 장

ㄷ. 욥이 하나님의 지혜를 찬미하다 28장

본장은 욥이 지혜를 찬미한 것을 기록한 부분이다. 28장의 내용은 참 지혜는 세상에서 찾지 못하고(1-22절), 하나님께 있다는 것을 말하고 있다 (22-28절).

1) 지혜는 세상에서 찾지 못 한다 28:1-22

참 지혜는 세상에서 찾지도 못하고(1-11절), 또 얻지도 못한다는 것이다 (12-22절).

1-11절. 지혜는 세상에서 찾지 못한다.

욥 28:1. 은(銀)이 나는 곳이 있고 금(金)을 제련하는 곳이 있으며.

본절에서부터 11절까지는 지혜는 세상에서 찾지 못한다는 것을 말하기 위해 지구상에서 귀한 금속들이 나는 곳이 있고 제련하는 곳을 나열하고 있다. 욥은 '은을 캐는 광산이 있고, 금을 제련하는 제련소도 있다'고 말한다. "제련한다"는 말은 광석이나 원료를 용광로에서 녹여서 함유된 금속을 뽑아내어 정제하는 것을 말한다.

욥 28:2. 철(鐵)은 흙에서 캐내고 동(銅)은 돌에서 녹여 얻느니라.

철은 흙에서 캐내며 구리는 광석을 녹여서 얻는다는 것이다. 욥이 "철은 흙에서 캐낸다"고 말한 것은 당시 가나안 땅에서 흙 전체가 거의 철이다 싶을 정도로 많았기 때문에 생긴 말이다(신 8:9). 그리고 "동은 돌에서 녹여 얻는다"는 말은 팔레스틴은 동(구리)의 주산지였는데(신 8:9), 메소포다미아를 비롯해 에돔과 시내반도 등지에서도 많이 산출되었다.

욥 28:3. 사람은 어둠을 뚫고 모든 것을 끝까지 탐지하여 어둠과 죽음의 그늘에 있는 광석도 탐지하되.

욥은 '광부들은 캄캄한 막장까지 파고 들어가서 땅 속이 아무리 캄캄해도 그 캄캄한 구석구석에서 광석을 캐어 낸다'고 말한다. 본절의 두 개의 어둠이란 낱말 중 둘째 단어인 "어둠"(אֹפֶל)이란 말은 '아주 짙은 어두움'을 뜻하며, 그 다음 "죽음"이란 낱말은 '죽음의 어두움'이란 뜻이다. 그러니까 아주 짙은 어두움 속에서 광석을 찾아낸다는 뜻이다. 그렇게 짙은 어두움에서도 지혜를 발견할 수 없다는 것을 말한다.

욥 28:4. 그는 사람이 사는 곳에서 멀리 떠나 갱도를 깊이 뚫고 발길이 닿지 않는 곳 사람이 없는 곳에 매달려 흔들리느니라.

욥은 '사람들이 사는데서 멀리 떨어져 발길이 닿지 않는 곳에 갱도를 파고서 사람에게서 떨어져 줄을 타고 내려가서 흔들거리며 일한다'고 말한다. 이렇게 깊이 들어가도 거기에서 지혜를 발견할 수 없다는 것이다.

욥 28:5. 음식은 땅으로부터 나오나 그 밑은 불처럼 변하였도다.

욥은 '땅 위에서는 음식물이 자라지만 땅 속은 같은 땅인데도 용암으로 들끓고 있다'고 말한다. 이렇게 땅 깊이 용암이 들끓고 있는 곳까지 내려가 보아도 거기에서 지혜를 찾을 수 없다는 것을 말한다.

욥 28:6. 그 돌에는 청옥이 있고 사금도 있으며.

욥은 '바위에는 청옥(사파이어)이 있고 돌가루에는 금이 섞여 있다'고 말한다. 청옥은 당시 높은 가치를 지닌 보석으로 알려져 왕관의 장식이나 대제사장이 입는 옷의 가슴 장식으로 사용되었다(출 28:18; 겔 28:13). 그리고 사금은 바위나 모래 속에 내포되어 있는 작은 입자의 금을 지칭하는 말이다(그랜드 종합 주석).

욥 28:7. 그 길은 솔개도 알지 못하고 매의 눈도 보지 못하며.

욥은 '솔개도 거기에 이르는 길을 알지 못하고, 매의 날카로운 눈도 그 길을 찾지 못한다'고 말한다. 솔개나 매는 짐승 중에 시력이 가장 뛰어난 날 짐승으로 알려져 있는데 이들까지도 땅 속의 보화를 찾아낼 수 없다는 것으로 인간의 시력이 보다 우수한 것을 말하는 것이다.

욥 28:8. 용맹스러운 짐승도 밟지 못하였고 사나운 사자도 그리로 지나가지 못하였느니라.

욥은 '용맹스러운 맹수도 거기에 발을 들여놓은 일이 없고 무서운 사자도 그 곳을 밟아 본 적이 없다'고 말한다. 맹수나 사자도 거기에 발을 들여놓은 일이 없고 사자도 그곳을 밟아 본 적이 없다는 말로 인간의 지식이 탁월하다는 것을 드러낸다.

욥 28:9. 사람이 굳은 바위에 손을 대고 산을 뿌리까지 뒤엎으며.

욥은 '광부들은 굳은 바위를 깨고 산을 그 밑뿌리까지 파들어 간다'고 말한다. 이렇게 산 밑뿌리까지 파고 들어가도 거기에는 지혜가 없다는 것을 드러낸다.

욥 28:10. 반석에 수로를 터서 각종 보물을 눈으로 발견하고.

욥은 '광부들은 바위에 굴을 뚫어서, 각종 진귀한 보물을 찾아낸다'라고 말한다. 광부들이 바위에 굴을 뚫어서 각종 진귀한 보물을 찾아낸다는 말은 깊은 갱 속에 고여 있거나 흐르는 물, 즉 채광 작업에 방해가 되는 물이나 물의 흐름을 제거하기 위해 수로를 변경하거나 암석에 새롭게 수로를 만드는 것을 의미하는데(K.&D.) 광부들이 그렇게 수고해도 거기에서 지혜를 구할 수 없다는 것이다.

욥 28:11. 누수를 막아 스며 나가지 않게 하고 감추어져 있던 것을 밝은 데로

끌어내느니라(He dams up the streams so that they do not trickle, and the thing that is hidden he brings out to light-ESV).

욥은 '광부들은 시냇물이 스며드는 곳(갱도 속의 수로)을 막아 채광 작업에 물이 떨어지지 않게 하고, 바위 속에 감추어졌던 보석을 채취하여 밝은 데로 끌어낸다'고 말한다. 광부들이 이렇게 힘들게 일해도 거기에서도 역시 지혜를 발견할 수 없다는 것을 드러낸다.

12-22절. 지혜는 세상에서 얻지 못한다.

욥 28:12. 그러나 지혜는 어디서 얻으며 명철이 있는 곳은 어디인고.

욥은 '그러나 지혜는 어디서 찾으며 명철이 있는 곳은 어디인가'라고 말한다. 지하에 있는 보석을 채취하는 것이 매우 힘든 일이지만 그 과정 속에서 보석을 얻을 수 있다는 의미이다. 그런데 참 지혜와 명철은 그런 보석보다 중요한 것으로서 어디서 얻을 수 있겠는가 하는 것이다. 이 참 지혜는 결코 인간의 노력으로는 구할 수 없다는 것이다. 그 이유는 참 지혜는 오직 하나님에게서만 나오기 때문이다(23절). "지혜"란 사물의 본질에 대한 심오한 지각을 말하는 것이며, "명철"이란 사물의 본성을 이해하고 꿰뚫어 볼 수 있는 능력을 의미한다(K.&D.).

욥 28:13. 그 길을 사람이 알지 못하나니 사람 사는 땅에서는 찾을 수 없구나.

욥은 '사람이 지혜의 가치를 알지 못하나니 사람이 사는 땅에서는 찾을 수 없다'고 말한다. 보석은 이 세상에서 발견할 수 있으나 지혜는 이 세상에서 발견되는 것이 아니라는 것이다. 따라서 욥은 지혜는 우주와 인생의 영역을 넘어서 하나님에게 속한 초월적인 것이라는 것을 드러내고 있다.

욥 28:14. 깊은 물이 이르기를 내 속에 있지 아니하다 하며 바다가 이르기를 나와 함께 있지 아니하다 하느니라.

욥은 '가장 깊은 대양도 이르기를 지혜가 내 안에 있지 않다고 말하며,

넓은 바다 역시 지혜가 나와 함께 있지 않다'고 말한다. 지혜란 하나님을 참되게 경외하는 사람만이 하나님으로부터 얻을 수 있는 것이다(23절).

욥 28:15. 순금으로도 바꿀 수 없고 은을 달아도 그 값을 당하지 못하리니.

욥은 '지혜는 순금과도 바꿀 수 없으며 은을 달아주어도 그 값을 감당하지 못한다'고 말한다. 세상의 어떤 보석으로도 지혜가 가지고 있는 가치를 살 수 없는 것이다. 그런고로 우리는 지혜를 얻기 위해 먼저 우리 자신이 심히도 무지함을 하나님에게 아뢰어야 할 것이며 하나님에게 적극적으로 지혜를 구해야 할 것이다.

욥 28:16. 오빌의 금이나 귀한 청옥수나 남보석으로도 그 값을 당하지 못하겠고.

욥은 당시 최고의 보석(오빌의 금, 청옥수, 남보석)으로도 지혜보다 귀하지 못했다고 말한다. "오빌"이란 곳은 유명한 금 생산지였다(22:24; 대상 29:4). "청옥수"는 연한 녹색의 녹보석이며 아주 귀한 보석으로 간주되었다. 청옥수는 그 자체에서 나오는 빛의 우아함과 정결함 때문에 매우 귀한 장식품으로 취급되었다. 특히 이 청옥수는 제사장의 의복을 장식할 때 사용되는 중요한 보석이었다(출 28:20).

남보석에 대해서는 6절 주해 참조. 이런 보석으로도 지혜는 살 수 없었다는 것이다. 그런데 우리는 귀한 보석으로도 살 수 없는 지혜를 하나님으로부터 얻게 되었으니 얼마나 감사한 일인지 모른다.

욥 28:17. 황금이나 수정이라도 비교할 수 없고 정금 장식품으로도 바꿀 수 없으며.

욥은 '지혜를 금과 유리와 비교할 수 없으며 순금 장식으로도 그것을 바꿀 수 없다'고 말한다. 아무튼 세상의 그 어떤 보석보다도 더 값진 것이다. 그런데도 혹자들은 이런 지혜보다 다이아몬드 반지나 명품 가방 하나를 귀하게 여겨 자랑한다.

욥 28:18. 진주와 벽옥으로도 비길 수 없나니 지혜의 값은 산호보다 귀하구나.

욥은 본절에서 보석 세 개를 또 꺼낸다. 즉, 진주와 벽옥 그리고 산호를 꺼내 그것들보다 지혜가 말할 수 없이 귀하다고 말한다.

욥 28:19. 구스의 황옥으로도 비교할 수 없고 순금으로도 그 값을 헤아리지 못하리라.

욥은 '에티오피아의 황옥(토파즈)으로도 지혜와 비교할 수 없고, 정금으로도 지혜의 값을 헤아리지 못한다'고 말한다. 이렇게 귀하다고 했으니 지혜 구하기를 보석보다 더 귀한 것으로 알아 구해야 할 것이다.

"황옥"(פִּטְדָה)이란 '황녹색을 띤 귀감람석'으로도 알려져 있다(출 28:17; 39:10). "구스"라는 곳은 '이디오피나'(Ethiopia)나 혹은 아라비아 동남쪽에도 같은 이름으로 불리는 곳이 있다(이상근). "순금"이란 곧 '정금'을 지칭하는 말이다.

욥 28:20. 그런즉 지혜는 어디서 오며 명철이 머무는 곳은 어디인고.

욥은 '그렇다면 지혜는 어디에서 오며 명철이 있는 장소는 어디인가?'라고 말한다. 본절은 12절과 같다. 해당 주해 참조.

욥 28:21. 모든 생물의 눈에 숨겨졌고 공중의 새에게 가려졌으며.

욥은 '모든 생물의 눈에 숨겨져 있고 공중의 새에게도 숨겨져 있다'고 말한다. 지구상에 살고 있는 모든 생물들의 눈에는 지혜가 보이지 않고, 눈이 밝다고 소문 난 모든 새들도 지혜를 볼 수 없다는 것이다.

욥 28:22. 멸망과 사망도 이르기를 우리가 귀로 그 소문은 들었다 하느니라.

욥은 '멸망의 구덩이에 들어 있는 시신들도 지혜를 두고 이르기를 "지혜라는 것이 있기는 있다는 소문을 듣긴 들었으나 자세히 알 수는 없다"고 말한다'는 것이다. 그러나 그 시신들은 대부분 지혜가 있다는 소문은 들었으나 실제로 지혜를 소유한 적은 없었다. 본절의 "멸망"이란 말과 "사망"이란 말은 동의어로 '음부의 시신들'을 지칭하는 말이다(7:9 주해 참조).

2) 지혜의 근본은 하나님이시다 28:23-28

욥은 하나님께서 지혜의 근본이심을 찬양한다. 지혜는 세상 어디에서도 찾을 수 없고, 그 어떤 인간적인 방법을 사용해도 얻을 수 없는 가장 귀한 것으로서 그 지혜의 귀중성에 대해 욥이 앞 단락(1-22절)에서 설명하다가 결국은 해결하지 못하고 이 부분(23-28절)에 와서 지혜의 근본이 하나님이심을 알고 하나님을 찬양한다.

욥 28:23. 하나님이 그 길을 아시며 있는 곳을 아시나니(God understands the way to it, and he knows its place-RSV, ESV).

욥은 '하나님만이 지혜를 얻는 방법을 아시며 지혜가 어디에 있는지를 아신다'고 말한다. 욥은 지혜를 구하는 인간의 모든 노력이 실패하고 나서 하나님만이 우리가 지혜에 이르는 방법을 아신다고 말한다. 그리고 하나님만이 지혜가 있는 곳을 아신다고 말한다. 우리는 하나님께서 가르쳐주시는 방법을 따라 가야 할 것이다.

욥 28:24. 이는 그가 땅 끝까지 감찰하시며 온 천하를 살피시며(For he looks to the ends of the earth, and sees everything under the heavens-RSV, ESV).

본절부터 26절까지에 걸쳐 하나님만 지혜를 얻는 방법을 아시는(앞절) 이유(כִּי)가 제시된다. 하나님만이 지혜를 얻는 방법을 아시는 이유는 첫째, 하나님은 전지하시기 때문이다. 욥은 본절에서 '오직 그분만이 땅 끝까지 살피실 수 있으시며, 하늘 아래에 있는 모든 것을 보실 수 있기 때문이라'고 말한다. 하나님은 모르시는 것이 없으신 분이시다. 본절의 "땅 끝"이란 말과

"온 천하"란 말은 동의어로 사용되었고, "감찰하신다"는 말과 "살피신다"는 말도 동의어로 사용되었다. 하나님은 천상천하에 모르시는 것이 없으시기 때문에 하나님만이 지혜를 얻는 방법을 아신다는 것이다.

욥 28:25. 바람의 무게를 정하시며 물의 분량을 정하시며.

하나님만이 지혜를 얻는 방법을 아시는(23절) 둘째 이유는 본절과 다음절(26절)에 진술되어 있다. 그것은 바로 하나님께서 전능하시기 때문이라는 것이다. 욥은 본절에서 '하나님께서 바람의 세기를 정하시고 물의 분량을 달아 보내신다'고 말한다. 욥은 세상의 모든 자연 법칙이 하나님께서 계획하신 섭리대로 진행된다는 사실을 제시함으로써 인간이 하나님을 경배하고 그분 앞에 순종하는 자세만이 하나님으로부터 지혜를 얻는 지름길이라는 것을 알려 주고 있다.

욥 28:26. 비 내리는 법칙을 정하시고 비구름의 길과 우레의 법칙을 만드셨음이라(when he made a decree for the rain, and a way for the lightning of the thunder-RSV, ESV)**.**

본절은 앞절과 더불어 하나님께서 전능하시기 때문에 인간이 지혜를 얻을 수 있다는 것을 말한다. 욥은 본절에서 '하나님께서 비 내리는 규칙과 천둥 번개가 치는 길을 정하셨다'고 말한다. 다시 말해 비의 시작과 끝, 비의 양을 하나의 법칙으로 제정하셨다는 것이다(잠 8:29; 렘 5:22). 그래서 하나님께서는 비가 언제쯤 내리고 언제쯤 그칠 것인지 또 얼마만큼 내릴 것인지 모두 알고 계신다. 본절은 하나님을 경배하고 하나님 앞에 순종하는 자세만이 하나님으로부터 지혜를 얻는 지름길이라는 사실을 일깨우고 있다.

"우레의 법칙을 만드셨음이라"는 말은 하나님께서 뇌성과 번개의 경로와 기원을 정하셨다는 의미이다. 이와 같이 하나님의 지혜는 그의 창조 행위 속에서 완벽하게 정하시며 하나님의 계시 안에서 일정한 법칙으로 표출된다(J. E. Hartley). 하나님의 지혜는 일반적인 자연 법칙 안에서 매우 분명하게 드러난다.

욥 28:27. 그 때에 그가 보시고 선포하시며 굳게 세우시며 탐구하셨고(then he saw it and declared it; he established it, and searched it out-RSV, ESV)**.**

본절 초두의 "그 때에"란 말은 앞에서 이미 언급한 바와 같이 '하나님께서 창조하신 때'(D.&G., Lange, Rawlinson)를 지칭한다. 사실 하나님께서 세상을 창조하시고 자연의 법칙을 정하실 때 그 모든 것을 하나님의 지혜에 기초해서 세우셨다(잠 8:23-31). 따라서 하나님의 말씀으로 창조된 세상 만물은 모두 하나님의 능력과 지혜를 나타내는 것이다(시 8:1; 19:1; 72:19, 그랜드 종합 주석). 욥은 본절에서 '바로 그 때에 그분께서, 지혜를 보시고, 지혜를 칭찬하시고, 지혜를 튼튼하게 세우시고, 지혜를 시험해 보셨다'고 말한다.

하나님께서 "지혜를 보시고 선포하셨다"는 말씀은 하나님께서 위와 같이 자연은 자연법으로, 동물들은 본능으로, 인간은 양심과 이성으로 지배하시는데 그것이 곧 하나님 지혜의 선포이다. 그리고 법칙을 확정하사 변동이 없게 하시고, 모든 생물과 피조물의 구석구석까지 그 법칙으로 된 것을 살피셔서 예외가 없게 하신 것이다(이상근).

욥 28:28. 또 사람에게 말씀하셨도다 보라 주를 경외함이 지혜요 악을 떠남이 명철이니라.

욥은 '그런 다음에 하나님은 사람에게 말씀하셨다. 주님을 경외하는 것이 지혜요, 악을 멀리하는 것이 슬기라'고 하셨다. 하나님께서 지혜로 창조하시고 또 지혜를 선포하셨을 뿐 아니라 인간이 지혜를 얻으려면 하나님을 경외해야 하며 또 악을 떠나야 한다고 하셨다(잠 1:7; 시 111:10). 이 사실이 참으로 중요한 일이니 하나님은 "보라"는 말씀으로 주의를 기울이게 하셨다. 하나님을 떠나 지혜를 찾는 일은 무의미한 일이다.

제 29 장

5. 욥이 독백하다 29-31장,

이 부분(29-31장)은 욥의 독백을 기록한 부분이다. 29장은 과거에 복을 받았을 때의 일을 기록한 것이고, 30장은 현재의 비참상을 기록한 것이며, 31장은 욥 자신이 무죄한 사람이라는 것을 기록한 것이다.

ㄱ. 욥이 과거를 회고하다 29장

욥은 과거 행복했던 시절을 회고한다. 욥은 과거 행복했던 날을 그리워하고(1-10절), 그를 행복하게 만들었던 의로운 삶을 고백하며(11-17절), 앞으로 아름답게 끝날 것을 소망하는 내용(18-25절)을 기록한다.

1) 행복했던 과거를 회고하다 29:1-10

욥은 지난날 행복했던 시절을 많이 그리워한다. 그 때에는 여러 가지로 행복했음을 그리워하는 말로 채우고 있다.

욥 29:1. 욥이 풍자하여 이르되(And Job again took up his discourse, and said-RSV).

욥은 마지막으로 과거의 좋았던 날을 고백하는데 있어 풍자('비유', '속담', '격언'이란 뜻이다)를 사용하여 말한다. 욥은 그의 말을 비유로 말하여 더욱 풍성하게 만든다. 본절의 "풍자"란 말의 해석을 위해 27:1 주해를 참조하라.

욥 29:2. 나는 지난 세월과 하나님이 나를 보호하시던 때가 다시 오기를 원하노라.

본절의 "지난 세월"이란 말과 "하나님이 나를 보호하시던 때"란 말은 동의어이다. 다시 말해 지난 세월에는 하나님께서 욥 자신을 보호하시던 때였다고 말한다. 그렇다고 지금 하나님께서 욥을 보호하지 않으시는 것은 아니다. 사실 지금도 여전히 하나님께서는 욥을 보호하시며 단련하고 계셨다. 그러나 욥은 예전처럼 하나님께서 욥 자신을 보호하시던 때가 다시 돌아오기를 간절히 바라고 있었다.

욥 29:3. 그 때에는 그의 등불이 내 머리에 비치었고 내가 그의 빛을 힘입어 암흑에서도 걸어다녔느니라.

욥은 다시 과거를 회고하면서 '그 때에는 하나님께서 하나님의 등불로 내 머리 위를 비추어 내 머리를 밝게 해주셨고, 빛으로 앞을 밝히 인도해 주시는 대로, 내가 암흑천지 같은 세상을 활보했다'고 말한다. 오늘 우리는 성경의 계시와 성령님께서 우리의 등불인줄 알아야 할 것이다.

욥 29:4. 내가 원기 왕성하던 날과 같이 지내기를 원하노라 그 때에는 하나님이 내 장막에 기름을 발라 주셨도다.

욥은 "지난 세월"과 "하나님께서 자신을 보호하시던 때"(2절)를 그리워했는데 본절에서는 '그 세월이 원기 왕성하던 시절'이라고 말한다. '그는 그의 과거가 원기 왕성하던 장년의 세월로서 그 때와 같이 지내기를 원한다'고 말한다.

"그 때에는 하나님께서 내 장막에 기름을 발라 주셨다"고 말한다. "하나님께서 내 장막에 기름을 발라 주셨다"는 말은 '욥 자신이 재앙을 당하기 전에는 하나님께서 욥과 함께 하셨다'는 것을 뜻하는 말이다. 다시 말해 하나님께서 욥 자신의 가정을 보호하시고 복을 내리셨다는 사실을 나타내는 말이다.

욥 29:5. 그 때에는 전능자가 아직도 나와 함께 계셨으며 나의 젊은이들이

나를 둘러 있었으며.

욥은 '그 때에는 전능하신 분께서 나와 함께 계시고, 내 자녀들도 나와 함께 있었다'는 뜻이다. 하나님께서 욥과 함께 하실 때에는 욥의 열 자녀들이 욥을 둘러있었다는 것이다. 뒤집어 말하면 하나님께서 떠나시니 욥의 열 자녀들도 욥을 떠났다는 것이다.

욥 29:6. 젖으로 내 발자취를 씻으며 바위가 나를 위하여 기름 시내를 쏟아냈으며.

욥은 '젖소와 양들이 젖을 많이 내어서 내 발이 젖으로 흠뻑 젖었고, 자갈밭에서 자란 올리브 나무에서는 올리브기름이 강물처럼 흘러 나왔지'라고 독백한다. 욥의 집안은 젖과 기름이 풍성했다는 것을 드러낸다. 신 32:13 참조. 욥의 집안은 과거에 믿음도 충만했지만 물질도 풍성했다는 것이다. 그러나 욥은 물질이 풍부했다고 해서 하나님을 떠난 적은 없었다(31:24). 31:24에 "만일 내가 내 소망을 금에다 두고 순금에게 너는 내 의뢰하는 바라 하였던가"라고 했다. 욥은 물질 때문에 마음이 흔들린 적은 없었다.

욥 29:7. 그 때에는 내가 나가서 성문에 이르기도 하며 내 자리를 거리에 마련하기도 하였느니라.

욥은 '내가 잘 나가던 옛날에는 내가 성문 안 광장에 나가거나 혹은 광장에 자리를 잡고 앉으면 백성들은 나를 위해 자리를 만들고 상좌에 모셔서 백성의 일을 주관하게 했다'고 말한다. 욥이 성문 안 광장에 나가거나 혹은 광장에 나가 자리를 잡았을 때 백성들이 욥을 위해 자리를 잡아 주었던 것을 보면 그 성에서 지위가 상당했던 장로였을 것으로 보인다.

욥 29:8. 나를 보고 젊은이들은 숨으며 노인들은 일어나서 서며.

욥은 '젊은이들은 나를 보고 비켜서고 나를 보고 존경을 표했고 노인들은 일어나서 내게 인사했지 않았는가'라며 과거를 회고한다. 욥은 당시에 마을에서도 의롭게 산 덕에 존경의 대상이었다.

욥 29:9. 유지들은 말을 삼가고 손으로 입을 가리며.

욥은 '성읍의 관리들은 내가 나타나는 경우 자기들의 말을 조심했고 내 앞에서 말을 조심했다'고 말한다. 성읍의 유지들까지 말을 조심한 것을 보면 욥이 상당한 영향력이 있었다는 것을 보여준다.

욥 29:10. 지도자들은 말소리를 낮추었으니 그들의 혀가 입천장에 붙었느니라.

욥은 '내가 성읍의 광장에 나타나면 성읍의 유지들은 말소리를 낮추었고 그들의 혀를 함부로 놀리지 않았다'고 말한다. 욥이 상당한 권위가 있었음을 보여준다.

2) 욥이 인자와 의롭던 날을 회고하다 29:11-17

욥이 백성들의 존경을 받은 이유는 그가 가난하고 어려운 백성들을 대할 때 인자하게 또 의롭게 대했기 때문임을 회고한다.

욥 29:11. 귀가 들은즉 나를 축복하고 눈이 본즉 나를 증언하였나니.

욥은 '내가 들어보면 사람들은 내가 한 일을 칭찬했고 내 눈으로 보는 사람들은 내가 한 일을 기꺼이 자랑하고 다녔다'고 말한다. 이런 여론은 욥을 비난했던 세 친구가 완전히 엉터리였음을 보여준다.

욥 29:12. 이는 부르짖는 빈민과 도와 줄 자 없는 고아를 내가 건졌음이라 (because I delivered the poor who cried for help, and the fatherless who had none to help him-ESV).

욥은 '이는 내가 도움을 청하기 위하여 울부짖었던 가난한 자들과 의지할 데 없는 고아를 구해 주었기 때문이라'고 말한다. 욥이 백성들로부터 존경을 받은(앞절) 이유는 욥이 가난하고 어려운 백성들을 인자와 공의로 대했기 때문이었다는 것이다. 본절은 욥이 못되게 살았다는 친구들의 말을 정면으로 반박하는 말이다. 친구들의 정죄는 아무 근거 없는 것이었다.

욥 29:13. 망하게 된 자도 나를 위하여 복을 빌었으며 과부의 마음이 나로 말미암아 기뻐 노래하였느니라.

욥은 '망하게 된 자도 내가 구원해주었기 때문에 나를 위해 복을 빌어주었으며 또 내가 과부를 구원해 주었기 때문에 과부의 마음도 기뻐 노래하게 되었다'고 회고한다. 욥의 세 친구들은 욥이 고난당하는 이유가 고아들과 과부들을 학대했기 때문이라고 정죄했는데(22:9) 이에 대해 욥은 본절을 통해 고아들과 과부들을 학대한 것이 아니라 오히려 그들에게 많은 도움을 준 것을 회고함으로써 세 친구들의 욥에 대한 정죄가 모함이었음을 드러낸다. 오늘 우리는 모함하는 입장에 서서는 안 된다는 것을 알 수 있다. 우리는 남들을 돕는 입장에 서야 하는 것이다.

욥 29:14. 내가 의를 옷으로 삼아 입었으며 나의 정의는 겉옷과 모자 같았느니라.

본절의 "의"라는 말과 "정의"라는 말은 동의어로 쓰였다. 욥은 본절에서 '나는 늘 정의를 실천했고, 매사를 공평하게 처리했다'고 회고한다. 옷이나 겉옷이나 모자도 몸에 붙이는 것처럼 욥은 언제나 정의를 실천했고 모든 일을 공평하게 처리했다는 것을 회고한다. 오늘 우리는 항상 그리스도로 옷 입고 사는 사람들이 되어야 하겠다(사 11:5; 59:17; 롬 13:4).

욥 29:15. 나는 맹인의 눈도 되고 다리 저는 사람의 발도 되고.

욥은 '나는 앞을 못 보는 이를 위해서 눈이 되어 주었고, 발을 저는 이에게는 발이 되어 주었다'고 회고한다. 하나님께서는 맹인들과 절뚝발이들에게 자비를 베풀지 않는 것을 죄로 규정하셨는데(신 17:18) 욥은 이들을 도왔다고 회고한다.

욥 29:16. 빈궁한 자의 아버지도 되며 내가 모르는 사람의 송사를 돌보아 주었으며.

욥은 '내가 가난한 자들을 돕는 아버지 역할도 해주었고 내 자신이 전혀 아는 바 없는 사람의 억울한 일도 돌보아 주었다'고 회고한다. "내가 모르는 사람"이란 '낯선 자'를 뜻하는 말이고, "돌보아 주다"라는 말은 '어떤 일을 끝까지 살펴 진실을 규명한다'는 뜻이다. 이 말은 욥이 일을 사실하여 공정하게 처리해 주었다는 것을 뜻하는 말이다.

욥 29:17. 불의한 자의 턱뼈를 부수고 노획한 물건을 그 잇새에서 빼내었느니라.

욥은 '악을 행하는 자들의 턱뼈를 부서뜨리고 그들에게 희생당하는 사람들을 그들의 잇 사이에서 빼내어 주었다'고 회고했다. 여기 "턱뼈를 부수었다"는 말은 '강한 힘이나 권세를 부숴주었다'는 뜻이다. 그리고 "그 잇새에서 빼내었다"란 말은 '그 악인에게 겁탈되는 희생자를 구출하여 냈다는 것'을 뜻하는 말이다.

3) 욥이 선종(善終)을 소망하다 29:18-25

욥은 위와 같이(11-17절) 의롭게 생활을 하다가 그의 마지막은 아름답게 마치기를 소망한다.

욥 29:18. 내가 스스로 말하기를 나는 내 보금자리에서 숨을 거두며 나의 날은 모래알 같이 많으리라 하였느니라.

욥은 '나는 늘 죽을 때까지 이렇게 내 보금자리에서 건장하게 사는 중 소털처럼 많은 나날 불사조(不死鳥)처럼 오래오래 살고 싶다'고 소망했다. 그 후 욥은 근 200세의 장수를 누렸다(42:16 주해 참조).

욥 29:19. 내 뿌리는 물로 뻗어나가고 이슬이 내 가지에서 밤을 지내고 갈

것이며.

욥은 그의 번영 상을 싱싱한 나무에 비하여 말한다. 즉, '내 뿌리는 물을 향해 뻗어 나가고, 내 가지에는 밤새도록 이슬이 내리길 소망했다'고 말한다. 다시 말해 욥의 뿌리는 시내로 뻗어 충분한 수분을 얻고(시 1:3; 렘 17:7-8), 그 가지와 잎은 밤이 맞도록 밤이슬을 맞아 윤택하기를 소망했다. 이 소망 그대로 욥은 훗날 신앙이 크게 성장했고 소득이 많아졌으며 자녀들도 역시 잘 되었다(42장).

욥 29:20. 내 영광은 내게 새로워지고 내 손에서 내 화살이 끊이지 않았노라.

욥은 '하나님께서 나에게 주시는 영광이 나에게 점점 새로워지고, 내 손 안에 하나님께서 주시는 힘(창 49:24; 삼상 2:4)이 더해 가기를 기대했다'고 말한다. 욥은 훗날 과연 이전보다 더 영광스럽게 되었고 더 강력해졌다(42:12-17).

욥 29:21. 무리는 내 말을 듣고 희망을 걸었으며 내가 가르칠 때에 잠잠하였노라.

욥은 '사람들은 기대를 가지고 내가 가르치는 교훈을 듣기 위해 매우 진지한 태도를 보였으며, 내 의견을 들으려고 잠잠히 기다렸다'고 말한다. 욥은 자기 앞에서 백성들이 잠잠했던 것(8-10절)을 다시 말한다. 다시 말해 욥이 공중 앞에서 교훈을 주거나 재판을 하면 무리는 잠잠히 그의 말을 청종하고 기쁘게 순종했다는 것이다.

욥 29:22. 내가 말한 후에는 그들이 말을 거듭하지 못하였나니 나의 말이 그들에게 스며들었음이라.

욥은 '내가 말을 마치면 그들은 다시 뒷말을 하지 않고 내 말은 그들 위에 큰 영향력을 발휘하여 잠잠하였다'고 말한다. 이렇게 무리들이 잠잠했던 이유는 그들이 욥의 말에 만족했기 때문이다. 욥의 말에는 지혜와 권위가 넘쳤었다.

욥 29:23. 그들은 비를 기다리듯 나를 기다렸으며 봄비를 맞이하듯 입을 벌렸느니라.

욥은 '사람들은 내 말 기다리기를 단비를 기다리듯 하였고, 농부가 봄비를 기뻐하듯이 내 말을 기쁘게 받아들였다'고 말한다. 욥의 청중들은 욥의 입에서 말이 떨어지기를 농부들이 비를 기다리듯 간절히 기다렸다는 것이다.

욥 29:24. 그들이 의지 없을 때에 내가 미소하면 그들이 나의 얼굴빛을 무색하게 아니하였느니라.

욥은 '그들이 어려운 일을 당하여 의지할 곳이 없을 때에 내가 미소를 띠고 동정만 해도 그들은 힘을 얻고 위로를 얻었으며 내가 웃는 얼굴을 하면 그들은 새로운 용기를 얻었다'고 말한다. 그리고 그들도 결코 욥을 섭섭하게 하거나 괄시하지는 않았다는 것이다(이상근).

욥 29:25. 내가 그들의 길을 택하여 주고 으뜸되는 자리에 앉았나니 왕이 군대 중에 있는 것과도 같았고 애곡하는 자를 위로하는 사람과도 같았느니라.

욥은 '내 자신이 어쩔 줄 모르는 무리의 길을 택하여 주면 나는 마치 군대를 거느린 왕처럼 슬퍼하는 사람을 위로해 주는 사람과도 같았다'고 말한다. 욥은 백성들에게 큰 영향을 끼치는 사람이 되었다.

제 30 장

ㄴ. 욥이 현재의 자신의 비참을 바라보다 30장

욥은 회고할 만큼 좋았던 과거(29장)와 대조가 되는 현재의 비참 상을 폭로한다. 본장의 내용은 욥을 비웃는 사람들의 조소(1-15절), 참담한 현실(16-23절), 욥의 호소가 응답되지 않고 있는 것(24-31절)을 말한다.

1) 욥을 낮추보는 자들이 욥을 조소하다 30:1-15

이 부분(1-15절)은 욥을 낮추보는 자들이 욥을 비웃었던 것을 진술한다. 욥을 낮추보는 자들은 욥이 보기에 연소하고 비천한 자들이었다.

욥 30:1. 그러나 이제는 나보다 젊은 자들이 나를 비웃는구나 그들의 아비들은 내가 보기에 내 양 떼를 지키는 개 중에도 둘 만하지 못한 자들이니라.

본절 초두의 "그러나"라는 말은 욥이 의롭게 살던 지난날(11-17절)과 욥이 마지막으로 아름답게 마칠 것을 기대했던(18-25절) 때와는 전혀 반대되는 현실을 비교하기 위하여 내놓은 "그러나"이다. 그러나 지금의 현실은 아주 비참하다는 것을 말한다. 즉, '그러나 이제 나보다 나이 어린 사람들이 나를 비웃고 있구나. 그들의 아비들은 내가 내 양떼를 지키는 개들과 함께 둘 값어치도 없는 사람들이라'고 말한다.

욥은 이전에 소년들과 노인들과 고귀한 자들로부터 존경을 받았던 자신(29:8-10)이 이제는 젊은이들과 비천한 자들에까지 천대 받는 처지가 된 것을 매우 한탄하고 있다. 본절의 "비웃다"(שָׂחַק)는 말은 단순히 말로 조롱하는 것만이 아니라 무례하게 행동함을 뜻하는 말이다. "개 중에도 둘 만하지 못한 자들이니라"는 말은 욥을 비웃는 자들의 아버지들을 천박하고 파렴치한 자들로 비난하는 비유적 표현이다.

욥 30:2. 그들의 기력이 쇠잔하였으니 그들의 손의 힘이 내게 무슨 소용이 있으랴.

여기 "그들"이 누구냐를 두고 견해가 갈린다. 1) 1절의 "아비들"을 가리킨다는 견해(D.&G., Rawlinson, 박윤선, 이상근). 2) "젊은 자들"을 가리킨다는 견해(Anderson, Smick, K.&D., Lange). 2)번의 견해가 타당한 것으로 보인다. 이유는 2-8절에 이어지는 긴 내용은 젊은 자들에 대한 설명으로 보는 것이 바를 것이다. 이러한 긴 보조적인 설명을 통해 욥은 자신이 당한 수모의 강도를 선명하게 표현한다. 욥은 '젊은이들의 기력이 쇠하여서 쓸모가 없는 자들이라'고 말한다.

욥 30:3. 그들은 곧 궁핍과 기근으로 인하여 파리하며 캄캄하고 메마른 땅에서 마른 흙을 씹으며.

욥은 '그 젊은이들은 가난과 굶주림에 허덕여서 몰골이 흉하며, 메마른 땅과 황무지에서 풀뿌리나 씹는 사람들이라'고 말한다. 여기 그 젊은이들은 영적으로 타락해서 부패한 자들이고 육신적으로도 가난하고 굶주림에 허덕여서 몰골이 흉하게 된 자들이라고 한다. 그리고 그들은 기근으로 인해 파리하며 어두운 데를 헤매고 다닌다는 것이다. 그리고 "메마른 땅에서 마른 흙을 씹는다"는 말은 '굶주림 때문에 나무뿌리나 풀뿌리를 캐서 흙이 묻어 있는 그대로 그것을 씹는 모습을 묘사한 것이다.

욥 30:4. 떨기나무 가운데에서 짠 나물을 꺾으며 대싸리 뿌리로 먹을거리를 삼느니라.

본절도 역시 욥을 조롱하는 패역한 자들이 처한 극한 빈곤 상태를 묘사하는 장면이다. 그들 젊은이들은 "떨기나무 가운데에서 짠 나물을 꺾으며"사는 사람들을 묘사한다. "떨기나무 가운데에서 짠 나물을 꺾으며 산다는" 말은 '덤불 속에서 해변의 늪지에서 자라는 해초(海草)를 꺾어 식물로 삼고 산다'는 뜻이다. 그리고 "대싸리 뿌리로 먹을거리를 삼는다"는 말도 역시 극히 가난한 자들이 흉년이 들었을 때 먹을 수 없는 이런 음식물로 연명한다(K.&D., Lange)는 뜻이다.

욥 30:5. 무리가 그들에게 소리를 지름으로 도둑 같이 사람들 가운데에서 쫓겨나서.

욥은 '그 젊은이들은 사람 사회에 끼지 못하여 이 동네 저 동네에서 쫓겨나고, 사람들이 마치 도둑을 쫓듯이 그들에게 "도둑이다"라고 소리를 질러 쫓아 버리곤 하였다'고 말한다. 욥은 이런 젊은이들에게조차 멸시와 천대를 당하고 있다는 것이었다. 참으로 비참에 비참을 겪고 있었다.

욥 30:6. 침침한 골짜기와 흙구덩이와 바위굴에서 살며.

욥은 '그 젊은이들은 급류에 움푹 파인 골짜기에서 지내고, 땅굴이나 동굴에서 살고 있는 사람들이라'고 말한다. 본절은 사회에서 버림받은 패역한 자들이 마땅히 거할 곳을 찾지 못하고 들짐승과 같이 사람들의 눈길을 피하여 살고 있는 모습을 드러낸 상징적 표현이다(시 104:35; 잠 10:30).

욥 30:7. 떨기나무 가운데에서 부르짖으며 가시나무 아래에 모여 있느니라.

욥은 '그 젊은이들이 짐승처럼 덤불 속에서 움츠리고 살거나 가시나무 밑에 몰려서 웅크리고 살던 사람들이라'고 말한다. 이들은 악행으로 하나님과 사람들로부터 버림받은 사람들이 겪어야 할 고통과 비참함이 어떠함을 분명하게 보여주고 있다.

욥 30:8. 그들은 본래 미련한 자의 자식이요 이름 없는 자들의 자식으로서 고토에서 쫓겨난 자들이니라.

욥은 '그 젊은이들은 어리석은 자의 자식들이었고 이름도 없는 자의 자식들로서, 회초리를 맞고 제 고장에서 쫓겨난 자들이라'고 말한다. 여기 "미련한 자의 자식"이란 말은 '하나님을 모르며 도덕적으로 타락한 자'를 가리키는 말이다. 그리고 "이름 없는 자들의 자식"이란 말은 '가문의 뿌리가 없는 자의 자식'이란 뜻이다. 이들은 사회에서 많은 냉대와 조롱을 받는 사람들을 가리키는 상징적 묘사이다. 그리고 "고토에서 쫓겨난 자들"이란 말은 사회에서 버림받은 하찮은 존재, 다시 말해 그들이 행한 악행으로 인해 고향의 많은 고향사람들로부터 배척받은 패역한 존재라는 뜻이다.

욥 30:9. 이제는 그들이 나를 노래로 조롱하며 내가 그들의 놀림거리가 되었으며.

욥은 '그런데 이제는 그런 자들이 돌아와서 나를 비웃는구나. 내가 그들의 말거리가 되어 버렸다'고 말한다. 욥이 과거에는 모든 이들의 존경을 받았는데 이제는 비천한 방랑자들에게조차 조롱받는 입장이 된 자신의 상황을 한탄한 것이다.

본절의 "놀림거리"(מִלָּה)라는 말은 '어떤 사람과 멀리 떨어져 숨어서 그를 비난하고 비웃는 말을 하는 것'을 뜻한다. 이는 욥이 아주 비천한 자들로부터 심한 경멸과 모욕을 받고 있음을 나타내는 말이다. 욥은 실제로 자기에게 닥친 재앙보다 더 큰 고통을 받고 있었던 것이다.

욥 30:10. 그들이 나를 미워하여 멀리 하고 서슴지 않고 내 얼굴에 침을 뱉는도다.

욥은 '그 젊은이들이 나를 꺼려 멀리하고 혹시 가까운 거리에 서게 되면 서슴지 않고 나의 얼굴에 침을 뱉는다'고 말한다. "얼굴에 침을 뱉는다"는 것은 모욕을 주는 표였다(사 50:6; 마 27:30).

욥 30:11. 이는 하나님이 내 활시위를 늘어지게 하시고 나를 곤고하게 하심으로

무리가 내 앞에서 굴레를 벗었음이니라(Because God has loosed my cord and humbled me, they have cast off restraint in my presence-RSV, ESV).

욥은 '하나님께서 내 육체를 연약하게 하시고 나를 무기력하게 하시니, 그들이 고삐 풀린 말처럼 내 앞에서 날뛰는구나'라고 말한다. 욥은 하나님께서 자기의 육체를 연약하게 하셨고 무기력하게 하신 것으로 알았다. 이렇게 자기가 당한 것이 하나님에게서 온 것인 줄 알았기에 이 극심한 고통을 해결해 주시라고 하나님께 호소했다(10:2; 23:3-6). 모든 일이 우연히 된 줄로 믿는 사람들은 기도하지 않지만 하나님으로부터 온 줄 인식하는 욥과 같은 사람들은 소망이 있는 사람이다. 이유는 그런 사람은 기도하기 때문이다.

"무리가 내 앞에서 굴레를 벗었음이니라"는 말은 '욥을 비난하는 사람들이 욥을 그냥 비난하도록 하나님께서 그들을 억압 상태로부터 풀어 자유를 얻게 해주셨다'는 뜻이다.

욥 30:12. 그들이 내 오른쪽에서 일어나 내 발에 덫을 놓으며 나를 대적하여 길을 에워싸며.

욥은 '그 천한 무리가 내 오른쪽에서 떼 지어 일어나 나를 대항하려고 내가 걷는 길에 덫을 놓고 나를 파멸시키려고 포위망을 좁히고 있다'고 말한다.

저들은 이제 욥을 적극적으로 대항하며 욥을 해치려고 한다. 즉, 오른쪽에서 일어나 욥의 발에 덫을 놓은 것은 재판석에서 원고가 피고의 오른 편에 서서 피고를 공격하는 위치였다. 그들은 욥의 발을 밀뜨려 넘어지게 하고 욥을 망하게 할 여러 방법을 마련하는 것이었다.

욥 30:13. 그들이 내 길을 헐고 내 재앙을 재촉하는데도 도울 자가 없구나(They break up my path, they promote my calamity; no one restrains them-RSV, ESV).

욥은 '그 낮은 무리들이 내가 도망가는 길마저 막아 버렸다. 그들이 나를 파멸시키려고 하는데도 그들을 막을 사람이 아무도 없다'고 말한다. 그 낮은 무리는 욥을 대항하고 욥이 나가는 길을 헐고 막으며 욥의 재앙을 더욱 가중시켰다.

욥 30:14. 그들은 성을 파괴하고 그 파괴한 가운데로 몰려드는 것 같이 내게로 달려드니.

욥은 '그 낮은 무리는 성벽을 뚫고 그 뚫린 틈으로 물밀듯 들어와서 성난 파도처럼 내게 달려든다'고 말한다. 욥의 대적들이 욥을 공격하는 모습(앞절)이 마치 군대가 적군의 성을 파괴하고 그 길로 달려드는 것 같이 한다는 것이다. 욥은 그 젊은이들의 공격이 지나쳤다는 것을 말한다.

욥 30:15. 순식간에 공포가 나를 에워싸고 그들이 내 품위를 바람 같이 날려 버리니 나의 구원은 구름 같이 지나가 버렸구나.

욥은 '그 젊은이들의 공격이 심하여 순식간에 공포가 나를 에워싸서 나는 벌벌 떨게 되었고 내 위엄은 간곳없이 사라졌으며 구원의 희망은 뜬구름이 사라지듯 감쪽같이 없어졌다'고 말한다. 오늘 우리는 세상 영광과 위신은 순식간에 사라지니 항상 하나님만 바라보아야 할 것이다.

2) 욥은 현재에 참담함을 느끼다 30:16-23

욥은 현재 육체적으로 참담함을 느끼는데도 하나님께서는 욥을 돌보아 주시지 않으신다는 것이다.

욥 30:16. 이제는 내 생명이 내 속에서 녹으니 환난 날이 나를 사로잡음이라 (And now my soul is poured out within me; days of affliction have taken hold of me-RSV, ESV).

욥은 '나는 이제 기력이 쇠하여 죽을 지경에 이르렀다. 지금까지 나는 괴로운 나날들에 사로잡혀서 편하게 쉬지 못하였다'고 말한다.

본절의 "녹으니"(תִּשְׁתַּפֵּךְ)란 말은 '엎지르다', '소비하다'란 뜻으로 욥의 계속되는 고통으로 인해 모든 기력이 소비되고 삶에 대한 소망마저 완전히 소진된 상태를 말한다. 따라서 본절은 욥이 육체적, 정신적으로 그의 대적들로부터 받은 괴로움과 고통으로 인해 거의 죽게 된 상태에 이른 것을 묘사하는 것이다(그랜드 종합 주석).

욥 30:17. 밤이 되면 내 뼈가 쑤시니 나의 아픔이 쉬지 아니하는구나(The night racks my bones, and the pain that gnaws me takes no rest-RSV)**.**

욥은 '밤에는 뼈가 쑤시고 뼈를 깎는 아픔이 그치지 않는다'고 말한다. 여기 "밤이 되면 내 뼈가 쑤시니"라는 말을 직역하면 "밤이 내 뼈를 쑤시니"라고 번역되는데 이는 밤이 되면 더욱 심화되는 욥의 육체의 고통을 마치 밤이 상처를 건드리어 육체의 고통을 더욱 심화시키는 것처럼 비유적으로 표현한 것이다(그랜드 종합 주석).

욥 30:18. 그가 큰 능력으로 나의 옷을 떨쳐 버리시며 나의 옷깃처럼 나를 휘어잡으시는구나.

욥은 '하나님께서 크신 능력으로 내 옷을 쥐어 잡아당기시고 옷깃처럼 나를 휘어 감으신다'고 말한다. 본절은 욥이 악창으로(1:7) 볼품없이 된 것을 묘사하는 말이다. 악창에서 나오는 고름이 옷에 붙어 옷과 고름이 하나가 되어 추한 의복처럼 되어 몸에 붙어 있다는 은유적 표현이다(Matthew Henry). 욥은 자신에게 닥친 재앙이 하나님에 의해 주어졌다는 것을 밝히고 있는데, 이는 하나님을 원망하기 위함이 아니라 자기가 받고 있는 고난 속에 하나님의 특별한 섭리가 개입되어 있음을 드러내기 위함이다. 오늘도 이렇게 우리의 고난이 하나님으로부터 왔음을 아는 사람은 하나님에게 기도로 매달리게 되니 소망이 있음을 알 수 있다.

욥 30:19. 하나님이 나를 진흙 가운데 던지셨고 나를 티끌과 재 같게 하셨구나.

욥은 '하나님이 나를 진흙 속에 던지시니, 나를 진흙이나 재 같게 하셨다'고 말한다. 본절의 "진흙"이란 욥이 현재 당하고 있는 재앙과 불행의 극심한 상태를 나타내는 상징적 표현이다(사 10:6; 미 7:10). 그리고 "던지셨다"(הֹרָנִי)는 말은 '겨누다', '쏘다'라는 뜻을 나타내는 말인데, 이는 어느 한 대상을 지적하여 치명적인 타격을 가하는 것을 의미한다(K.&D.). 따라서 본절은 욥 자신이 고통의 밑바닥까지 떨어졌다는 것을 드러낸다.

욥 30:20. 내가 주께 부르짖으나 주께서 대답하지 아니하시오며 내가 섰사오나 주께서 나를 돌아보지 아니하시나이다.

욥은 '내가 주께 부르짖어도 주님은 응답하지 않으시며 내가 서서 기도를 드리나 주님은 응답하시지 않고 보고만 계십니다'라고 말한다. 욥은 비참한 상황을 만나 하나님께 부르짖어도 하나님께서는 아무 응답도 하시지 않으신다는 것이다(19:7; 23:3-9). 이처럼 답답한 일이 또 있을까. 그러나 우리는 하나님께서 의인의 간구를 외면하시지 않는다는 것을 알고 쉬지 말고 기도해서 응답을 받아야 할 것이다(시 34:15; 벧전 3:12).

욥 30:21. 주께서 돌이켜 내게 잔혹하게 하시고 힘 있는 손으로 나를 대적하시나이다.

욥은 '주님이 나를 잔혹하게 대하시며 주님의 권능의 손으로 나를 대적하십니다'라고 말한다. 주님의 잔혹성은 잔혹함을 위함이 아니라 더 매달리라는 뜻으로 알고 더욱 매달려야 한다.

욥 30:22. 나를 바람 위에 들어 불려가게 하시며 무서운 힘으로 나를 던져 버리시나이다.

욥은 '하나님께서 나를 들어 올려서 바람에 날리게 하시며, 태풍에 휩쓸려서 흔적도 없이 사라지게 하십니다'라고 말한다. 본절은 욥을 바람 앞에 있는 존재로 묘사한다. 바람 앞에 있는 인간은 힘이 없다. 우리는 바람보다 강하신 주님을 붙들어야 한다.

욥 30:23. 내가 아나이다 주께서 나를 죽게 하사 모든 생물을 위하여 정한 집으로 돌려보내시리이다.

욥은 '나는 알고 있습니다. 주님께서는 나를 죽음으로 몰아넣고 계십니다. 나를 끝내 살아있는 모든 사람들이 다 함께 만나는 그 죽음의 집(음부)으로 돌아가게 하십니다'고 말한다. 욥은 이제 주님께서 자신의 기도도 듣지 않으시고 또 건강도 주시지 않는다면 자기의 앞날에 펼쳐질 것은 죽음밖에 없다는 것을 알고 있다. 욥은 이제 자기 앞에는 죽음만이 남아 있다고 말한다.

3) 욥의 호소가 응답되지 않고 있다 30:24-31

욥은 재난 중에서 하나님 앞에 부르짖었으나 욥에게 돌아온 것은 하나님의 응답이 아닌 재난과 세 친구들의 비아냥거림이었다.

욥 30:24. 그러나 사람이 넘어질 때에 어찌 손을 펴지 아니하며 재앙을 당할 때에 어찌 도움을 부르짖지 아니하리이까.

욥은 '그러나 사람이 환난 속에서 어찌 손을 내밀지 않으며, 재앙 속에서 도움을 구하려고 부르짖지 않겠는가?'라고 말한다. 사람은 누구나 재앙을 만나면 주님께 부르짖어 도움을 기대할 수밖에 없는 것이다.

욥 30:25. 고생의 날을 보내는 자를 위하여 내가 울지 아니하였는가 빈궁한 자를 위하여 내 마음에 근심하지 아니하였는가.

욥은 '내가 고생의 날들을 보내는 자를 위해 울지 않았던가? 내 영혼이 빈궁한 자를 위해 내 마음에 근심하지 않았던가?'라고 말한다. 욥은 과거에 어려움을 만난 사람들을 도왔는데 이제 자신이 어려움을 당하니 아무도 돕지 아니하고 하나님께서도 응답하지 않으신다고 안타까워한다.

욥 30:26. 내가 복을 바랐더니 화가 왔고 광명을 기다렸더니 흑암이 왔구나.

본절의 "복"과 "광명"이란 말은 동의어로 사용되었고, "화"와 "흑암"이란 단어도 동의어로 사용되었다. 욥은 '내가 복을 바랐는데 화가 왔고, 내가 빛을 고대했으나 어둠이 찾아왔다'고 말한다. 욥의 사정은 점점 악화되었다는 것이다. 그러나 일이 이렇게 된 것은 하나님의 계획이었다. 하나님께서는 욥에게 더욱 빛나는 신앙을 주시기 위함이었고 더 나은 복을 주기 원하셨다.

욥 30:27. 내 마음이 들끓어 고요함이 없구나 환난 날이 내게 임하였구나.

욥은 '내 마음이 들끓어 고요함을 잃었구나, 하루도 고통스럽지 않은 날이 없이 복잡하게 살아왔다'고 말한다. 욥의 감정은 혼란을 거듭했고, 환난에 빠진 것을 알게 되었다.

욥 30:28. 나는 햇볕에 쬐지 않고도 검어진 피부를 가지고 걸으며 회중 가운데 서서 도움을 부르짖고 있느니라.

욥은 '나는 햇빛도 비치지 않는 그늘진 곳으로만 침울하게 돌아다니다가 검어진 피부를 가지고 살았으며 사람들이 모여 있는 곳에 이르면 도와 달라고 애걸이나 하는 사람이 되고 말았다'고 말한다.

본절의 "나는 햇볕에 쬐지 않고도 검어진 피부를 가지고 걸었다"는 말은 '슬픔과 고난을 당한 자의 얼굴이 어둡게 되는 것'을 묘사하는 표현이다. 그리고 "검어진 피부"란 '슬퍼하는 사람의 얼굴 색'을 지칭하는 말이다(시 119:83; 애 5:10).

욥 30:29. 나는 이리의 형제요 타조의 벗이로구나.

욥은 '나는 이제 이리의 형제가 되었고, 타조의 친구가 되어 버렸구나. 나는 내 목소리가 구슬프고 외롭게 들리는구나'라고 말한다. 욥은 육체적 고통과 정신적 고통으로 인하여 목소리마저 이리와 타조처럼 구슬퍼졌다고 말한다. 이리와 타조는 그 울음소리 때문에 흔히 슬픔과 고독을 상징하는 동물로 인식되었다(미 1:8).

욥 30:30. 나를 덮고 있는 피부는 검어졌고 내 뼈는 열기로 말미암아 탔구나.

욥은 자신의 몸의 악창으로 인하여 자신을 덮고 있는 피부가 검어지게 되었고, 또 욥 자신의 뼈가 악창으로 인하여 타는 듯한 아픔을 느낄 뿐 아니라 이 병이 점점 발전되면 나중에는 허리가 끊어지는 것 같은 통증을 자주 느낀다는 것이다(Rawlinson).

욥 30:31. 내 수금은 통곡이 되었고 내 피리는 애곡이 되었구나.

이제 욥은 완전히 딴 사람이 되고 말았다. 과거에는 수금과 피리를 가지고 기쁨과 흥을 돋웠는데 이제는 오직 탄식의 소리를 내는 기구로 변하고 만 것이다. 그러나 욥이 이런 상황에서도 하나님을 잊지 않고, 바라보는 것은 귀한 일이었다.

제 31 장

ㄷ. 욥은 무죄를 다시 선언하다 31장

욥은 그의 독백장들(29-31장) 중 마지막 장(31장)에서 자신의 무죄를 다시금 한번 선언한다. 그것도 막연히 주장하는 것이 아니라 “내가 어찌” 또는 “내가 언제”와 같은 말을 써가면서 구체적으로 무죄를 주장한다. 욥의 이런 자신의 무죄 주장은 여러 방면에 관해서다. 다시 말해 도덕적 방면에서 무죄하고(1-12절), 일반 사회적 방면에서 무죄하며(13-23절), 그리고 종교 방면에서도 무죄하다고 선언한다(24-40절).

1) 도덕적 죄는 없다 31:1-12

욥은 자신에게 도덕적 죄는 없다고 선언한다. 그는 “만일”이라는 단어를 세 번(5, 7, 9절)이나 사용하면서 자신에게는 도덕적 죄가 없다고 말한다.

1-4절. 욥은 자신의 마음이 청결하다고 주장한다.

욥 31:1. 내가 내 눈과 약속하였나니 어찌 처녀에게 주목하랴(I have made a covenant with my eyes; how then could I gaze at a virgin?-ESV)**.**

욥은 ‘젊은 여인을 음탕한 눈으로 바라보지 않겠다고 나 스스로 엄격하게 다짐하였다’고 말한다. 여기 “내 눈과 약속했다”(I have made a covenant with my eyes)는 말은 ‘내 마음으로 젊은 여인을 음탕한 눈을 해가지고 바라보지 않겠다고 약속했다’는 뜻이다. 만약 그 약속을 어기면 두 조각난 짐승처럼 자신이 두 조각으로 자름을 당한다는 것이었다. 본절의 “처녀”(בְּתוּלָה)란 말은 남자를 알지 못하는 처녀를 지칭하는 말이다(사 7:14).

욥 31:2. 그리하면 위에 계신 하나님께서 내리시는 분깃이 무엇이겠으며 높은 곳의 전능자께서 주시는 기업이 무엇이겠느냐.

본절은 앞선 절에 있는 대로 욥이 음탕한 두 눈을 가지고 처녀를 유심히 살폈다면 그 당할 결과를 기록한 것이다. 욥은 '만일 내가 처녀를 유심히 주목하였다면 위에 계신 하나님이 내게 주실 몫이 무엇이겠으며, 높은 곳에 계신 전능하신 분께서 내게 주실 유산은 무엇이겠는가?'고 말한다. 본절의 "위에 계신 하나님"이란 말과 "높은 곳의 전능자"라는 말은 동의절로 사용되었다. 그리고 "분깃"이란 말과 "기업"이란 말도 동의어로 사용되었다. 만일 욥이 그런 악을 행했다면 분깃이나 기업은 말할 것도 없이 3절에 기록된 대로 저주였을 것이다.

욥 31:3. 불의한 자에게는 환난이 아니겠느냐 행악자에게는 불행이 아니겠느냐.

"불의한 자"(뒤의 낱말 "행악자"와 동의어이다), 즉 '음탕한 두 눈을 가지고 처녀를 유심히 살핀 자'에게는 "환난"이 찾아오고 "불행"이 찾아온다는 것이다.

욥 31:4. 그가 내 길을 살피지 아니하시느냐 내 걸음을 다 세지 아니하시느냐.

욥은 '하나님께서는 내가 하고 있는 일을 낱낱이 알고 계신다. 내 모든 발걸음을 하나하나 세고 계신다'고 말한다. "세신다"는 말은 '판단하신다'는 뜻이다. 하나님께서는 인생이 행하시는 것을 늘 하감하고 계시며 인생의 한 걸음 한 걸음을 다 판단하신다는 것이다. 이 얼마나 반가운 소리냐. 하나님께서 우리를 보시고 판단하신다는 사실은 우리에게 부담이 아니라 기쁨이 된다. 만일 우리가 잘못했을 경우에는 즉시 죄를 자복하고 다시 원 위치에 서면 복의 길이 된다는 것은 큰 은혜가 아닐 수 없다.

5-12절. 욥은 도덕적으로 무죄하다고 선언한다.

욥 31:5. 만일 내가 허위와 함께 동행하고 내 발이 속임수에 빨랐다면.

욥은 '나는 지금까지 악한 일을 하지 않았고 다른 사람을 속이려고도 하지 않았다'고 말한다. 본장의 "만일"(אִם)이란 말은 어떤 가정을 표현하며 본장에 16회가 나타난다. 욥은 본절에서 "만일" 자신이 거짓되었다면 하나님께서 자신을 저울에 달아보시고 욥 자신의 온전함을 아시게 되시기를 원한다(다음 절)고 말한다.

욥 31:6. 하나님께서 나를 공평한 저울에 달아보시고 그가 나의 온전함을 아시기를 바라노라.

욥이 만일 정직하게 살지 않았다면(앞절) 하나님께서 욥 자신을 공의로우신 심판대 위에 세우셔서 욥 자신의 온전함을 확인해 보시기를 원한다(신 32:4; 시 67:5)고 말한다.

욥 31:7. 만일 내 걸음이 길에서 떠났거나 내 마음이 내 눈을 따랐거나 내 손에 더러운 것이 묻었다면.

본절에도 다시 "만일"이 나타난다. 본절에서는 "만일" 뒤에 세 가지가 따른다. 첫째, 욥의 "걸음이 인생의 정로에서 떠났다면", 둘째, "욥의 마음이 욥의 눈이 하자는 대로 따랐다면"(요일 2:16), 셋째, "욥의 손이 더러운 일을 했다면" 다음 절(8절)과 같은 일이 욥에게 닥쳐도 아무 말도 하지 않겠다고 말한다.

욥 31:8. 내가 심은 것을 타인이 먹으며 나의 소출이 뿌리째 뽑히기를 바라노라.

만일 욥이 앞절과 같이 행했다면 욥은 '자기가 심은 것을 타인이 추수해도 되고, 욥이 추수할 것이 뿌리째 뽑혀도 달게 받겠다'고 말한다(5:5; 레 26:16; 신 28:33, 51). 욥이 이런 가정을 하는 것은 자기가 그 어떤 부정한 행위를 하지 않았다는 것을 장담할 수 있기 때문이다.

욥 31:9. 만일 내 마음이 여인에게 유혹되어 이웃의 문을 엿보아 문에서 숨어 기다렸다면.

본절에도 다시 "만일"이 등장한다. 욥은 '만일 내 마음이 여인에게 유혹되어 이웃의 문을 엿보아 여인의 문에서 숨어 기다렸다면' 다음 절과 같은 일이 발생해도 아무 말을 하지 않겠다고 말한다.

욥 31:10. 내 아내가 타인의 맷돌을 돌리며 타인과 더불어 동침하기를 바라노라.

욥은 '내 아내가 다른 남자의 노예가 되어 맷돌을 돌리거나 다른 남자의 품에 안긴다 해도 나는 아무 말도 하지 않을 것이라'고 말한다. "맷돌을 돌리는 것"은 신분이 낮은 여자 노예가 하던 일이었다(출 11:5; 삿 16:21; 사 47:2).

욥 31:11. 그것은 참으로 음란한 일이니 재판에 회부할 죄악이요.

"그것"이란 말은 9절의 "욥 자신이 여인에게 유혹되어 이웃의 문을 엿보아 문에서 숨어 기다린 것"을 지칭한다. 여인에게 유혹되어 여인의 문에서 숨어서 여인을 기다린 것이 '참으로 음란한 일임으로 재판 받을 일이라'는 것이다.

욥 31:12. 멸망하도록 사르는 불이니 나의 모든 소출을 뿌리째 뽑기를 바라노라(for that would be a fire which consumes as far as Abaddon, and it would burn to the root all my increase-ESV)**.**

본절 초두에는 이유 접속사(כִּי)가 나와서 본절이 앞절의 이유를 설명하고 있다. 욥은 '간음죄는 사람을 파멸시키는 불, 사람이 애써서 모은 재산을 다 태우는 불'이라고 말한다. 여기 "멸망"(אֲבַדּוֹן)이라는 말은 '음부', '무저갱'이라고 번역되는 단어로 본절에서는 간음죄가 죽음 이상의 파멸로 이끄는 큰 죄악임을 강조하고 있다. 간음자는 하나님의 불의 심판을 받아 무저갱으로 던져지고 그의 소출은 뿌리까지 뽑히는 전멸을 당해야 한다는 것이다. 욥이 간음죄를 중하게 취급한 발언이다.

2) 사회적 죄도 없다 31:13-23

이 부분(13-23절)에서는 "만일"이라는 단어가 다섯 번 나타나 욥이 사회적 문제(종들에 대한 문제, 과부와 고아들에 대한 문제 등)에서 무죄하다는 것을 선언하고 있다.

욥 31:13. 만일 남종이나 여종이 나와 더불어 쟁론할 때에 내가 그의 권리를 저버렸다면.

욥은 '만일 내 남종이나 내 여종이 내게 탄원을 하여 올 때마다 나는 그들이 하는 말에 귀를 기울였고, 공평하게 처리해 주었다'고 말한다. 욥은 참으로 자기의 종들의 인권을 중시(重視)했다고 말한다. 종들이 어떤 문제가 있어 욥에게 하소연할 때에 욥은 그들의 인격을 무시하지도 않았고 그들이 가지고 온 문제도 무시하지 않았다고 말한다.

욥 31:14. 하나님이 일어나실 때에 내가 어떻게 하겠느냐 하나님이 심판하실 때에 내가 무엇이라 대답하겠느냐.

욥은 '내가 종들의 인격과 그들이 가지고 온 문제를 잘 해결하지 않았다면 내가 무슨 낯으로 하나님을 뵈오며, 하나님이 나를 심판하러 오실 때에, 내가 무슨 말로 변명하겠는가?'고 말한다. 하나님은 분명 약자인 그들 편에 서서 일하실 터이니 나는 하나님의 대적이 되지 않겠느냐는 것이다.

욥 31:15. 나를 태속에 만드신 이가 그도 만들지 아니하셨느냐 우리를 뱃속에 지으신 이가 한 분이 아니시냐.

욥은 '하나님께서 나 자신이나 그 종들이나 똑같이 만드셨고 우리를 뱃속에 지으신 이가 한분이시니 내가 피할 길이 없지 않으냐'고 말한다. 욥은 높은 지위에 있었던 사람으로서 자신과 종들을 똑같이 여기고 있는 점에서 놀라운 사람이 아닐 수 없다.

욥 31:16. 내가 언제 가난한 자의 소원을 막았거나 과부의 눈으로 하여금 실망하게 하였던가.

욥은 본절에서 자신이 가난한 자의 소원이라고 해서 막은 일도 없다 하고 또 과부의 눈으로 실망하게 하지 않았다고 말한다. 욥은 가난한 자와 과부를 적극적으로 돌보아 주었다는 것이다. 욥은 가난한 자와 과부를 결코 실망시키지 않았다고 한다.

욥 31:17. 나만 혼자 내 떡덩이를 먹고 고아에게 그 조각을 먹이지 아니하였던가.

욥은 '나만 혼자 배부르게 먹으면서 고아를 굶긴 일도 없다'고 말한다. 욥은 식사 때마다 고아들에게도 식물을 나누어 주었다는 것이다.

욥 31:18. 실상은 내가 젊었을 때부터 고아 기르기를 그의 아비처럼 하였으며 내가 어렸을 때부터 과부를 인도하였노라.

욥은 '나는 젊었을 때부터 고아를 내 자식처럼 길렀으며 내가 어렸을 때부터 과부들을 구제했다'고 말한다. 욥은 젊었을 때부터 지금까지, 즉 평생 과업으로 고아와 과부를 돌보는 일을 해왔다는 것이다.

욥 31:19. 만일 내가 사람이 의복이 없이 죽어가는 것이나 가난한 자가 덮을 것이 없는 것을 못본 체 했다면.

욥은 '만일 내가 사람이 의복이 없이 죽어가는 것이나 가난한 자가 덮을 것이 없는 것을 못 본체 했다면' 그 벌로서 22절의 일이 전개되는 것이 마땅하다고 말한다. 엘리바스는 욥이 가난한 자의 의복을 저당 잡아 헐벗게 만들었다고 비난했으나(22:6), 실제로 욥은 그런 일을 한 적이 없었고, 그것은 엘리바스가 날조한 사실무근의 중상모략이라는 것을 드러낸다.

욥 31:20. 만일 나의 양털로 그의 몸을 따뜻하게 입혀서 그의 허리가 나를 위하여 복을 빌게 하지 아니하였다면.

욥은 '만일 나의 양털로 그의 몸을 따뜻하게 입혀서 그의 허리가 나를 위하여 복을 빌게 하지 아니하였다면' 그 벌로서 22절의 일이 전개되는 것이 마땅하다고 말한다.

양털로 만든 의복은 따뜻한 것이었다. 욥은 따뜻한 양털 의복으로 가난한 자에게 입혔고 또 밤에는 그 양털 옷을 덮고 자도록 해서 가난한 자가 욥을 위해서 복을 빌게 했다는 것이다. 욥은 가난한 자들이 욥을 위해 복을 빌게 한 것을 큰 보상으로 알았다.

욥 31:21. 만일 나를 도와주는 자가 성문에 있음을 보고 내가 주먹을 들어 고아를 향해 휘둘렀다면.

욥은 '만일 나를 도와주는 자가 성문에 있음을 보고 내가 주먹을 들어 고아를 향해 휘둘렀다면' 그 벌은 다음 절(22절)의 일이 전개되는 것이 마땅하다고 말한다. 여기 "나를 도와주는 자가 성문에 있을 때"란 말은 욥이 성문에 앉아 장로들과 함께 재판할 때를 가리킨다. 욥은 그렇게 재판할 때에 뇌물을 받고 고아나 약자들을 향하여 억울하게 친 일이 없었다는 것을 말한다.

욥 31:22. 내 팔이 어깨뼈에서 떨어지고 내 팔 뼈가 그 자리에서 부스러지기를 바라노라.

욥은 '내 팔이 어깨뼈에서 떨어지고 내 팔 뼈가 그 자리에서 부스러져도 달게 받겠다'고 말한다. 욥은 19-21절에서 '만일 내가 사람이 의복이 없이 죽어가는 것이나 가난한 자가 덮을 것이 없는 것을 못 본체 했다면'(19절), '만일 나의 양털로 그의 몸을 따뜻하게 입혀서 그의 허리가 나를 위하여 복을 빌게 하지 아니하였다면'(20절), '만일 나를 도와주는 자가 성문에 있음을 보고 내가 주먹을 들어 고아를 향해 휘둘렀다면'(21절) '내 팔이 어깨뼈에서 떨어지고 내 팔 뼈가 그 자리에서 부스러져도 달게 받겠다'는 것이다. 욥 자신이 약한 자를 억울하게 했다면 하나님으로부터 저주를 받아 그 어떠한 신체적 고통을 당해도 당연한 일로 받아들이겠다는 것이다. 따라서 욥은 그 어떤 불의를 하지 않았는데도 극심한 고통이 임한다는 것은 부당한 처사임을 하나님께 호소하고 있는 것이다.

욥 31:23. 나는 하나님의 재앙을 심히 두려워하고 그의 위엄으로 말미암아 그런 일을 할 수 없느니라.

욥은 '나는 하나님이 내리시는 심판이 얼마나 두려운가를 잘 알고 있었으므로, 나는 절대로 그런 불의한 짓은 할 수 없었다'고 말한다. 욥은 하나님께서 인간 만사를 주장하시는 분이요 또 벌 받을 일을 하면 반드시 벌이 찾아오는 것을 알아서 불의를 한 일이 없었다는 것이다. 너무 두려워서 그런 파렴치한 짓을 할 수 없었다는 것이다.

3) 종교적 죄도 없다 31:24-40

욥은 이 부분(24-40절)에서 "만일"이라는 낱말을 8차례나 사용하면서 자신이 어떤 종교적 죄를 범했을 경우 어떤 벌을 달게 받겠다는 구절들을 사용하면서 자기는 그런 죄를 범하지 않았다고 선언한다.

욥 31:24. 만일 내가 내 소망을 금에다 두고 순금에게 너는 내 의뢰하는 바라 하였다면.

욥은 '나는 금을 의지하지도 않았고, 순금을 의지하지도 않았다'고 말한다. 엘리바스가 욥을 향해 22:24-25에서 금을 버리라고 주장했는데 욥은 본절에서 금이나 순금을 의지하지 않았다고 말한다.

욥 31:25. 만일 재물의 풍부함과 손으로 얻은 것이 많음으로 기뻐하였다면.

욥은 '내가 재산이 많다고 하여 자랑하지도 않았고 또 벌어들인 것이 많다고 하여 기뻐한 일도 없었다'고 말한다. 욥은 재물이 많아서 기뻐하고 자랑하면서 하나님을 떠난 일도 없고 사람을 학대한 일도 없었다는 것이다. 욥은 모든 재산도 하나님께서 주시고 또 가져가시는 것으로 알았다(1:21).

욥 31:26. 만일 해가 빛남과 달이 밝게 뜬 것을 보고.

욥은 '나는 해의 찬란한 빛을 보고 해를 섬긴 일도 없었고, 달이 밝고 아름답다고 하여 매료되어 달을 섬기지도 않았다'고 말한다. 고대인들은 거의 예외 없이 일월성신(日月星辰)을 보고 우상 숭배를 했다. 그러나 욥은 자연 숭배도 하지 않았다.

욥 31:27. 내 마음이 슬며시 유혹되어 내 손에 입맞추었다면.

욥은 '나는 해와 달을 보고, 그 장엄함과 아름다움에 매료되어 그것에다가 절을 하고 해와 달을 경배하는 표시로 해와 달빛이 비친 자기 손에 입을 맞추기도 했는데 그러나 나는 그렇게 하지 않았다'고 말한다. 욥은 일찍이 하나님의 계시를 받아들여 하나님께서 인정하실 정도로 하나님을 잘 섬겼다(1:8; 2:3).

욥 31:28. 그것도 재판에 회부할 죄악이니 내가 그리하였으면 위에 계신 하나님을 속이는 것이리라.

욥은 '그것들(우상 숭배 죄와 천체 숭배)은 높이 계신 하나님을 배반하는 죄이므로 재판에 회부되어 사형을 받아도 마땅한 죄들이라'고 말한다. 물질 숭배 죄나 일월성신 숭배 죄는 죽여야 하는 죄(신 17:2-5)이다. 본절의 "배반하다"(כִּחַשְׁתִּי)는 말은 '사람 상대로 사기 행각을 벌이다'는 뜻으로 본절에서는 욥이 만일 물질 숭배 죄나 천체 숭배 죄를 범하였으면 하나님에 대한 배반 행위이기 때문에 하나님으로부터 어떤 벌을 받아도 마땅하다는 사실을 말하고 있는 것이다.

욥 31:29. 내가 언제 나를 미워하는 자의 멸망을 기뻐하고 그가 재난을 당함으로 즐거워하였던가.

욥은 '내가 언제 나를 미워하고 싫어하는 자가 멸망당하는 것을 기뻐하고 또 그가 재앙을 만나는 것을 보고 즐거워했던가. 절대로 그런 일은 없었다'고 말한다. 욥은 구약 성경에는 원수 갚기가 허용되었으나(출 21:23-25; 레 24:17-22) 그는 그런 일까지도 하지 않았다고 말한다. 욥의 도덕 수준은 아주 높았다.

욥 31:30. 실상은 나는 그가 죽기를 구하는 말로 그의 생명을 저주하여 내 입이 범죄하게 하지 아니하였노라.

욥은 '나는 결코 원수들이 죽기를 바라는 기도를 하여 원수들의 생명을 불행에 빠뜨리는 죄를 범한 적이 없다'고 말한다. 다윗이 그 원수(다윗의 원수는 하나님의 원수였다)의 멸망을 기원한 사실(시 18:37-42)을 고려할 때 욥의 도덕 수준이 아주 높았다는 것을 알 수 있다. 욥은 원수가 죽기를 기도하는 것도 죄로 여겼다. 우리는 하나님의 원수가 죽기를 구하는 것은 가능하나 우리 개인의 원수(우리를 미워하는 자들, 우리를 해하는 자들)에 대해서는 죽기를 구해서는 안 될 것이고, 회개하기를 위해 기도하고 잘 되기를 위해 기도해야 할 것이다.

욥 31:31. 내 장막 사람들은 주인의 고기에 배부르지 않은 자가 어디 있느뇨 하지 아니하였는가.

욥은 '내 집에서 일하는 하인들은 모두 내 고기 음식에 배부르지 않은 자가 어디 있는가라고 말하지 않았다. 모두들 배부르게 먹고 살았다'고 말한다. 하인들까지 배부르게 먹이던 욥이었다.

욥 31:32. 실상은 나그네가 거리에서 자지 아니하도록 나는 행인에게 내 문을 열어 주었노라.

욥은 '나는 나그네가 거리에서 밤을 보내지 않도록 행인에게 내 문을 열어 주었다'고 말한다. 욥은 나그네가 밖에서 밤을 새우는 것을 안타깝게 생각하여 행인에게 욥 자신의 집 대문을 열어주었다는 것이다(창 18:1-8; 19:1-3; 신 10:19; 삿 19:16-21).

욥 31:33. 내가 언제 다른 사람처럼 내 악행을 숨긴 일이 있거나 나의 죄악을 나의 품에 감추었으며.

욥은 '내가 언제 다른 사람(아담)처럼 내가 지은 죄를 숨기려고 했거나 내 허물을 감춘 일이 있었느냐'고 말한다. 욥은 은밀히 죄를 범한 일이 없었다고 말한다. 다시 말해 욥이 군중의 비난을 두려워하여 자기 죄를 가리려고 외출을 피한 사실이 없다는 것이다.

욥 31:34. 내가 언제 큰 무리와 여러 종족의 수모가 두려워서 대문 밖으로 나가지 못하고 잠잠하였던가(because I stood in great fear of the multitude, and the contempt of families terrified me, so that I kept silence, and did not go out of doors-RSV, ESV).

본절 초두의 히브리어 원문에는 이유를 알려주는 접속사(כִּי)가 나타나 본절은 앞절이 발생한 이유를 말한다. 즉, 욥이 자신이 지은 죄를 숨기려고 할 필요가 없었고 또 그 자신이 지은 죄악을 품에 감출 필요가 없었던(33절) 이유는 '내가 언제 큰 군중이나 여러 종족의 수모(受侮)가 두려워서 대문 밖으로 나가지도 못하고 집안에 틀어박혀 있었던가. 그런 일은 없었다'고 말한다. 욥 자신은 결백했다는 주장이다. 욥은 진실했고 또 그대로 용단을 내려 행하였다(박윤선).

욥 31:35. 누구든지 나의 변명을 들어다오 나의 서명이 여기 있으니 전능자가 내게 대답하시기를 바라노라 나를 고발하는 자가 있다면 그에게 고소장을 쓰게 하라.

욥은 '누구든지 나의 말을 들어다오.[14] 나의 서명(my signature)이 여기 있으니 전능하신 분께서 내게 대답하시기를 원한다.[15] 나를 고발한 사람이 있다면 그가 기록한 소송장이라도 있다면 좋겠다'고 말한다. 본절은 욥의 무죄 선언을 매듭 짓는 부분이다. 그는 서명까지 한 그의 변명을 공개하고, 들으라 하며 하나님의 판단을 촉구하는 것이다. 본절의 "고소장"이란 욥의 죄를 조목별로 쓴 문서를 지칭한다. 이런 소송장이 있으면 내어 놓으라는 것이다. 실제로 욥의 친구들은 이런 확실한 증거나 근거도 없이 욥을 죄인 취급 했던 것이다(이상근).

욥 31:36. 내가 그것을 어깨에 메기도 하고 왕관처럼 머리에 쓰기도 하리라.

욥은 '내 원수가 나를 고발하기 위해 쓴 소송장이라도 있어서, 내가 읽어 볼 수만 있다면, 나는 그것을 자랑스럽게 어깨에 메고 다니고, 그것을 왕관처럼 머리에 쓰고 다니겠다'고 말한다.

본절은 욥이 자신의 무죄를 주장하느라 말한 내용으로 욥이 좀 지나치게 자신의 결백을 강조하는 것으로 보인다. 사람은 어떠한 인간도 하나님 앞에서 스스로 의인이 될 수 없다는 사실을 간과하는 실수를 범하는 것으로 보인다(그랜드 종합 주석).

욥 31:37. 내 걸음의 수효를 그에게 알리고 왕족처럼 그를 가까이 하였으리라.

본절은 앞절처럼 욥이 계속해서 역설적으로 주장하는 내용이다. 여기 "내 걸음의 수효를 그에게 알린다"는 말은 '욥 자신의 삶과 관련된 모든 행동 하나하나, 즉 자신의 생각과 생활 방식 등 내면의 모습까지를 포함하는 인생의

14) "오! 나는 공정한 심판대 앞에 나의 사정을 탄원하리라. 욥은 이제 그의 친구들과 같은 '위로자들'을 전혀 고려하지 않고 있다. 그들은 모두 선입관념을 가지고 있는 자들이다. 그들은 모두 욥에게 대하여 비난 자들로 전환되고 있다"(Rawlinson).

15) 오히려 "보라. 여기에 나의 서명이 있다. 전능자로 하여금 나에게 답변케 하리라!"이다. 이 구절은 삽입구적인 구절이다. 욥은 오히려 하나님에 의하여 심판되기를 희구하고 있다. 만일 그것이 가능하다면 내가 변박하겠다는 것이다. 그의 탄원은 29-31장에 나타나 있다. 그리고 여기서는 그의 입으로 증거 되고 있는데, 그것은 그가 서명을 한 것과 동일하다(Rawlinson).

총체적인 내용을 거리낌 없이 자기를 고발하는 자에게 대담하게 모든 것을 고백할 수 있다는 것이다.

"왕족처럼 그를 가까이 하였으리라"는 말은 '욥이 자신의 대적이 고소하는 그 앞으로 위엄 있고 마치 왕족의 태도처럼 당당하게 걸어서 나아갈 것이라'는 것이다. 이유는 욥 자신이 결백하기 때문이다. 욥은 자신의 무죄에 대하여 참으로 확고한 주장을 펴고 있는 것이다. 욥은 자신을 죄인으로 고발하는 자가 나타나면 그에게 자신의 모든 행위를 낱낱이 드러내고 숨기지 아니할 것이라는 각오를 드러낸다.

욥 31:38. 만일 내 밭이 나를 향하여 부르짖고 밭이랑이 함께 울었다면.

욥은 '만일 내 밭이 나를 대적하여 부르짖고 그 밭이랑들이 함께 애곡한다면'이란 말은 욥의 밭이 욥 자신을 대적하여 부르짖고 그 밭이랑들이 함께 욥 때문에 애곡하면서 욥의 부당성을 항의한 적이 없다는 뜻이다. 욥이 토지를 구입할 때에나 토지를 관리할 때에 부당하게 관리하고 또 안식년과 희년 같은 법을 무시하고 토지를 학대한 일이 없다는 의미이다.

욥 31:39. 만일 내가 값을 내지 않고 그 소출을 먹고 그 소유주가 생명을 잃게 하였다면.

욥은 '내가 땅에서 나는 소산을 공짜로 먹으면서 곡식을 기른 농부에게 아주 작은 품삯을 주거나 혹은 굶긴 일이 없다'고 말한다. 욥의 친구 소발(20:12-19)과 엘리바스(22:5-9)로부터 욥은 압박자요 강탈자로 비난받은 일이 있었는데 이에 대해 욥은 자신에 대한 친구들의 주장이 허황된 모함에 불과하다는 사실을 드러내고 있다.

욥 31:40. 밀 대신에 가시나무가 나고 보리 대신에 독보리가 나는 것이 마땅하니라 하고 욥의 말이 그치니라.

욥은 '내가 38절, 39절이 말하는 것과 같은 범죄를 저질렀다면 어떤 벌을 받아도 감수하겠고 또 밀을 심은 밭에 가시나무가 나고 보리를 심은 밭에 독보리가 나도 달게 받겠다'고 말한다. "욥의 말이 그치니" 친구들도 더 이상 말을 하지 않았고 엘리후(32-37장)가 등장하여 길게 독백을 한다.

제 32 장

III. 엘리후가 독백하다 32-37장

욥이 자신의 무죄를 주장함으로 그와 세 친구들과의 대화는 끝이 나고, 젊은 엘리후가 갑자기 등장하여 욥과 세 친구들을 향해 네 차례의 변론을 이끌어 나간다. 도시적이고 현세적인 인과응보론의 고질적인 편협성을 극복하지 못한 세 친구들은 욥의 고난을 단순히 죄의 결과로만 해석하여 욥을 정죄하기에만 열중했고 욥 또한 그러한 친구들의 논리에 대한 반박으로 자신의 무죄함만을 주장함으로써 자신의 고난 가운데 담겨진 하나님의 주권적 섭리를 온전히 깨닫지 못하는 신앙적 어떤 한계를 노출시키고 말았다(그랜드 종합 주석).

양측의 꽉 막힌 대화에 엘리후는 갑자기 등장하여 먼저 자기가 나타난 이유를 밝히고(32장), 하나님의 응답의 확실성을 말하며(33장), 하나님의 심판의 정당함을 말하고(34장), 경건하게 하나님 앞에 나아가야 하며(35장), 하나님을 경외할 것(36-37장)을 권고한다.

A. 엘리후가 나타난 이유를 밝히다 32장

먼저 엘리후가 등장한 것을 소개하고(1-5절), 자기가 발언하는 이유를 설명한다(6-22절).

1. 엘리후가 등장하다 32:1-5

세 친구는 욥을 정죄하는 일을 중단함으로 엘리후가 갑자기 등장하여 노(努)를 발한다.

욥 32:1. 욥이 자신을 의인으로 여기므로 그 세 사람이 말을 그치니.

욥이 계속해서 자신이 옳다고 주장하므로 세 친구들은 욥을 설득하려고 하던 일을 그만둔다. 욥의 세 친구들은 욥을 정죄하려고(욥 9:1-2 참조) 했으나 욥이 계속해서 자신을 의롭다고 하니 더 이상 말할 수 없어서 중단하고 만 것이다. 소발은 사실은 그 이전에 말하는 것을 중단했다. 친구들은 이제 더 이상은 욥을 당해내지 못했던 것이다.

욥 32:2. 람 종족 부스 사람 바라겔의 아들 엘리후가 화를 내니(32:1-37:24) 그가 욥에게 화를 냄은 욥이 하나님보다 자기가 의롭다 함이요(Then Eli'hu the son of Bar'achel the Buzite, of the family of Ram, became angry. He was angry at Job because he justified himself rather than God-RSV).

엘리후가 욥에게 화를 낸 것은 욥 자신이 하나님 앞에서 자기 의를 주장했기 때문에 옆에 서서 듣기만 하던 엘리후는 듣다 못하여 분을 더 이상 참지 못하고 화를 냈다.

"엘리후"(אֱלִיהוּא)는 '그는 나의 하나님'이란 뜻이고(삼상 1:1; 대상 26:7), 그의 아비 "바라겔"(בַּרַכְאֵל)은 '하나님께서 복을 주셨다'는 뜻이다. "람"(רָם)은 '높아진 것'을 뜻하고, 다윗의 조상이다(룻 4:19; 대상 2:9-10). "부스"(הַבּוּזִי)는 '경멸됨'이란 뜻이고, 아브라함의 동생 나홀의 둘째 아들의 자손이었다(창 22:20-21). 그런고로 엘리후는 유대인이거나 아람인으로 유대 풍속과 신앙에 아주 친숙했던 것으로 보인다. 또 엘리후의 조상인 부스와 욥의 조상 우스(1:1)는 형제였으므로(창 22:20-21), 이들은 서로 친족 간이었다. 그런고로 엘리후는 욥이 재난을 당했을 때 즉시 찾아왔다. 그래서 욥과 세 친구들과의 대화의 시종(始終)을 들은 것으로 보인다(이상근).

본절의 "욥이 하나님보다 자기가 의롭다 함이요"라는 말은 욥이 직접 그렇게 말한 적은 없었고(이상근) 엘리후가 욥의 변론을 오해한 데에서 비롯된 것이다(그랜드 종합 주석). 왜냐하면 욥은 어디까지나 극심한 고난을 받을만한 죄가 없다는 것을 하나님께 항변한 것이지 인생 자체가 하나님 앞에서 의롭다고 주장하지는 않았기 때문이다(9:2).

욥 32:3. 또 세 친구에게 화를 냄은 그들이 능히 대답하지 못하면서도 욥을 정죄함이라.

엘리후는 또 욥의 세 친구들에게도 화를 냈다. 욥이 하는 말에 세 친구들은 그럴듯한 대답을 하지 못하면서도 무조건적으로 욥을 정죄하려고만 했기 때문이다. 이런 엘리후의 태도는 그가 욥의 세 친구들보다 공평하고 합리적인 사고를 하고 있다는 사실을 보여준다.

욥 32:4. 엘리후는 그들의 나이가 자기보다 여러 해 위이므로 욥에게 말하기를 참고 있다가.

엘리후는 그들 가운데서 가장 젊은 사람이므로 그는 다른 사람들이 말을 다 할 때까지 기다려보기로 한 것이다. 엘리후는 나이 많은 사람들 앞에서 예의를 잘 지키는 사람이었다.

욥 32:5. 세 사람의 입에 대답이 없음을 보고 화를 내니라.

엘리후는 세 사람의 입에 욥에게 대한 대답이 없는 것을 보고 세 친구들에게 화를 내고 발언하기를 시작한 것이다.

2. 엘리후가 발언하는 이유 32:6-22

엘리후는 자신이 젊은 사람임으로 연장자들이 발언하기를 기다려도 연장자들이 말을 하지 않음으로 할 수 없이 말을 한다고 발언의 이유를 밝힌다.

욥 32:6. 부스 사람 바라겔의 아들 엘리후가 대답하여 이르되 나는 연소하고 당신들은 연로하므로 뒷전에서 나의 의견을 감히 내놓지 못하였노라.

부스 사람 바라겔의 아들 엘리후가 말한다. '나는 어리고, 세 분께서는 어른이십니다. 그래서 나는 어른들앞에 선뜻 나서서 내 견해를 밝히기를 망설여서 내 의견을 감히 내놓지 못하고 있었습니다'라고 말했다. 엘리후는 자신이 연소자라는 이유로 어른들 앞에 함부로 말을 꺼내지 못하고 있었다

(잠 23:22).

엘리후의 나이가 얼마쯤 되었을까를 두고 우리의 자극을 깨우는 추측이 있다. 즉, 욥은 당시에 50여세쯤 되었을 것이고, 욥의 세 친구들은 60-70세쯤 되었을 것이며, 엘리후는 아마도 30세쯤 되었을 것으로 추산한다 (Rawlinson).

욥 32:7. 내가 말하기를 나이가 많은 자가 말할 것이요 연륜이 많은 자가 지혜를 가르칠 것이라 하였노라.

엘리후는 '제 생각에는 인생을 꽤 오래 살아오신 분들이 말씀하시는 것이 당연한 것으로 생각했습니다. 이유는 살아오신 것만큼 지혜도 쌓였을 터이니까요. 그래서 세 분들께서만 말씀하시도록 하려고 저는 잠자코 있었습니다'라고 말한다. 오늘은 이런 세상이 아니니 염려스러운 것이다. 젊은이들이 어르신들의 빰을 치는 일이 비일비재하지 않은가. 그래서 어르신들은 "세상 다 되었다"는 곧장 잘 한다.

욥 32:8. 그러나 사람의 속에는 영이 있고 전능자의 숨결이 사람에게 깨달음을 주시나니(But it is the spirit in man, the breath of the Almighty, that makes him understand-ESV)**.**

엘리후는 '그러나 알고 보니 사람의 속에는 영(靈)이라는 것이 있어서 사람에게 슬기를 주고, 전능하신 분의 숨결이 사람에게 깨달음을 주는 것을 알았습니다'라고 말한다.

엘리후는 이제 자기 자신도 발언할 수 있는 근거가 마련되어 있다고 말한다. 자신이 발언할 수 있는 이유는 모든 지혜의 원천이신 하나님으로부터 자신에게 임한 깨달음 때문이라고 한다. 여기 본절의 "영"(רוּחַ)이란 말은 '사람의 영', '전인격'이란 뜻으로, 사람을 생령(生靈)으로 만드신 '하나님의 영'을 뜻한다(창 2:7 주해 참조). 특히 본절에서는 신적인 지혜를 깨달을 수 있는 능력을 소유한 존재로서의 인간임을 강조하고 있다. 그리고 "전능자의 숨결"을 직역하면 '사람의 호흡'이라는 뜻이니, 여기서 엘리후는 사람의 영혼 속에 하나님께서 주시는 통찰력이 인생의 연륜에서 얻어지는 일반적인 지혜보다 우월하다는 것을 강조한다.

욥 32:9. 어른이라고 지혜롭거나 노인이라고 정의를 깨닫는 것이 아니니라.

엘리후는 '사람은 나이가 많다고 지혜로운 것이 아니며, 나이를 많이 먹었다고 시비를 더 잘 가리는 것도 아니라는 것을 알았습니다'라고 말한다. 엘리후는 참 지혜라는 것은 하나님으로부터 오는 것임으로 사람의 연령이나 지위에 관계가 없다고 말한다. 우리는 모든 좋은 것은 하나님으로부터 온다는 것을 알아서 하나님을 바라보아야 할 것이다.

욥 32:10. 그러므로 내가 말하노니 내 말을 들으라 나도 내 의견을 말하리라.

엘리후는 '그런고로 나도 내가 생각하는 바를 말씀드리려 합니다. 내가 하는 말을 들어 주시기 바랍니다. 이제 내가 하나님으로부터 얻어 아는 것을 말하고자 합니다'고 말한다.

욥 32:11. 보라 나는 당신들의 말을 기다렸노라 당신들의 슬기와 당신들의 말에 귀 기울이고 있었노라.

엘리후는 '보세요. 나는 사실 당신들(세 친구들)이 욥에게 무슨 말씀을 하실 것인지 기다려 보았습니다. 당신들의 슬기와 당신들의 말에 귀를 기울이고 있었으나 이제는 더 이상 참고 있을 수는 없는 것 같습니다'고 말한다.

욥 32:12. 내가 자세히 들은즉 당신들 가운데 욥을 꺾어 그의 말에 대답하는 자가 없도다.

엘리후는 '내가 자세히 들어보아도 당신들 가운데서 욥을 꺾어 욥의 말에 대답하는 분이 한 분도 없으시군요. 그저 겨우 인과응보 이야기만 말씀하고 있군요'라고 말한다.

욥 32:13. 당신들이 말하기를 우리가 진상을 파악했으나 그를 추궁할 자는 하나님이시요 사람이 아니라 하지 말지니라.

엘리후는 '당신들은 혹시라도 우리가 이제는 진상을 파악했으니 욥 어르신을 이길 자는 사람이 아니라 하나님이시라는 말을 하지 마십시오'라고 말한다. 엘리후는 본절을 통해 비록 세 친구들이 욥을 설득하는데 실패했지만 엘리후 자신은 욥과의 변론에서 충분히 이길 뿐 아니라 바른 교훈을 가지고 욥을 충분히 설득시킬 확신이 있음을 표명하고 있다.

욥 32:14. 그가 내게 자기 이론을 제기하지 아니하였으니 나도 당신들의 이론으로 그에게 대답하지 아니하리라(He has not directed his words against me, and I will not answer him with your speeches-RSV, ESV)**.**

엘리후는 '욥이 엘리후 자신에게 직접 말을 걸어온 것이 아니므로, 나도 세 친구들께서 말씀하신 것과는 다른 방식으로 욥에게 대답하겠습니다'라고 말한다. 다시 말해 욥이 엘리후를 거스르는 말을 하지 않았은즉, 엘리후 자신도 욥에 대하여 친구들과 같이 자신의 주관대로 정죄하지 않고 객관적이고 공정하게 또한 적개심이나 감정 없이 말하겠다는 것이다(그랜드 종합 주석). 엘리후는 자신이 보다 더 좋은 결과를 전망하면서 논쟁에 개입할 수 있다고 말한다.

욥 32:15. 그들이 놀라서 다시 대답하지 못하니 할 말이 없음이었더라.

엘리후는 '욥 어르신께서는 제 말씀을 들어보세요. 세 분 친구들이 놀라서 지금 말을 하지 못하고 있습니다. 그분들은 욥 어르신께 아무런 할 말이 없는 듯 합니다'라고 말한다. 즉, 욥의 마지막 말에 의하여 놀라버렸다는 것이다. 그 말에 대답할 것을 전혀 발견하지 못하고 말았다는 것이다.

욥 32:16. 당신들이 말없이 가만히 서서 다시 대답하지 아니한즉 내가 어찌 더 기다리랴.

엘리후는 '당신들이 말이 없이 가만히 서서 더 이상 대답하지 않은즉 내가 더 기다려야 합니까?'라고 말한다. 이제는 당연히 엘리후 자신이 말할 차례가 되었다는 것이다.

욥 32:17. 나는 내 본분대로 대답하고 나도 내 의견을 보이리라.

엘리후는 '나도 이제는 내 본분대로 대답하고, 내가 생각한 바를 말씀드리겠습니다'라고 말한다. 엘리후도 자신이 아는 대로 말하며 자신의 의향을 욥과 세 친구들에게 모두 말하겠다는 것이다. 이제는 엘리후가 자신에게도 변론할 기회가 왔다고 생각한 것이었다.

욥 32:18. 내 속에는 말이 가득하니 내 영이 나를 압박함이니라.

문장 초두에 이유를 나타내는 접속사(כִּי)를 통해 본절이 앞절에서 말하고 싶은 이유를 제공하는 것을 알 수 있다. 다시 말해 엘리후는 자기의 의견 표명 이유를 '내 속에는 말하고 싶은 마음이 가득하여 내 심령이 나를 압박하고 있기 때문이라'고 표현한다. 본절의 "내 영"이란 말은 '나의 내적 심리'를 뜻하고, 또 "나를 강박한다"는 말은 '나의 심령 속에서 나를 강박한다'는 뜻이다. 즉, 엘리후는 본절을 통해 자신의 심정이 욥에게 답변할 말을 하고 싶어서 더 이상 침묵할 수 없는 지경에 이르렀다는 것을 강조하고 있다.

욥 32:19. 보라 내 배는 봉한 포도주통 같고 터지게 된 새 가죽 부대 같구나.

엘리후는 '보십시오. 내가 말할 기회를 얻지 못한다면, 새 술이 가득 담긴 포도주 부대가 터지듯이, 내 가슴이 터져 버릴 것 같습니다'라고 말한다. 본절 초두에는 "보라"(הִנֵּה)라는 단어가 있어 본절의 진술이 아주 중요하다는 것을 환기시킨다. 엘리후는 이때 자기가 말하지 않으면 금방 터질 것 같은 심정을 가지고 있다고 말한다.

욥 32:20. 내가 말을 하여야 시원할 것이라 내 입을 열어 대답하리라.

엘리후는 '내가 욥에게 말을 털어놓아야 시원할 것 같습니다. 당장 내 입을 열어 대답해야 하겠습니다'라고 말한다. 엘리후는 욥과 세 친구들에게 참을 수 없는 분노의 심정을 갖고 있었다(2, 3절). 엘리후는 지금까지 참아온 말들을 반드시 쏟아내야만 가슴이 후련해질 것 같은 느낌이었다.

욥 32:21. 나는 결코 사람의 낯을 보지 아니하며 사람에게 영광을 돌리지 아니하리니.

엘리후는 '내가 양편 중에서 어느 편의 낯을 보지 않을 것이며, 어느 사람에게 아첨하지도 않을 것입니다'라고 말한다. 엘리후는 솔직하게 마음에 있는 말을 그대로 하겠다고 말한다.

욥 32:22. 이는 아첨할 줄을 알지 못함이라 만일 그리하면 나를 지으신 이가 속히 나를 데려가시리로다.

본절 초두에는 이유 접속사(כִּי)가 나타나 엘리후 자신이 어느 사람에게도 아첨하지 않을(21절) 이유를 진술하고 있다. 그 이유는 '엘리후 자신이 원래 아첨할 줄 알지 못하기 때문이라는 것이다. 만약 내 자신이 누구에게 아첨을 하면 나를 세상에 내신 하나님께서 속히 나 자신을 데려가실 것이기 때문이라'고 말한다. 엘리후는 아첨하는 것은 죽음의 죄에 해당한다고 알았다. 오늘 우리도 하나님의 뜻을 어겨가며 누구에게 아첨한다면 그 행위가 하나님의 뜻을 어기는 일이므로 하나님의 벌을 받을 줄 알아야 할 것이다.

제 33 장

B. 하나님이 확실히 응답하실 것이다 33장

본론을 시작하면서 엘리후는 먼저 하나님께서는 위대하신 분임을 말하고(1-12절), 다음으로 하나님의 응답의 확실성을 논한다(13-33절).

1. 하나님은 위대하신 분이시다 33:1-12

엘리후는 본론을 시작하면서 자신의 진정성을 말하고(1-7절), 하나님께서는 욥보다 크시다는 것을 말한다(8-12절).

욥 33:1. 그런즉 욥이여 내 말을 들으며 내 모든 말에 귀를 기울이기를 원하노라.

엘리후는 '내 자신이 말을 하지 않으면 견딜 수 없은즉(32장) 욥 어르신은 내 말을 들으시며, 내가 하는 모든 말에 귀를 기울여 주시기를 바랍니다'고 말한다. 앞에서 욥이 말할 때 욥 자신이 말하지 않으면 견딜 수 없다고 했던 것처럼 엘리후 또한 그런 이유로 말을 하는 것이니 자신의 말을 잘 들어 달라고 간청한다.

욥 33:2. 내가 입을 여니 내 혀가 입에서 말하는구나.

엘리후가 '내 자신이 입을 여니 내 혀가 내 입속에서 말하기 시작하는구나' 라고 한다. 즉, 입을 여니 혀가 입에서 말을 한다는 것으로 말이 저절로 나온다는 뜻이다.

욥 33:3. 내 마음의 정직함이 곧 내 말이며 내 입술이 아는 바가 진실을

말하느니라.

엘리후는 '내 자신의 마음의 정직함이 더하지도 않고 빼지도 않고 그대로 내 말로 발표되며, 내 입술이 아는 것을 진실하게 말할 것입니다'고 말한다. 다시 말해 엘리후의 마음은 정직하고, 그의 말도 진실하여 진실하게 말하겠다는 것이다. 사람들이 변론할 때 흔히 그 변론에서 자신의 입지를 강화하기 위해 궤변이나 허황된 말을 늘어놓기가 쉬우나, 엘리후 자신은 욥과 변론함에 있어 어디까지나 정직한 마음과 진실된 자세로 임하겠다고 말한다.

욥 33:4. 하나님의 영이 나를 지으셨고 전능자의 기운이 나를 살리시느니라.

엘리후는 '하나님의 영이 나를 만드셨고, 전능하신 분의 입김이 지금도 나에게 생명을 주십니다'라고 말한다. 본절의 "영"(רוּחַ)이란 말은 '신', '바람', '호흡' 등을 뜻한다. "하나님의 영이 나를 지으셨다"는 말은 '하나님의 성령으로 나를 창조하셨다'는 뜻이다. 그리고 "전능자의 기운이 나를 살리셨다"는 말도 "하나님의 영이 나를 지으셨다"는 말과 동의구로 사용된 것이다. 다시 말해 '하나님의 기운을 내게 불어넣으심으로 내가 생령이 되었다'는 말이다.

욥 33:5. 그대가 할 수 있거든 일어서서 내게 대답하고 내 앞에 진술하라.

엘리후가 욥을 향하여 '엘리후 자신의 말이 부당하게 느껴지면 언제든지 어르신께서 하실 수 있거든 일어나서 저에게 대답하시고 저에게 진술해 보세요'라고 말한다. 엘리후의 이와 같은 주장 속에는 자신이 하나님의 대언자로 옳은 말만 할 것임으로 욥이 더 이상 할 말이 없을 것이라는 의미가 함축되어 있다.

욥 33:6. 나와 그대가 하나님 앞에서 동일하니 나도 흙으로 지으심을 입었은즉.

엘리후는 '보십시오, 하나님께서 보시기에는, 어른이나 저나 똑같이 진흙으로 지음을 받았으므로 하나님 앞에서 인권은 동일합니다'라고 말한다. 엘리후가 욥에게 이렇게 말한 데는 욥 자신과 허심탄회한 대화를 하기 위함이다(갈 3:28 참조).

욥 33:7. 내 위엄으로는 그대를 두렵게 하지 못하고 내 손으로는 그대를 누르지 못하느니라.

엘리후는 '제 위엄을 가지고는 욥 어른을 두렵게 하지 못하며, 내 손으로는 욥 어른을 압박하지 못합니다'라고 말한다. 엘리후는 자신이 욥과 똑같은 피조물이니 욥을 억압하지 못한다는 내용이다. 엘리후는 욥의 친구들이 욥을 정죄할 때에 옆에서 들었는데 욥의 친구들처럼 할 수 없다는 것을 드러내는 말이다. 우리는 지구상에 있는 모든 인간들 앞에서 똑같은 피조물임을 명심해야 할 것이다.

욥 33:8. 그대는 실로 내가 듣는 데서 말하였고 나는 그대의 말소리를 들었느니라.

엘리후는 욥을 향하여 '욥 어르신은 제 귀로 듣는 데서 말씀하셨고, 저는 욥 어른의 말소리까지 분명히 들었습니다'라고 말한다. 본절에서 엘리후는 욥이 말한 내용을 충분히 알고 있으므로 이제부터 자신의 주장을 표현하는 것에 타당성이 있음을 밝힌다.

욥 33:9. 이르기를 나는 깨끗하여 악인이 아니며 순전하고 불의도 없거늘.

욥은 본절에서 자기의 친구들에게 자기의 정체를 밝힌다. 즉, '나는 깨끗하다. 따라서 나는 악인이 아니다. 나는 도덕적으로 순전하다. 나는 불의한 일도 하지 않았다'고 말한다. 이 말은 욥이 정확하게 자기에 대해서 말한 것은 아니었고 다만 세 친구들에게 항의한 말을 종합해본 것이다(D.&G.). 욥이 이런 주장을 한 이유는 욥의 친구들이 욥에게 근거 없이 인과응보설로 정죄했기 때문이다.

욥 33:10-11. 참으로 하나님이 나에게서 잘못을 찾으시며 나를 자기의 원수로 여기사 내 발을 차꼬에 채우시고 나의 모든 길을 감시하신다 하였느니라.

10절과 11절에서는 욥이 하나님께서 자신을 대하신 것에 대해 엘리후가 종합적으로 정리했다. 엘리후는 10절, 11절의 내용을 7:17-19; 10:3-6; 13:27; 16:9; 19:11; 30:21; 31:4에서 인용하여 요약한 것으로 보인다. 엘리후가 듣기를 '욥이 하나님께서 나에게서 잘못을 찾으셨고, 또 욥 자신을 하나님의 원수로 여기셨으며, 욥의 발을 차꼬(죄인들의 발을 묶어 놓기 위한 족쇄)에 채우셨고, 욥의 모든 길을 감시하신다'는 말을 했다는 것이다.

그러나 욥은 하나님께서 자기를 죽이실지라도 하나님을 신뢰하겠다는 말을 했고(13:15 각주), 하나님의 공의의 심판을 대망한다는 말도 했다(31:2, 6, 28, 35-37). 이런 점을 살필 때 엘리후는 욥의 깊은 신앙을 다 살피지 못한 것으로 보이며, 욥의 말을 듣고 주관적으로 해석한데서 착오가 생긴 것으로 보인다(박윤선, 이상근, 그랜드 종합 주석). 다시 말해 엘리후가 욥의 말의 속뜻을 제대로 알지는 못했다. 하나님께서 까닭 없이 치신다는 의미로 표현된 욥의 언사는 하나님을 상대한 불경건한 항의(13절)가 아니었다. 다만 그것은 욥이 자기 고난의 원인을 몰라서 하나님 앞에 아무런 쟁변 없이 애소한 것이었다. 엘리후는 욥의 이와 같은 신앙의 깊이를 몰랐던 것이다(박윤선).

욥 33:12. 내가 그대에게 대답하리라 이 말에 그대가 의롭지 못하니 하나님은 사람보다 크심이니라.

엘리후는 '제 자신이 욥 어르신에게 대답해도 되겠지요. 지금까지 욥 어르신이 대답하신 것을 들으니 어르신이 의롭지 못하신 것이 분명합니다. 하나님은 어떤 사람보다 위대하신 분으로 사람과 비교할 수 없는 분이십니다'라고 말한다. 아무튼 엘리후는 지금까지의 욥의 말을 인용한 끝에 욥이 하나님을 항거했다는 점에서 의롭지 못하다고 말했다. 욥을 의롭지 못하다고 말할 수 있는 이유는 "하나님께서 사람보다 비교할 수 없이 위대하시기" 때문이다.

이 위대하심에 비추어 볼 때 욥의 말은 불의하다는 것이었다. 13절부터는 이 명제에 근거한 하나님의 위대하심에 대한 엘리후의 변론이 이어진다(호크마 주석).

2. 하나님은 확실히 응답하실 것이다 33:13-33

엘리후는 욥의 말, 즉 하나님이 사람의 기도에 응답하지 않으신다고 불평하나 엘리후는 하나님은 확실히 응답하신다고 말한다(13-14절). 응답하시되 꿈이나 이상으로 하시고(15-18절), 혹은 사람의 고통을 통하여 응답하시며(19-22절), 혹은 중보자를 통해 응답하시고(23-28절), 최종적으로는 구원하시니(29-30절), 잠잠히 들으라는 것이다(31-33절).

욥 33:13. 하나님께서 사람의 말에 대답하지 않으신다 하여 어찌 하나님과 논쟁하겠느냐.

엘리후는 '그런데 어찌하여 욥 어르신께서는 하나님께 불평을 하면서 대드시는 겁니까?(19:7; 30:20) 욥 어르신께서 하시는 모든 불평에 일일이 대답을 하지 않으신다고 해서 하나님께 원망을 할 수 있습니까?'라고 말한다. 엘리후의 의도는 하나님께서는 전능자로서 자기의 행하시는 일을 인간에게 다 설명하실 필요가 없으니 욥에게도 고난을 주신 사실에 대하여 굳이 그 이유를 알려주실 필요가 없다는 뜻이다. 욥이 하나님께서 주시는 고난을 참고 견디어 내야지 그것을 불평하거나 하나님께 항거하려 해서는 안 된다고 주장하는 것이다(그랜드 종합 주석).

욥 33:14. 하나님은 한 번 말씀하시고 다시 말씀하시되 사람은 관심이 없도다.

엘리후는 욥에게 '사실은 하나님께서 인간이 원하는 방법이 아닌 하나님의 방법을 가지고 계속해서 말씀을 하시고 또 하시지만, 사람이 하나님의 말씀을 깨닫지 못할 뿐입니다'라고 말한다. 하나님께서는 꿈이나 이상이나 혹은 인간에게 고통을 주셔서, 다시 말해 하나님의 방법으로 사람에게 계속적으로 말씀하시나 사람이 이를 깨닫지 못하고 하는 말이 '하나님께서는 영원히 침묵하신다'고 항변한다는 것이다.

욥 33:15. 사람이 침상에서 졸며 깊이 잠들 때에나 꿈에나 밤에 환상을 볼 때에.

엘리후는 욥에게 '하나님께서 말씀하시는 때는 사람들이 침상 위에서 졸고 있을 때나, 깊은 잠에 빠졌을 때나, 꿈을 꿀 때나, 밤에 환상을 볼 때에 말씀하신다'고 말한다. 사람이 꾸는 꿈 모두가 하나님께서 사람에게 주시는 계시는 아니지만 꿈은 하나님께서 계시를 전달하시는 방법 중 하나였. 예를 들자면 구약 시대에 요셉의 꿈을 통하여 하나님께서 그의 뜻을 전달하신 때도 있었고(창 37:5; 41:4-7), 신약 시대에 요셉을 통하여 하나님의 뜻을 전달하신 때도 있었다(마 2:12, 22). 구약 시대의 다니엘에게(단 2:36-45) 역시 꿈을 통하여 하나님의 뜻을 전달하셨다.

그리고 구약 시대의 에스겔에게 이상을 통하여 하나님께서 말씀하셨고(겔 1:4-21), 스가랴에게 역시 이상을 통하여 말씀하셨다(슥 1:8).

욥 33:16. 그가 사람의 귀를 여시고 경고로써 두렵게 하시니.

엘리후는 욥에게 '바로 그 때에 하나님께서는 사람들의 귀를 여시고 말씀을 듣게 하십니다. 하나님께서 그런 역사를 하실 때에 사람들은 경고를 받고 두려워합니다'라고 말한다. 본절은 하나님께서 그의 뜻을 분명히 알 수 있도록 전달하신다는 사실을 비유적으로 표현한 것이다.

욥 33:17-18. 이는 사람에게 그의 행실을 버리게 하려 하심이며 사람의 교만을 막으려 하심이라. 그는 사람의 혼을 구덩이에 빠지지 않게 하시며 그 생명을 칼에 맞아 멸망하지 않게 하시느니라.

엘리후는 욥에게 '하나님께서 사람들에게 꿈과 이상 같은 것을 통해 말씀하시는 목적은 사람들이 그의 나쁜 행실을 버리게 하시고 또 교만하지 않게 하시려는 것이며 그렇게 해서 사람으로 하여금 멸망하지 않게 하려는 것입니다'라고 말한다. 사람은 누구든지 나쁜 행실을 계속하고, 또 교만하면 반드시 망한다(잠 16:18; 약 1:15).

욥 33:19. 혹은 사람이 병상의 고통과 뼈가 늘 쑤심의 징계를 받나니.

엘리후는 욥을 향하여 '하나님께서는 사람에게 질병을 주셔서 잘못을 깨닫게 하여 고쳐 주시기도 하고, 사람의 육체를 고통스럽게 해서라도 잘못을 고쳐 주기도 하십니다'라고 말한다. 엘리후가 병 이야기를 꺼낸 것은 아마도 악창으로 고통 받고 있는 욥을 고려한 것으로 보인다. 이를 통해 엘리후는 하나님께서 욥에게 악창을 주신 것이 앞으로 더 큰 복을 허락하시기 위해서인 것을 알게 하려고 이런 말을 한 것으로 보인다.

욥 33:20. 그의 생명은 음식을 싫어하고 그의 마음은 별미를 싫어하며.

엘리후는 욥에게 '사람이 병에 들면 입맛을 잃을 것이고 좋은 특별한 음식을 보고도 싫은 마음이 생겨서 구역질만 할 것입니다'라고 말한다. 엘리후가 욥의 병세를 말하는 것은 욥도 별 수 없이 특별히 맛이 있는 음식까지 싫어하여 결국 죽을 수도 있다는 것을 암시하는 것이다.

욥 33:21. 그의 살은 파리하여 보이지 아니하고 보이지 않던 뼈가 드러나서.

엘리후는 욥에게 '병자의 살이 파리하여 살이 있는 듯, 없는 듯 보이지 아니하고, 보이지 않던 뼈가 눈에 보이게 드러난다'는 것이다. 아마도 욥의 병세(病勢)가 이때 이러했을 것이다.

욥 33:22. 그의 마음은 구덩이에, 그의 생명은 멸하는 자에게 가까워지느니라.

엘리후는 욥에게 '이제 병자의 목숨은 무덤에 한층 다가서고, 그의 생명은 죽음의 문턱에 이르게 될 것입니다'라고 말한다. 본절의 "구덩이"란 말은

'음부'(무덤)를 지칭하고(7:9), "멸하는 자"란 말은 '하나님의 명령을 따라 죽음을 선포하는 천사'를 지칭한다(삼하 24:16).

욥 33:23. 만일 일천 천사 가운데 하나가 그 사람의 중보자로 함께 있어서 그의 정당함을 보일진대(If there be for him an angel, a mediator, one of the thousand, to declare to man what is right for him-RSV, ESV).

엘리후는 욥에게 '만일 일천 천사 가운데 한 명의 중보자 천사가 사람에게 무엇이 옳은 것인지를 말해주어 그 사람이 회개한다면 다음 절(24절)과 같은 일이 그 사람에게 일어날 것이라'고 말한다.

본절의 "일천 천사 가운데 하나"는 '구약 시대에 천사처럼 나타나시던 중보자로서 역사상에 그리스도로 오신 분을 예표한다'. 그는 언약의 사자이시다(말 3:1). 그리고 "중보자"란 말은 '하나님의 대언자'란 뜻이다. "그의 정당함을 보인다"는 말은 '인간에게 정당한 것이 무엇인지를 가르쳐 회개하게 만든다'는 뜻이다.

욥 33:24. 하나님이 그 사람을 불쌍히 여기사 그를 건져서 구덩이에 내려가지 않게 하라 내가 대속물을 얻었다 하시리라.

엘리후는 욥에게 '하나님은 그에게 은혜를 베푸시고, 천사에게 말씀하실 것입니다. 그가 무덤으로 내려가지 않도록, 그를 살려 주어라. 내가 그의 대속물(속죄물)을 받았다고 말씀하실 것입니다'고 하실 것이란 뜻이다. 본절의 "구덩이"란 말은 '음부'를 뜻하는 말이고, "대속물"이란 그리스도의 대속의 그림자이다.

욥 33:25. 그런즉 그의 살이 청년보다 부드러워지며 젊음을 회복하리라.

엘리후는 욥에게 '그렇게 되면 그의 살이 청년보다 부드러워질 것이며 건강도 되찾을 것입니다'라고 말한다. 중보자의 대속의 역할로 하나님의 구체적인 은혜, 다시 말해 그의 몸의 병이 회복되어 건강을 회복한다는 복이 언급되어 있다. 특히 본절에서 엘리후가 욥의 살이 청년보다 부드러워진다고 말한 것은 욥의 피부가 악창으로 인하여 망가지게 된 것을 의식한 말로 보인다.

욥 33:26. 그는 하나님께 기도하므로 하나님이 은혜를 베푸사 그로 말미암아 기뻐 외치며 하나님의 얼굴을 보게 하시고 사람에게 그의 공의를 회복시키시느니라.

엘리후는 욥에게 '그가 하나님께 기도를 드리면 그의 몸만 회복되는 것이 아니라 하나님은 그에게 은혜를 베풀어주실 것입니다. 그래서 그는 기쁨으로 하나님을 섬기게 되고, 하나님은 그를 다시 정상적으로 회복시켜 주셔서 다시 의롭게 하시는 사역을 부각시키고 있는 것입니다'라고 말한다.

본절의 "하나님의 얼굴을 보게 하신다"는 말은 연약한 존재에 불과한 인간이 하나님의 은혜를 입어 하나님과 교제하며 지극히 영광스러운 축복을 누리는 상태에 들어갈 것이라는 뜻이다(시 17:15; 41:4; 89:15).

욥 33:27. 그가 사람 앞에서 노래하여 이르기를 내가 범죄하여 옳은 것을 그르쳤으나 내게 무익하였구나.

엘리후는 욥에게 '회복자는 사람들 앞에서 노래를 할 것입니다. 나는 죄를 지어서 옳은 일을 그르쳤으나 하나님이 나를 용서하여 주셨습니다'라고 노래할 것이라고 말한다. 엘리후는 욥에게 회복과 회개를 가르쳐줌으로 욥에게 소망을 주고자 한다.

욥 33:28. 하나님이 내 영혼을 건지사 구덩이에 내려가지 않게 하셨으니 내 생명이 빛을 보겠구나 하리라.

엘리후는 욥에게 '하나님이 나를 무덤에 내려가지 않게 구원해 주셨기에, 이렇게 살아서 빛을 즐기게 되었습니다'라고 말할 것이라 한다. 회복자는 하나님의 은혜로 자신의 영혼이 음부(무덤)에 내려가지 않고 생명의 빛을 보게 되었다고 감사하는 것이다.

욥 33:29-30. 실로 하나님이 사람에게 이 모든 일을 재삼 행하심은 그들의 영혼을 구덩이에서 이끌어 생명의 빛을 그들에게 비추려 하심이니라.

엘리후는 욥에게 '하나님께서 위에서 거론하신대로 사람에게 두 번, 세 번, 이렇게 꿈이나 이상이나 고통을 되풀이하여 주시는 목적은 사람으로 하여금 깨닫고 회개하여 생명을 무덤에서 다시 이끌어내셔서 생명의 빛을 보게 하시려는 것입니다'라고 말한다.

욥 33:31. 욥이여 내 말을 귀담아 들으라 잠잠하라 내가 말하리라.

엘리후는 "욥 어르신이여. 내 말을 귀담아 들으시고 더 이상 말씀하지 마시고 잠잠하시오. 내가 말하겠습니다"라고 말한다. 본절은 엘리후가 욥으로 하여금 더 이상 말하지 말고 자신의 말을 듣고 회개하기를 기원하는 말이다.

욥 33:32. 만일 할 말이 있거든 대답하라 내가 기쁜 마음으로 그대를 의롭다 하리니 그대는 말하라.

엘리후는 욥에게 '그러나 하실 말씀이 있으시면 말씀하시오. 내가 듣겠습니다. 서슴지 말고 말씀해 주십시오. 저는 욥 어르신이 옳으시다는 것을 드러내고 싶습니다. 저는 욥 어르신을 정죄하고 싶은 생각은 전혀 없으니 말씀을 하세요'라고 말한다.

욥 33:33. 만일 없으면 내 말을 들으라 잠잠하라 내가 지혜로 그대를 가르치리라.

엘리후는 욥에게 '만일 하실 말씀이 없으시면 잠잠하고 내 말을 들으시오. 제가 지혜로 욥 어른에게 몇 말씀으로 가르쳐 드리려고 합니다'라고 말한다. 엘리후의 이 말은 엘리후 자신이 욥과 그의 세 친구들보다도 뛰어난 지혜를 소유하고 있다는 사실을 강조하기 위한 비유적 표현으로 볼 수 있다.

제 34 장

C. 하나님은 확실히 심판하실 것이다 34장

1) 34장에서 엘리후는 욥의 문제를 공평하게 다루자고 말함(1-4절). 2) 욥은 하나님께서 공의롭게 판단하시지 않는다고 주장함(5-9절). 3) 엘리후는 하나님께서 공의로우심을 변증함(10-30절). a) 이 부분의 머리말(10-12절), b) 우주에 대한 하나님의 내재적 역사로 보아 하나님께서 공의로우심(13-15절). c) 하나님의 우주 통치를 보면 하나님께서 공의로우심(16-20절). d) 하나님의 전지하신 성품 때문에 그의 공의가 실행될 것임(21-30절). 4) 누가 하나님의 심판을 비난할 수 있을까(31-37절, 박윤선).

1) 엘리후는 욥의 문제를 공평하게 다루자고 함(1-4절)

욥 34:1. 엘리후가 말하여 이르되.

엘리후가 말을 계속했다. 엘리후는 첫 번째 변론(33장)을 끝내고 욥이 답변할 것을 기대했으나 욥이 아무런 답변을 더 하지 않자 자신의 변론을 이어간다. 욥이 이처럼 엘리후가 첫 번째 변론을 끝냈을 때 아무런 반론도 제기하지 않은 이유는 엘리후가 다른 세 친구들과는 특별히 다른 신앙의 안목을 가진 것을 알긴 했으나 근본적으로 엘리후의 주장이 세 친구들의 주장과 큰 차이가 없다는 것을 느꼈기 때문에 더 이상 엘리후와도 변론하는 것이 무익하다는 것을 알고 체념했기 때문일 것으로 보인다. 욥은 한마디로 욥의 세 친구들과 엘리후가 유유상종(類類相從)이라고 여긴 것이다.

엘리후의 첫 번째 발언(33장)은 하나님의 응답의 확실성을 논했는데, 이제 두 번째 발언에서는 하나님의 심판이 확실하심을 변증한다.

욥 34:2. 지혜 있는 자들아 내 말을 들으며 지식 있는 자들아 내게 귀를 기울이라.

본절의 "지혜"란 말과 "지식"이란 말은 원래 다른 뜻으로 쓰이는 말[16]이나 본절에서는 동의어로 사용되었다. 본절에서 엘리후는 지혜 있는 자들과 지식 있는 자들 속에 욥을 포함시켰으며 욥을 넘어 더 넓은 대상으로 나아간다. 그러니까 엘리후는 욥을 포함하여 지혜 있는 자들 전체에게 엘리후 자신의 말을 들어서 판단해보라고 한다.

욥 34:3. 입이 음식물의 맛을 분별함 같이 귀가 말을 분별하나니.

엘리후는 '어른들께서는 음식을 맛만 보시고도, 그 음식이 좋은 음식인지 아닌지를 아십니다. 그처럼 어른들의 귀를 가지시고 욥의 말을 한번 분별해 보시기 바랍니다. 욥이 말하는 소리를 듣고 있자면 헷갈리기 쉽습니다'라고

---

16) 지혜: חָכְמָה(2451, 호크마) 호크마(명여)는 하캄(חכם, 2449: 지혜롭다)에서 유래했으며, '지혜 wisdom'를 의미한다. 구약 성경에서 이 단어는 150회 나온다. 호크마의 용법은 인간 경험의 전 영역을 망라하고 있다. 지혜는 전쟁 전략의 실행(사 10:13) 뿐만 아니라 대 제사장의 옷을 만드는 데 있어서의 전문적 작업의 기술에서(출 28:3), 금속 작업의 기술에서 보인다(출 31:3-6). 지혜는 이스라엘과 이방의(겔 28:4-5) 정부 지도자들과 국가 관리들의 우두머리들에게 요구된다(신 34:9; 삼하 14:20). 메시야는 그의 백성의 지도자로서의 자신의 역할에서 지혜와 통찰력을 증거 할 것이다(사 11:2). 지혜는 영민으로 표현된다. 드고아의 여인은 그 도시의 안전을 위한 그녀의 영특한 청원으로 그 도시의 유혈 사태를 피했다(삼하 20:22). 영리한 사람은 자신의 재능을 자랑치 않는다(렘 9:22). 타조가 자신의 이기적 우둔한 방법으로 행할 때 그는 영리함의 결핍의 특성을 나타낸다(욥 39:17). 영리함의 재능은 전능하신 하나님을 부인하는 불경건한 방법으로 사용될 수 있다(사 47:10). 신중함은 지혜의 일면으로서 지혜로이 말하며(시 37:30; 잠 10:31) 조심스럽게 시간을 사용하는(시 90:12) 자들에게서 나타나는 것이다. 생의 실질적인 사건에서 이와 같은 유형의 지혜는 하나님의 계시로부터 비롯된다(사 33:6). 모든 지혜의 근원은 거룩하시고 의로우시며 공명정대하신 인격적 하나님이시다. 하나님의 지혜는 그의 전능하시고 전지하신 배경으로 표현되고 있다. 그의 지혜로 하나님은 구름을 세시고(욥 38:37) 땅을 세우시며(잠 3:19) 세상을 만드셨다(렘 10:12). 하나님에게서 발견되는 지혜는 하나님의 속성으로 간주된다(욥 12:13). 진정한 의미에서 하나님만이 지혜를 알고 계신다(욥 28:20; 욥 28:23). 하나님의 지혜는 인간의 사고로 발견되지 않는다. 하나님만이 인간으로 하여금 최상의 도덕적, 윤리적 삶을 살 수 있도록 인도해 주는 이러한 지혜를 제공해 주실 수 있다(욥 11:6; 잠 2:6).

말한다. 본절의 말은 욥이 한 말로(12:11) 일종의 격언으로 보인다(Rawlinson).

욥 34:4. 우리가 정의를 가려내고 무엇이 선한가 우리끼리 알아보자.

엘리후는 지혜 있는 자들에게 '이제는 우리 모두가 무엇이 옳은 것인지를 알아보고, 무엇이 진정 선한 것인지 우리끼리 함께 알아봅시다'라고 말한다. 여기 "정의"란 말은 법정에서 사용하는 용어로 '법적으로 옳은 것'을 뜻하고, '선한 것'이란 '도덕적으로 선한 것'을 지칭한다. 엘리후는 지혜자들에게 욥의 말을 듣고 옳고 그르며, 선하고 악한 것을 우리끼리 분별하여 보자고 제안한다.

2) 욥은 하나님께서 공의롭게 판단하시지 않는다고 주장하다(5-9절)

욥 34:5. 욥이 말하기를 내가 의로우나 하나님이 내 의를 부인하셨고.

엘리후는 지혜자들에게 '욥의 말을 들어보면 욥 자신이 의(義)로우나 하나님께서 욥 자신의 의를 부인하셨다고 주장하는데(27:2) 그게 말이나 되는 것이냐'고 말한다. 본절의 "하나님께서 내 의를 부인하셨다"는 말은 '하나님께서 욥 자신의 의를 부인하셨다'는 뜻으로 욥은 이것을 다음 절(6절)에서 주장한다. 즉, 욥이 정당한데도 하나님께서 욥을 거짓말쟁이로 매도하셨다는 것이고(6a), 또 욥은 허물이 없으나 하나님의 화살로 욥에게 상처를 입게 하셨다는 것이다(6b).

욥 34:6. 내가 정당함에도 거짓말쟁이라 하였고 나는 허물이 없으나 화살로 상처를 입었노라 하니.

엘리후는 지혜자들에게 '욥 자신의 말을 들어보면 욥 자신이 옳은데도 세 친구들에게 거짓말쟁이 취급을 받았고, 욥 자신에게 허물이 없으나 욥 자신이 받은 상처는 치료할 수 없다고 주장한다(6:4)'고 말한다. 욥은 그런 화살에 맞을 일이 없으나 그 상처가 깊어 죽게 되었다는 것이다(6:4). 본절의 욥의 주장은 욥이 주장하는 주장 중에 가장 억울하다는 것이다.

욥 34:7. 어떤 사람이 욥과 같으랴 욥이 비방하기를 물마시듯 하며.

엘리후는 지혜자들에게 '도대체 욥 어르신과 같은 사람이 또 어디 있겠습니까? 그는 하나님을 조롱하는 말을 물마시듯 하고 있지 않습니까?'라고 말한다. 결국 엘리후도 욥의 세 친구와 거의 같은 수준으로 욥을 취급하고 있음을 볼 수 있다. 사람은 남의 사정을 잘 관찰해야 하는데 엘리후는 욥을 아주 무성의하게 관찰하고 보통 이하의 악인으로 취급하고 있다.

욥 34:8. 악한 일을 하는 자들과 한패가 되어 악인과 함께 다니면서.

엘리후는 지혜자들에게 '욥 어르신은 악인들과 짝이 되어 악인과 함께 다니면서 악행을 저지르고 있지 않습니까?'라고 말한다. 사실 욥은 악인들과 짝하지 않았을 뿐더러 오히려 악인들의 행위를 맹렬히 공격했다(29:2-7, 17).

욥 34:9. 이르기를 사람이 하나님을 기뻐하나 무익하다 하는구나.

엘리후는 지혜자들에게 '욥 어르신이 말하는 것을 들어보면 사람이 하나님을 기쁘게 해드린다 해도 욥 자신에게 돌아오는 유익은 하나도 없다는 말만 하고 돌아다닌다!'고 말한다. 욥이 이런 비슷한 말을 하기는 했으나(9:22-35; 21:7-34), 그러나 그가 그렇게 말한 것은 하나님께서 그를 단련하시는 중에 한 말이었다.

3) 엘리후는 하나님께서 공의로우심을 변증하다(10-30절).

a) 이 부분의 머리말(10-12절)

욥 34:10. 그러므로 너희 총명한 자들아 내 말을 들으라 하나님은 악을 행하지 아니하시며 전능자는 결코 불의를 행하지 아니하시고.

엘리후는 총명한 자들에게 '그러므로 여러분들은 제 말을 들어 보십시오(2절 주해 참조). 하나님은 악을 행하지 않으시며, 전능하신 분은 불의를 행하지 아니하십니다'고 말한다. 하나님께서 악을 행하지 않으시며 결코 불의를 기뻐하지 않으신다는 엘리후의 말은 악인이 번영한다는 욥의 고민을 풀어주지 못하고 있다. 다시 말해 하나님의 특별하신 섭리에 대해서는 엘리후가 그냥 넘어가고 있는 것이다.

욥 34:11-12. 사람의 행위를 따라 갚으사 각각 그의 행위대로 받게 하시나니 진실로 하나님은 악을 행하지 아니하시며 전능자는 공의를 굽히지 아니하시느니라.

엘리후는 현명한 사람들에게 '하나님께서는 사람이 한 일을 따라서 갚아 주시고, 사람이 걸어온 길에 따라서 거두게 하시는 분입니다. 전능자 하나님께서는 악한 행위나 정의를 거스르는 일은 절대 하지 않으십니다'라고 말한다. 하나님께서는 각 사람의 행위대로 갚으신다(시 62:12; 잠 24:12; 렘 32:19; 롬 2:6; 벧전 1:17; 계 22:12). 이 진리는 역사상에 나타나는 진리이기도 하다. 물론 하나님의 상선 벌악의 일이 현세에 있어 인류의 모든 행위에 전체적으로 실시되지는 않고 있다. 그 이유는 현세가 하나님의 대(大) 심판 마당이 아니기 때문이다(박윤선).

b) 우주에 대한 내재적 역사로 보아 하나님께서 공의로우심(13-15절).

욥 34:13-14. 누가 땅을 그에게 맡겼느냐 누가 온 세상을 그에게 맡겼느냐 그가 만일 뜻을 정하시고 그의 영과 목숨을 거두실진대.

엘리후는 현명한 사람들에게 '어느 누가 하나님께 땅을 주관하는 전권(全權)을 드리기라도 하였습니까? 어느 누가 하나님께 이 세상의 모든 것을 맡기기라도 하였습니까? 만일 하나님이 결심하시고, 생명을 주는 영을 거두어 가시면 모든 육체가 모두 죽을 것이며, 사람은 모두 흙으로 돌아갈 것이라'고 말한다.

엘리후는 하나님께서 온 우주의 창조주이시요 또 섭리주이심을 밝히고 있다. 그리고 엘리후의 이 말 속에는 욥의 고난도 하나님께서 주관하시는 것이고 그것은 욥의 행위를 따라 주신 보응이기 때문에(11절) 결국 욥을 범죄자라고 결론짓는 것이다.

엘리후는 14절에서 하나님의 대(大) 주권을 말한다. 천지의 창조주이시고 섭리주이신 하나님께서 그의 섭리의 손을 거두신다면 우주의 질서는 삽시간에 무너지고, 모든 생명체는 죽어 시체가 되어 진토가 되고 만다는 것이다.

욥 34:15. 모든 육체가 다 함께 죽으며 사람은 흙으로 돌아가리라.

엘리후는 현명한 자들에게 '모든 육체는 다 함께 죽으며 모든 사람은 흙으로 돌아갈 것입니다'라고 말한다. 모든 생명체는 죽으며 모든 사람은 다 죽어 흙으로 돌아가지만 하나님은 절대 주권자로 사람을 그의 주권을 가지시고 생명을 유지하신다는 것이다. 인생의 생사화복(生死禍福)은 하나님의 주권에 달려 있다는 것을 말하는 것이다.

c) 하나님의 우주 통치를 보면 하나님은 공의로우시다(16-20절).

욥 34:16. 만일 네가 총명이 있거든 이것을 들으며 내 말소리에 귀를 기울이라.

본절은 2절의 반복이다. 엘리후 자신은 본절에서 자신의 변론의 중요성을 강조하기 위해 2절을 반복한 것이다.

욥 34:17. 정의를 미워하시는 이시라면 어찌 그대를 다스리시겠느냐 의롭고 전능하신 이를 그대가 정죄하겠느냐(Shall one who hates justice govern? Will you condemn him who is righteous and mighty-RSV, ESV)**.**

엘리후는 욥에게 '하나님께서 정의를 미워하시는 분이라면 어찌 욥 어르신을 다스리실 수 있겠습니까? 욥 어르신이 의로우시고 전능하신 이를 정죄할 수가 있습니까?'고 말한다.

"정의를 미워하시는 이시라면 어찌 그대를 다스리시겠느냐"는 말은 '세상을 통치하시는 하나님께서는 결코 불의할 수가 없다'는 것이다. 즉, 엘리후는 오직 하나님만이 완전한 의를 소유하신 분이라는 사실을 욥에게 강조함으로써 자신의 의로움을 강변하는 욥의 태도를 비난하고 있는 것이다.

"의롭고 전능하신 이를 그대가 정죄하겠느냐"는 말은 '욥에게 고난을 주신 하나님의 목적이 선하심에도 불구하고 하나님을 원망하는 욥의 태도는 의로우신 하나님을 정죄하는 패역한 행위와 똑같다'는 지적이다. 그러나 이러한 엘리후의 주장은 이미 앞에서 지적한 바와 같이(5절 주해 참조) 욥의 주장을 잘못 이해한 데서 비롯된 것이다. 욥은 결코 자신의 의로움이 하나님보다 더 위에 있음을 주장하지 않았으며, 다만 자기가 이렇게 극심한 고통을 받을만한 범죄 행위를 저지르지 않았다는 것을 두고 탄식했을 뿐이다(24:1-12).

욥 34:18. 그는 왕에게라도 무용지물이라 하시며 지도자들에게라도 악하다 하시며.

엘리후는 현명한 자들에게 '하나님께서는 왕을 보시고서 너는 쓸모없는(무가치한) 인간이라고 하실 수 있고, 높은 사람을 보시고서도 너는 악하다고 하실 수 있지 않습니까?'라고 말한다. 즉, 세상의 상하 지위를 막론하고 하나님의 심판의 대상이라는 뜻이다.

욥 34:19. 고관을 외모로 대하지 아니하시며 가난한 자들 앞에서 부자의 낯을 세워주지 아니하시나니 이는 그들이 다 그의 손으로 지으신 바가 됨이라.

엘리후는 "하나님께서는 세상의 아무 고관이라도 겉을 보고 판단하지 아니하시며, 가난한 자들 앞에서 부자의 체면을 세워주시는 일이 없으시다는 것이다. 이유는 그들 고관이나 가난한 자나 부자나 다 하나님께서 지으신 자들이기 때문이라"고 말한다. 만민은 똑같은 존재라는 것이다.

욥 34:20. 그들은 한밤중에 순식간에 죽나니 백성은 떨며 사라지고 세력 있는 자도 사람의 손을 빌리지 않고 제거함을 당하느니라(In a moment they die; at midnight the people are shaken and pass away, and the mighty are taken away by no human hand-RSV, ESV)**.**

엘리후는 '사람은 눈 깜짝할 사이에, 그것도 한밤중에라도 죽습니다. 하나님께서 사람을 치시면 사람은 떨며 사라집니다. 아무리 힘센 것이라고 하더라도 하나님은 그것을 간단하게 죽이실 수 있습니다'라고 말한다. 사람은 자신의 앞날이 어떻게 될지 알지 못하고 살다가 인간의 손을 빌리지 않고 하나님께서 순식간에 죽이신다는 것을 드러내는 말이다.

d) 그의 공의가 실행될 것임(21-30절).

이 부분(21-30절)은 하나님의 심판이 아주 정당함을 드러내고 있다. 하나님께서는 악인을 심판하시고 악한 세력자를 꺾으시며 하나님만을 바라보며 살아가는 가난한 자에게 평강을 주신다고 말한다.

욥 34:21. 그는 사람의 길을 주목하시며 사람의 모든 걸음을 감찰하시나니.

본절의 상반절과 하반절의 의미는 동일하다. 하나님께서는 사람의 한 생애를 주목하신다는 것이다. 하나님께서는 각자에게 맞는 대처법을 쓰신다는 것이다.

욥 34:22. 행악자는 숨을 만한 흑암이나 사망의 그늘이 없느니라.

엘리후는 '하나님 앞에서는 악을 행하는 사람들에게 숨을 만한 어둠이 없고, 사망의 그늘도 없다'고 말한다. 모든 사람에게 세상은 온전히 적나라하게 비추고 있다는 것이다(시 39:12; 히 4:12).

욥 34:23. 하나님은 사람을 심판하시기에 오래 생각하실 것이 없으시니.

엘리후는 '사람이 언제 하나님께 가서 심판을 받게 되는지 하나님께서는 긴 시간 생각하실 필요가 없으십니다'라고 말한다. 하나님께서는 사람을 심판하시는 데 있어 의롭게 심판하시고 정당하게 심판하시며 즉각적으로 심판하신다. 하나님께서는 전지하셔서 모든 것을 알고 계시기 때문에 오래 생각하실 필요가 없으시다는 것이다.

욥 34:24. 세력 있는 자를 조사할 것 없이 꺾으시고 다른 사람을 세워 그를 대신하게 하시느니라.

엘리후는 '하나님께서는 집권자를 교체하실 때에도 조사하실 필요도 없이 교체하십니다'고 말한다. 엘리후는 아마도 하나님께서 욥을 내려 앉히는 데도 시간을 쓰시지 않고 내려 앉혔다고 말하는 것이다.

욥 34:25. 그러므로 그는 그들의 행위를 아시고 그들을 밤 사이에 뒤집어엎어 흩으시는도다.

엘리후는 '그러므로 하나님은 그들의 행위를 아시고 하룻밤에 뒤엎어 파멸되게 하십니다'라고 말한다. 엘리후는 아마도 하나님께서 하룻밤 사이에 재앙을 주셨다는 것을 말하는 것으로 보인다. 엘리후도 역시 욥을 정죄하는 측에 들어가 있다.

욥 34:26. 그들을 악한 자로 여겨 사람의 눈앞에서 치심은.

엘리후는 '하나님께서는 사람들이 보는 앞에서 악인들을 처벌 하십니다'라고 말한다. 하나님께서는 사람들을 공개적으로 처벌하셔서 여러 사람에게 교훈을 주신다고 말한다.

욥 34:27. 그들이 그를 떠나고 그의 모든 길을 깨달아 알지 못함이라.

엘리후는 '그 악인들이 재앙을 당하는 이유는 그들이 하나님을 떠나서(왕하 17:15-16; 잠 26:11; 벧후 2:22) 하나님의 지시를 받지 않기 때문이라'고 말한다. 우리는 하나님 앞에서 하나님의 모든 길을 깨달아 알아야 할 것이다.

욥 34:28. 그들이 이와 같이 하여 가난한 자의 부르짖음이 그에게 상달하게 하며 빈궁한 사람의 부르짖음이 그에게 들리게 하느니라.

엘리후는 '악인들이 그들의 행위로 말미암아 가난한 자의 부르짖음이 하나님에게 상달하게 하며 빈궁한 사람들의 부르짖음이 하나님께 들리게 했다'고 말한다. 엘리후는 욥의 악행 때문에 가난한 자들의 부르짖음이 하나님께 들렸다고 말한다. 이것은 욥에 대한 하나님의 증거(1:8; 2:3)와 어긋나는 주장이다. 엘리후는 욥이 하나님으로부터 인정을 받은 다음 제사장으로서 죄를 짓지 않고 산 것을 깨닫지 못했다.

욥 34:29. 주께서 침묵하신다고 누가 그를 정죄하며 그가 얼굴을 가리신다면 누가 그를 뵈올 수 있으랴 그는 민족에게나 인류에게나 동일하시니(When he is quiet, who can condemn? When he hides his face, who can behold him, whether it be a nation or a man?-RSV, ESV).

엘리후는 '하나님께서 압제 받는 가난한 자들(28절)을 하감하시고 가난한 자들을 건져주실 때에는 그것을 막을 자가 없고, 그가 악인들을 심판하실 때에는 그들이 그 앞에 나와서 그의 정하신 뜻을 돌이킬 수 없습니다. 이런 하나님의 벌칙은 한 민족에게나 인류에게 동일합니다'라고 말한다(박윤선).

본절의 "주께서 침묵하신다"(הוּא יַשְׁקִט)는 말은 '주께서 침묵하고 계실 때에'란 뜻이다. 다시 말해 '주께서 어떤 때에는 필요에 의하여 어떤 악인들을 벌하시지 않고 그들의 악행을 방임하시는 때가 있다'는 것을 말한다. 그리고 "누가 그를 정죄하며"란 말은 '누가 감히 그를 비난하겠느냐'라는 뜻이다. 다시 말해 '누가 감히 하나님을 범법자로 몰아붙이겠느냐'는 뜻이다. 엘리후는 여기서 욥 자신이 무죄함에도 불구하고 극심한 고통을 받는 것은 부당하다는 사실을 하나님께 항변했던 욥의 태도(10:1-7)를 비난하고 있는 것이다.

"그가 얼굴을 가리신다면"이란 말은 '하나님께서 그의 얼굴을 악한 자들에게 나타내 보이지 않으신다는 뜻인데, 이는 하나님께서 저들에 대해 분노하신다'는 뜻이다. 즉, 하나님께서는 저들에게 어떠한 은혜도 베풀지 않으심으로써 그들을 멸망의 길에 버려두신다는 뜻이다.

"그는 민족에게나 인류에게나 동일하시니"란 말은 '결과가 동일하다'는 뜻이다. 다시 말해 하나님께서 나라에게나 개인에게나 그의 얼굴빛을 숨기시는 것은 마찬가지라는 것이다. 어느 경우에 있어서나 간에 거기에는 어떤 도움도 기대할 수 없고 있을 수도 없는 것이다. 오직 파멸과 파괴가 잇따를 뿐이라는 뜻이다(단 4:35 참조).

욥 34:30. 이는 경건하지 못한 자가 권세를 잡아 백성을 옭아매지 못하게 하려 하심이니라.

위와 같이 하나님께서 악인을 형벌하시는 목적은 그들이 세력을 잡아가지고 백성들을 학대하지 못하게 막기 위함이라는 것이다.

4) 누가 하나님의 심판을 비난할 수 있을까 34:31-37

결론적으로 누구든지 회개하기만 하면 하나님께 대한 불평이 없을 것인데 욥의 불평은 그의 회개하지 않음 때문에 일어난다고 한다. 엘리후는 여기서 욥을 대놓고 무식하다고 비난하면서 욥의 태도를 정면으로 공격하고 나선다.

욥 34:31. 그대가 하나님께 아뢰기를 내가 죄를 지었사오니 다시는 범죄하지 아니하겠나이다.

엘리후는 욥에게 '욥 어르신은 하나님께 죄를 고백하고서 이제 다시는 죄를 짓지 않겠다고 약속하신 적이 있으십니까?'라고 묻는다. 엘리후는 욥에게 본절의 말씀과 같이 회개하는 것이 마땅하다고 말씀하고 욥의 회개를 촉구하고 나선다. 다시 말해 솔직하게 욥이 하나님께 크게 징계를 받은 것을 시인하고 다시는 죄를 짓지 않겠다는 고백을 하라는 것이다.

욥 34:32. 내가 깨닫지 못하는 것을 내게 가르치소서 내가 악을 행하였으나 다시는 아니하겠나이다 하였는가.

엘리후는 '욥 어르신께서는 잘못이 무엇인지를 일러 달라고 하나님께 요구하시면서, 다시는 악한 일을 저지르지 않겠다고 약속하신 적이 있으십니까?'라고 묻는다. 엘리후는 욥에게 혹시 아직 깨닫지 못하고 있는 잘못이 무엇이 있는지를 알려달라고 요구하여 다시는 악한 일을 저지르지 않겠다고 약속할 것을 권고하고 있다.

욥 34:33. 하나님께서 그대가 거절한다고 하여 그대의 뜻대로 속전을 치르시겠느냐 그러면 그대가 스스로 택할 것이요 내가 할 것이 아니니 그대는 아는 대로 말하라(Will he then make repayment to suit you, because you reject it? For you must choose, and not I; therefore declare what you know-ESV).

엘리후는 욥에게 '어르신은 하나님께서 하시는 것을 반대하시면서도 하나님께서 어르신이 원하시는 것을 해주실 것이라고 기대하십니까? 물론, 결정은 어르신께서 하실 일이고 내가 할 일이 아니지만, 지금 생각하고 계신 것을 말씀해 주시기 바랍니다'라고 말한다. 다시 말해 엘리후는 하나님께서 욥 자신에게 주신 고난을 그의 죄를 깨닫도록 하기 위해 주시는 징계로 알고 회개하기 보다는 하나님께서 욥 자신이 원하는 것을 들어주시지 않고 도리어 고난을 주신다고 불평하고 있다는 것을 비난한다. 그러나 이러한 엘리후의 비난은 욥의 주장을 올바로 이해하지 못한 데서 기인한 오해에 불과하다. 왜냐하면 욥은 결코 자기가 원하는 것을 하나님께서 모두 들어주시지 않는 것에 대해서는 전혀 불평하지 않았을 뿐 아니라 단지 자기가 극심한 고난을 받을만한 죄가 없음을 호소했고 그리고 그 가운데서도 하나님께 대한 신뢰의 모습을 계속 유지했기 때문이다(14:13,14). 따라서 본절은 엘리후가 욥에 대해 처음부터 객관적이고 공정한 자세를 갖지 못하고 도리어 세 친구들처럼 욥을 정죄하기 위한 목적에서 변론에 참가했음을 시사한다(그랜드 종합 주석).

"그대는 아는 대로 말하라"는 말은 엘리후는 욥에게 하나님의 보응하시는 공의로운 방법에 애매한 점이 있다고 생각하면 욥 자신이 알고 있는 보응의 참 방법이 무엇인지 말해 보라고 요구한다. 물론 이는 욥을 공박하기 위한 제안이다(호크마 주석).

욥 34:34. 슬기로운 자와 내 말을 듣는 지혜 있는 사람은 반드시 내게

말하기를.

"슬기로운 자"란 말과 "내 말을 듣는 지혜 있는 사람"이란 말은 동의어로 사용되어 엘리후의 변론을 옆에서 듣고 있는 청중들을 지칭하는 말이다. 이 두 가지 명칭은 엘리후 옆에서 듣던 사람들은 누구나 엘리후의 주장이 옳다는 것을 인정할 것이라는 사실을 강조하기 위한 유도적 표현이다. 엘리후는 욥에 대한 자신의 변론이 매우 정당하다는 것을 확신하기 때문에 슬기로운 자와 엘리후의 말을 듣는 지혜로운 사람은 반드시 엘리후에게 다음 절(35절)의 말씀과 같이 하리라고 말한다.

욥 34:35. 욥이 무식하게 말하니 그의 말이 지혜롭지 못하도다 하리라.

엘리후는 '슬기로운 자와 엘리후 자신의 말을 듣고 있는 지혜 있는 사람들은 모두 욥 어르신이 알지도 못하면서 말을 하고, 기껏 한 말도 모두 뜻 없는 말뿐이었다는 것을 알 수 있을 것입니다'라고 말한다. 본절을 보면 엘리후가 욥의 세 친구들보다 욥을 더 비난하고 있음을 보여주고 있다.

욥 34:36. 나는 욥이 끝까지 시험 받기를 원하노니 이는 그 대답이 악인과 같음이라.

엘리후는 '나는 욥 어르신이 끝까지 시험받기를 원하고 있는데 그 이유는 그가 악인들처럼 대답하기 때문이라'고 말한다. 엘리후는 욥의 세 친구들보다 한발 더 나아가서 욥이 더 심한 재앙을 받기를 바라고 있다.

욥 34:37. 그가 그의 죄에 반역을 더하며 우리와 어울려 손뼉을 치며 하나님을 거역하는 말을 많이 하는구나.

엘리후는 '욥에 대해 결론을 내려 보면 욥 어르신은 자신이 지은 죄에다가 반역까지 더하였으며 우리가 보는 앞에서도 하나님을 많이 모독했습니다'라고 말한다. 본절의 "손뼉을 친다"(יִסְפּוֹק)는 말은 '조롱한다'는 뜻으로 엘리후는 자기의 의를 고집하는 욥의 행동이 하나님을 조롱하는 것이라고 비난하고 있다.

본절은 욥이 엘리후에게 자신의 무죄를 변호하는 어떠한 변론을 해보았자 엘리후는 그것을 믿지 않고 도리어 그러한 욥의 모습마저도 하나님을 끝까지 거역하는 패역한 행위로 여길 것이라는 사실을 시사한다. 그렇기 때문에 누구보다도 이 사실을 직시했던 욥으로서는 아예 엘리후의 변론을 피하고 그의 주장에 침묵으로 일관한다.

제 35 장

D. 경건하게 하나님 앞에 나아갈 것이다 35장

본장은 엘리후의 세 번째 연설로서 본장의 내용으로 보아 두 부분으로 나누어진다. 하나는 인간의 어떤 경건이나 공로도 하나님의 보상을 요구할만한 것이 못 된다는 것이고(1-8절), 다른 하나는 응답되지 못한 기도에 대한 것이다(9-16절). 엘리후는 욥의 기도가 응답되지 않는 이유는 욥이 올바르지 못한 기도를 드렸기 때문이라고 단정한다. 다시 말해 욥은 비록 하나님께서 욥 자신의 결백을 판단해 주시고 인정해 주실 것을 소원했지만 하나님께서는 응답하시지 않았다는 것이다. 따라서 엘리후는 욥이 먼저 자신의 원망이 순수한 것이었는가를 살펴야 한다고 주장한다.

1. 의로움이 무익하다고 하지 말 것이다 35:1-8

엘리후는 욥 자신이 자신의 경건이 무익하다고 말한데 대해(1-3절) 엘리후는 하나님의 초월성을 내세우면서 인간이 행하는 선이나 악이 하나님께 아무 영향을 끼치지 못한다고 말한다(4-8절).

욥 35:1. 엘리후가 말을 이어 이르되.

엘리후가 말을 계속했는데 이것이 그의 세 번째 연설이다.

욥 35:2. 그대는 이것을 합당하게 여기느냐 그대는 그대의 의가 하나님께로부터 왔다는 말이냐(Do you think this to be just? Do you say, It is my right before God-RSV, ESV).

엘리후는 욥에게 '욥 어르신은 어르신이 어디까지나 떳떳하다고 생각하시오? 하나님 앞에서도 죄가 없다고 말씀하시오?'라고 묻는다.

욥은 변론 중에 자신이 하나님보다 더 의롭다고 말한 적이 없다. 다만 욥은 현재 자신이 이렇게 극심한 재앙을 당할만한 죄를 범하지 않았음을 강조했을 뿐이다.

욥 35:3. 그대는 그것이 내게 무슨 소용이 있으며 범죄하지 않는 것이 내게 무슨 유익이 있겠느냐고 묻지마는(that you ask, 'What advantage have I? How am I better off than if I had sinned?'-RSV, RSV)**.**

엘리후는 욥에게 '욥 어르신은 자신께서 하나님께 죄를 짓는다고 하여, 그것이 하나님께 무슨 영향이라도 끼쳐지는 것입니까? 또 제 자신이 죄를 짓지 않는다고 하여, 제 자신이 얻는 이익이 무엇인가 하고 물으시는데, 그것도 옳지 못합니다'라고 말한다.

엘리후는 본절에서 욥이 악에 대해 동경하는 사람처럼 말을 했는데 욥은 악에 대해 동경하지 않았다. 욥은 항상 경건한 삶을 살았던 자신이 언젠가는 패역한 행위를 일삼은 악인보다 훨씬 좋은 결과를 얻을 것을 확신했던 고백을 했는데 그 고백을 통해서도 충분히 입증되고 있다(27:13-23). 그런데도 엘리후는 이런 정황을 완전히 무시하고 마치 욥을 패역한 행위를 동경하는 행악자인 듯 묘사하고 있다. 엘리후는 변론이 진행되어 나갈수록 욥에 대해 형평성을 상실해 가고 있음을 알 수 있다. 이처럼 사람들은 신앙 수준이 높고 경건생활이 탁월한 신앙인에게 대하여 오해하는 일이 많다(박윤선).

욥 35:4. 내가 그대와 및 그대와 함께 있는 그대의 친구들에게 대답하리라.

엘리후는 '이제 제가 욥 어르신과 어르신의 세 분 친구들께 대답해 드리겠습니다'라고 말한다. 본절에서 엘리후는 자신의 변론을 통해 욥과 욥의 세 친구들의 잘못된 생각을 돌이키고 올바른 길로 인도하겠다고 나선다. 즉, 엘리후는 자신의 생각이 욥이나 욥의 세 친구들보다 훨씬 낫다고 여기고 그들을 고치려고 나선 것이다.

욥 35:5. 그대는 하늘을 우러러보라 그대보다 높이 뜬 구름을 바라보라.

엘리후는 욥에게 '욥 어르신은 하늘을 우러러보시기 바랍니다. 구름이 얼마나 높이 떠 있습니까?'라고 말한다. 엘리후는 자신의 생각을 욥에게 말하기 위해 이런 말을 하는 것이다. 다시 말해 하나님께서 가지고 계신 능력을 인간이 결코 측량할 수 없다는 것을 말하기 위해 이런 말을 꺼낸 것이다.

욥 35:6. 그대가 범죄한들 하나님께 무슨 영향이 있겠으며 그대의 악행이 가득한들 하나님께 무슨 상관이 있겠으며.

엘리후는 욥에게 '비록 욥 어르신께서 하나님께 범죄 한들 하나님께 무슨 영향을 끼치겠으며, 어르신의 죄악이 크다고 한들 하나님께 무슨 영향을 끼치시겠습니까?'라고 말한다. 엘리후는 본절에서 인간이 하나님께 범죄를 해도 그것으로 결코 하나님을 해롭게 하거나 어떤 영향을 끼칠 수 없고 단지 범죄한 그 사람만이 그에 대한 해를 받게 된다고 말한다. 따라서 본절은 '네가 하나님에 대하여 무엇을 행할 수가 있겠느냐'는 말로서 하나님은 지극히 높은 곳에 계신 전능하고 위대한 분이시기에 인간의 그 어떤 악행으로도 그분에게 아무런 영향도 끼칠 수 없다는 사실을 말하고 있다.

욥 35:7. 그대가 의로운들 하나님께 무엇을 드리겠으며 그가 그대의 손에서 무엇을 받으시겠느냐.

엘리후는 욥에게 '또 욥 어르신께서 의로우신 일을 하셨다고 한들 하나님께 무슨 보탬이 되겠으며, 하나님께서 어르신에게서 얻을 것이 무엇이 있겠습니까?'라고 말한다. 다시 말해 인간이 아무리 의로운들 그것이 하나님께 유익 드리는 것은 없고, 그것으로 인간이 복을 받고 유익을 얻는 것뿐이라는 것이다.

욥 35:8. 그대의 악은 그대와 같은 사람에게나 있는 것이요 그대의 공의는 어떤 인생에게도 있느니라.

엘리후는 욥에게 '욥 어르신께서 죄를 지었다고 해도, 그런 죄는 어르신과 같은 사람에게나 손해를 입히며, 욥 어르신께서 공의로우신 일을 했다고 해도 그것은 다만 사람에게나 영향을 끼칠 뿐이지, 하나님께는 아무 관계가 없는 것입니다'라고 말한다. 엘리후의 주장은 욥이 자신의 의를 앞세우는 것이 전혀 의미가 없음을 내세우는 말이다.

2. 교만 때문에 응답이 없는 것이다 35:9-16

인간의 어떤 경건이나 공로도 하나님의 보상을 요구할만한 것이 못 된다는 것을 앞에서 말한(1-8절) 엘리후는 이제 이 부분(9-16절)에서는 욥이 하나님을 뵐 수 없다고 말하고 있는데 그것은 욥의 죄 때문이라고 말한다. 엘리후의 생각은 욥의 세 친구들의 생각과 비슷하다.

욥 35:9. 사람은 학대가 많으므로 부르짖으며 군주들의 힘에 눌려 소리치나.

엘리후는 이제 분위기를 완전히 바꿔 욥이 기도 응답을 받지 못하는 이유를 진술한다. 엘리후는 '사람들은 억압이 심해지면 부르짖고, 세력이 있는 자들이 억누르면 누구에게나 구원을 청하면서 울부짖지만' 다음 절들(10-11절)에서 욥을 포함하여 사람들은 하나님께 올바로 부르짖지 않는다고 말한다. 엘리후의 주장은 사람들은 하나님을 바로 알지 못하여 부르짖어도 응답을 받지 못한다는 것이다.

욥 35:10. 나를 지으신 하나님은 어디 계시냐고 하며 밤에 노래를 주시는 자가 어디 계시냐고 말하는 자가 없구나.

본절의 "나를 지으신 하나님은 어디 계시냐"는 어구와 "밤에 노래를 주시는 자가 어디 계시냐"고 말하는 어구는 동의구(同意句)로 사용되어 사람들은 나를 지어주신 하나님을 찾아야 하고, 캄캄한 "밤"은 역경과 환난의 때인데 이런 때를 변하여 희망을 주시는 하나님이 어디 계시냐고 하나님을 찾아 나서야 하는데, 사람들이 올바로 하나님께 부르짖지 않는다는 것이다. 그러나 욥은 그 고난 중에서 진지하게 하나님께 부르짖은 것으로 보아야 한다.

욥 35:11. 땅의 짐승들보다도 우리를 더욱 가르치시고 하늘의 새들보다도 우리를 더욱 지혜롭게 하시는 이가 어디 계시냐고 말하는 이도 없구나.

엘리후는 '하나님이 우리에게 짐승들이나 새들이 가진 지혜보다 더 나은 지혜를 주셨는데도 하나님께로 돌아가지 않는다'고 말한다. 본절에서 엘리후의 주장은 하나님께서 사람들에게는 짐승과는 차원이 다른 지혜를 주셨는데도 하나님께 부르짖지 않는다고 정죄하는 것이다. 아무튼 엘리후는 욥을 꾸짖는데 있어 다방면으로 꾸짖고 있음을 볼 수 있다.

욥 35:12. 그들이 악인의 교만으로 말미암아 거기에서 부르짖으나 대답하는 자가 없음은.

엘리후는 '사람들(욥을 포함하고 있다)이 거만하고 악하므로 하나님께 도와주시라고 부르짖어도 하나님은 들은 체도 않으십니다'라고 말한다. 믿음 없이 기도하는 것을 정죄한 엘리후는 본절에서는 교만한 마음으로 기도하는 사람들을 정죄하고 있다. 욥의 고난을 듣지 않으시는 데는 하나님의 섭리가 있었는데 엘리후는 그것도 모르고 욥의 기도가 응답되지 않는 것은 그가 교만하기 때문이라고 말하고 있다. 엘리후는 욥의 기도가 응답되지 않는 가지가지의 이유를 말하고 있다.

욥 35:13. 헛된 것은 하나님이 결코 듣지 아니하시며 전능자가 돌아보지 아니하심이라.

엘리후는 '전능하신 하나님은 악한 자들의 기도를 듣지도 않으시고, 그들의 호소를 돌아보아 주지도 않으신다'라고 말한다. 엘리후는 욥을 악인으로 규정하고 욥의 부르짖음을 헛된 부르짖음으로 매도하고 있다. 욥을 위해 나타났다고 하는 엘리후는 오히려 안 나타났더라면 좋았을 사람이 되었다. 오늘 우리는 다른 사람들의 고통을 살뜰히 돌보고 있는 것인가를 살펴야 할 것이다.

욥 35:14. 하물며 말하기를 하나님은 뵈올 수 없고 일의 판단하심은 그 앞에 있으니 나는 그를 기다릴 뿐이라 말하는 그대일까보냐(How much less when you say that you do not see him, that the case is before him, and you are waiting for him!-RSV, ESV).

엘리후는 욥에게 '욥 어르신은 하나님을 볼 수 없다고 말씀했고 또 어르신께서 하나님께 드려놓은 기도 응답이 하나님 앞에 놓여 있다고 말씀하시니 무슨 기도 응답이 있을 수가 있습니까'라고 말한다. 그러나 훗날 하나님께서는 욥에게 응답하셔서 엄청난 복을 주셨다(42장).

욥 35:15. 그러나 지금은 그가 진노하심으로 벌을 주지 아니하셨고 악행을 끝까지 살피지 아니하셨으므로.

엘리후는 욥에게 '욥 어르신은 하나님께서 벌을 내리지 않으시고, 또 사람의 죄에도 별로 관심이 없다고 생각하십니다'라고 말한다. 본절의 "그가 진노하심으로 벌을 내리지 않으신다"는 말에 대해서는 두 가지 견해가 있다. 1) 욥이 진노함으로 벌을 내리지 않았다는 뜻이라고 하는 견해(Hahn, Rawlinson, Cook, 이상근). 2) 하나님께서 진노하심으로 벌을 주지 않으셨다는 뜻으로 보는 견해(Rosenmueller, Noyan, Lange, 박윤선, 그랜드 종합 주석). 문맥을 살필 때, 2)의 견해가 더 바른 것으로 본다. 그러니까 하나님께서 아직 벌을 주지 않으셨고 또 욥의 악행을 끝까지 살피지 않으셨기 때문에 욥이 교만하게 행동했다는 것이다. 엘리후는 욥의 세 친구들처럼 세상의 인과응보론에 매여 있는 사람임을 볼 수 있다.

욥 35:16. 욥이 헛되이 입을 열어 지식 없는 말을 많이 하는구나.

엘리후는 '그러나 명심하세요. 욥 어르신께서 입을 열어 말씀을 계속하시는 것은 쓸데없는 일입니다. 어르신은 자기가 하는 말이 무엇인지도 모르시기 때문에 말씀을 많이 하시는 것입니다'라고 말을 한다. 엘리후는 욥이 아직 벌을 덜 받아서 교만하게 말을 더 하는 것이라고 한다.

제 36 장

E. 능력이 무한하신 하나님을 경외해야 할 것이다 36-37장

엘리후의 발언의 네 번째는 바로 앞에 발언한 세 번째의 연속으로 능력이 무한하신 하나님을 경외하라는 것이다. 이 부분의 내용은 고난의 목적은 교육이라는 점(36:1-16), 고난의 원칙을 배워야 한다는 것(36:17-23), 자연계에 보인 하나님의 위대하신 섭리(36:24-37:13), 하나님을 두려워해야 한다는 것 등이다(37:14-24).

1. 고난의 목적은 교육에 있다 36:1-16

엘리후는 이 부분에서 최후의 교훈과 권면을 주려한다. 즉, 엘리후는 서론적으로 욥의 주의를 환기시킨 후(1-4절)에 고난의 목적은 교육이라는 것을 말한다(5-16절).

욥 36:1. 엘리후가 말을 이어 이르되.

본절 이하는 엘리후의 네 번째 발언으로 하나님께서 주시는 고난의 목적은 교육을 위한 것(36장)과 하나님을 두려워하도록 하기 위한 것(37장)이라고 구분한다.

욥 36:2. 나를 잠깐 용납하라 내가 그대에게 보이리니 이는 내가 하나님을 위하여 아직도 할 말이 있음이라.

엘리후는 욥에게 '조금만 더 참고 제 말씀을 들어보시기 바랍니다. 아직도 하나님을 대신하여 드릴 말씀이 있습니다'라고 말한다. 엘리후는 하나님의 주권을 강조하는 일에 열심을 다하고 있다(21:22; 42:7).

욥 36:3. 내가 먼 데서 지식을 얻고 나를 지으신 이에게 의를 돌려보내리라.

엘리후는 '나는 내가 가진 지혜를 모두 다 짜내서라도 나를 지으신 하나님이 의로우심을 밝히겠습니다'라고 말한다. 본절의 "먼데서"(לְמֵרָחוֹק)라는 ל('에서')라는 뜻과 מֵ(으로부터)라는 2중의 전치사가 있어 특별하다. 따라서 1) 거리로 보아 땅 끝에서라는 뜻으로 보는 견해(Dhorme). 2) 내용적으로 보아 자연과 역사의 넓은 영역에서라는 견해(K.&D., Lange)로 갈린다. 2)번의 견해를 취한다(39:29; 사 37:26). 엘리후는 본절에서 그의 견해가 하나님께로부터 받은 것임을 강조한다(이상근). 엘리후는 하나님으로부터 받은 지식으로 말하고 그 결과 모든 의(義)는 하나님께 돌려보내겠다는 것이다.

욥 36:4. 진실로 내 말은 거짓이 아니라 온전한 지식을 가진 이가 그대와 함께 있느니라.

엘리후는 욥에게 '내가 하는 이 말에는 거짓이 전혀 없습니다. 건전한 지식을 가진 사람이 지금 욥 어르신 옆에서 말하고 있는 것입니다'라고 말한다. 본절의 "온전한 지식을 가진 이"란 말은 '완전한 지식을 가진 자'라는 뜻이다(AV, RSV, ESV). 그러면 누가 완전한 지식을 가진 자라는 말인가. 이에 대해서는 두 가지 견해가 있다. 1) 하나님 자신이라는 견해. 2) 엘리후 자신을 지칭한다는 견해(G.&D., Rawlinson, 이상근). 2)번의 견해가 문맥에 맞는다. 바로 앞절(3절)에 엘리후 자신이 자연과 역사의 넓은 영역에서 지식을 얻은 자라고 했기 때문이다. 그러나 엘리후가 욥을 그렇게 완전히 아는 사람이었는가 하는 것이다. 엘리후는 욥이 왜 그렇게 큰 고난에 빠졌는가를 알지 못하는 사람이었다. 욥의 세 친구들과 마찬가지로 욥이 죄를 지었기에 그 큰 고난을 받고 있다고 알았다.

5-16절. 고난의 목적은 교육이라 한다.

욥 36:5. 하나님은 능하시나 아무도 멸시하지 아니하시며 그의 지혜가 무궁하사.

엘리후는 욥에게 '하나님은 큰 힘을 가지고 계십니다. 전능하신 하나님은 아무도 멸시하지 않으십니다. 또 하나님은 지혜가 무궁무진 하십니다'라고 말한다. 엘리후는 하나님을 묘사할 때 첫째로 큰 힘을 가지신 분이라고 말한다. 그런데 그 큰 힘을 가지신 하나님께서 세상의 그 무엇도 멸시하지 않으신다고 말한다. 하나님은 능하시며 전지하시다고 말한다. 우리는 하나님께서 전능하시고 또 전지하시다는 말씀에 엄청난 위로를 받는다.

욥 36:6. 악인을 살려두지 아니하시며 고난 받는 자에게 공의를 베푸시며.

엘리후는 '악한 사람을 살려 두지 않으시고, 그 악인들 때문에 고난 받는 사람들의 권리를 찾아주십니다'라고 말한다. 본절은 하나님은 공의로우신 분임을 말한다. 욥은 가끔 의인이 고생하며, 악인이 형통한 경우가 있다고 말했으나(21:7; 24:22) 엘리후는 욥의 이 말을 배격하고 있다. 엘리후도 역시 욥의 세 친구들과 마찬가지로 인과응보적 사고에 사로 잡혀 있음을 보여준다. 인과응보적 사고 방식은 불교의 전용 교리이다.

욥 36:7. 그의 눈을 의인에게서 떼지 아니하시고 그를 왕들과 함께 왕좌에 앉히사 영원토록 존귀하게 하시며.

엘리후는 본절부터 12절까지 의인들을 취급하시는 하나님의 방법을 소개한다. 엘리후는 본절에서 욥에게 '하나님은 의인에게서 그 눈을 떼지 않으시고 그들을 왕들과 함께 영원히 보좌에 앉히시며 그들을 존귀하게 하실 것입니다'라고 말한다. 엘리후의 이런 주장은 욥도 이미 말한 바 있다. 29:2에서 욥은 "나는 지난 세월과 하나님이 나를 보호하시던 때가 다시 오기를 원하노라"고 말했다(시 34:15 참조).

그리고 엘리후는 "그를 왕들과 함께 왕좌에 앉히사 영원토록 존귀하게 하신다"고 말한다. 이 말은 세상의 왕좌에 앉힌다는 말이 아니라 영광스러운 입장에 서게 하신다는 뜻이다(5:11; 삼상 2:8; 시 113:7-8). 하나님은 요셉, 모르드개, 다니엘 같은 사람들을 들어 쓰셨다.

그러나 엘리후가 욥에게 이런 말씀을 하는 것은 죄를 빨리 자복하여 의인의 반열에 들어서 하나님으로부터 큰 복을 받으라는 것으로 인과응보적 발언이다. 욥에게 임했던 환란의 성격이 죄와 전혀 관련이 없다는 사실은 이미 앞에서 여러 번 나왔다.

욥 36:8-9. 혹시 그들이 족쇄에 매이거나 환난의 줄에 얽혔으면 그들의 소행과 악행과 자신들의 교만한 행위를 알게 하시고.

엘리후는 '만일 의인들이 하나님께 복종하지 않으면, 쇠사슬에 묶이게 하시고 고통의 줄에 얽매여서 벗어나지 못하게 하십니다. 그러는 동안에 하나님은 그들에게 그들이 한 일을 밝히시며, 그들이 교만하게 지은 죄를 알리십니다'라고 말한다.

엘리후가 이 부분(8-9절)에서 이 말을 하는 이유는 욥이 지극한 환란을 만난 것은 하나님 앞에서 악을 행하고 교만한 행위가 있었기 때문이라고 말하기 위함이었다. 엘리후는 역시 인과응보의 논리로 욥에게 접근한 것이다.

욥 36:10. 그들의 귀를 열어 교훈을 듣게 하시며 명하여 죄악에서 돌이키게 하시나니.

엘리후는 '하나님은 또 그들의 귀를 열어서 경고를 듣게 하시며 그들이 악을 버리고 돌아오도록 명하십니다'라고 말한다. 본문의 "돌이키게 하다"(יְשֻׁבוּן)라는 말은 'U-turn하게 하다'라는 말로 180도 회전하게 하신다는 뜻이다.

욥 36:11. 만일 그들이 순종하여 섬기면 형통한 날을 보내며 즐거운 해를 지낼 것이요.

엘리후는 '만일 그들이 하나님께 순종하고 섬기면 그들은 매일 행복하게 살고 평생을 즐겁게 지낼 것입니다'라고 말한다. 렘 7:23; 26:13 참조.

욥 36:12. 만일 그들이 순종하지 아니하면 칼에 망하며 지식 없이 죽을 것이니라.

엘리후는 '만일 그들이 귀담아 듣지 않으면 결국 칼에 망하며 아무도 그들이 왜 죽었는지를 모를 것입니다'라고 말한다. 본절은 전절의 반대를 말하는 구절로 욥이 회개하지 않으면 망하게 된다는 것을 경고하는 말씀이다. 엘리후는 욥을 잘 알지 못하고 이렇게 경고하는 것이다.

욥 36:13. 마음이 경건하지 아니한 자들은 분노를 쌓으며 하나님이 속박할지라도 도움을 구하지 아니하나니.

본절부터 16절까지는 두 가지 사실을 말한다. 하나는 하나님께서 악인을 멸망시키시고(13-14절), 또 하나는 하나님께서 의인을 건져주신다는 것을 말한다(15-16절).

엘리후는 본절에서 '마음이 경건하지 않은 자들은 하나님께 형벌을 받을 때에 마음에 분노를 쌓으며, 하나님께서 어떤 방법으로든지 속박하면 도와주시기를 간구하지 않습니다'라고 말한다(롬 2:5). 다시 말해 마음이 경건하지 않은 자들은 자신이 고난을 당하고 있음에도 불구하고 하나님께 죄를 자복하지 않음으로써 멸망을 자초한다는 것이다. 그러므로 엘리후는 욥이 만일 엘리후 자신의 권면을 받아들이지 않고 계속해서 무죄를 주장한다면 스스로 하나님의 진노를 불러 일으켜 멸망할 수밖에 없는 비참한 결과를 가져온다는 사실을 강조하고 있다. 엘리후의 인과응보적인 사고방식을 볼 수 있다.

욥 36:14. 그들의 몸은 젊어서 죽으며 그들의 생명은 남창과 함께 있도다.

엘리후는 '그들(욥을 포함하는 말)은 한창 젊은 나이에 죽을 것이고, 남창들처럼 요절하고 말 것입니다'라고 말한다. 13절의 악인들의 형편을 본절에서 더욱 확대하고 있다. 즉, 그 악인들은 젊어서 죽는다는 것이다. "남창"(קְדֵשִׁים)이란 당시 이교도의 신전에서 제사를 드리는 의식 중에 남녀가 잠자리를 함께 하는 의식을 가졌는데 그 남성 성직자를 지칭했다. 이 남창은 죄인의 대표로 여기에 거명되었는데 멸망할 자를 뜻한다. 엘리후는 욥이 회개하지 않으면 일찍 죽는다는 것을 경고한다.

욥 36:15. 하나님은 곤고한 자를 그 곤고에서 구원하시며 학대당할 즈음에 그의 귀를 여시나니.

엘리후는 '사람이 받는 고통은 하나님이 사람을 가르치시는 기회이기도 합니다. 사람이 고통을 받을 때에 하나님은 그 사람의 귀를 열어서 경고를 듣게 하십니다'라고 말한다. 즉, 하나님은 고난과 학대를 통해 사람을 교육하시고, 사람을 하나님께로 인도하셔서 구원하신다는 것이다.

욥 36:16. 그러므로 하나님이 그대를 환난에서 이끌어 내사 좁지 않고 넉넉한 곳으로 옮기려 하셨은즉 무릇 그대의 상에는 기름진 것이 놓이리라.

본절은 전절의 내용을 강조한 것이다. 엘리후는 본절에서 '하나님께서는 욥 어르신을 보호하셔서 고통을 받지 않게 하셨고 평안을 누리면서 살게 하셨습니다. 그리고 식탁에는 언제나 기름진 것으로 가득 차려 주셨습니다'라고 말한다. 하나님은 고난 중에서 교육 시킨 후에 욥을 이끌어 고난을 벗어나서 형통으로 나아가게 하셨다는 것이다. 본절의 "기름진 것"이란 말은 '번영'을 상징하는 말이다.

2. 고난의 목적이 교육인 것을 배우라 36:17-23

엘리후는 이 부분(17-23절)에서 욥이 고난이 왜 오는가의 원칙을 배워야 하고, 헛된 반항 행동을 삼가야 할 것을 말한다.

욥 36:17. 이제는 악인의 받을 벌이 그대에게 가득하였고 심판과 정의가 그대를 잡았나니.

엘리후는 욥에게 '그러나 이제 욥 어르신은 마땅히 받으셔야 할 형벌을 받고 계신 것이며, 심판과 벌을 면할 길이 없게 되었습니다'라고 말한다. 욥은 이제 회개하지 않는 완고함 때문에 하나님의 심판을 받고 있다는 것이다.

엘리후는 인과응보 개념에 사로 잡혀 욥을 정죄하고 있음을 볼 수 있다.

욥 36:18. 그대는 분노하지 않도록 조심하며 많은 뇌물이 그대를 그릇된 길로 가게 할까 조심하라.

엘리후는 '욥 어르신은 지금 주의해야 할 점이 있는데 현재 고난을 받는 중에 분노하지 않으시도록 조심하실 것이며 또 뇌물을 바쳐서 용서받을 생각은 아예 하지 마십시오. 속전을 많이 바친다고 하여 용서받는 것은 아닙니다'라고 말한다.

욥 36:19. 그대의 부르짖음이나 그대의 능력이 어찌 능히 그대가 곤고한 가운데에서 그대를 유익하게 하겠느냐.

엘리후는 욥에게 '지금 욥 어르신이 부르짖으신다고 하여 고난 중에 헤어나올 수도 없고, 또 재산이 많다고 하여 속죄 받을 수도 없으며, 돈과 권력으로도 속죄를 받지 못하는 것을 아십시오'라고 말한다. 엘리후의 주장은 욥이 다른 것으로는 이 고난 중에서 빠져 나갈 수는 없고 죄를 회개해야 할 것이라는 것을 강조하고 있는 것이다. 단연 인과응보적인 사상에 젖어 있는 것이다.

욥 36:20. 그대는 밤을 사모하지 말라 인생들이 밤에 그들이 있는 곳에서 끌려 가리라(Do not long for the night, when peoples are cut off in their place-RSV, Do not long for the night, when peoples vanish in their place-ESV).

엘리후는 '욥 어르신은 밤을 사모하지 마십시오. 밤이 된다고 하여 이 형벌에서 벗어나는 것이 아니니 밤을 사모하지 마십시오'라고 말한다. 엘리후의 주장은 인생이 자기 삶에서 제함을 받는 밤을 사모해서는 안 된다는 것을 말한다. 욥은 고통이 극심할 때 죽기를 원하는 말을 여러 번 했다(6:9; 7:15-16; 14:13). 엘리후가 이렇게 욥에게 죽음을 사모하지 말라고 말한 이유는 욥이 죄를 지어서 큰 환란에 임한 것이니 회개하면 된다는 것을 주장하기 위함이었다. 엘리후는 인과응보 개념을 가진 사람이었다.

욥 36:21. 삼가 악으로 치우치지 말라 그대가 환난보다 이것을 택하였느니라.

엘리후는 욥에게 '욥 어르신께서는 악으로 치우치지 않도록 주의하셔야 합니다. 어르신이 환난보다 악을 택하였기 때문에 하는 말입니다'라고 말한다. 여기 "악"이란 욥이 회개는 하지 않고 도리어 하나님께 불평하고 있는 것을 가리킨다. 욥은 고난 중에 회개하지는 않고 불평하는 방향으로 나아가기를 원했다는 것이다. 엘리후가 이렇게 말한 것은 지나친 판단이었다(Rawlinson). 엘리후는 욥에게 회개할 일이지 불평하는 일은 욥에게 합당하지 않다고 말한다. 엘리후가 욥에게 악에 치우치지 말라고 권고한 것은 욥이 죄를 지었기에 환란을 만났다는 것을 전제하고 있다.

욥 36:22. 하나님은 그의 권능으로 높이 계시나니 누가 그같이 교훈을 베풀겠느냐.

엘리후는 '욥 어르신은 하나님의 능력이 얼마나 큰지를 기억하십시오. 사람 중에 누가 그렇게 위대한 교훈을 베풀 수 있겠습니까. 하나님은 우리 모두에게 위대한 스승이십니다'라고 말한다. 엘리후의 이 말은 '엘리후 변론의 핵심'이다(Cook). 욥이 당한 일은 하나님의 권능으로 이루어진 일이었고, 그 일의 목적은 욥을 교훈하고자 하심이었다는 것이다. 엘리후는 욥에게 엘리후 자신을 통하여 주시는 하나님의 교훈을 받으라는 것이었다.

욥 36:23. 누가 그를 위하여 그의 길을 정하였느냐 누가 말하기를 주께서 불의를 행하셨나이다 할 수 있으랴.

엘리후는 '누가 하나님을 향하여 이래라 저래라 할 사람도 없고, 누가 말하기를 주님께서 옳지 못한 일을 하셨습니다하고 하나님을 꾸짖을 사람도 없습니다'라고 말한다. 하나님은 절대적이신 분이시라는 것인데 이렇게 절대적이신 하나님께서 엘리후를 통하여 말씀하신 것을 욥이 잘 들어야 한다는 요지이다. 엘리후가 욥에게 회개하라고 말한 것을 욥은 잘 들어야 한다는 논리이다. 엘리후는 욥에게 인과응보 사상을 계속해서 들어냈다.

3. 자연계에 보인 하나님의 섭리 36:24-37:13

가을철에 나타나는 하나님의 섭리(36:24-33)와 겨울철에 나타나는 하나님의 섭리(37:1-13)로 나누어 하나님의 섭리를 설명한다.

24-33절. 가을철에 나타나는 하나님의 섭리를 보라.

욥 36:24. 그대는 하나님께서 하신 일을 기억하고 높이라 잊지 말지니라 인생이 그의 일을 찬송하였느니라.

본절은 이 부분(24-33절)의 서론으로 하나님과 논쟁하기를 멈추고 하나님을 찬송하라는 것이다. 엘리후는 본절에서 '욥 어르신은 하나님께서 하신 일을 기억하고 높이시기를 바랍니다. 결코 잊어서는 안 될 것입니다. 과거부터 인생들은 하나님의 위대하심을 찬송 해왔습니다'라고 말한다.

욥 36:25. 그의 일을 모든 사람이 우러러보나니 먼 데서도 보느니라.

엘리후는 '모든 사람들이 하나님의 위대하심을 보고 있으니, 먼 곳에 있는 사람들도 바라볼 것입니다'라고 말한다. 주의를 기울이지 않는 자와 무관심한 자는 하나님께서 하시는 일을 모르게 된다. 이유는 하나님께서 하시는 일은 인간의 인식력을 초월하여 하늘의 차원에 속하기 때문이다(Dhorme).

욥 36:26. 하나님은 높으시니 우리가 그를 알 수 없고 그의 햇수를 헤아릴 수 없느니라.

엘리후는 '욥 어르신, 하나님은 위대하시기 때문에 우리의 지식으로는 그분을 알 수 없습니다. 그리고 그분의 햇수가 얼마인지도 감히 헤아려 알 길이 없습니다'라고 말한다. 성령님의 도우심을 입어야만 알 수 있다는 것이다.

욥 36:27. 그가 물방울을 가늘게 하시며 빗방울이 증발하여 안개가 되게 하시도다.

엘리후는 '하나님께서 물을 증발시켜서 위로 끌어올리시고 그 증발된 물로 빗방울을 만드십니다'라고 말한다. 하나님께서 이렇게 물을 증발시켜 위로 끌어올리시며 증발된 물로 다시 빗방울을 만들어 순환시키시므로 지상의 모든 식물이며 생물들은 생명을 유지하고 대기와 기온을 조절하여 주시는 것이다. 이런 하나님께서 엘리후를 통하여 하나님의 뜻을 욥에게 전달하시니 욥으로서는 그 하나님의 뜻을 들어야 한다는 것이다.

욥 36:28. 그것이 구름에서 내려 많은 사람에게 쏟아지느니라.

엘리후는 '그 물방울이 구름에서 내려 많은 사람에게 비로 쏟아집니다'라고 말한다. 아무튼 비가 내려 땅을 윤택하게 해서 사람이 땅에서 살 수 있게 된다는 것이다.

욥 36:29. 겹겹이 쌓인 구름과 그의 장막의 우렛소리를 누가 능히 깨달으랴.

엘리후는 '하나님께서 겹겹이 쌓인 구름을 어떻게 펼치시는지 그리고 하늘 처소에서 소리를 지르시면 그것이 무슨 소리인지 누가 깨닫겠소?'라고 말한다. 이 신묘한 일을 하시는 하나님으로부터 그 뜻을 받아 엘리후의 뜻을 욥이 들어야 한다는 주장이다.

욥 36:30. 보라 그가 번갯불을 자기의 사면에 펼치시며 바다 밑까지 비치시고(Behold, he scatters his lightning about him, and covers the roots of the sea-RSV, ESV).

엘리후는 '보십시오. 하나님은 온 하늘에 번갯불을 보내십니다. 그러나 바다 밑 깊은 곳은 어두운 채로 두십니다'라고 말한다. 본절은 하나님께서 치시는 번갯불의 위력을 말한다. "번개"는 하나님의 위엄과 능력, 그리고 악인에 대한 심판의 능력을 상징한다(출 19:16; 계 8:5; 11:19). 이와 같이 욥기에는 자연의 현상, 즉 비(36:27), 눈(37:6), 얼음(37:10), 바람(37:9,21), 구름(37:16), 및 하늘(37:18) 등에 관한 기사에 세밀하다(이상근). 이렇게 오묘하신 하나님으로부터 뜻을 전달받은 엘리후의 말씀을 욥이 들어야 한다고 권유한다.

욥 36:31. 이런 것들로 만민을 심판하시며 음식을 풍성하게 주시느니라.

엘리후는 '이런 자연 현상들로 하나님께서는 만민을 심판하시며 또한 음식을 풍성하게 주십니다'라고 말한다.

욥 36:32. 그가 번갯불을 손바닥 안에 넣으시고 그가 번갯불을 명령하사 과녁을 치시도다.

엘리후는 '하나님께서 번갯불을 두 손바닥 안에 넣으시고 그가 번갯불에게 명령을 내리셔서 정확하게 목표물을 맞히어 치게 하십니다'라고 말한다. 하나님께서 번갯불로 심판하신다는 것을 말한다.

욥 36:33. 그의 우레가 다가오는 풍우를 알려 주니 가축들도 그 다가옴을 아느니라.

엘리후는 '하나님께서 치시는 천둥은 비바람이 접근하여 옴을 알립니다. 그리고 동물들은 비바람이 오는 것을 미리 압니다'라고 말한다. 사람은 하나님께서 치시는 비바람을 피할 수 없다는 것이다. 이런 위엄이 넘치시는 하나님께서 주시는 음성을 욥이 피할 수는 없다는 것을 말한다.

제 37 장

1-13절. 겨울철 자연계에 나타나는 하나님의 섭리를 보라.

욥 37:1. 이로 말미암아 내 마음이 떨며 그 자리에서 흔들렸도다.

엘리후는 욥에게 '천둥소리와 폭풍우로 말미암아 내 마음이 떨렸고 또 그 자리에서 흔들렸습니다'라고 말한다. 엘리후는 그 자연 현상으로 말미암아 하나님의 임재를 느꼈으며 엘리후는 떨었다는 것이다. 그 자리에서 정신이 나간 사람이 되었다고 말한다.

욥 37:2. 하나님의 음성 곧 그의 입에서 나오는 소리를 똑똑히 들으라.

엘리후는 '욥 어르신과 친구 세 분들은 모두 하나님의 음성, 곧 그분의 입에서 나오는 천둥과 같은 소리를 들어 보십시오'라고 말한다. 사람은 천둥소리에서 하나님의 음성을 들을 수 있는 것이다.

욥 37:3. 그 소리를 천하에 펼치시며 번갯불을 땅 끝까지 이르게 하시고.

엘리후는 '하나님께서는 그 천둥소리를 천하에 펼치시며 또 거의 동시에 들어나는 번갯불을 땅 끝까지 이르게 하십니다'라고 말한다. 번개가 칠 때의 빛은 땅의 끝까지 비친다.

욥 37:4. 그 후에 음성을 발하시며 그의 위엄 찬 소리로 천둥을 치시며 그 음성이 들릴 때에 번개를 멈추게 아니하시느니라(After it his voice roars; he thunders with his majestic voice and he does not restrain the lightnings when his voice is heard-RSV, ESV)**.**

엘리후는 '하나님께서는 번갯불을 번쩍번쩍 나게 하신 다음 음성을 발하시고 하나님의 위엄찬 소리로 천둥을 치시며 그 음성이 들릴 때에 번개를 멈추게 아니 하십니다'라고 말한다. 천둥소리는 위엄에 넘쳐 있으며 하나님의 음성이라고 말하기에 적합했다.

욥 37:5. 하나님은 놀라운 음성을 내시며 우리가 헤아릴 수 없는 큰일을 행하시느니라.

엘리후는 '하나님께서 명하시면 놀라운 음성이 울립니다. 그리고 우리가 도저히 이해할 수 없는 신기한 일들을 일으키십니다'라고 말한다. 엘리후는 본절에서도 천둥소리의 경이로움을 찬양한다. 그리고 엘리후는 하나님은 인간이 상상할 수 없는 큰일들을 행하신다는 것을 말한다. 이렇게 경이로우신 하나님의 뜻을 욥은 잘 순응해야 한다는 것을 말한다.

욥 37:6. 눈을 명하여 땅에 내리라 하시며 적은 비와 큰 비도 내리게 명하시느니라.

엘리후는 '하나님께서는 눈을 명하여 땅에 내리라고 하시고 또 적은 비와 큰 비도 땅에 내리도록 명하십니다'라고 말한다. 눈과 비도 하나님께서 역사하셔서 내리는 것이다. 본절의 "적은 비와 큰 비"란 말은 이른 비(10-11월에 내리는 비)와 늦은 비(3-4월에 내리는 비)를 뜻한다. 하나님께서 그의 역사로 눈과 비를 땅에 내리셔서 모든 식물이며 생물로 하여금 살게 하신다.

욥 37:7. 그가 모든 사람의 손에 표를 주시어 모든 사람이 그가 지으신 것을 알게 하려 하심이라(He seals up the hand of every man, that all men he made may know it-ESV)**.**

엘리후는 '하나님께서는 모든 인간이 하던 일을 멈추게 하시고, 하나님께서 지으신 모든 사람들로 하여금 그의 행사를 알게 하십니다'라고 말한다. 사람들은 하나님의 역사를 알아야 하니 하나님께서 사람들로 하여금 쉬게 하신다는 것이다.

욥 37:8. 그러나 짐승들은 땅 속에 들어가 그 처소에 머무느니라.

엘리후는 '짐승들도 굴로 들어가서 거기에서 눈비를 피합니다'라고 말한다. 하나님은 사람만이 아니라 짐승들도 자기들의 굴로 들어가서 거기서 눈비를 피하게 하신다는 것이다. 그 굴에서 살게 하시며 또 겨울잠을 자게 하신다는 것이다.

욥 37:9 폭풍우는 그 밀실에서 나오고 추위는 북풍을 타고 오느니라.

엘리후는 '남풍은 폭풍우를 몰고 오고, 북풍은 추위를 몰고 옵니다'라고 말한다. 오늘도 태풍은 남방에서 만들어져 북으로 불고, 찬 공기는 북방에서 시작하여 남으로 불어와서 겨울철을 춥게 만든다.

욥 37:10. 하나님의 입김이 얼음을 얼게 하고 물의 너비를 줄어들게 하느니라.

엘리후는 '위와 같은 하나님의 역사로 물이 얼고, 또 물의 너비까지도 줄어들게 하신다'라고 말한다. 하나님께서 물이 얼게 하시면 물의 면적이 줄어들게 하신다는 것이다. 엘리후가 자꾸 이렇게 하나님의 역사를 말하는 것은 이런 위대하신 전능자께서 엘리후에게 말씀을 주시니 욥은 엘리후의 말씀을 들어 회개해야 한다는 것이다. 항상 죄를 해결하며 지나는 제사장(1:4-5) 욥을 향하여 죄를 회개하라는 것은 엘리후가 인과응보 개념에 사로잡혀 있기 때문이다.

욥 37:11. 또한 그는 구름에 습기를 실으시고 그의 번개로 구름을 흩어지게 하시느니라(He loads the thick cloud with moisture; the clouds scatter his lightning-RSV, ESV)**.**

엘리후는 '하나님께서 또 짙은 구름에 물기를 가득 실어서 자기의 번개 구름을 흩으십니다'라고 말한다. 본절은 수분이 증기가 되어 구름을 만들고,

그것이 다시 번개의 번쩍임과 더불어 땅 위에 내리는 것을 묘사하고 있는 것이다.

욥 37:12. 그는 감싸고 도시며 그들의 할 일을 조종하시느니라 그는 땅과 육지 표면에 있는 모든 자들에게 명령하시느니라(They turn round and round by his guidance, to accomplish all that he commands them on the face of the habitable world-RSV, ESV)**.**

본절은 하나님의 명령에 의해 하늘에 떠다니고 있는 구름이 하나님의 명령을 이루려고 한다는 것을 말한다. 엘리후는 본절에서 '구름은 하나님의 명을 따라서 뭉게뭉게 떠다니며, 하나님이 명령하신 모든 것을 이 땅 위의 어디에서든지 이루려고 합니다'라고 말한다. 하늘에 떠다니고 있는 구름이 하나님의 명령에 의해 움직인다는 것을 드러낸다(왕상 18:44-45; 시 77:17).

욥 37:13. 혹은 징계를 위하여 혹은 땅을 위하여 혹은 긍휼을 위하여 그가 이런 일을 생기게 하시느니라.

엘리후는 '하나님께서는 땅에 물을 주시려고 비를 내리십니다. 사람을 징계하시기 위해서도 비를 내리시고 사람에게 은총을 베푸실 때에도 비를 내리십니다'라고 말한다. 하늘의 구름은 때로 홍수가 되어 사람들을 징벌하기도 하고, 또 어떤 때는 비를 잔잔하게 뿌려 곡식을 잘 되게도 하며 또 각종 밭에 내려 대지를 적셔 주시기도 하신다는 것이다. 오늘 하늘에 떠 있는 모든 구름들은 하나님의 명령을 따라서 움직이시는 것을 알 수 있다.

4. 하나님을 두려워하라 37:14-24

엘리후는 자연계에 임하는 하나님의 섭리의 위대하심(36:24-37:13)을 말한 다음에, 이제 이 부분(14-24절)에서는 욥에게 하나님을 두려워하라고 권면한다. 엘리후는 먼저 앞선 부분(36:24-37:13)의 연속으로 자연계를 통하여 역사하시는 하나님의 계시를 말하고(14-22절), 결론적으로 욥에게 하나님을 두려워하라는 권면을 준다(23-24절).

욥 37:14. 욥이여 이것을 듣고 가만히 서서 하나님의 오묘한 일을 깨달으라.

엘리후는 '욥 어르신, 이제까지 제가 말씀드린 대로 자연계에 역사하시는 하나님의 섭리를 들으시고 조용히 하나님의 오묘한 일을 깊이 깨달으셔야 하겠습니다'라고 말한다. 우리는 자연계를 관찰하면서 하나님의 신비를 깊이 깨달아야 할 것은 사실이다.

욥 37:15. 하나님이 이런 것들에게 명령하셔서 그 구름의 번개로 번쩍거리게 하시는 것을 그대가 아느냐.

엘리후는 '욥 어르신은 하나님께서 자연계에 명령하셔서 구름의 번개를 번쩍거리게 하시는 역사를 알고 계십니까'라고 질문한다. 물론 욥은 알지 못할 것이다. 엘리후는 욥이 이런 현상들도 모르면서 하나님 앞에 대들고 자기의 의를 고집할 수 있느냐는 것이다.

욥 37:16. 그대는 겹겹이 쌓인 구름과 완전한 지식의 경이로움을 아느냐.

엘리후는 '욥 어르신께서는 구름이 어떻게 하늘에 떠 있는지를 아십니까? 모르시는 것 없으신 분이 하시는 이 놀라운 일들을 아십니까'라고 질문한다. 엘리후는 자연현상을 가지고 계속해서 욥을 압박하고 있다.

욥 37:17. 땅이 고요할 때에 남풍으로 말미암아 그대의 의복이 따뜻한 까닭을 그대가 아느냐.

엘리후는 '욥 어르신은 남풍이 불어서 땅이 조용할 때 어르신의 옷이 어떻게 따뜻해지는지를 아십니까'라고 질문한다. 욥이 기상학을 조금 안다고 해도 그 깊은 것은 설명하지 못할 것이다.

욥 37:18. 그대는 그를 도와 구름장들을 두들겨 넓게 만들어 녹여 부어 만든

거울 같이 단단하게 할 수 있겠느냐.

엘리후는 '욥 어르신은 하나님을 도와서 하늘을 펴실 수 있겠는지요? 하늘을 번쩍이는 놋 거울처럼 만드실 수 있겠는지요?'라고 질문한다. 엘리후는 하나님께서 궁창을 만드실 때에 욥이 하나님을 도와서 유리를 녹여 거울을 만드는 것같이 하늘을 펼 수 있겠는지를 묻는다. 그 때 욥이 하나님과 함께 그 창조 과업을 수행했단 말인가 하고 묻는 것이다. 이런 질문은 아주 대답을 할 수 없게 완전히 차단하는 것이다.

욥 37:19. 우리가 그에게 할 말을 그대는 우리에게 가르치라 우리는 아둔하여 아뢰지 못하겠노라.

엘리후는 '욥 어르신은 어디 한번 우리가 하나님께 드릴 말씀을 우리에게 주어보십시오. 우리는 둔하여 하나님께 무어라고 드릴 말씀이 없습니다'라고 말한다. 엘리후는 욥이 이런 말씀에 대해 대답할 지혜도 없으면서 무슨 항변을 할 수 있느냐고 말한다.

욥 37:20. 내가 말하고 싶은 것을 어찌 그에게 고할 수 있으랴 삼켜지기를 바랄 자가 어디 있으랴.

엘리후는 '내가 하고 싶은 말이라고 하여 모두 할 수 있겠습니까? 어찌하여 하나님께 나를 멸하실 기회를 드린단 말입니까?'라고 말한다. 하고 싶은 말을 다 쏟아내는 것은 죽을 기회를 만드는 것이라는 것이다. 본절은 욥이 고난을 당하면서도 자신의 죄를 뉘우치지 않고 하나님과 변론하려는 것은 스스로 멸망을 자초하는 행동에 불과한 것이니 속히 이러한 행동을 중단하라는 훈계이다.

욥 37:21. 그런즉 바람이 불어 하늘이 말끔하게 되었을 때 그 밝은 빛을 아무도 볼 수 없느니라(And now no one looks on the light when it is bright in the skies, when the wind has passed and cleared them-ESV).

엘리후는 '그리고 이제 하늘에서 빛나는 빛이 눈부십니다. 쳐다볼 수 없을 만큼 밝습니다. 바람이 불어서 하늘이 맑아졌습니다'라고 말한다. 하늘에 구름이 끼면 하늘에 있는 태양이라 할지라도 제대로 볼 수 없는 것이 우리 인생이 가지고 있는 한계성이나, 바람이 불어 구름이 걷히면 사람도 다시 태양을 볼 수 있는 것이다. 하나님의 섭리도 바로 이와 같다고 할 수 있다. 왜냐하면 고난이 닥치면 그 고난 가운데 역사하시는 하나님의 섭리를 제대로 알 수 없지만 그 고난을 견디어 내면 그 고난 중에 내재된 하나님의 뜻을 알 수 있기 때문이다(창 22:9-14; 수 7:6-12). 그런고로 엘리후는 본절을 통해 인내하지 못하고 탄식하는 욥의 모습에 대한 비난과 아울러 욥이 고난을 참고 견디어 내면 다시 그의 상태가 회복되어 하나님의 은혜를 체험하게 될 것이라는 사실을 암시하고 있다(그랜드 종합 주석).

욥 37:22. 북쪽에서는 황금 같은 빛이 나오고 하나님께는 두려운 위엄이 있느니라.

엘리후는 '북쪽에는 황금 같은 찬란한 빛이 보이고, 하나님의 위엄찬 영광이 우리를 두렵게 할 것입니다'라고 말한다. 곧 북풍이 불 때에 하늘이 개이며 나타나는 햇빛이 금빛 같다는 뜻이다. 여기서 "북방의 황금 같은 빛"은 하나님의 임재를 상징한다. 흐렸던 하늘이 북풍이 불게 되면 맑게 개면서 구름 사이로 햇빛이 비치는 것은 하나님의 장엄하신 역사로 된다고 엘리후는 말한다. 기후를 주장하시는 하나님의 역사도 위대하고 장엄하다(박윤선). 시 136:7-9 참조.

욥 37:23. 전능자를 우리가 찾을 수 없나니 그는 권능이 지극히 크사 정의나 무한한 공의를 굽히지 아니하심이니라.

엘리후는 '하나님의 권능이 지극히 크시니(21:15 주해 참조) 우리가 전능하신 그분께 가까이 나아갈 수 없습니다. 하나님은 사람을 대하실 때에 의롭게 대하시고 정의롭게 대하여 주십니다'라고 말한다. 우리가 전능자에게 가까이 나아가려면 예수 그리스도의 공로를 힘입고야 나아갈 수 있는 것이다(히 4:16).

욥 37:24. 그러므로 사람들은 그를 경외하고 그는 스스로 지혜롭다 하는 모든 자를 무시하시느니라(Therefore men fear him; he does not regard any who are wise in their own conceit-RSV, ESV)**.**

엘리후는 '그러므로 사람이 하나님을 경외해야 하는 것은 당연합니다. 하나님은 스스로 지혜롭다고 하는 사람을 무시하십니다'라고 말한다. 사람이 하나님을 경외해야 할 이유는 그가 무한하시고, 전능하시며, 공의로우시기 때문이다. 엘리후는 본절에서 욥을 향하여 최후적으로 한번 치는 것이다. 스스로 지혜롭다 생각하고 하나님을 경외하지 않는 자를 하나님께서는 돌아보지도 않으시고 은혜를 주시지도 않는다는 것이다(34:10-12; 35:12-14).

엘리후가 본절에서 말하고 싶은 것은 욥이 하나님께 불의한 비난을 했다고 생각하여 엘리후 자신은 하나님을 방어하고 싶었던 것이며, 동시에 하나님은 전능하시며 공의로우신 분이기 때문에 욥에게 내리신 고난은 아주 정당하다는 것을 강조하고 싶었던 것이다.

엘리후는 아직도 하나님께서 욥에게 내리신 고난의 의미를 모르고 있다는 것이며 또 욥이 하나님을 대항하거나 교만한 것이 아니라는 것을 알지 못하고 있다는 점이었다. 욥은 하나님을 향하여 교만하거나 원망했던 것이 아니라 탄식했던 것이었다.

제 38 장

IV. 여호와와 욥의 대화 38:1-42:6

이 부분(38:1-42:6)은 욥기의 결론이고 여호와와 욥과의 대화를 진술한 부분이다. 이 부분의 내용은 여호와께서 나타나셔서 욥과 대화하신 일(38-39장), 다음은 여호와께서 홀로 말씀하시며 욥은 한 마디를 답한 일(40-41장), 세 번째로는 욥이 대답하고 회개한 일(42:1-6), 온전한 회복이 진술된다(42:7-17).

A. 여호와의 첫 번째 질문, 사람이 하나님과 다툴 수 있는가 38-39장

여호와께서 나타나셔서(38:1-3), 땅과 바다의 경이로움을 드러내시고(38:4-18), 다음으로 하늘의 경이로움을 드러내시며(38:19-38), 이어서 동물계의 경이로움 등(38:39-39:30)에 관해 말씀하신다.

1. 여호와께서 나타나시다 38:1-3

여호와께서 나타나셔서 욥에게 말씀하시고 대답을 재촉하신다.

욥 38:1. 그 때에 여호와께서 폭풍우 가운데에서 욥에게 말씀하여 이르시되.

본절 초두의 "그 때에"란 말은 '엘리후의 말이 끝났을 때에'란 뜻이다. "여호와께서 폭풍우 가운데에서" 나타나신 것은 성경에서 흔히 볼 수 있는 현상(시 18:10; 겔 1:4; 슥 9:14)으로 하나님께서 창조하신 자연 세계가 때로는 하나님의 현현(顯現)을 알리는 도구가 될 수 있다는 사실을 드러낸다. 여호와께서 이와 같이 폭풍우 가운데서 나타나신 것은 욥이 하나님을 만나기를 소원한 것을 응답하시기 위함이기도 했고, 욥에게 나타나셔서 하나님의 뜻을

알리시기 위함이었다. 오늘 우리의 소원은 반드시 이루어진다는 것을 보여주는 좋은 예이기도 하다.

욥 38:2. 무지한 말로 생각을 어둡게 하는 자가 누구냐(Who is this that darkens counsel by words without knowledge?-RSV, ESV).

하나님은 먼저 욥을 책망하신다. 본절의 "무지한 말"이란 '욥이 무지하게 말한 것'을 지칭하는데 구체적으로 '깨닫지도 못한 일을 말한 것, 스스로 알지도 못한 일을 말한 것, 헤아리기도 어려운 일을 말한 것'을 지칭한다(42:3). 오늘 우리 모두도 무지한 말을 얼마나 많이 하는지 알 수 없다. 그런고로 우리는 성경으로 돌아가서 성경을 깊이 깨달아야 무지함에서 벗어날 수가 있다. 그리고 항상 기도하는 삶을 살아야 심령이 밝아져서 무지함에서 벗어날 수가 있다.

하나님께서 욥이 무지하다고 하신 것은 욥이 세상적으로 무지하다는 말씀이 아니라 하나님께 대해 무지하다고 하신 것이다. 즉, 욥은 하나님의 뜻과 섭리에 대해 진술했지만 욥이 말한 모든 것은 실상 하나님이 보실 때는 하나님과 무관하다는 것이다. 하나님께서 욥을 책망하신 것은 자신의 의(義)와 지혜에만 집착하여 하나님께 대하여 불평하며 하나님의 공의를 의심했던 것을 염두에 둔 것이다. 그런고로 욥은 이후 하나님께서 주시는 말씀과 그분의 주권적 선언을 듣고 난 이후 "무지한 말로 이치를 가리는 자"로 자기 자신을 지목했으며(42:3), 하나님을 직접 뵈옵고 스스로를 한하며 티끌과 재 가운데서 회개한다고 고백했다(42:6).

본절의 "생각을 어둡게 한다"는 말은 '하나님의 뜻을 어둡게 한다'는 뜻이다. 성경으로 돌아가지 않고 기도하지 않으면 하나님의 뜻을 흐려 놓게 마련이다. 욥도 하나님으로부터 큰 칭찬(1:8; 3:3)을 들었으나 세 친구들과 대화하는 중에 그리고 엘리후의 말을 듣는 중에 무지한 말을 하게 되어 하나님의 뜻을 흐려 놓게 된 것이다. 오늘 우리 역시 하나님의 뜻을 흐려 놓으면서 세상을 사는 사람들은 아닌지 참으로 부끄럽다.

성경 주석가들은 욥이 어떤 점에서 무지한 말로 하나님의 뜻을 어지럽혀 놓았는지를 두고 여러 가지로 말하고 있다. 욥 자신이 자기가 닥친 고난으로 인해 하나님의 섭리를 인정하지 않고 죽음을 갈망한 점(7:15-16)이 바로 무지한 말로 하나님의 뜻을 어지럽힌 것이라는 것이다. 그러나 죽음을 갈망한 것은 하나님의 뜻을 흐려 놓은 것이라고 말할 수는 없을 것이다. 오히려 하나님의 주권을 인정한 것으로 보아야 할 것이다. 그렇다면 욥이 어떤 점에서 무지한 말을 해서 하나님의 뜻을 흐려 놓은 것일까. 1) 하나님의 자비와 친절을 의심한 점이 하나님의 뜻을 어지럽힌 것이라고 함(16:7-14, Rawlinson). 2) 욥이 하나님의 도덕적인 지배를 의심한 점이 하나님의 뜻을 어지럽힌 것이라고 함(21:7-26, Rawlinson). 3) 하나님께서 자연계를 통하여 깊은 지혜를 보여주셨는데 욥이 하나님의 섭리에 대해 무식했다고 함(38:1-3, 박윤선). 4) 욥 자신에게 닥친 가시적인 현실만을 보고 하나님의 공의에 대해 의심을 품었다고 함(40:8, 그랜드 종합 주석). 5) 욥은 그의 무죄를 내세우면서 자기가 당하는 고난이 억울하다고 말해 온 것이 하나님의 뜻을 어지럽힌 것이라고 한다(42:1-3).

욥 38:3. 너는 대장부처럼 허리를 묶고 내가 네게 묻는 것을 대답할지니라.

하나님은 욥에게 '이제 허리를 동이고(출 12:11; 렘 1:17) 내가 묻는 말에 대장부답게 대답해 보라'고 말씀하신다(40:7). 하나님의 명령에 욥은 대답하지 않을 수 없게 되었다. 욥은 그 동안 하나님과 대화하기를 소원했다(9:35; 13:3, 2, 22; 23:3-6; 31:35). 그러나 욥은 실제로 하나님과 대화를 할 수 있게 되었을 때는 한 마디도 대답을 하지 못했다. 다만 그는 회개할 뿐이었다(42:1-6). 욥은 하나님을 대적이라고 했다. 이는 엘리후가 무지하여 두 번 언급한 것과 같다.(34:35; 35:16).

2. 땅과 바다가 경이롭다 38:4-18

하나님은 욥에게 대답하라고 말씀하시고는(3절) 하나님의 창조 사역에 대해서 말씀하신다. 먼저 땅의 창조(4-7절), 또 바다 창조의 경이로움(8-11절), 낮과 밤의 창조(12-15절), 그리고 바다의 근원과 음부를 창조하셨음(16-18절)을 말씀하신다.

욥 38:4. 내가 땅의 기초를 놓을 때에 네가 어디 있었느냐 네가 깨달아 알았거든 말할지니라.

하나님께서 '내가 땅의 기초를 놓을 때에, 네가 거기에 있어서 참관이라도 하였느냐? 네가 그처럼 우주의 물정에 아주 밝다면, 내 물음에 대답해 보아라'고 말씀하신다. 하나님께서 욥에게 대장부처럼 허리를 묶고 묻는 말에 대답해 보라고 말씀하시고는(3절) 하나님께서 땅의 기초(토대)를 시작하실 때에(시 102:25; 104:5; 사 24:18; 48:13; 51:13, 16; 히 1:10) 그것을 참관했다면 대답해 보라고 하신다. 하나님께서는 먼저 욥을 주눅 들게 하시니 욥이 참관도 하지 못했고 또 깨달은 바도 없으니 아무 말도 할 수 없었다. 욥은 하나님의 창조에 관계도 없던 피조물에 지나지 않은 사람이었다. 피조물이 하나님의 창조에 대해 무엇을 알겠는가. 우리는 하나님의 창조에 대해 그저 감사할 뿐이다.

욥 38:5. 누가 그것의 도량법을 정하였는지, 누가 그 줄을 그것의 위에 띄웠는지 네가 아느냐.

하나님께서 욥에게 '내가 땅을 만들기 시작할 때에 누가 이 땅을 설계하였는지 너는 아느냐? 누가 그 위에 측량줄을 띄웠는지 너는 아느냐?'고 물으신다. 하나님께서 자신을 건축자로 말씀하시면서 누가 이 땅을 설계했는지 그리고 누가 측량줄을 띄웠는지 아느냐고 물으신다. 욥은 알 턱이 없었다.

욥 38:6. 그것의 주추는 무엇 위에 세웠으며 그 모퉁잇돌을 누가 놓았느냐.

하나님께서 욥에게 '내가 땅을 만들 때에 땅의 토대는 무엇 위에 세웠으며 누가 땅의 모퉁잇돌을 놓았느냐?'고 물으신다. 시 118:22 참조. 여기 모퉁잇돌은 건축을 완성했을 때 세우는 것이므로 본절은 하나님의 창조 사역의 시작과 마감에 욥이 참관한 바가 있으며 또 아는 바가 있느냐는 질문이다.

욥 38:7. 그 때에 새벽 별들이 기뻐 노래하며 하나님의 아들들이 다 기뻐 소리를 질렀느니라.

하나님께서 욥에게 '내가 땅을 만들 때에 새벽에 별들(천사들)이 함께 노래하였고 모두 기쁨으로 합창을 했다'고 말씀하신다. 하나님의 창조 과정에서 천사들이 찬송한 것은 창조 자체가 크게 찬양할만한 일이었다는 것을 말씀하시는 것이다.

8-11절. 바다의 창조의 경이로움.

욥 38:8. 바다가 그 모태에서 터져 나올 때에 문으로 그것을 가둔 자가 누구냐.

하나님께서 욥에게 '바닷물이 땅 속 모태에서 터져 나올 때에 누가 문을 닫아 바다를 가두었느냐?'고 질문하신다. 어머니의 태에서 아이가 나옴같이 육지에서 바다가 분리되어 물이 넘쳐흐를 때 물이 넘쳐흐르지 못하도록 문을 닫아 막을 수 있었느냐고 욥에게 질문하신 것이다. 태초에 육지와 바다의 한계가 없이 육지와 바다가 혼돈할 때에 하나님께서 육지와 바다를 분리하신 적이 있으셨는데(창 1:9-10; 시 104:24-25). 욥이 하나님의 이 말씀을 듣고 무슨 답변을 드릴 수 있겠는가.

욥 38:9-10. 그 때에 내가 구름으로 그 옷을 만들고 흑암으로 그 강보를 만들고 한계를 정하여 문빗장을 지르고.

여호와께서 욥에게 '내(하나님)가 육지와 바다를 분리할 때에(8절) 내(하나님)가 구름으로 바다를 감싸고, 문과 빗장으로 집의 한계를 정하는 것 같이 바닷물의 한계를 정하여 육지를 침범하지 못하도록 하고 다음 절(11절)처럼 명령하셨다'고 말씀하신다.

욥 38:11. 이르기를 네가 여기까지 오고 더 넘어가지 못하리니 네 높은 파도가

여기서 그칠지니라 하였노라.

여호와께서 욥에게 '내(하나님)가 물을 보고 이르기를 여기까지는 와도 좋으나 그 이상은 넘어 오지 못할 것이니 너의 도도한 물결은 여기에서 멈춰야 한다'고 말씀하셨다는 것이다. 하나님께서는 육지의 안전을 위하여 바닷물에게 한계를 정하여 더 이상 넘지 못하게 하셨다는 것이다.

12-15절. 낮과 밤을 창조하신 일.

욥 38:12. 네가 너의 날에 아침에게 명령하였느냐 새벽에게 그 자리를 일러 주었느냐.

하나님께서는 욥에게 '욥 네가 태어나서 지금까지 살아오면서 네가 아침에게 명령하여 동이 트게 해 본 일이 있느냐? 새벽에게 명령하여 새벽으로 하여금 그 자리를 지키도록 명령해 본 일이 있었느냐?'라고 질문하신다. 인생 중 아무도 하나님께서 밤과 낮을 창조하실 때 참견해 본 적이 없었다. 그런고로 욥은 하나님의 질문에 답을 드릴 수가 없었다.

욥 38:13. 그것으로 땅 끝을 붙잡고 악한 자들을 그 땅에서 떨쳐 버린 일이 있었느냐.

하나님께서 욥에게 '또 네가 새벽에게 명령하여 땅 끝을 옷깃 휘어잡듯이 휘어잡고 마구 흔들어서 깜깜한 밤과 악한 자들을 그 땅에서 털어버리게 한 일이 있었느냐?'고 질문하신다. 욥이 하나님의 이런 질문에 대답을 드릴 수는 없었다.

욥 38:14. 땅이 변하여 진흙에 인친 것 같이 되었고 그들은 옷 같이 나타나되(It is changed like clay under the seal, and its features stand out like a garment-ESV**).**

여호와께서 욥에게 '네가 땅을 도장 찍힌 벽돌처럼 붉게 만들고 옷처럼 울긋불긋하게 만들겠느냐?'고 질문하신다. 본절은 새벽이 되어 만물이 어둠에서 벗어나 옷같이 선명하게 보이며 그 모양과 색이 드러나는 것을 말하는 것이다.

욥 38:15. 악인에게는 그 빛이 차단되고 그들의 높이 든 팔이 꺾이느니라.

여호와께서 욥에게 '대낮의 광명은 너무나도 밝아서 불량배들의 폭행을 훤히 밝힌다'고 말씀하신다. 악인은 어둠을 좋아한다고 욥도 말했는데(24:13-17) 불량배들은 밤에 일을 보고 밝은 새벽을 싫어한다. 그러나 하나님께서 주장하시는 대낮의 광명에 불량배들의 세력은 결국 꺾이게 되고, 산산조각 나는 것이다.

16-18절. 바다의 근원과 음부를 창조하신 일.

욥 38:16. 네가 바다의 샘에 들어갔었느냐 깊은 물 밑으로 걸어 다녀 보았느냐.

여호와께서 욥에게 '네가 바닷 속 깊은 곳에 있는 물 근원에까지 들어가 보았느냐? 그 밑바닥 깊은 물 밑으로 거닐어 본 일이 있느냐?'라고 질문하신다. 그 어떤 사람도 바다의 근원을 알 수 없다. 육지의 7배나 되는 바다를 하나님께서 창조하신 것을 사람이 알 수 없는 것이다.

욥 38:17. 사망의 문이 네게 나타났느냐 사망의 그늘진 문을 네가 보았느냐.

본절의 "사망의 문"이란 죽은 자들이 거하는 음부로 들어가는 문을 지칭한다(시 9:13; 107:18). 욥이 아무리 죽음을 소망했으나(10:20-21; 17:16), 그 음부의 정체를 파악할 수는 없었다.

욥 38:18. 땅의 너비를 네가 측량할 수 있느냐 네가 그 모든 것들을 다 알거든 말할지니라.

여호와께서는 욥에게 땅의 너비를 측량할 수 있느냐고 질문하신 다음 또 그 모든 것들을 다 알거든 말해보라고 명령하신다. 땅이란 우리가 매일 목격하고 있는 것인데 그 정확한 너비를 측량할 수는 없다. 따라서 오늘 우리도 그 너비를 다 알지 못한다.

3. 하늘이 경이롭다 38:19-38

이 부분(19-38절)은 하나님께서 창조하신 하늘이 경이롭다는 것을 말씀한다. 곧, 광명과 흑암이 경이롭다는 것(19-21절), 눈, 우박, 광명과 동풍이 경이롭다는 것(22-24절), 비, 우레와 얼음이 경이롭다는 것(25-30절), 별자리가 경이롭다는 것(31-33절), 하늘의 운행이 경이롭다는 것(34-38절)을 말씀한다.

욥 38:19. 어느 것이 광명이 있는 곳으로 가는 길이냐 어느 것이 흑암이 있는 곳으로 가는 길이냐.

하나님께서 욥에게 '빛이 어디서 오는 것인지 아느냐? 어둠의 근원이 어디에 있는지 아느냐?'라고 질문하신다. 광명과 흑암은 하나님께서 우주를 창조하실 때 분리되었다(창 1:3). 빛은 태양과 달과 별들에게서 나오지만 그 빛의 본거지는 어디며, 그리고 행방은 어딘지, 그리고 흑암의 주소는 어딘지 알 수 없는 것이다.

욥 38:20. 너는 그의 지경으로 그를 데려갈 수 있느냐 그의 집으로 가는 길을 알고 있느냐(that you may take it to its territory and that you may discern the paths to its home?-RSV)**.**

여호와께서 욥에게 '빛과 어둠이 있는 그 곳을 보여 줄 수 있느냐? 빛과 어둠이 있는 그 곳에 이르는 길을 아느냐?'라고 질문하신다. 다시 말해 하나님께서 낮과 밤을 교차하게 하신 것과 같은 일을 욥이 결코 알 수 없다는 것을 나타내는 표현이다. 따라서 본절은 빛과 어둠이 서로 교차하게 만드신 하나님의 창조 섭리도 알지 못할 뿐 아니라 그렇게 시행할 수도 없다는 뜻이다.

욥 38:21. 네가 아마도 알리라 네가 그 때에 태어났으리니 너의 햇수가 많음이

니라.

여호와께서 욥에게 '아마도 네가 알 것이다. 이는 네가 그때에 태어나 너의 날수가 많기 때문이라'고 비꼬아 말씀하신다. 비꼬아도 많이 비꼬아 욥이 하나님의 섭리를 알 것이라고 하신다. 이는 욥이 전혀 알 수 없다는 것을 강조하신 것이다.

욥 38:22. 네가 눈 곳간에 들어갔었느냐 우박 창고를 보았느냐.

하나님께서 욥에게 '네가 눈을 쌓아 둔 눈 창고에 들어간 일이 있었느냐? 우박 창고를 들여다본 일이 있었느냐?'라고 질문하신다. "눈 곳간", "우박 창고"란 눈과 우박을 싣고 있는 구름을 뜻한다(신 28:12; 시 135:7; 렘 10:13). 욥이나 우리는 눈과 우박을 싣고 가는 구름을 볼 수도 없고 알 수도 없는 것이다.

욥 38:23. 내가 환난 때와 교전과 전쟁의 날을 위하여 이것을 남겨 두었노라.

여호와께서 욥에게 '내가 눈과 우박들은 환난이 필요한 곳(출 9:18-29; 10:5-15; 수 10:11; 시 18:12; 105:32; 사 30:30; 겔 13:11; 계 8:7)에 쓰려고 간직해 두었고 교전할 일이 생길 때나 전쟁할 때에 쓰려고 준비해 두었다'고 하신다.

욥 38:24 광명이 어느 길로 뻗치며 동풍이 어느 길로 땅에 흩어지느냐(What is the way to the place where the light is distributed, or where the east wind is scattered upon the earth?-RSV, ESV).

여호와께서 욥에게 '해가 뜨는 곳으로 가 본 적이 있느냐? 땅 위의 동풍은 어디서 흩어지느냐?'고 질문하신다. 즉, 해가 뜨는 곳에 이르는 길을 아느냐는 것이며 또 당시 동편에서 불어오는 열풍(Sirocco)이 땅에 흩어져 부는데 그것도 제각기 퍼지는 길이 있다는 것이다. 그런데 그 길이 어디냐는 질문이다(이상근). 욥이나 우리 모두 알 길이 없는 것이다.

욥 38:25. 누가 홍수를 위하여 물길을 터 주었으며 우레와 번개 길을 내어 주었느냐.

여호와께서 욥에게 '누가 폭우를 위해 물길을 터주었고 천둥과 번개가 가는 길을 낸 이가 누구냐?'고 질문하신다. "홍수를 위한 물길"이란 '폭우가 내리고 그 물이 흐르는 길, 즉 와디'(Wady-간헐천)를 뜻한다. 욥이 누가 홍수를 위한 간헐천 길을 터 준 이인지를 알 수는 없는 일이고, 또 천둥과 번개가 가는 길을 낸 이가 누구인지 알 수는 없는 것이다.

욥 38:26. 누가 사람 없는 땅에, 사람 없는 광야에 비를 내리며.

여호와께서 욥에게 '누가 사람 없는 땅에, 인간 없는 광야에 비를 내렸는지 아느냐'고 질문하신다. 하나님께서 우주의 만물에게 비를 내리신다. 참으로 신비한 일이다.

욥 38:27. 황무하고 황폐한 토지를 흡족하게 하여 연한 풀이 돋아나게 하였느냐.

여호와께서 욥에게 '거친 들을 흠뻑 적시고 메말랐던 땅을 흡족하게 적셔서 연한 풀이 돋아나게 하는 것이 누구냐?'라고 질문하신다. 황무하고 황폐한 토지를 흡족하게 적시는 것이 물 허비가 아니라 연한 풀이 자라나게 하시는 일인데 그것도 역시 하나님께서 하시는 일이시다.

욥 38:28-29. 비에게 아비가 있느냐 이슬방울은 누가 낳았느냐 얼음은 누구의 태에서 났느냐 공중의 서리는 누가 낳았느냐.

여호와께서 욥에게 '비에게 아비가 있느냐? 누가 이슬방울을 낳기라도 하였느냐? 물을 단단하게 얼리는 이, 공중의 서리는 누가 만들었느냐?'라고 질문하신다. 이 두 절(28-29절)은 하나님께서 하신 일을 의인법으로 묘사하여 사람으로 하여금 잘 깨닫게 묘사했다. 즉, 비, 이슬방울, 얼음, 서리 등을 누가 낳았느냐고 질문하신 것이다. 하나님은 우주 창조만 하신 것이 아니라 모든 것을 만드셨다.

욥 38:30. 물은 돌 같이 굳어지고 깊은 바다의 수면은 얼어붙느니라.

여호와께서 욥에게 '물이 돌과 같이 굳어지고 깊은 물(갈릴리 바다의 물)의 표면이 얼어붙게 된다'고 말씀하신다. 겨울철에는 물이 단단하게 얼어붙는다는 것을 말한다.

욥 38:31. 네가 묘성을 매어 묶을 수 있으며 삼성의 띠를 풀 수 있겠느냐.

여호와께서 욥에게 '네가 북두칠성의 별 떼를 한데 묶을 수 있으며, 오리[17]온성좌들을 묶은 띠를 풀 수 있겠느냐?'라고 질문하신다. 본절의 "묘성"이란 별자리 중 황소 좌(座)에 있는 아름다운 산재성단(散在星團)의 대표적인 것, 육안으로는 6개의 별이, 청백의 인광(燐光)에 싸여 반짝이는 데서, 육연성(六連星)으로도 불리지만, 실(實)은 수백 개의 별로 이루어져 있다(바이블렉스).

"삼성"(Orion)이란 근동 지방에서 흔히 초겨울에 볼 수 있는 오리온성좌의 별들을 가리킨다(9:9; 암 5:8). 따라서 "삼성의 띠"란 표현은 오리온 별자리의 별들이 이어져 사각형을 이루는 모습을 비유적으로 묘사한 말이다.

욥 38:32. 너는 별자리들을 각각 제 때에 이끌어 낼 수 있으며 북두성을 다른 별들에게로 이끌어 갈 수 있겠느냐(Can you lead forth the Mazzaroth in their season, or can you guide the Bear with its children?-ESV).

여호와께서 욥에게 '네가 별자리들(星座)을 정한 시간에 이끌어낼 수 있으며 북두성과 그에 속한 별들을 인도할 수 있단 말이냐?'라고 질문하신다. 본절의 하나님의 명령은 욥에게 전혀 실행 불가능한 명령이다.

본절의 "별자리들"(מַזָּרוֹת, Mazzaroth)이란 말이 무엇이냐에 대해서는 대표적으로 두 가지 견해가 있다. 1) 샛별 또는 금성을 가리킨다는 견해(Lange,

---

17) 오리온성좌: 하늘의 적도 양편에 걸쳐 있는 별자리의 한 가지. 중앙에 있는 세 개의 별은 겨울에 가장 잘 보인다.

Dhromes). 2) 이 별자리들이란 지구가 태양 주위를 공전하면서 한 달에 한번 씩 마주치는 12성좌를 가리킨다는 견해(K.&D., Rawlinson, 그랜드 종합 주석). 본절이 우주에 충만한 하나님의 권능을 강조한다는 것을 생각할 때 2)번의 견해가 더 타당한 견해라고 볼 수 있다. 북두성(北斗星)에 대해서는 9:9 주해를 참조하라. 아무튼 본절은 천체를 주관하시는 하나님의 섭리를 인간이 이행할 수 없는 것은 당연한 일이다.

욥 38:33. 네가 하늘의 궤도를 아느냐 하늘로 하여금 그 법칙을 땅에 베풀게 하겠느냐.

여호와께서 욥에게 '네가 천상의 운행 법칙을 결정하고 또 그 법칙을 지상의 자연 법칙으로 만들 수 있겠느냐?'라고 질문하신다. 본절의 "하늘의 궤도"란 말은 하나님의 섭리에 따라 우주 만물이 움직이는 모든 현상을 가리키는 말이다(시 119:91). 모든 인생은 누구나 하나님께서 행하시는 모든 것을 누구도 행할 수 없음을 보여주셔서 욥의 세 친구들이나 엘리후로 하여금 교만한 태도를 버리게 하신 것으로 보인다.

욥 38:34. 네가 목소리를 구름에까지 높여 넘치는 물이 네게 덮이게 하겠느냐(Can you lift up your voice to the clouds, that a flood of waters may cover you?-RSV, ESV).

여호와께서 욥에게 '네가 네 목소리를 구름 있는데 까지 높여 구름에게 명령하여, 너를 흠뻑 적시게 할 수 있느냐?'라고 질문하신다. 사람이 소리를 높여 구름에게 명령하여 땅 위에 비가 쏟아지게 할 수 있느냐는 것이다. 세상에 그렇게 할 사람이 누구겠는가. 기도하여 땅에 비가 오게 하는 것은 가능해도 사람이 명령하여 비가 오게 하는 일은 불가능한 일이다.

욥 38:35. 네가 번개를 보내어 가게 하되 번개가 네게 우리가 여기 있나이다 하게 하겠느냐(Can you send forth lightnings, that they may go and say to you, 'Here we are'?-RSV, ESV).

여호와께서 욥에게 '네가 번개를 보내어 가게하고, 그 번개가 네게 말하기를 "우리가 여기 있습니다"라고 하게 할 수 있느냐?'라고 질문하신다. 다시 말해 욥이 번개에게 명령을 내리고 번개가 욥에게 대답하도록 하겠느냐는 것이다. 이런 일은 도무지 사람이 할 수 있는 일은 아니고 하나님께서만 하실 수 있는 것이다.

욥 38:36. 가슴 속의 지혜는 누가 준 것이냐 수탉에게 슬기를 준 자가 누구냐.

하나님께서 욥에게 '가슴 속의 지혜는 누가 심어 주었느냐? 마음속의 명철은 누가 주었느냐?'라고 질문하신다. 사람의 가슴 속의 지혜도 하나님의 선물이다. 하나님께서 사람을 창조하셨을 때 생기를 주셨을 뿐 아니라 마음속에 지혜도 하나님께서 주셨다. 다시 말해 본절은 사람이 소유하고 있는 지혜조차도 하나님께 속해 있다는 사실을 교훈하고 있다.

욥 38:37. 누가 지혜로 구름의 수를 세겠느냐 누가 하늘의 물주머니를 기울이겠느냐.

여호와께서 욥에게 '누가 구름을 셀 만큼 지혜로우냐? 누가 하늘의 물주머니를 기울여서 비를 내릴 수 있겠느냐'고 질문하신다. 즉, 누가 구름의 수를 셀 수 있겠느냐. 본절의 "하늘의 물주머니"는 비를 간직한 구름을 뜻하는데 누가 구름을 기울여 비를 내리게 하겠느냐고 질문하신다.

욥 38:38. 티끌이 덩어리를 이루며 흙덩이가 서로 붙게 하겠느냐.

여호와께서 욥에게 '누가 지혜로 티끌을 진흙덩이로 만들고 그 진흙덩이들을 서로 달라붙게 할 수 있느냐?'라고 질문하신다. 본절은 비교적 쉬운 작업으로 보이나 이런 것들도 모두 하나님께서 하시는 일이다.

4. 동물계가 경이롭다 38:39-39:30

이 부분(38:39-39:30)은 동물계의 경이를 말한다. 사자와 까마귀(38:39-41), 산염소와 암사슴(39:1-4), 들나귀와 들소(39:5-12), 타조(39:13-18), 말(39:19-25), 매와 독수리(39:26-30) 등의 동물계의 생태와 그 경이를 말한다.

욥 38:39. 네가 사자를 위하여 먹이를 사냥하겠느냐 젊은 사자의 식욕을 채우겠느냐.

여호와께서 욥에게 '욥 네가 사자의 먹이를 계속하여 사냥해서 먹일 수 있느냐? 어린 사자 새끼들의 식욕을 채워 줄 수 있느냐?'고 질문하신다. 하나님의 질문은 욥이 사자들의 음식을 댈 수 있느냐 하는 것이다. 이것 역시 사람으로서는 불가능한 일이다.

욥 38:40. 그것들이 굴에 엎드리며 숲에 앉아 숨어 기다리느니라.

여호와께서 욥에게 '사자들은 언제나 굴속에 웅크리고 있거나, 드러나지 않는 곳에 숨어 있다가 다른 짐승을 덮친다'고 말씀하신다(37:8; 시 10:9; 104:22). 하나님께서 사자에게도 지혜를 주셔서 다른 짐승을 잡을 때 잘 잡게 하셨다.

욥 38:41. 까마귀 새끼가 하나님을 향하여 부르짖으며 먹을 것이 없어서 허우적거릴 때에 그것을 위하여 먹이를 마련하는 이가 누구냐.

여호와께서 욥에게 '까마귀 새끼들이 하나님께 부르짖고 먹을 것이 없어 헤매고 다닐 때에 누가 그 까마귀 새끼들을 위해 먹이를 마련해 주는 것이냐?'라고 질문하신다. 하나님께서는 이런 까마귀들에게도 먹을 양식을 주신다고 하신다. 하나님의 전능하심은 우리가 말할 수도 없다.

제 39 장

욥 39:1. 산 염소가 새끼 치는 때를 네가 아느냐 암사슴이 새끼 낳는 것을 네가 본 적이 있느냐(Do you know when the mountain goats bring forth? Do you observe the calving of the hinds?-RSV).

여호와께서 욥에게 '너는 산 염소가 새끼 낳는 때를 알고 있느냐, 암사슴이 새끼 낳는 것을 지켜 본 일이 있느냐'고 질문하신다. 중동 지방의 산 염소들은 아주 험한 암벽 지대에 서식한다. 그래서 이 산 염소들을 관측하기란 쉽지 않고 더구나 산 염소들이 새끼 낳는 것을 관찰하는 사람은 없다는 것이다. 그러나 이런 짐승들도 하나님께서 돌보시므로 그 위험한 지대에서도 생존한다.

욥 39:2. 그것이 몇 달 만에 만삭되는지 아느냐 그 낳을 때를 아느냐.

하나님께서 욥에게 '산 염소들과 암사슴들이 몇 달이 지나야 만삭되는지 아느냐, 그리고 그 산 염소들과 암사슴들이 새끼 낳을 때를 아느냐'고 질문하신다. 이들 짐승들은 희귀한 동물들인데 만나보기도 힘들고 더구나 그 잉태의 기간은 특별히 연구하지 않는 한 알 수 없는 일이다.

욥 39:3. 그것들은 몸을 구푸리고 새끼를 낳으니 그 괴로움이 지나가고(when they crouch, bring forth their offspring, and are delivered of their young?-RSV, ESV).

여호와께서 욥에게 '산 염소들과 암사슴들은 몸을 구푸리고 새끼를 낳고 또 낳은 새끼를 언제 광야에다가 풀어 놓아 그 괴로움을 빨리 지워버리는지를 아느냐?'고 물으신다. 본절은 산 염소들과 암사슴들이 해산하는 광경을 말하고 있는데, 그것들이 당하는 고통을 말하고 또 그 고통이 빨리 지나가는 것을 말한다. 아무튼 이런 동물들을 보기도 어려운데 더구나 이들이 해산하는 고통을 알 수가 없다는 것이다. 하나님께서는 세밀하게 아신다.

욥 39:4. 그 새끼는 강하여져서 빈들에서 크다가 나간 후에는 다시 돌아오지 아니하느니라.

여호와께서 욥에게 '그 새끼들은 튼튼하게 자라나면 어미 곁을 떠나가서 다시는 영원히 돌아오지 않는다'고 말씀하신다. 이들에게는 부모의 윤리도 자식의 도리도 없다. 동물들이 다 그런 것이다.

욥 39:5. 누가 들나귀를 놓아 자유롭게 하였느냐 누가 빠른 나귀의 매인 것을 풀었느냐.

여호와께서 욥에게 '누가 들나귀를 풀어놓아 자유롭게 해주었느냐? 누가 야생 나귀의 매인 것을 풀어놓아 주었느냐?'라고 말씀하신다. 하나님께서 들나귀를 풀어놓아 자유하게 해주셨으니 누가 그것들을 길들일 수 없다는 것이다. 그런데 하나님께서 그들을 먹이신다는 것을 말한다.

욥 39:6. 내가 들을 그것의 집으로, 소금 땅을 그것이 사는 처소로 삼았느니라

하나님께서 욥에게 '내(하나님)가 들판을 들나귀의 집으로, 소금 땅을 그의 살 곳으로 삼았다'고 말씀하신다. 여기 "들판"이나 "소금 땅"은 동의어로 사용되었다. 하나님께서는 들판을 나귀의 집으로, 소금 땅(사해 근처)을 들나귀가 사는 처소로 삼았다고 하신다.

욥 39:7. 들나귀는 성읍에서 지껄이는 소리를 비웃나니 나귀 치는 사람이 지르는 소리는 그것에게 들리지 아니하며.

여호와께서 욥에게 '들나귀는 성읍의 북적대는 것을 비웃으며, 나귀를 치는 사람(마부)의 외치는 소리도 듣지 아니한다'고 말씀하신다. 들나귀의 야생성은 결코 사람에 의해 길들여질 수 없다.

욥 39:8. 초장 언덕으로 두루 다니며 여러 가지 푸른 풀을 찾느니라.

여호와께서 욥에게 '들나귀는 푸른 풀이 난 언덕을 자기 초장으로 삼아 돌아다니며, 모든 푸른 것을 찾아다닌다'고 말씀하신다. 본절은 들나귀가 풀을 찾기 위해 사람이 없는 광야나 언덕을 옮겨 다니는 것을 묘사한 것이다. 들나귀는 하나님께서 주신 야생성을 가지고 그런 곳들을 자기 집인 줄 알고 살아가는 것이다.

욥 39:9. 들소가 어찌 기꺼이 너를 위하여 일하겠으며 네 외양간에 머물겠느냐.

여호와께서 욥에게 '들소가 너(인간)를 즐겁게 섬기겠느냐? 그것이 네(인간의) 외양간에 머물겠느냐?'라고 질문하신다. 본절의 "들소"(רֵים)는 집안에서 기르는 소보다 훨씬 크고 머리에 뿔이 있는 소로 이것은 근동 지방에서 강인한 힘을 자랑하는 동물로 인식되었다. 하나님께서 이런 동물을 본절에서 말씀하시는 것은 하나님의 창조의 놀라움을 드러내시기 위함이다.

욥 39:10. 네가 능히 줄로 매어 들소가 이랑을 갈게 하겠느냐 그것이 어찌 골짜기에서 너를 따라 써레를 끌겠느냐.

여호와께서 욥에게 '네가 들소에게 쟁기를 매어 밭을 갈게 할 수 있느냐? 어찌 들소들이 네 말을 따라서 밭을 갈겠느냐?'라고 질문하신다. 사람들이 들소를 농사에 이용할 수 없음을 밝히신다. 들소는 위엄 있는 두 뿔을 가지고 있고(신 33:17), 힘이 세고, 위험한 동물(민 23:22; 24:8)로 알려져 있다. 따라서 들소는 집소처럼 사람들이 농사용으로 사용할 수 없는 소이다.

욥 39:11. 그것이 힘이 세다고 네가 그것을 의지하겠느냐 네 수고를 그것에게 맡기겠느냐.

여호와께서 욥에게 '들소들이 힘이 센 것 하나 가지고 인간이 그 들소를 이용할 수는 없다는 것이며 인간들이 해야 할 수고를 들소에게 맡길 수 없다'고 말씀하신다. 들소가 힘이 세기는 하지만 인간이 사용할 수는 없는 힘이라고 하신다.

욥 39:12. 그것이 네 곡식을 집으로 실어 오며 네 타작 마당에 곡식 모으기를 그것에게 의탁하겠느냐.

본절은 앞절보다 더 구체적으로 들소가 곡식 단을 실어 나르고 사람들의 타작 마당에서 일을 돕게 할 수는 없다는 것이다.

욥 39:13. 타조는 즐거이 날개를 치나 학의 깃털과 날개 같겠느냐.

본절부터 18절까지는 타조의 독특함에 대해 진술한다. 본절은 타조가 학과 가장 가까운 동물이긴 하나 그래도 다른 점을 말한다. 다시 말해 타조가 즐겁게 날개를 치기는 하나 학의 깃털이나 날개와는 다르다는 것을 말씀한다. 타조(רְנָנִים)란 말은 '외치는 새'라는 뜻이다. 타조는 훌륭한 깃과 털이 있고, 또 날개를 치는 동물이긴 하지만 그 깃과 털의 이용가치는 없다는 것이다. 타조의 깃과 털은 사람을 위해서 별로 쓸모가 없다.

욥 39:14. 그것이 알을 땅에 버려두어 흙에서 더워지게 하고

타조가 땅바닥에다가 알을 낳는 이유는 흙이 그 알을 따스하게 해주기를 바라기 때문이다. 그러나 실제로는 땅이 온기를 주지 않는다는 것을 말하여 하나님께서 그 타조에게 지혜와 총명을 주시지 않았다는 것을 말씀하려 한다.

욥 39:15. 발에 깨어질 것이나 들짐승에게 밟힐 것을 생각하지 아니하고

땅에 낳아 놓은 알이 밟히건 말건 아랑곳하지 않고 들짐승이 깨뜨리건 말건 걱정도 하지 않는다는 것이다. 이렇게 타조에게 지혜가 없는 이유는 하나님께서 지혜와 총명을 주시지 않았기 때문이다.

욥 39:16-17. 그 새끼에게 모질게 대함이 제 새끼가 아닌 것처럼 하며 그 고생한 것이 헛되게 될지라도 두려워하지 아니하나니.

타조는 알을 거칠게 다루기를 마치 자기가 낳은 알이 아닌 것같이 하고, 알을 낳는 일이 헛수고가 되지나 않을까 하고 걱정도 두려움도 없다는 것이다. 타조는 자기의 새끼에게 무정함이 이를 데 없는 동물이다. 타조가 자기의 새끼를 이렇게 다루는 이유는 하나님이 지혜를 베풀지 아니하셨고 총명을 주지 아니하셨기 때문이라는 것이다. 하나님께서 다른 동물들을 위해서는 자기들의 새끼에게 종족 본능을 주셔서 잘 키우게 하셨지만 타조에게는 지혜와 총명을 주시지 않았다는 것이다.

욥 39:18. 그러나 그것이 몸을 떨쳐 뛰어갈 때에는 말과 그 위에 탄자를 우습게 여기느니라.

본절은 타조의 장점을 말한다. 타조가 몸을 떨쳐 뛰어갈 때에는 말보다 빠르다는 것이다. 타조는 시속 70km를 달릴 수 있기에 동물들 중에 매우 빠른 편에 속하는 쾌속 동물이다.

욥 39:19. 말의 힘을 네가 주었느냐 그 목에 휘날리는 갈기를 네가 입혔느냐.

본절부터 25절까지는 하나님께서 말에 대해 언급하신다. 본절은 여호와께서 욥에게 '네가 말에게 힘을 주었느냐? 그 목덜미에 휘날리는 갈기를 입혀 주었느냐?'고 질문하신다. 본절은 말의 장점을 말씀하신다. 말이 빠르다는 것인데, 말이 힘이 좋아 마력(馬力)이란 말이 생겼다. 말은 그 목에 보기 좋은 갈기가 있다. 이 갈기(말이나 사자 따위의 짐승의 목덜미에 난 긴 털)는 속도를 상징하는 것이다. 말에게 힘을 주신 것도 하나님께서 하신 것이고 또 말 목덜미에 갈기를 주신 것도 하나님께서 하신 것이다.

욥 39:20. 네가 그것으로 메뚜기처럼 뛰게 하였느냐 그 위엄스러운 콧소리가 두려우니라.

여호와께서 욥에게 '네가 말을 메뚜기처럼 뛰게 하였느냐? 그 위엄스러운 그 콧소리에 모두들 두려워한다'라고 말씀하신다. 말이 뛰는 모습이 메뚜기 같고 말의 콧소리는 위엄이 있어서 모두들 두려워한다는 것이다.

욥 39:21. 그것이 골짜기에서 발굽질하고 힘 있음을 기뻐하며 앞으로 나아가서 군사들을 맞되.

여호와께서 욥에게 '말이 골짜기에서 앞발굽으로 땅을 마구 파대면서 힘껏 앞으로 나가서 군사들을 맞이하여 싸운다'라고 말씀하신다. "발굽질한다"(יַחְפְּרוּ)는 말은 '앞발로 긁는다'는 뜻인데, 이는 말이 달리기 원하여 앞발로 땅을 긁으며 진격 명령을 재촉하는 모습을 말한다. 하나님은 전쟁에 쓰시려고 말을 지으신 것임을 볼 수 있다.

욥 39:22. 두려움을 모르고 겁내지 아니하며 칼을 대할지라도 물러나지 아니하니.

말들은 두려움이라는 것을 모르고 겁낼 줄 모르고 칼 앞에서도 물러나지 않는다는 것이다. 말은 전쟁에 아주 요긴하게 사용할 수 있는 짐승이다.

욥 39:23. 그의 머리 위에서는 화살통과 빛나는 창과 투창이 번쩍이며.

여호와께서 욥에게 '말을 탄 용사의 화살 통이 말 머리 위에서 덜커덕 소리를 내며, 긴 창과 표창(짧은 창)이 햇빛에 번쩍인다'라고 말씀하신다. 이런 무기들이 쟁쟁하여 위용을 떨친다는 것이다.

욥 39:24. 땅을 삼킬 듯이 맹렬히 성내며 나팔 소리에 머물러 서지 아니하고.

여호와께서 욥에게 '말들은 땅을 삼킬 듯이 맹렬히 성내며 진군을 위하여 나팔 소리가 나면 머물러 서지 않는다'고 말씀하신다. 말들이 이렇게 행동하는 것은 하나님께서 이렇게 창조하셨기 때문이다.

욥 39:25. 나팔 소리가 날 때마다 힝힝 울며 멀리서 싸움 냄새를 맡고 지휘관들의 호령과 외치는 소리를 듣느니라.

여호와께서 욥에게 '나팔이 울릴 때마다 '힝힝' 소리를 내며 멀리서도 전쟁의 냄새를 맡고 지휘관들의 호령과 외치는 소리를 듣는다'고 말씀하신다. 말들은 지휘관들과 군사들의 함성에 맞추어 질서 있게 진군한다는 것이다(왕하 7:6). 이런 장점을 가진 말도 하나님의 피조물이라는 것이다.

욥 39:26. 매가 떠올라서 날개를 펼쳐 남쪽으로 향하는 것이 어찌 네 지혜로 말미암음이냐.

본절부터 30절까지는 매와 독수리를 하나님께서 창조하셨다고 말한다. 여호와께서 욥에게 '매가 높이 떠올라서(레 11:16; 신 14:15) 남쪽으로 날개를 펴고 날아가는 것(렘 8:7)이 어찌 욥 네게서 배운 것이냐?'고 말씀하신다. 이런 종류의 새도 하나님께서 창조하신 것이지 욥이 만들어낸 작품은 아니다.

욥 39:27. 독수리가 공중에 떠서 높은 곳에 보금자리를 만드는 것이 어찌 네 명령을 따름이냐.

여호와께서 욥에게 '독수리(새 종류의 왕)가 공중에 높이 떠서 높은 곳(높은 산 바위틈)에 보금자리를 만드는 것이 어찌 욥 네 명령을 따른 것이겠느냐?' 고 질문하신다. 하나님께서 독수리를 만드신 것도 놀라운 창조이시다(9:26; 렘 49:16).

욥 39:28. 그것이 낭떠러지에 집을 지으며 뾰족한 바위 끝이나 험준한 데 살며.

여호와께서 욥에게 '까마득한 낭떠러지 바위틈에 보금자리를 틀고 밤을 뾰족한 바위 끝이나 요새 위에서 지낸다'고 말씀하신다. 독수리들이 그런 곳에서 살기 때문에 다른 짐승의 침범을 받지 않는다.

욥 39:29. 거기서 먹이를 살피나니 그 눈이 멀리 봄이며.

독수리들이 아주 먼 거리에 있는 먹이를 살필 수 있는 것은 그의 눈이 멀리서도 먹이를 알아보기 때문이라는 것이다. 독수리는 강한 공격력을 가지고 있다(신 28:49; 렘 48:40; 겔 17:3).

욥 39:30. 그 새끼들도 피를 빠나니 시체가 있는 곳에는 독수리가 있느니라.

여호와께서 욥에게 '독수리들은 피 묻은 고기로 새끼를 키우니 주검(시체)이 있는 곳에 독수리가 모여 먹는다'고 말씀하신다. 어디든지 시체가 있는 곳에 독수리 떼가 모여 든다(신 21:18; 마 24:28). 아무튼 산의 짐승이나 날짐승 모두는 하나님의 창조의 놀라움을 보여준다.

제 40 장

B. 여호와의 두 번째 질문, 사람이 하나님을 비난할 수 있느냐 40-41장

여호와의 두 번째 질문은 첫 번째 질문보다 더 나아가 사람이 하나님을 비난할 수 있느냐는 것이다. 욥은 하나님의 두 번째 질문을 맞이하여 한 마디 대답을 하고는 곧 침묵으로 들어간다. 이 두 번째 질문에 하나님께서는 홀로 말씀하신다. 이 두 번째 질문의 내용은 1) 욥 네가 하나님을 비난할 수 있느냐는 것(40:1-14), 2) 하마의 놀라운 점(40:15-24), 3) 악어의 놀라운 점(41:1-34) 등이다.

1. 네가 하나님을 비난할 수 있는 것이냐 40:1-14

하나님은 이 두 번째 질문을 맞이하여 욥에게 대답을 해보라고 촉구하신다. 그러나 욥은 도무지 대답할 수 없다는 한마디만을 남기며 침묵하고 만다(1-5절). 욥이 침묵하기 시작한 후 하나님은 욥에게 네가 하나님을 비난할 수 있느냐고 책망하신다(6-14절).

욥 40:1. 여호와께서 또 욥에게 일러 말씀하시되.

여호와께서는 욥에게 첫 번째 질문(38-39장)을 마치신 다음 "또" 말씀하신다. 이 두 번째 질문에서는 새 어조(語調)로 질문하신다. 이렇게 두 번째 질문까지 하시는 이유는 욥으로 하여금 무지(無智)를 깨닫게 하여 자신의 죄를 자복하게 하려는 것이다.

욥 40:2. 트집 잡는 자가 전능자와 다투겠느냐 하나님을 탓하는 자는 대답할지니라.

본절의 "트집 잡는 자"란 말과 "하나님을 탓하는 자"란 말은 동의어이다. 개역 성경에서는 "트집 잡는 자"란 말 대신에 "반박하는 자"로 번역되어 있다. "트집 잡는 자"(יִסּוֹר)란 말은 '허물을 찾는 자', '잔소리꾼'이란 뜻으로 '허물을 탓하는 자'란 뜻이다. "전능자"란 말을 위해서는 21:15 주해를 참조하라. 여호와께서는 욥에게 네가 남의 허물을 찾는 자로서 전능자인 내 허물을 찾으려 하느냐고 말씀하신다.

욥 40:3-4. 욥이 여호와께 대답하여 이르되, 보소서 나는 비천하오니 무엇이라 주께 대답하리이까 손으로 내 입을 가릴 뿐이로소이다.

하나님을 탓하는 자(하나님의 허물을 잡아 보려는 자) 욥이 이제 대답한다. 욥은 하나님을 향하여 "보소서"(הֵן)라고 하나님의 주의를 환기시킨다. 오늘 우리도 역시 하나님을 향하여 "보소서"라고 하나님의 주의를 이끌어야 할 것이다. 욥은 "나는 비천하다"고 알려드린다. "나는 비천하다"(קַלֹּתִי)는 말은 '나는 가벼운 사람이다', '나는 작은 사람이다', '나는 경멸 받아야 할 사람이다'라는 뜻이다. 욥이 옛날에는 자신의 위신을 나타내는 사람이었으나(19:9; 29:20) 이제는 하나님 앞에서 자신의 무가치함을 인식하고 나는 작은 사람이라고 말씀드린다. 욥은 좀더 "무엇이라 주께 대답하리이까 손으로 내 입을 가릴 뿐이로소이다"라고 대답한다. '이제 욥은 주님께 무엇이라 대답을 할 수 없어 자기의 손으로 자기 입을 가릴 뿐이라'고 말한다. 욥은 하나님 앞에서 자신이 감히 말할 수 없는 존재임을 말씀드린다(21:5; 29:9). 욥은 이제 과거 자신의 경솔함과 무가치함을 절실히 느끼고 있다. 이제는 입을 가리고 다니겠다고 말한다.

욥 40:5. 내가 한 번 말하였사온즉 다시는 더 대답하지 아니하겠나이다(I have spoken once, and I will not answer; twice, but I will proceed no further-RSV, ESV).

욥이 하나님께 '한번 말씀드린 것도 무엄한 일이었는데 또 무슨 대답을 하겠습니까? 두 번 다시 말씀드리지 않겠사옵니다'라고 말씀드린다(공동 번역). 욥은 지금까지 몇 차례 하나님께 말씀하고 불평했던 것을 시인한다(13:22; 14:15; 23:3; 31:37). 그러나 그가 과거 이렇게 불평했던 것은 하나님의 위대하심과 경이로우심, 그리고 신비성을 알지 못할 때의 철없는 발언이었고 이제는 더 이상 말하지도 대답하지도 않겠다고 한다.

욥 40:6. 그 때에 여호와께서 폭풍우 가운데에서 욥에게 일러 말씀하시되(Then the LORD answered Job out of the whirlwind and said-RSV, ESV).

본절의 "그 때에"란 말은 욥이 "다시는 더 대답하지 아니하겠나이다"라고 말을 했을 때를 지칭하는 말이다. 욥이 이제는 더 대답하지 않겠다고 말한 후 "여호와께서 폭풍우 가운데에서" 욥에게 말씀을 하신다. "여호와께서 폭풍우 가운데에서"(38:1 주해 참조) 말씀하시는 이유는 하나님의 뜻을 욥에게 효과적으로 알리시기 위함이었다.

욥 40:7. 너는 대장부처럼 허리를 묶고 내가 네게 묻겠으니 내게 대답할지니라.

본절 주해를 위해서는 38:3 주해를 참조하라.

욥 40:8. 네가 내 공의를 부인하려느냐 네 의를 세우려고 나를 악하다 하겠느냐(Will you even put me in the wrong? Will you condemn me that you may be in the right?-ESV).

여호와께서 욥에게 '참으로 네가 내 판결을 틀렸다고 하겠느냐? 네가 너를 의롭다고 하기 위하여 나를 정죄하느냐?'고 책망하신다. 본절의 상반절과 하반절은 동의절로 사용되었다. 다시 말해 상반절은 '네가 내 판결을 틀렸다고 하겠느냐?'인데, 하반 절은 '네 자신이 의롭다고 하기 위해 나를 틀렸다고 하겠느냐'는 것이다. 그러니까 하나님께서는 욥 자신이 하나님의 판결을 틀렸다고 비난할 것이냐고 질문한 것이다. 욥 자신이 의로운데 재난을 당한다는 주장(10:1-22)은 결국 하나님의 심판을 거부하고, 하나님께서 불의하다는 말을 하는 것이 된다. 다시 말해 욥이 하나님의 판단이 불공평하다고 말하는 것은 하나님을 정죄하는 패역한 행위이다. 우리는 무슨 일을 만나든지 하나님의 섭리에서 오는 것임을 알고 감사하고 찬양해야 하는 것이다.

욥 40:9. 네가 하나님처럼 능력이 있느냐 하나님처럼 천둥소리를 내겠느냐.

여호와께서 욥에게 '네 능력이 하나님의 능력만큼 있느냐? 네가 하나님처럼 천둥소리 같은 우렁찬 소리를 낼 수 있느냐?'고 질문하신다. 하나님께서 욥에게 하나님처럼 능력이 있느냐고 물으시고 또 하나님처럼 천둥소리를 낼 수 있겠느냐로 질문하신 것은 욥으로 하여금 인간의 한계를 느껴 하나님의 섭리에 대해 불평하거나 의문을 제기할 수 있는 권리가 없음을 알게 하여 하나님에게 불평했던 욥의 태도가 지극히 잘못된 것임을 지적하시기 위함이다. 오늘 우리는 인간이 하나님처럼 천둥소리를 낼 수 있는 자가 아님을 깨닫고 하나님의 권능 앞에 철저히 복종해야 한다.

욥 40:10. 너는 위엄과 존귀로 단장하며 영광과 영화를 입을지니라.

여호와께서는 욥에게 '욥 네가 어디 한 번 위엄과 존귀로 단장해보고 영광과 영화를 갖추어 보라'고 말씀하신다. 본절은 욥이 하나님과 비길 수 있는 입장이 못 되는 것을 지적하신다. 인간은 하나님 앞에서 자신이 아무것도 아닌 존재라는 사실을 알고 순종해야 한다.

욥 40:11. 너의 넘치는 노를 비우고 교만한 자를 발견하여 모두 낮추되.

여호와께서 욥에게 '욥 너의 넘치는 분노를 쏟아서 비우고, 모든 교만한 자를 찾아 그들을 낮추라'고 말씀하신다. 본절은 욥 자신이 받는 고난을 통해 하나님의 공의에 대해 회의를 품었던 욥에 대한 책망으로 죄성을 가진 인간의 본성은 결코 하나님과 같은 완전한 의를 소유할 수 없다는 사실을 상기시키고 있다.

욥 40:12. 모든 교만한 자를 발견하여 낮아지게 하며 악인을 그들의 처소에서 짓밟을지니라.

본절은 11절의 내용을 더 깊이 반복하여 강조한다. 여호와께서 본절에서 욥에게 '모든 교만한 자를 다 발견하여 낮아지게 하고 악인을 그들이 있는 자리에서 짓밟으라'고 말씀하신다. 본절의 "교만한 자"와 "악인"은 동의어이다. 하나님께서는 욥에게 "모든 교만한 자"를 다 찾아내어 낮아지게 하라고 하시며 "악인"을 그들의 처소에서 짓밟으라고 명령하신다. 욥은 자기의 변론 속에서 악인들의 번영에 대해 깊은 의문을 던짐과 아울러 그들의 멸망을 눈앞에서 보기를 소원했었다(21:7-26; 24:2-24). 그러나 하나님께서 그런 악인들을 일시적으로 묵과하시는 이유는 심판의 능력과 공의가 모자라서가 아니라 오히려 그들에게 긍휼을 베풀어 정하신 때까지 아무도 멸망치 않고 다 회개하기에 이르도록 하시기 위해 오래 참으시는 것이라는 것을 발견하게 하시는 것이다(사 30:18; 벧후 3:9). 이에 하나님께서는 본절을 통해 하나님의 공의에 대해서 이의를 제기했던 욥이 과연 교만하고 패역한 자를 진멸할 수 있는 능력을 가지고 있다면 그들을 한번 심판해 보라고 하신다.

욥 40:13. 그들을 함께 진토에 묻고 그들의 얼굴을 싸서 은밀한 곳에 둘지니라.

여호와께서 욥에게 '교만한 자와 악인들을 모두 땅에 묻어 보아라. 그리고 그들의 얼굴을 모두 천으로 감싸서 무덤에 뉘어 보아라'고 명령하신다. 욥이 하나님의 이 명령을 실천할 수 있다면 하나님께서 욥을 인정하실 수 있을 것이다. 그러나 이 일을 행함이 욥에게는 전혀 불가능한 일이었다.

욥 40:14. 그리하면 네 오른손이 너를 구원할 수 있다고 내가 인정하리라.

여호와께서 욥에게 '교만한 자와 악인들 모두 땅에 묻을 수만 있다면 나(하나님)는 욥 너를 찬양하고, 네가 승리하였다는 것을 내가 인정하겠다'고 말씀하신다. 욥이 하나님의 명령을 모두 실천할 수는 없는 일이었다. 하나님께서 이렇게 욥이 할 수 없는 일을 하라고 명령하시는 것은 욥으로 하여금 자신이 어떤 사람임을 알게 하시기 위함이었다.

2. 베헤못(하마)이 경이롭지 않느냐 40:15-24

베헤못(하마)이 하나님께서 만드신 강력한 동물로 사람인 욥이 통제하지 못하는 동물임을 알게 하신다.

욥 40:15. 이제 소 같이 풀을 먹는 베헤못을 볼지어다 내가 너를 지은 것 같이 그것도 지었느니라.

여호와께서는 욥에게 '이제 소처럼 풀을 뜯어 먹는 베헤못을 보아라. 내가 너를 만든 것처럼 그것도 만들었다'고 말씀하신다. 본절의 "베헤못"(בְּהֵמוֹת)이란 '큰 동물'이란 뜻으로 그 동물이 어떤 동물이냐에 대해서는 여러 견해가 있는데 특히 복수로 묘사되어 있다. 이 '동물들'이란 말을 복수로 묘사한 것을 보면 엄청나게 큰 동물임을 알 수 있다. 1) 풀을 먹고 사는 큰 동물이라는 견해. 2) 물속의 큰 동물이라는 견해(K.&D.). 3) 코끼리라는 견해(Mattew Henry, Lange). 4) 고대 신화의 동물이라는 견해(Pope). 5) 하마일 것이라는 견해(D.&G., Bochart, Rawlinson, Robinson). 이 견해들 중에서 문맥을 고려하여 5)번의 견해가 가장 타당한 것으로 본다.

욥 40:16. 그것의 힘은 허리에 있고 그 뚝심은 배의 힘줄에 있고.

여호와께서 욥에게 '하마의 힘은 허리에서 나오고 있고 그의 힘은 배의 힘줄에 있다'고 말씀하신다. 하마의 힘은 그 허리와 배의 근육에 있다는 뜻이다. 허리는 늘 힘을 상징한다(시 69:23; 잠 31:17).

욥 40:17. 그것이 꼬리 치는 것은 백향목이 흔들리는 것 같고 그 넓적다리 힘줄은 서로 얽혀 있으며.

여호와께서 욥에게 '꼬리는 백향목처럼 뻗어 있고, 넓적다리는 힘줄로 단단하게 감싸 있다'고 하신다. 하마의 꼬리와 넓적다리는 엄청나다는 것이다. 백향목 역시 힘과 위엄을 상징한다. "넓적다리"는 크고 두터운 다리로, 그 힘줄은 서로 연결되어 있어서 강한 힘을 발휘하고 있다.

욥 40:18. 그 뼈는 놋관 같고 그 뼈대는 쇠막대기 같으니.

여호와께서 욥에게 '뼈대는 놋처럼 강하고, 갈비뼈는 쇠로 만든 빗장과 같다'고 말씀하신다. 하마의 넓적다리의 뼈는 놋으로 만든 관과 같다고 하신다. 하마의 뼈의 강함을 말하는 것이다. 하나님께서는 본절들(16-18절)을 통해 제 아무리 크고 강한 피조물이라 할지라도 결코 하나님의 창조 섭리를 벗어날 수 없다는 사실, 즉 모든 것을 완벽하게 이루시는 하나님의 크고 놀라운 권능을 보여주심으로 피조물인 인간이 하나님 앞에서 취해야 할 올바른 태도가 무엇인가를 보여주고 있다.

욥 40:19. 그것은 하나님이 만드신 것 중에 으뜸이라 그것을 지으신 이가 자기의 칼을 가져 오기를 바라노라.

여호와께서 욥에게 '그것은 나, 하나님이 만든 피조물 가운데서 으뜸가는 것(탁월한 것)이다. 하마를 지으신 자가 그에게 자기 칼(하마의 날카로운 이빨을 뜻한다)을 주었다'라고 말씀하신다. 하나님께서 날카로운 이빨을 주셔서 풀을 쉽게 뜯어 먹을 수 있도록 하셨다.

욥 40:20. 모든 들짐승들이 뛰노는 산은 그것을 위하여 먹이를 내느니라.

여호와께서 욥에게 '모든 들짐승이 즐겁게 뛰노는 푸른 산(고원 지대나 강의 언덕)은 하마를 위하여 푸른 풀을 낸다'고 말씀하신다. 본절은 하나님의 창조 사역이 사람과 자연의 조화로운 관계를 충분히 고려한 가운데 시행된 사랑과 은혜의 사역이라는 사실을 시사한다(그랜드 종합 주석).

욥 40:21. 그것이 연 잎 아래에나 갈대 그늘에서나 늪 속에 엎드리니.

본절은 하마가 한가롭게 그리고 평화롭게 지내는 모습을 묘사한 것이다. 본절은 여호와께서 욥에게 '하마는 연 잎(파피루스를 만드는 갈대를 이름이다) 아래에 눕고 갈대밭 그늘진 곳이나 늪 속에다가 몸을 숨긴다'고 말씀하신다. 하마는 다른 짐승의 공격을 받지 않고 또 다른 동물을 공격하지도 않으며 식물이 많은 곳에서 평화롭게 지내는 동물이다.

욥 40:22. 연잎 그늘이 덮으며 시내 버들이 그를 감싸는도다.

여호와께서 욥에게 '연잎 그늘이 하마를 가려주고 냇가의 버드나무들이 하마를 둘러싸 감싼다'고 말씀하신다. 하마가 물속에 있으면 갈대 잎이 하마를 덮어주고 시냇가의 버들가지가 덮어준다는 것이다(이상근).

욥 40:23. 강물이 소용돌이칠지라도 그것이 놀라지 않고 요단 강 물이 쏟아져 그 입으로 들어가도 태연하니.

여호와께서 욥에게 '하마는 강물이 소용돌이칠지라도 놀라는 법이 없고 요단 강 물이 쏟아져 그 입에 차고 넘쳐도 태연하다'고 말씀하신다.

욥 40:24. 그것이 눈을 뜨고 있을 때 누가 능히 잡을 수 있겠으며 갈고리로 그것의 코를 꿸 수 있겠느냐.

여호와께서 욥에게 '하마가 눈을 뜨고 있을 때 사람 중에 누가 능히 하마를 잡을 수 있겠으며, 누가 갈고리로 하마의 코를 꿰어 잡을 수 있겠느냐'고 물으신다. 하마를 당할 자는 없다는 것이다. 오직 하마를 만드신 하나님만이 하마를 통제할 수 있다는 것이다.

제 41 장

3. 악어가 경이롭지 않느냐 41:1-34

이 부분(41장)은 앞 단락인 40:15-24(베헤못-하마가 경이롭지 않느냐?)에 연이어 악어가 경이롭지 않느냐는 것을 다루고 있다. 그러니까 이 부분(41:1-34)도 악어의 생태를 통해 하나님의 주권과 능력을 다루고 있다. 따라서 인간 욥은 악어를 창조하시고 통제 하시는 하나님의 권능 앞에 철저히 순종해야 할 것을 권고 받는다.

ㄱ. 아무도 악어를 제어할 수 없느니라 41:1-11

특히 그 중에도 본 단락(1-11절)은 악어 사냥의 어려움을 말한다. 악어는 아무나 쉽게 제어하거나 길들일 수 없는 것을 말하여(1-9절) 인간의 무기력함과 한계를 드러내고 있다. 따라서 인간은 창조주이시요 주권자이신 하나님께 인간 자신을 부인하고 철저히 하나님께 순종해야 할 것을 권고한다(10-11절).

욥 41:1. 네가 낚시로 리워야단을 끌어낼 수 있겠느냐 노끈으로 그 혀를 맬 수 있겠느냐.

히브리 원전에 보면 본절은 40:25로 되어 있다(이상근). 본절의 뜻은 여호와께서 욥에게 '네가 낚시로 리워야단(악어)을 낚을 수 있겠느냐? 네가 끈으로 악어(鰐魚)의 혀를 맬 수 있겠느냐?'고 질문하신다. "리워야단"(לִוְיָתָן)[18]은

18) 리워야단: 구약 성경에서 이 단어는 6회 나오며, 한글개역 등에서 악어(욥 3:8; 41:1; 시 74:14; 시 104:26), 리워야단(사 27:1)으로 번역했다. 여호와께서는 무적의 동물, 즉 리워야단을 욥으로 하여금 대면케 하심으로써 그를 위압하셨다(욥 41:1, H 40:25이하). 분명하게 나일 강의 악어는 비늘로 된 가죽(욥 41:7; 41:15-17; H 40:31; 41:7-9)과 무서운 이를 가지고 있으며(욥 41:14; H 6), 날쌔게 헤엄치는데(욥 41:32; H 24), 이 단어는 시적으로, 즉 "횃불이 나오고...그

'악어'(3:8-각주), '악어'(시 104:26-각주), '악어'(사 27:1-각주)로 표기되어 있다. 히브리어에는 "악어"에 해당하는 말이 없고, 본문의 내용을 참고하여 '리워야단'이란 말을 악어로 처리해 놓은 것이다(K.&D., D.&G., Lange).

하나님께서는 욥에게 '네가 낚시로 악어를 끌어낼 수 있겠느냐. 노끈으로 그 혀를 맬 수 있겠느냐'고 물으신다. 욥의 시대에는 낚시로 악어를 낚을 수가 없었고 또 노끈으로 악어의 혀를 맬 수 없었다고 한다(Rawlinson).

욥 41:2. 너는 밧줄로 그 코를 꿸 수 있겠느냐 갈고리로 그 아가미를 꿸 수 있겠느냐.

여호와께서 욥에게 '욥 네가 악어의 코를 줄(갈대 줄기)로 꿸 수 있겠으며, 갈고리로 그 턱을 꿸 수 있겠느냐?'고 질문하신다. 불가능하다는 것을 암시하신다.

욥 41:3. 그것이 어찌 네게 계속하여 간청하겠느냐 부드럽게 네게 말하겠느냐.

여호와께서 욥에게 '악어가 어찌 욥 네게 살려달라고 계속해서 간청하겠느냐, 부드럽게 네게 자비를 베풀어달라고 말할 것으로 보느냐?'고 질문하신다. 악어는 잡혔다 해도 절대로 사람에게 살려달라고 애걸하지는 않을 것이라는 것이다. 악어는 밧줄로 맨다든지 갈고리로 그 아가미를 꿰어도 스스로 벗어날 것이란 뜻이다.

욥 41:4. 어찌 그것이 너와 계약을 맺고 너는 그를 영원히 종으로 삼겠느냐.

여호와께서 욥에게 '악어가 욥 너와 조약을 맺고 너는 악어를 영원히 종으로 삼을 수 있겠느냐?'고 질문하신다(출 21:6; 신 15:17). 본절의 내용과 같은 일은 영원히 일어나지 않을 것이란 뜻이다. 오직 하나님만이 그들을

콧구멍에서는 연기가 나오니"(욥 41:18-21; H 10-13)라고 묘사되나 신화적인 것은 아니다.

지배하실 수 있다는 것이다.

욥 41:5. 네가 어찌 그것을 새를 가지고 놀 듯 하겠으며 네 여종들을 위하여 그것을 매어두겠느냐.

여호와께서 욥에게 '욥 네가 악어를 새처럼 길들여서 노리개로 삼을 수 있겠으며, 또 악어를 끈으로 매어서 여종들의 노리개로 삼아 놀게 할 수 있겠느냐?'고 물으신다. 역시 악어를 노리개로 삼아 함께 놀 수는 없다는 것이다. 돼지나 도마뱀까지도 애완동물로 기르는 사람이 있지만 악어를 애완동물로 길러 데리고 놀 수는 없는 일이다.

욥 41:6. 어찌 장사꾼들이 그것을 놓고 거래하겠으며 상인들이 그것을 나누어 가지겠느냐.

여호와께서 욥에게 '어떻게 어부들이 악어를 팔기 위하여 흥정하고 악어를 토막 내어 다른 상인들에게 팔 수 있겠느냐?'고 물으신다. 악어는 상거래의 대상이 될 수 없다는 것을 말한다. 악어를 잡아 죽여서 고기로 팔고 음식을 해먹는다는 말은 더러 들린다.

욥 41:7. 네가 능히 많은 창으로 그 가죽을 찌르거나 작살을 그 머리에 꽂을 수 있겠느냐.

여호와께서 욥에게 '욥 네가 창들을 가지고 악어의 가죽을 꿰뚫을 수 있으며 작살(작대기 끝에 뾰쪽한 쇠를 두세 개 박아 물고기 따위를 찔러 잡는데 쓰는 연장)로 악어 머리를 찌를 수 있겠느냐?'고 물으신다. 본절은 창들을 가지고 가죽을 꿰뚫을 수 없으며 또 작살로 악어 머리를 찌를 수 없다는 것을 말한다.

욥 41:8. 네 손을 그것에게 얹어 보라 다시는 싸울 생각을 못하리라.

여호와께서 욥에게 '네 손으로 악어를 한 번 만져만 보아도 큰 반격을 받아 악어와 싸울 생각은 아예 못할 것이다'고 말씀하신다. 악어를 만져만 보아도 두 번 다시 만져 볼 생각은 할 수 없는 일이니 악어를 만드신 하나님을 향하여 대드는 일은 전혀 불가능한 일이라는 것을 알리는 말씀이다.

욥 41:9. 참으로 잡으려는 그의 희망은 헛된 것이니라. 그것의 모습을 보기만 해도 그는 기가 꺾이리라.

여호와께서 욥에게 '참으로 무슨 기구를 가지고 악어를 잡으려는 희망은 헛된 것이니라. 악어의 모습만 보아도 끔찍해서 기가 꺾이고 말 것이니라'고 말씀하신다. 악어에게 손만 대는 것도 기가 꺾이는 법인데 악어를 잡아보려는 희망은 가지지 않아야 한다.

욥 41:10. 아무도 그것을 격동시킬 만큼 담대하지 못하거든 누가 내게 감히 대항할 수 있겠느냐.

여호와께서 욥에게 '세상 사람들이 악어를 격동시킬 수 없는 일인데 누가 감히 하나님을 대항할 마음을 먹겠느냐'고 물으신다. 악어만 보아도 질린데 악어를 만드신 하나님께 대항한다는 것은 우스운 발상이 아닐 수 없는 일이다. 하나님을 비난한다는 것은 참으로 생각할 수 없는 일이다.

욥 41:11. 누가 먼저 내게 주고 나로 하여금 갚게 하겠느냐 온 천하에 있는 것이 다 내 것이니라(Who has first given to me, that I should repay him? Whatever is under the whole heaven is mine-ESV).

여호와께서 욥에게 '누가 먼저 내게 주고 나로 하여금 갚게 하겠느냐? 하늘 아래 있는 것이 모두 내 것이니라'고 말씀하신다. 본절은 만물의 주인이신 하나님은 결코 아무에게도 빚을 지지 않으시고 또 빚을 질 수도 없다는 것을 나타내는 역설적 표현이다. 그런고로 인간에게 행하시는 하나님의 은혜는 전적으로 하나님의 주권에 의한 것이기 때문에 인간은 단지 하나님의 은혜에 대해 감사하고 찬양할 따름이라는 것이다(그랜드 종합 주석).

ㄴ. 악어는 강력하니라 41:12-34

이 부분(12-34절)은 역시 악어의 강력함을 말하고, 이런 강력한 악어도 하나님께서 창조하셨기 때문에 하나님께서 지배하신다는 것을 진술한다.

욥 41:12. 내가 그것의 지체와 그것의 큰 용맹과 늠름한 체구에 대하여 잠잠하지 아니하리라.

본절은 계속해서 악어에 대해 말하는데 악어의 세 가지(지체, 용맹함, 체구)에 대해 하나님께서 좀 더 말씀하시겠노라고 하신다. 본절은 여호와께서 욥에게 '내가 악어의 지체 이야기를 어찌 빼놓을 수 있겠느냐? 그리고 그 악어의 큰 용맹을 어찌 말하지 않을 수 있겠느냐? 그리고 그 늠름한 체구를 어찌 말하지 않고 지나겠느냐?'고 하신다. 본절의 "잠잠하지 아니하리라"는 말은 '어떻게 잠잠하고 그냥 말없이 지나가겠느냐'는 뜻이다.

욥 41:13. 누가 그것의 겉가죽을 벗기겠으며 그것에게 겹 재갈을 물릴 수 있겠느냐.

여호와께서 욥에게 '누가 악어의 겉가죽(쇠 비늘 갑옷)을 벗길 수 있겠느냐? 누가 악어의 두 겹으로 된 갑옷 같은 비늘 사이(악어의 이빨을 감싸고 있는 위아래의 턱)를 꿰뚫을 수 있겠느냐?'고 물으신다. 본절의 "겹재갈을 물릴 수 있겠느냐?"는 표현은 개역판에서는 "그 아가미 사이로 들어가겠는가?"라고 번역했다. "재갈을 물린다"는 말은 말(馬)을 마음대로 통제하기 위하여 말의 입에 가로 물리는 쇠토막을 말한다. "악어에게 겹 재갈을 물릴 수 있겠느냐"는 말은 도저히 불가능한 일임을 드러낸다.

본절은 피조물에 불과한 악어의 모습만을 보고도 두려워 떠는 인간이 악어를 만드신 하나님에 대해 지녀야 할 올바른 태도가 무엇인지를 보여주고 있다.

욥 41:14. 누가 그것의 턱을 벌릴 수 있겠느냐 그의 둥근 이틀은 심히 두렵구나.

여호와께서 욥에게 '누가 악어의 입에 재갈을 물리기 위해 악어의 턱을 벌릴 수 있겠느냐? 빙 둘러 돋아 있는 이빨은 보기만 해도 소름이 끼쳐지느니라'고 말씀하신다. "악어의 턱"이란 '악어의 얼굴의 길고 뾰쪽한 턱'을 뜻한다. 악어의 턱에 재갈을 물리기 위하여 악어의 턱을 벌려야 하는데 그 작업은 거의 힘든 작업이다. 악어의 이빨은 윗턱에 36개, 아래턱에 20개가 있는데, 길고 뾰쪽하여 보기만 해도 무서운 것이고, 악어의 턱을 가리는 입술도 없으니 말이다(Dillmann).

욥 41:15. 그의 즐비한 비늘은 그의 자랑이로다 튼튼하게 봉인하듯이 닫혀 있구나.

여호와께서 욥에게 '악어의 등에 있는 비늘은 악어의 특징이다. 빽빽하게 짜여 있어서 돌처럼 단단하다'고 말씀하신다. "봉인하듯이 닫혀 있구나"라는 말은 '비늘들이 서로 연결되어 있는 것이 봉인해 놓은 것처럼 빽빽하게 닫혀 있다'는 의미이다. 이 묘사는 비늘로 덮여 있는 등가죽이 한 치의 틈도 없이 견고하게 연결되어 있기 때문에 결코 떼어내거나 벗겨낼 수 없음을 나타내는 것이다(Rawlinson).

욥 41:16. 그것들이 서로 달라붙어 있어 바람이 그 사이로 지나가지 못하는구나.

여호와께서 욥에게 '악어의 등에 있는 비늘들이 서로 달라붙어 있어서 그 틈으로는 바람도 들어가지 못하는구나'라고 말씀하신다. 악어의 견고한 피부를 묘사하는 것이다.

욥 41:17. 서로 이어져 붙었으니 능히 나눌 수도 없구나.

악어의 등에 있는 비늘들이 서로 달라붙어 있어 아무도 능히 나눌 수도 없다는 것이다. 이 악어의 등을 보면 아무도 악어를 건드릴 생각을 못한다는 것이다.

욥 41:18. 그것이 재채기를 한즉 빛을 발하고 그것의 눈은 새벽의 눈꺼풀 빛 같으며.

여호와께서 욥에게 '악어가 재채기[19]를 할 때는 빛이 번쩍거리고[20] 악어가 눈을 뜨면 그 눈꺼풀의 치켜 올라가는 모양이 동이 트는 것과 같다'고 하신다.

욥 41:19. 그것의 입에서는 횃불이 나오고 불꽃이 튀어 나오며.

여호와께서 욥에게 '악어의 입에서는 횃불이 나오며 불똥들이 튀어나온다'고 말씀하신다. 본절은 악어가 호흡하는 모습을 말씀하신 것인데 악어가 물속에서 거칠게 호흡하여 물보라를 일으키는 모습을 묘사한 것이다. 물보라를 일으키는 모습을 횃불이 나오며 혹은 불똥들이 튀어나온다고 표현한 것이다.

욥 41:20. 그것의 콧구멍에서는 연기가 나오니 마치 갈대를 태울 때에 솥이 끓는 것과 같구나.

여호와께서 욥에게 '악어가 물속에서 거칠게 호흡함으로 콧구멍에서 증기며 물거품이 펑펑 떠오르는 연기는 마치 끓는 가마 밑에서 타는 갈대 연기와 같다'고 말씀하신다. 이 역시 시적 묘사이다.

욥 41:21. 그의 입김은 숯불을 지피며 그의 입은 불길을 뿜는구나.

여호와께서 욥에게 '악어의 거친 숨결은 숯불을 피울 만하고 입에서는 화염이 나오는 것 같다'고 말씀하신다. 역시 앞절과 같이 악어가 호흡하는 거친 모습을 시적으로 묘사한 것이다. 호흡할 때 뿜어내는 수증기가 햇빛에 반짝이는 것을 묘사한 것으로 보인다.

---

19) 악어는 재채기를 하는 습성이 있다고 한다(Aristotle, by Rawlinson).

20) 새벽에 악어가 재채기를 하면 그 눈에서 눈물이 나고 입에서는 거품이나 물이 햇빛을 받아 광채가 난다는 것이다(Rawlinson).

욥 41:22. 그것의 힘은 그의 목덜미에 있으니 그 앞에서는 절망만 감돌뿐이구나.

여호와께서 욥에게 '악어의 목은 몸과 같이 굵고 억세어 힘이 넘치므로 그 모습을 보는 사람마다 겁에 질리고 두려움에 사로잡히는 수밖에 없다'고 말씀하신다.

욥 41:23. 그것의 살껍질은 서로 밀착되어 탄탄하며 움직이지 않는구나.

여호와께서 욥에게 '악어의 살껍질(등을 제외한 목덜미나 배 등을 지칭한다)은 서로 딱 밀착되어 있어 탄탄해 보이며 움직이지 않는다'고 말씀하신다. 다른 동물과 달리 악어는 그 목덜미나 배 등이 단단하게 보이며 철판을 붙여둔 것 같이 견고하다는 표현이다.

욥 41:24. 그것의 가슴은 돌처럼 튼튼하며 맷돌 아래짝 같이 튼튼하구나(His heart is hard as a stone, hard as the nether millstone-RSV).

여호와께서 욥에게 '악어의 의지는 돌처럼 단단하니 그 단단하기가 맷돌 아래짝과 같다'고 말씀하신다. 본절의 "맷돌 아래짝"은 맷돌의 위짝보다 더 단단하게 보인다는 표현이다. 본절은 악어의 의지가 그 어느 피조물보다도 냉혹하고 담대하다는 것을 시적으로 묘사한 것이다.

욥 41:25. 그것이 일어나면 용사라도 두려워하며 달아나리라.

여호와께서 욥에게 '악어가 일어나 덤벼들면 아무리 힘센 자도 그 앞에서 벌벌 떨며 그 몸부림치는 소리에 기가 꺾이고 정신을 잃는다'고 말씀하신다. 악어와 싸울 생각을 하는 사람은 세상에 아무도 없다는 것이다.

욥 41:26. 칼이 그에게 꽂혀도 소용이 없고 창이나 투창이나 화살촉도 꽂히지 못하는구나.

여호와께서 욥에게 '칼을 던지는 경우 악어에 꽂혀도 소용이 없고 또

창이나 투창이나 화살촉은 아예 꽂히지도 않는다'고 말씀하신다. 결국 악어를 제어할 무기는 세상에 없고 악어를 제어하실 이는 하나님밖에 안 계신 것이다.

욥 41:27. 그것이 쇠를 지푸라기 같이, 놋을 썩은 나무 같이 여기니.

악어는 쇠를 지푸라기 같이 여기고, 놋을 썩은 나무 같이 여기니 아무 금속 무기도 악어 앞에서는 무용지물이 된다는 내용이다.

욥 41:28. 화살이라도 그것을 물리치지 못하겠고 물맷돌도 그것에게는 겨 같이 되는구나.

여호와께서 욥에게 '화살로 쏘아도 악어를 물리치지 못하고, 물맷돌도 그것에게는 겨같이 여긴다'고 말씀하신다. 화살도 물맷돌도 악어는 겁내지 않고 도망하지도 않는다는 말씀이다.

욥 41:29. 그것은 몽둥이도 지푸라기 같이 여기고 창이 날아오는 소리를 우습게 여기며.

악어는 몽둥이도 지푸라기 정도로 여기고 창이 날아오는 소리를 우습게 여겨 꿈쩍도 하지 않는다는 표현이다. 인간의 어떤 무기도 우습게 여기고 반격해 오는 것이다.

욥 41:30. 그것의 아래쪽에는 날카로운 토기 조각 같은 것이 달려 있고 그것이 지나갈 때는 진흙 바닥에 도리깨로 친 자국을 남기는구나.

여호와께서 욥에게 '악어의 바닥 쪽에는 날카로운 토기 조각 같은 비늘이 달려 있고, 악어가 진흙 위를 지나갈 때는 진흙 바닥에 도리깨(타작 기계)로 친 자국을 남긴다'고 말씀하신다. 악어는 배아래 모양도 무섭게 생겼다.

욥 41:31. 깊은 물을 솥의 물이 끓음 같게 하며 바다를 기름병 같이 다루는도다.

여호와께서 욥에게 '악어가 그의 사는 깊은 물에 뛰어들거나 서로 싸울 때면 흰 물거품을 내는 것이 가마솥의 물처럼 끓게 만들고 바다를 기름 가마처럼 휘젓는다'고 말씀하신다. 본절의 "바다"란 말은 실제로 바다를 지칭하는 것이 아니라 큰 강을 지칭하는 것으로 본다. 사 18:2; 19:5 참조.

욥 41:32. 그것의 뒤에서 빛나는 물줄기가 나오니 그는 깊은 바다를 백발로 만드는구나.

여호와께서 욥에게 '악어가 한 번 물 위를 빨리 지나가면 물거품을 일으켜서 그것이 길처럼 보이며 그 물거품이 햇빛을 받아 번쩍번쩍 빛을 내니 깊은 바다가 백발을 휘날리는 것처럼 보인다'고 말씀하신다.

욥 41:33. 세상에는 그것과 비할 것이 없으니 그것은 두려움이 없는 것으로 지음 받았구나.

여호와께서 욥에게 '세상에는 악어와 비할 것이 없으니 악어는 두려움이 없는 짐승으로 가장 강하게 지음을 받았다'고 말씀하신다.

욥 41:34. 그것은 모든 높은 자를 내려다보며 모든 교만한 자들에게 군림하는 왕이니라.

여호와께서 욥에게 '악어라는 짐승은 모든 높은 짐승들을 내려다보며 모든 교만한 자들 위에 군림하는 왕의 입장을 취하느니라'고 말씀하신다. 악어는 모든 동물의 왕적 지위를 취하고 있다.

제 42 장

C. 욥이 회개하다 42:1-6

이 부분(1-6절)은 욥이 회개하는 것을 진술한다. 욥은 자연계를 통하여 나타난 하나님의 위대하심에 대하여 듣고 드디어 회개한다. 이 부분의 회개는 욥의 회복의 근본이며, 신약 성도가 회개하고 구원받는 도리의 그림자라고 할 수 있다(마 4:17). 38-41장에서 하나님은 자신이 우주의 절대적 주권자이심을 선포하셨는데 욥은 그 사실을 듣고 그 하나님의 주권 앞에 회개한 것이다. 누구든지 하나님의 위대하심과 주권자이심을 진심으로 알기만 하면 회개에 이르기 마련이다.

욥 42:1. 욥이 여호와께 대답하여 이르되.

욥이 주님께 대답하였다. 40:5에서 욥은 하나님께 대답하지 않겠다고 했으나 이제 본절에 와서는 그는 다시 대답한다. 욥은 "무엇 때문에 이런 재난을 당하는지 알지 못한다"고 했으나 아직 하나님으로부터 직접적인 회답을 듣지 못했으나 폭풍우 가운데서 나타나신 하나님의 임재를 대하며(38:1; 40:6), 자연계의 계시를 통하여(38:4-38), 그리고 동물계의 계시를 통하여 (38:39-41:34) 하나님 앞에서 자연히 해소되고 이제 대답하는 것이며 회개하는 것이다.

욥 42:2. 주께서는 못 하실 일이 없사오며 무슨 계획이든지 못 이루실 것이 없는 줄 아오니.

욥은 '주님께서는 못하시는 일이 없으시다는 것을 이제 저는 알았고 주님의 계획은 어김없이 이루어진다는 것도 저는 깨달았습니다'라고 말씀한다.

욥은 주님께서는 전능하사 그가 뜻하시고 계획하시는 것은 이루시지 못함이 없이 반드시 성취하시는 것을 알게 되었다.

욥 42:3. 무지한 말로 이치를 가리는 자가 누구니이까 나는 깨닫지도 못한 일을 말하였고 스스로 알 수도 없고 헤아리기도 어려운 일을 말하였나이다.

욥은 그의 무죄를 내세우면서 자기가 당하는 고난이 억울하다고 말한 것이 무지였다는 것이다(박윤선). 욥은 '잘 알지도 못하면서, 감히 주님의 뜻을 흐려 놓으려 한 자가 바로 저입니다. 저는 깨닫지도 못하면서 함부로 말을 하였습니다. 너무 기묘하여 알지도 못하는 것을 제가 마구 지껄였습니다' 라고 말씀드린다. 욥은 이제 "무지한 말로 하나님의 뜻을 어둡게 한 자가 누구냐"(38:2) 하신 하나님의 경책의 말씀에 자신이 바로 그런 자였다는 것을 자복한다. 욥은 그의 세 친구들 앞에서 장황하게 말했으나 이제 깨달으니 자신이야 말로 극히 무지하고 미련한 자임에 지나지 않음과 스스로 알지도 못하면서 함부로 지껄인 것을 알게 되었다.

욥 42:4. 내가 말하겠사오니 주는 들으시고 내가 주께 묻겠사오니 주여 내게 알게 하옵소서(Hear, and I will speak; I will question you, and you make it known to me - ESV)**.**

욥은 주님께 '주님! 들으소서. 제가 말하겠습니다. 제가 주께 여쭙겠아오니, 제게 가르치소서'라고 말씀드린다. 본절은 하나님의 말씀을 따른(38:3; 40:7) 반사적 질문이다. 욥은 주님께 반문하겠다는 것이 아니라 하나님의 말씀에 완전히 순종하며 그 말씀을 따라 행하겠다는 것이었다. 다시 말해 욥은 주님께서 말씀하시는 교훈을 통해 자신의 무지함과 연약함을 철저히 깨달았기 때문에 이제 자신은 더욱 하나님을 의지하고 주님의 말씀을 좇아 사는 생활을 하겠다는 신앙의 고백을 하고 있는 것이다(K.&D.).

욥 42:5. 내가 주께 대하여 귀로 듣기만 하였사오나 이제는 눈으로 주를 뵈옵나

이다.

욥이 주님께 '주님이 어떤 분이시라는 것을 지금까지는 제가 귀로만 들었으나 이제는 제가 제 눈으로 주님을 뵈었고 또 지금도 뵙습니다'라고 말씀드린다. 이 말씀은 욥의 과거와 현재를 비교해서 하는 말이다. 욥이 그 전에도 체험적 신앙을 가지지 않은 바는 아니었으나 지금에 와서는 새로운 체험으로 신앙이 더욱 풍부해졌다는 뜻이다. 욥의 이 고백은 더욱 명백하게 하나님을 체험하고 말한다고 할 수 있다(박윤선).

욥 42:6. 그러므로 내가 스스로 거두어들이고 티끌과 재 가운데에서 회개하나이다(therefore I despise myself, and repent in dust and ashes-RSV, ESV)**.**

욥은 '그러므로 제가 스스로 부끄럽게 여기고 티끌과 잿더미 위에서 회개합니다'라고 말씀드린다. "스스로 거두어들인다"는 말은 개역판에서 '스스로 한한다'는 말로 번역되어 '자신을 얕본다'는 말로 묘사했다. 여기 "회개한다"(נִחַמְתִּי)는 말은 '슬퍼한다', '파괴한다'는 뜻이다(Lange). 욥은 하나님 앞에서 슬퍼했고, 자신을 파괴했다. 바울 사도는 "내가 내 몸을 쳐 복종하게 함은 내가 남에게 전파한 후에 자신이 도리어 버림을 당할까 두려워함이로다"라고 했다(고전 9:27 참조). 우리는 자신들이 하나님 앞에서 버림을 당하지 않도록 자신을 쳐 복종하게 해야 할 것이다. 자신을 쳐서 낮아지게 만들고 부드럽게 만들며 꼼짝 못하게 만들어야 할 것이다.

V. 욥이 회개한 후 회복되다 42:7-17

이 부분(7-17절)은 욥이 회복되었다는 것을 말한다. 이 부분의 내용은 욥이 친구들을 위해 중보의 기도를 드린 일(7-9절), 하나님은 욥을 완전히 회복시켜 주신 일(10-17절)을 진술한다.

A. 욥이 친구를 위해 중보 기도를 드리다 42:7-9

하나님께서는 먼저 욥의 세 친구들을 책망하신다. 그런 다음 욥을 통하여

기도를 받을 것을 지시하신다. 하나님의 말씀 따라 세 친구들은 실행에 옮긴 것이다.

욥 42:7. 여호와께서 욥에게 이 말씀을 하신 후에 여호와께서 데만 사람 엘리바스에게 이르시되 내가 너와 네 두 친구에게 노하나니 이는 너희가 나를 가리켜 말한 것이 내 종 욥의 말 같이 옳지 못함이니라.

주님께서는 욥에게 말씀을 마치신 다음에 데만 사람 엘리바스에게 "내가 너와 네 두 친구에게 분노하는 것은 너희가 나를 두고 말한 것이 내 종 욥처럼 옳게 말하지 못하였기 때문이라"고 하셨다. 데만 사람 엘리바스는 세 친구들 중에 가장 연장자였다(2:11). "내가 너와 네 두 친구에게 노하나니 이는 너희가 나를 가리켜 말한 것이 내 종 욥의 말 같이 옳지 못했다"고 하신다. 하나님께서 엘리바스와 두 친구에게 노하시는 이유는 이들의 말이 인과응보설이었기 때문에 이들의 주장은 욥에게 큰 실례가 되었다는 것이다.

욥 42:8. 그런즉 너희는 수소 일곱과 숫양 일곱을 가지고 내 종 욥에게 가서 너희를 위하여 번제를 드리라 내 종 욥이 너희를 위하여 기도할 것인즉 내가 그를 기쁘게 받으리니 너희가 우매한 만큼 너희에게 갚지 아니하리라 이는 너희가 나를 가리켜 말한 것이 내 종 욥의 말 같이 옳지 못함이라.

'그러므로 이제 너희(엘리바스, 빌닷, 소발)는, 수송아지 7마리와 숫양 7마리를 마련하여, 내 종 욥에게 가지고 가서, 너희가 용서받을 수 있도록 번제를 드려라. 내 종 욥이 너희를 용서하여 달라고 빌면 내가 그의 기도를 들어줄 것이다. 너희가 나를 두고 말을 할 때에, 내 종 욥처럼 옳게 말하지 않고, 어리석게 말하였지만, 내가 그대로 갚지는 않을 것이다'라고 하신다.

수송아지 7마리와 숫양 7마리는 아주 많은 제물이었다. 이렇게 많은 제물을 드리라고 하신 것은 이들의 죄가 심각하다는 것을 말하는 것이다(레 23:18; 민 23:1, 14, 29; 28:11, 19, 27; 29:2, 8, 36).

욥은 원래 가정의 제사장이었는데(1:5), 이제 하나님께서는 세 친구들을 위한 제사장으로 위임하셨다. "너희를 위하여 번제를 드리라"고 하신 것은 '욥으로 하여금 번제를 드리도록 하라'는 뜻이다. 번제는 원래 제물을 바짝 태워드리는 제사로서 보통은 헌신제로 알고 있으나(모세 5경) 원래 속죄의 뜻이 있었다. 욥의 세 친구들은 속죄를 드리지 않으면 안 되었다는 것을 보여준다. 오늘 우리도 죄를 지으면 십자가의 피로 씻음 받아야 한다.

"내 종 욥이 너희를 위하여 기도할 것인즉 내가 그를 기쁘게 받으리라"고 하신다. 이는 욥이 속죄제를 드리면서 기도하는 것을 들으시고 세 친구들의 죄를 용서하시겠다는 뜻이다.

욥 42:9. 이에 데만 사람 엘리바스와 수아 사람 빌닷과 나아마 사람 소발이 가서 여호와께서 자기들에게 명령하신 대로 행하니라 여호와께서 욥을 기쁘게 받으셨더라.

그래서 데만 사람 엘리바스와 수아 사람 빌닷과 나아마 사람 소발이 가서, 주님께서 그들에게 말씀하신 대로 수소 7마리와 숫양 7마리를 가져가니, 주님께서 욥의 기도를 들어주셨다. 본절은 하나님과 죄인의 중보자로서 새로운 역할을 감당하게 된 욥의 모습을 부각시키고 있는데, 욥이 이와 같이 제사장으로서 화목 사역과 용서의 과업을 한 것은 예수 그리스도의 구원 사역을 통해 완전히 성취될 것이었다. 따라서 욥은 하나님과 죄인 사이의 화목 사역을 감당하실 예수 그리스도의 예표이다.

B. 욥이 회복되다 42:10-17

욥이 세 친구들을 위해 기도할 때 여호와께서 욥의 곤경을 돌이키셔서 가정 화목에도 복을 주셨고(11절), 물질에도 갑절의 복을 주셨으며(12절), 자녀도 갑절을 주셨고(13-15절), 욥에게 140년의 수를 누리게 하셨으며(16절), 욥으로 하여금 나이 늙어 죽게 하셨다(17절).

42:10. 욥이 그의 친구들을 위하여 기도할 때 여호와께서 욥의 곤경을 돌이키시

고 여호와께서 욥에게 이전 모든 소유보다 갑절이나 주신지라.

욥이 주님께 자기를 괴롭힌 친구들을 용서해 달라고 기도를 드리고 난 다음에 주님께서 그 친구들을 용서해 주셨고, 욥 자신을 회복시켜 주셨다. 주님께서 욥의 신체의 악창(2:7)을 고쳐주셨고 또 욥의 재산을 회복시켜 주셨는데, 욥이 이전에 가졌던 모든 재산보다 배(양 14,000마리와 낙타 6,000마리와 소 1,000겨리와 암나귀 1,000마리)나 더 주셨다는 것이다. 한 마디로 완전히 회복시켜 주신 것이다.

욥 42:11. 이에 그의 모든 형제와 자매와 이전에 알던 이들이 다 와서 그의 집에서 그와 함께 음식을 먹고 여호와께서 그에게 내리신 모든 재앙에 관하여 그를 위하여 슬퍼하며 위로하고 각각 케쉬타 하나씩과 금 고리 하나씩을 주었더라.

본절은 욥이 친구들을 위하여 기도한(10절) 결과 이루어진 일들을 보여준 것이다. 욥이 환란 중에 있을 때 욥을 멀리했던 모든 형제와 자매와 전부터 그를 알던 친구들이 다 그에게 찾아와서 그의 집에서 그와 함께 기뻐하면서 음식을 먹고 마셨다. 그들은 주님께서 그에게 내리신 그 모든 재앙을 생각하면서 슬퍼하기도 하였고, 또 위로하기도 하였다. 그러면서 그들은 저마다 그에게 돈을 주기도 하였고, 금반지 한 개씩을 끼워 주기도 하였다.

"케쉬타"(קְשִׂיטָה)는 본절 이외에 창 33:19; 수 24:32에 또 나타나는데 족장 시대의 돈 단위로 보는 것이다(K.&D., Lange, Rawlinson). "금 고리"는 금으로 만든 귀걸이나 혹은 코걸이로 남녀들이 공히 사용하였다.

욥 42:12. 여호와께서 욥의 말년에 욥에게 처음보다 더 복을 주시니 그가 양 만 사천과 낙타 육천과 소 천 겨리와 암나귀 천을 두었고.

주님께서 욥의 말년에 이전(1:3)보다 더 많은 복을 주셔서 욥이 양을 14,000마리, 낙타 6,000마리, 소 1,000겨리("겨리"란 소 두 마리가 끄는 큰 쟁기), 나귀 1,000마리나 거느리게 하셨다. 본절은 하나님의 현세적인 구원이 완전함을 보여준다. 또한 하나님 나라의 내세의 구원도 완전하신 것을 보여준다.

욥 42:13. 또 아들 일곱과 딸 셋을 두었으며.

그리고 욥은 아들 일곱과 딸 셋을 낳았다. 이미 천국에 간 아들 7명과 딸 3명을 합하면 아들 14명, 딸 6명 도합 20명이 된다. 꼭 곱을 얻은 셈이다.

욥 42:14 그가 첫째 딸은 여미마라 이름하였고 둘째 딸은 긋시아라 이름하였고 셋째 딸은 게렌합북이라 이름하였으니.

첫째 딸은 여미마, 둘째 딸은 긋시아, 셋째 딸은 게렌합북이라고 불렀다. "여미마"(יְמִימָה)란 이름은 '비둘기'라는 뜻이다(아 2:14; 5:2; 6:9). 혹은 '날'(day)이란 뜻으로 보기도 한다(LXX, Vulgate, Rawlinson). "긋시아"(קְצִיעָה)라는 이름은 '향내 나는 계수나무'란 뜻이다(시 45:8). 그리고 "게렌합북"(קֶרֶן הַפּוּךְ)이란 이름은 '물감의 뿔'이란 뜻으로 눈 화장을 할 때 쓰이는 것이라 한다. 세 자매의 이름들은 모두 아름다운 이름들이었다.

욥 42:15. 모든 땅에서 욥의 딸들처럼 아리따운 여자가 없었더라 그들의 아버지가 그들에게 그들의 오라비들처럼 기업을 주었더라.

본절 안에는 두 가지가 기록되어 있다. 하나는 "모든 땅에서 욥의 딸들처럼 아리따운 여자가 없었더라"는 말과 또 하나는 "그들의 아버지가 그들에게 그들의 오라비들처럼 기업을 주었다"는 말이 기록되어 있다.

"모든 땅에서 욥의 딸들처럼 아리따운 여자가 없었더라"는 말은 욥에게서 태어난 세 딸들은 그 인물이 아름다웠다는 뜻이다. 욥이 복을 받아 낳은 딸들이기 때문에 땅의 모든 여자들 중에서 제일 아름다웠다는 것이다.

그리고 "그들의 아버지가 그들에게 그들의 오라비들처럼 기업을 주었다"는 말은 모세 5경에는 없는 말로써 딸들에게도 상속 재산을 주었다는 것을 뜻한다. 그런고로 욥을 율법 시대 이전의 사람으로 보는 것이다.

욥 42:16. 그 후에 욥이 백사십 년을 살며 아들과 손자 사 대를 보았고.

욥이 환란이 끝난 뒤에 140년을 더 살면서 그의 아들과 손자 4대를 보았다는 것이다. 70인역(LXX)에는 욥이 70세에 환란을 겪은 것으로 기록되어 있다. 그렇다면 욥은 70세에 회복되어 140년을 살았으니 210세를 산 것으로 된다. 그가 이 세상에서 장수를 누린 것은 하나님의 복을 충분히 받았다는 것을 증명한다. 왜냐하면 하나님께서는 하나님을 잘 섬기는 자에게는 날 수를 더하는 복을 주시겠다고 분명히 말씀하셨기 때문이다(출 23:25-26).

욥 42:17. 욥이 늙어 나이가 차서 죽었더라.

욥이 이렇게 오래 살다가 나이가 차서 세상을 떠났다는 것이다. 본절과 같은 기록 방식은 고대의 훌륭한 족장이나 혹은 훌륭한 왕, 혹은 제사장의 죽음에 대하여 기록한 양식과 똑같은 것이다(창 25:8; 35:29). 욥이 하나님의 주권적 섭리 가운데서 복을 누리며 살다가 죽었음을 의미한다. 우리는 하나님의 손 안에 우리 자신들을 전적으로 맡기면서 살아야 할 것을 권고 받는다.

- 욥기 주해 끝 -

욥기 주해

2019년 5월 7일 초판 1쇄 인쇄
2019년 5월 20일 초판 1쇄 발행
지은이 | 김수홍
발행인 | 박순자
펴낸곳 | 도서출판 언약
주　소 | 수원시 영통구 중부대로 271번길 27-9, 102동 1303호
전　화 | 070-7518-9725
E-mail | kidoeuisaram@naver.com
등록번호 | 제374-2014-000006호

정가 20,000원

ISBN : 979-11-952332-0-5 (04230)(세트)
ISBN : 979-11-89277-11-6 (04230)